中国纺织职工思想政治工作研究会（院校学组） 编

中国纺织职工思想政治工作研究会（院校学组）成立
论文集 30 周年纪念

图书在版编目(CIP)数据

中国纺织职工思想政治工作研究会(院校学组)成立30周年纪念论文集/中国纺织职工思想政治工作研究会(院校学组)编. —苏州:苏州大学出版社,2016.11
 ISBN 978-7-5672-1915-1

Ⅰ.①中… Ⅱ.①中… Ⅲ.①中国共产党—高等学校—党的建设—文集②大学生—思想政治教育—中国—文集 Ⅳ.①D267.6-53②G641-53

中国版本图书馆 CIP 数据核字(2016)第 276308 号

书　　名	中国纺织职工思想政治工作研究会(院校学组)成立30周年纪念论文集
编　　者	中国纺织职工思想政治工作研究会(院校学组)
责任编辑	薛华强
装帧设计	吴　钰
出版发行	苏州大学出版社(Soochow University Press)
社　　址	苏州市十梓街1号　邮编:215006
印　　装	苏州文星印刷有限公司
网　　址	www.sudapress.com
邮购热线	0512-67480030
销售热线	0512-65225020
开　　本	700mm×1000mm　1/16　印张:21.25　字数:394千
版　　次	2016年11月第1版
印　　次	2016年11月第1次印刷
书　　号	ISBN 978-7-5672-1915-1
定　　价	58.00元

凡购本社图书发现印装错误,请与本社联系调换。服务热线:0512-65225020

编委会

主 编　倪赛力　江作军
编 委　(按姓氏笔划顺序,排名不分先后)
　　　　西安工程大学　　　　　王　志
　　　　南通大学　　　　　　　王　芳
　　　　浙江理工大学　　　　　杜兰晓
　　　　中原工学院　　　　　　张东伟
　　　　北京服装学院　　　　　张红玲
　　　　河南工程学院　　　　　李宝涛
　　　　天津工业大学　　　　　张健华
　　　　苏州大学　　　　　　　陈进华
　　　　成都纺织高等专科学校　赵修翠
　　　　东华大学　　　　　　　耿绍宁
　　　　武汉纺织大学　　　　　高建勋
　　　　湖南工程学院　　　　　曾曙林
　　　　青岛大学　　　　　　　薛剑文

序

岁月不居,时节如流。金秋的素手已在古韵苏城向我们相招。

时光轮回,光阴流转。满腔的赤诚又让我们彼此再一次相拥。

自1986年第一届全国纺织职工思想政治教育(院校学组)年会在中国纺织大学召开以来,这一纺织高校思政领域的年度盛事已伴随着我们走过了漫漫30个年头,年会成了一年一度纺织高校大家庭成员欢聚一堂的重要节日。

纺织高校和其他普通高校一样,担负着大学生思想政治教育的重要职责,这种职责在高校意识形态工作中具有不可替代的作用。正是这种不可替代性,激励着我们一代又一代的纺织思政工作者坚守岗位、不断前行。30年的征程磨炼了我们。我们是睿智的,因为我们始终秉承开拓创新、服务纺织的理念;我们是务实的,因为我们的教育始终立足以人为本,一切为了学生的全面发展;我们又是自信的,因为我们始终在拼搏,始终在进步;我们更是骄傲的,因为我们用真诚的教育与感悟成就着学生的成长。

我想,这30年对我们每一个思政工作者来说,不仅是一次沉淀,更是一次崭新的开始。也正是在这样值得纪念的时刻,这本论文集才更值得珍视。13所兄弟院校,51篇精华之作,所谈论的主题不仅有对学生实践教学、校园文化、学工动态的关注,还有对思政工作者提升自身素养、开拓思政教育新阵地的呼吁,更有在新形势下,对思政理论的犀利剖析和前沿探究。同时,不仅有各院校一线思政工作者最新的理论思考,更有各院校历届代表性的获奖之作。这本论文集,让我真切地感受到思政领域所蕴藏的巨大潜力和勃勃生机。在价值多元化的今天,思政教育面临着荆棘丛生的现实挑战,却也迎来了前所未有的发展机遇。革新求变正悄然地改变着我们传统的思政教育模式,教育和自我教育正在逐步融合统一,改变着学生的成长轨迹。而这些沉甸甸的理论硕果,凝聚着纺织思政人实践真知的灵性，折射出纺织思政人求真至善的诚恳，更彰显着纺织思政人敢为人先的胆识。我想，教育的规律源于实践，并且是有生命的。只要我们善于发现、思考，就会有所体悟；只要我们敢于实践、质疑，就能有所创新。

陶行知先生曾说："以科学之方，新教育之事。"教育的最终目的是培养真正自由全面发展的人。我们，是怀揣着思想教育情怀的育人工匠，是拥抱着赤子之心的领路人。在新常态下，着眼新情况，开拓新思路，将是每一个思政工作者前行的方向。这本论文集，是各位思政人智慧的有力凝练，也是纺织思政领域的交流平台，更是各位同仁前行的指引。愿我们始终凝心聚力，不忘初心，浸润思维，涵养人生，共同为"社会上最富活力、最具创造性的群体"的健康成长全力护航。

倪赛力

2016 年 11 月于苏州

目 录

党建研究

创新反腐倡廉教育　构建和谐清风校园 ……………………………朱旗卉（2）
习近平治国理政思想的核心内容探析 …………………………………孙　杰（7）

理论前沿

把精神文明创建打造成为促进学校发展的内生动力
　…………………………………………………刘志刚　张东伟　柴国生（16）
大学生思想政治教育运行机制的多维度价值解析 ………………姜国峰（24）
"中国梦"：时代趋向、价值功能与基本特征
　——基于高校思想政治教育的解读视角 …………………………孙庆华（30）
高校意识形态教育的突出问题及其对策 …………………孙庆民　仲　宏（39）
当代青年大学生价值观构建 ……………………………………程晓军　解　笑（50）
从习近平关于意识形态工作的论述看高校思政课教学的重要地位
　…………………………………………………蒋　辛　徐　娜　朱丽霞（55）
流变、实质与应对：当代中国社会四大思潮研究若干问题评析 …唐　辉（62）

核心价值观研究

对地方历史文化资源融入大学生核心价值观教育的思考 ………漆晓玲（72）

社会主义核心价值观融入高校教育全过程的策略 …… 王亚男　张建林（78）
虚拟社会青年社会主义核心价值观的培育机制研究 ……………… 程诗涵（85）
加强大学生社会主义核心价值观教育必然性探究 ………………… 孙　莹（89）

宣传阵地

发挥四个群体作用　做好高校宣传思想工作 ………………………… 高建勋（94）
创新宣传思想工作　全面服务学校发展
　　——北京服装学院宣传思想工作的探索与实践
　　………………… 席宇梅　朱光好　郜　程　娄宝剑　吴振平（100）

德育论衡

立德树人筑防线　固本正源促清风
　　——论当代大学生廉洁教育问题 ……………………………… 裴　军（108）
我国高校大学生廉洁教育生活化实现路径探研 …………………… 柴国生（114）
国家认同视域下青年志愿服务的文化价值及发展策略 …………… 胡　琦（121）
新媒体环境下大学生榜样教育研究 ………………………………… 潘　峰（129）
当代大学生社会责任感及培养途径探析 …………………………… 常　超（135）
论新媒体环境下的大学生榜样教育 ………………………………… 唐星星（143）

实践教学

艺工融合院校思想政治理论课育人路径研究
　　——以北京服装学院为例 ……………………… 张红玲　闫　东（150）
思想政治理论课专题化教学应坚持两个原则 ……………………… 丛松日（156）
高校思想政治理论课实践教学模式探究 ……… 闫佼丽　王志刚　张　涛（160）
学科建设视域下思想政治理论课话语体系的构建 ………………… 朱　霁（166）

"中国近现代史纲要"课专题教学模式的探索与实践 …………… 赖继年（172）
高校思想政治理论课教学实效性提升路径探析 ………………… 郭　松（178）
东华大学易班教学资源应用成效及其影响因素研究
　………………………………………………… 周大智　刘余勤（184）

学工探研

当前我国高校学生思想政治教育面临的挑战及对策研究 ……… 张东伟（192）
论党员朋辈辅导在大学生思想政治教育中的作用及操作路径
　……………………………………………………………… 唐星星（199）
新媒体视阈中的高校突发事件网络舆论传播与引导机制探析
　………………………………………………………………… 刘　斌（205）
高校辅导员工作案例探析
　——大学生寝室"事故"处理 ………………………………… 周　颖（211）

校园文化建设

走向"融媒体"：高校校报的困境与突破 ……… 李晓佳　杨舒婷（216）
公共服务视角下的大型校园文化活动管理创新
　——以上海高校为例 ………………………………… 段　然　邱登梅（220）
学生社团"模块化"在高校人才培养中的作用探究 …………… 魏　哲（226）

职业先锋

推进创新创业文化建设　稳步提升人才培养质量 …… 张健华　成　煦（232）
论工匠精神视角下大学生的创业教育 ………………… 黄盈盈　张宏娜（236）
大学生职业生涯规划：社会主义核心价值观教育的现实路径 … 徐　斌（244）

新媒体空间

构建新媒体联动传播格局，助力大学文化建设 ……… 倪赛力　郤　程（254）
高校微信公众平台的思想政治教育功能研究 ………… 杨超杰　王丽伟（260）
大学生社交化阅读及其对高校舆情引导的启示
………………………………………… 吕　旻　黄　黎　赵凯鹏（266）
高校微信公众平台运行管理策略初探 ……………………… 李　鹏（271）

辅导员新论

高校辅导员的网络语言素养提升路径 ……………………… 太扎姆（278）
大众传媒价值观表达对高等教育工作者的影响
——基于上海地区大众传媒影响的研究 ………………… 陈肖霞（284）

观察思考

略论大学生思想政治教育"四线"目标的定位 …………… 刘在洲（296）
论思想政治教育的基本阈值、现实困境及其解决途径 ………… 王雄杰（301）
网络负面新闻的特点对大学生核心价值观培育的启示
……………………………………………… 漆晓玲　黄飞燕（314）
新媒体视阈下高校思想政治教育话语体系的困境与更新
……………………………………………… 顾洪英　宋若男（322）
高校版《南山南》文化共鸣现象分析 ……………… 王　志　罗新武（329）
浅谈大学生挫折应对与意志培养的途径与方法 …………… 程诗涵（334）
新常态背景下大学生思想政治教育探析 …………………… 何　平（340）

党建研究

中国纺织职工思想政治工作研究会(院校学组)成立30周年纪念

创新反腐倡廉教育 构建和谐清风校园

朱旗卉

(河南工程学院,河南 郑州 451191)

摘 要: 反腐倡廉教育是党风廉政建设和反腐败工作中的基础性工作,是建立健全惩治和预防腐败体系的重要环节。新形势下如何紧紧围绕高校的中心工作和党风廉政建设工作的重点抓特色教育,切实增强教育的实效性,是摆在我们面前的一个重要课题。

关键词: 反腐倡廉;和谐;思想政治教育

近几年,河南工程学院在注重快速发展的同时,高度重视反腐倡廉建设工作,尤其重视反腐倡廉宣传教育,坚持教育为主、预防在先的原则,紧紧围绕高校的中心工作和党风廉政建设工作的重点,不断加强反腐倡廉教育,扎实推进廉政文化建设,充分发挥反腐倡廉教育的方向性、引导性、示范性、凝聚性功能,增强了教育的针对性和实效性,取得了明显成效。我们的主要体会是:

一、创新教育机制,构建"大宣教"工作格局

反腐倡廉教育是一项复杂而艰巨的工程,面广、点多、难度大,仅靠纪检监察机关孤军作战难以富有成效,同时,反腐倡廉教育又是一个循序渐进、潜移默化的过程,需要常抓不懈,不可能一蹴而就。只有建立健全反腐倡廉"大宣教"工作格局,不断拓宽教育空间,形成教育的整体合力,把反腐倡廉教育作为一项长期的战略来实施,作为一项持久的工程来建设,才能更好地增强反腐倡廉教育的实效性,实现反腐倡廉教育的目的。

1. 统一规划部署,形成整体合力

反腐倡廉教育是党的思想政治工作的重要组成部分,只有树立全局的、辩证的、发展的思想,将其纳入党的宣传思想工作的总体部署,才能形成教育的整体合力,实现党风廉政教育的多角度、全覆盖。我们在组织反腐倡廉教育活动过程中,牢固树立"层层抓教育"的大系统观,坚持党委统一领导,纪委组织协调,联合宣传、组织部门参与主办,党、团、工、群和行政部门各展所长的反腐倡

作者简介:朱旗卉,河南工程学院纪委。

廉教育新体系,坚持把反腐倡廉教育纳入党委的宣传教育总体部署,将反腐倡廉有关学习内容列入党委中心组学习、党日活动和教职工政治理论学习计划,并根据形势的变化和任务的需求,在教育对象、教育内容、教育方式等方面不断创新,将反腐倡廉教育扩展到改革、发展、稳定的各个领域,努力做到领导干部的权力行使到哪里,党风廉政宣传教育就延伸到哪里。①

2. 加强组织领导,层层抓好落实

抓好反腐倡廉教育,党委重视、领导带头是关键。我们坚持将反腐倡廉教育工作列入党委重要议事日程,融入学校各项工作中,坚持学校事业与反腐倡廉教育目标同向、工作同步和责任同负的方针,加强组织领导,完善有关制度。每年定期召开纪检监察工作会议、党风廉政建设专题会议,逐级签订责任书,明确学校各级领导班子和领导干部在反腐倡廉教育中的责任,建立权责明晰、逐级负责、层层落实的反腐倡廉建设责任体系,在工作同步、责任同负中实现一体化,形成反腐倡廉教育的整体合力,确保反腐倡廉教育各项工作落到实处。

3. 纪委充分发挥组织协调作用

纪委发挥组织协调作用关键是做到争取领导支持、协调各方配合、抓好工作落实。校纪委在工作中积极争取上级和学校党委的支持,使反腐倡廉教育得到重视,列入议程,并主动牵头,及时分解工作目标,将学习教育情况列入各部门、各单位年度工作考核目标及干部职工绩效考核体系中,落实教育责任,执行有关制度,开展督促检查,使反腐倡廉宣传教育有计划、有组织、有检查、有落实,形成逐级抓落实的良好工作格局,推动反腐倡廉教育工作真正落实到位。

二、创新教育理念,丰富反腐倡廉教育的内容和形式

1. 创新教育理念,丰富反腐倡廉教育内容

反腐倡廉教育不同于一般的知识教育和思想政治教育,它主要调整规范社会行政行为中权力和利益的关系,通过内化为人格的修养,稳定而长期地对人的行为发生影响。近两年,我们坚持从治本的高度,从思想观念的净化、价值观念的矫正、整体素质的提升等方面着手,坚持用中国特色社会主义理论体系和科学发展观教育武装党员干部,强化党员干部科学发展观、社会主义核心价值体系、社会主义荣辱观、社会主义先进文化、廉政勤政、革命传统教育和优良作风等方面的学习教育,坚定党员干部中国特色社会主义信念。在此基础上,针对反腐倡廉工作中遇到的新情况、新问题,围绕党员干部关心关注和思想上的

---

① 黄学贤,黄睿嘉.软法研究:现状、问题、趋势[M].杭州:浙江大学出版社,2012:193.

苗头性、倾向性问题,坚持"以人为本"的理念,遵循反腐倡廉教育必须贴近教育者的思想和工作实际的规律,根据不同工作性质和特点确定不同的教育内容,把准脉搏,对症下药。比如,对党员领导干部重点开展"廉洁从政、执政为民"教育,使他们树立牢固的思想道德防线,恪尽职守,廉洁从政;对一般党员干部的教育以先进性教育为重点,使其发挥好党员的先锋模范作用;对广大教职工的教育以职业道德教育为重点,使其适应教书育人和学校发展的需要。同时还要对广大党员干部和教职工强化伦理学、教育学、心理学、社会学、现代科技等众多学科的教育,不断提升其廉洁自律的素质,形成科学的反腐倡廉教育理念。

2. 创新教育方式方法,实现教育的多样性和灵活性

反腐倡廉教育要为党员干部和广大师生所接受,真正起到触及灵魂、规范行为的作用,就必须转变观念,改变过去表面化、简单化、概念化的做法,体现时代性,突出灵活性,围绕效果找方法,在灵活多样性上做文章。近几年,我们在坚持做好反腐倡廉常规教育工作的基础上,积极整合教育资源,不断探索挖掘新的教育形式和方法,如结合实际组织专题报告会、开展干部论坛、组织科以上干部集中观看警示教育录像片、开展庆"七一"反腐倡廉专题板报展评和知识竞赛活动、邀请有关领导或专家来校作廉政教育报告、利用校园网开设党风廉政宣传教育专栏、组织图片展及简报等方式,多渠道、多手段地开展宣传教育活动,着力营造"以廉为荣、以贪为耻"的校园廉政文化氛围,取得了较好的教育效果。

3. 区别层次、突出重点,增强反腐倡廉教育的针对性

在抓好普遍教育的基础上,要突出党员领导干部这个"龙头",围绕腐败现象多发、易发的重点领域和重点部门,因人施教,因势利导。一是面向领导干部,扭住龙头作表率。党员领导干部是贯彻执行党的路线方针政策的骨干,其思想面貌、政治倾向和日常行为具有极大的辐射作用,他们能否以身作则、廉洁自律,具有很强的示范和导向作用。同时,由于其掌握着工作的决策权、人事的调配权和财物的支配权,很容易成为某些利益主体腐蚀拉拢的重点目标,存在着发生权力腐败行为的危险。因此,把加强对党员领导干部的反腐倡廉教育作为重点,使各级领导干部真正做到自重、自省、自警、自励,以身作则、率先垂范、自觉带头抵制腐败,这对加强党风廉政建设,推动反腐败斗争的深入开展至关重要。比如,当前学校按照群众性教育实践活动"照镜子、正衣冠、洗洗澡、治治病"的总要求做出安排、提出要求,书记、校长率先垂范,身体力行,带头深入基层,带头改进作风,带头抓好落实,并根据党员领导干部的思想状况和从政行为特点,结合社会上出现的顶风违纪的典型案例,通过讲廉政党课、以会代训、廉政谈话、重要节点提醒等形式,有针对性地解决当前存在的形式主义、官僚主义、享乐主义和奢靡之风等"四风"问题,引导党员领导干部正确看待和运用手

中的权力,增强党性意识、责任意识、廉洁意识、群众意识,改进工作作风,规范从政行为,充分发挥党员干部在反腐倡廉教育中的榜样示范作用。二是面向重点岗位人员,排雷除险正作风。① 围绕腐败现象易发多发的重要领域、重点部门、关键环节开展风险防范教育,强化责任意识和廉政风险意识。校纪委紧密结合学校实际,重点围绕基建、财务、招生、招标采购、科研经费管理、组织人事等重点部门和关键环节,结合制度建设年活动、廉政风险排查、行风评议及学校重大活动的开展,加强对相关工作人员进行岗位廉政教育和"纪律"红线教育。并结合不同单位不同对象,区分层次,分类施教,分别采取组织相关政策法规专题学习、观看有关典型案例警示片、开展座谈等形式,对有关人员有针对性地开展警示和廉政风险防范教育,发现违纪苗头及时进行诫勉谈话或帮助教育,不断增强廉政教育的效果。三是注重文化熏陶,加强大学生廉洁教育。学校始终坚持把大学生廉洁教育贯穿到教育教学与管理服务各个环节,有的放矢地将廉洁教育融入主题教育、关键节点教育、社会实践活动和校园文化活动中,初步形成了以纪委牵头,各部门分工配合,各学院师生共同参与的廉政文化建设新局面。比如校纪委寓廉洁教育于校园文化活动之中,与校团委联合举办了"我的中国梦"第二届"春之声"暨第一届"廉之风"校园歌手大赛活动,起到了润物细无声的教育作用;组织有关师生选送优秀作品积极参加省高校纪工委举办的全省高校反腐倡廉网络歌曲征集创作活动和省高校纪工委、省教育厅举办的全省高校廉政文化作品大赛并荣获佳绩;校团委深入实施共青团"红网工程"活力计划、"与信仰对话——学生理论社团经典研读季"活动和"青年马克思主义者培养工程",积极组织学生参加文化活动和社会实践活动,在全省高校举办的学习践行社会主义核心价值观大学生主题演讲比赛中获得佳绩等。通过丰富多彩的廉政文化教育活动的开展,进一步增强了大学生的廉洁意识,为学校反腐倡廉工作的深入开展提供了强大的思想保障和文化支撑。

三、强化教育管理,增强反腐倡廉教育的实效性

1. 健全学习制度,规范领导干部从政行为

制度带有根本性、全局性、稳定性、长期性,反腐倡廉教育同样需要建立持久、科学、完善的运作方式和长效机制。几年来,我们积极适应新形势的变化和新任务的要求,以反腐倡廉教育为契机,加强对干部教育的制度化建设,坚持和完善党委中心组廉政学习制度,坚持和完善廉政党课制度,坚持和完善干部培

---

① 彭森.坚持惩防并举 注重预防 努力做好2005年党风廉政建设和反腐败工作[J].中国经贸导刊,2005(6):12.

训设置廉政课程制度,坚持和完善新任领导干部廉政培训制度,以制度保证反腐倡廉教育落到实处。在规范从政行为、促进领导干部廉洁自律方面,学校认真贯彻落实《中国共产党党员领导干部廉洁从政若干准则》及中央关于领导干部廉洁自律各项规定,先后制定和完善了《领导班子勤政廉洁守则》《关于党政领导干部廉洁自律的若干规定》,出台了《贯彻落实中央改进工作作风、密切联系群众〈八项规定〉和〈实施细则〉的实施办法》等制度,对党政领导干部的从政行为进行规范,提高了领导干部的拒腐防变能力。①

2. 强化对领导干部的监督和管理,寓教育于监督和管理之中

几年来,学校坚持把反腐倡廉教育贯穿于干部培养、选拔、管理、使用全过程,定期分析研究干部的勤政廉政情况,发现问题及时解决。领导班子成员按照责任分工,结合业务工作的开展,对分管范围领导干部遵守党的政治纪律和廉洁自律规定的情况加强监督检查,校纪委和党委组织部门按照上级有关规定,进一步明确并认真落实领导干部个人重大事项报告制度,严格执行和不断完善领导干部述职述廉、诫勉谈话、函询、质询、罢免等制度,加强日常跟踪考察,及时了解掌握领导干部的综合表现情况和基层民意,针对党员领导干部苗头性、倾向性问题,开展预警谈话,把问题解决在萌芽状态。

3. 严格执纪办案,发挥查办案件的警示教育作用

信访和案件查办工作是惩防体系建设的重要环节,对于从源头上预防和惩治腐败、促进社会和谐稳定有着十分重要的作用。校党委、行政对此十分重视,旗帜鲜明地支持纪委、监察处查办案件。在查办案件的过程中,校纪委严格按照政策,正确把握办案方针,严格区分一般错误和违纪违法的界限,通过深入剖析案件,一方面进行警示教育,让党员领导干部充分认识到教育就是保护的重要性和必要性,营造风清气正的和谐发展氛围,另一方面认真查找原因,加强管理,注重从源头上进行治理,充分发挥了查办案件的治本功能。②

开展反腐倡廉教育、筑牢思想道德防线是深入推进反腐倡廉建设、从源头上防治腐败的基础性工程,是建立健全惩治和预防腐败体系的重要环节。我们要切实增强做好反腐倡廉教育工作的责任感和使命感,根据形势的变化和任务的需求,在教育观念、教育机制、教育内容、教育方式等方面不断进行创新,充分发挥反腐倡廉教育的基础功能,并将教育、监督、制度有效结合起来,切实增强反腐倡廉教育的针对性和实效性,为坚决惩治和有效预防腐败,推进学院又好又快发展做出积极贡献。

---

① 周逢民.认真学习遵守贯彻维护党章 推进反腐倡廉工作深入开展[J].黑龙江金融,2006(4):12.
② 俞可平.治理与善治[M].北京:社会科学文献出版社,2000:13.

习近平治国理政思想的核心内容探析

孙 杰

(中原工学院马克思主义学院,河南 郑州 450007)

摘 要:习近平"治国理政新思想"是十八届五中全会的新提法,也是对当代中国马克思主义的新发展。习近平治国理政思想的核心内容可以归纳为:实现民族复兴的中国梦,坚持和发展中国特色社会主义,弘扬和践行社会主义核心价值观,协调推进"四个全面"战略布局,贯彻"五大发展理念"五个方面。

关键词:治国理政思想;中国梦;"四个全面";"五大发展理念";中国特色社会主义

党的十八大以来,习近平站在时代发展的战略高度,立足国际国内两个大局,围绕治国理政发表了大量讲话,提出了许多新思想、新理念、新战略。习近平治国理政思想体现了与时俱进的理论品质与实践要求,彰显了中共新一届中央领导集体的治国理念与执政方略,是对当代中国马克思主义的新发展,为坚持和发展中国特色社会主义注入了新内涵。当前,我们应进一步挖掘、全面准确深入把握习近平系列讲话中所蕴含的思想精髓,揭示其核心要义,把分散的条条串成一个有机整体。要而言之,习近平系列讲话体现的治国理政思想的核心内容,可以归纳为以下五个方面。

一、实现民族复兴的中国梦——习近平治国理政思想之目标

实现民族复兴的中国梦是习近平治国理政的政治宣言,是坚持和发展中国特色社会主义的根本目标,也是激励中华儿女团结奋进、开辟未来的精神旗帜。习近平关于民族复兴的中国梦已经形成了较为完整的理论,其内容十分丰富,这里主要从以下几方面加以把握。

1. 中国梦提出的历史背景

中国梦是习近平在参观《复兴之路》展览时提出的重大命题,他借用毛泽东的诗词和李白的诗词"雄关漫道真如铁""人间正道是沧桑""长风破浪会有时"

基金项目:全国高校思想政治理论课教学科研团队择优支持计划资助;河南省教育厅人文社会科学研究一般项目"马克思的价值观及其对当代中国的启示"(项目编号:2017 - ZZJH - 604)的阶段性成果。

作者简介:孙杰,女,中原工学院马克思主义学院讲师,博士。

对中华民族的昨天、今天、明天进行了生动描绘。回首过去,实现中国梦是中华民族近代以来最伟大的梦想。这个梦想,凝聚着无数仁人志士的不懈努力,彰显着每一个中华儿女的共同期盼。实现民族复兴是自鸦片战争以来中国历史发展的主题。中华民族在历史上辉煌过15个世纪。1840年鸦片战争之后,西方列强入侵中国,中国沦落为半殖民地半封建国家。由辉煌到没落这种巨大的历史反差,激起了人们的梦想、民族的向往和追求。审视现在,我们比历史上任何时期都更接近民族复兴的目标。改革开放以来,我国综合国力明显提升,人民生活显著改善,GDP跃居世界第二,社会保持和谐稳定。这些为实现中国梦奠定了坚实的基础。展望未来,人民对美好生活的向往就是我们的奋斗目标。实现中国梦,是全国各族人民的共同心愿、共同追求。

2. 中国梦的科学内涵

习近平指出,中国梦的基本内涵就是"国家富强、民族振兴、人民幸福"[①]。中国梦是一种形象的表达,是一个最大公约数,其内涵丰富,意蕴深远,凸显了国家、民族、个人的融合。"中国梦是国家的、民族的,也是每一个中国人的。"这就要求我们必须依靠人民、为人民造福。"国家好、民族好,大家才会好。"国家、民族、个人的命运历来是紧密相连的。只有把国家利益、民族利益和个人利益紧紧联系在一起,方能汇聚起实现中华民族复兴的磅礴力量。习近平又指出,中国梦是青春梦、创新梦,是世界和平、发展、共赢的梦等,也丰富和发展了中国梦的内涵。

3. 中国梦的实现路径

习近平认为,实现中国梦,应主要从以下几方面努力:一是坚持中国特色社会主义道路。这是实现中华民族伟大复兴的必由之路,是实现中国梦的政治前提和条件。二是"用以爱国主义为核心的民族精神和以改革创新为核心的时代精神振奋起全民族的'精气神'"[②],这是实现中国梦的强大精神动力。三是凝聚中国各族人民大团结的力量。这对于凝心聚力共筑中国梦具有强大的感召作用。四是走和平发展道路,奉行互利共赢的开放战略,[③]既造福中国人民又造福世界人民,这为我们实现中国梦提供了基本遵循准则。

二、坚持和发展中国特色社会主义——习近平治国理政思想之主题

习近平以科学社会主义为主线,以中国特色社会主义为主题,提出了许多

---

① 习近平.习近平谈治国理政[M].北京:人民出版社,2014:39.
② 习近平.习近平谈治国理政[M].北京:人民出版社,2014:56.
③ 习近平.习近平谈治国理政[M].北京:人民出版社,2014:57.

新观点、新论断、新要求,丰富与发展了中国特色社会主义的理论内涵。习近平强调,"坚持和发展中国特色社会主义是贯彻党的十八大报告的一条主线"①,并将其作为学习贯彻党的十八大精神的主题。这实际上给我们传递了以下三方面信息:

1. 治国理政主要围绕坚持和发展中国特色社会主义进行

习近平指出,中国特色社会主义是中国共产党和中国人民奋进的旗帜,我们要实现中华民族的复兴,必须坚定不移地坚持和发展中国特色社会主义。②这就为新一届党中央治国理政指明了目标和方向。中国特色社会主义是由道路、理论体系和制度构成的。今天,我们坚持和发展中国特色社会主义,就是在中国特色社会主义的总体框架内进行创新,即坚持和拓展中国特色社会主义道路,这是实现中国梦的方向和路径选择;丰富和发展中国特色社会主义理论体系,这是引领中华民族复兴的光辉旗帜;建立健全中国特色社会主义制度,推进国家治理现代化,这是实现社会主义现代化的应有之义。

2. 中国特色社会主义首先是社会主义,具有"中国特色"

习近平指出:"中国特色社会主义是社会主义而不是其他什么主义,科学社会主义基本原则不能丢,丢了就不是社会主义。"③习近平旗帜鲜明地强调要坚持科学社会主义的基本原则,主要体现为:坚持马克思主义的指导地位,加强中国共产党的领导;以公有制为主体,走共同富裕道路;以社会主义核心价值观为引领;注重保障民生,促使人民共享社会发展成果。

中国特色社会主义中的"中国特色",就是我们通常所说的理论特色、实践特色、时代特色、民族特色。其中,理论特色,即中国特色社会主义是科学社会主义理论与我国社会发展历史相结合的产物;实践特色,就是"三个总"的概括,即中国特色社会主义的总依据、总布局、总任务;时代特色,即中国特色社会主义彰显了我国与时俱进精神、改革创新精神;民族特色,即中国特色社会主义具有中华优秀传统文化的基因。④ 总之,中国特色社会主义既坚持了科学社会主义基本原则,又体现了鲜明的"中国特色"。

3. 坚定道路自信、理论自信、制度自信

习近平强调,"我们讲要坚定道路自信、理论自信、制度自信,要有坚如磐石

---

① 习近平.习近平谈治国理政[M].北京:人民出版社,2014:7.
② 习近平.习近平谈治国理政[M].北京:人民出版社,2014:8.
③ 习近平.习近平谈治国理政[M].北京:人民出版社,2014:22.
④ 韩庆祥.习近平治国理政思想对中国特色社会主义的坚持和发展[EB/OL].光明网-理论频道,2016-03-04.

的精神和信仰力量"①。这里讲的"三个自信",可以说是一种"精气神",其实质就是坚守我们的心理防线、灵魂防线;其内涵包括心理上的自信与坚守,精神上的信仰与定力。我们说的"三个自信"来源于实践、来源于人民、来源于真理。因此,今后我们应在把握中国特色社会主义科学性与真理性的基础上增强自信,既要敢于正视自身的不足,大力发展自己,又要注重学习别国现代化建设的积极成果,为我所用,不断增强中国特色社会主义的吸引力、感召力。

三、弘扬与践行社会主义核心价值观——习近平治国理政思想之灵魂

民族无魂不立,国家无魂不强。习近平强调,要把培育和弘扬社会主义核心价值观作为凝魂聚气、强基固本的基础工程,夯实中国特色社会主义的思想道德基础。② 足见以习近平为总书记的党中央对社会主义核心价值观的重视。弘扬与践行社会主义核心价值观是贯穿于习近平治国理政思想的灵魂。概括而言,习近平关于培育和弘扬社会主义核心价值观的论述主要集中于以下三个方面:

1. 社会主义核心价值观的内涵

习近平指出,在当代中国,我们应该坚守什么样的核心价值观?那就是以"三个倡导"为主要内容的社会主义核心价值观。③ 社会主义核心价值观的"三个层次"把国家、社会、公民的价值要求融为一体,既从本质上坚守社会主义文化,又扬弃中华民族传统核心价值观,并汲取世界文明的有益成果,从而使之与中国风格相符合,与现代文明相协调。社会主义核心价值观的实质,就是重构我们的精神家园,增强社会主义意识形态的吸引力、影响力和感召力,提升国家文化软实力,维护国家文化利益和意识形态安全。

2. 培育和践行社会主义核心价值观的主体

根据习近平总书记讲话,青年、少年儿童、教师、党员干部等都是培育和践行社会主义核心价值观的主体。其中,青年是标志时代的最灵敏的晴雨表,青年的价值取向决定了未来社会的价值取向,所以广大青年要树立和培育社会主义核心价值观。少年儿童是中华民族的希望,未来是由今天的少年儿童开创的。"自古英雄出少年。"因此要教育引导广大少年儿童树立远大志向、培育美好心灵。教师是人类灵魂的工程师,承担着最庄严、最神圣的使命。教师要铭记教书育人的使命,以身作则,用学术造诣开启学生智慧之门。党员干部要做

---

① 习近平.习近平谈治国理政[M].北京:人民出版社,2014:93.
② 习近平.习近平谈治国理政[M].北京:人民出版社,2014:163.
③ 习近平.习近平谈治国理政[M].北京:人民出版社,2014:168.

培育和践行社会主义核心价值观的带头人,做表率,引领风尚。

3. 弘扬和践行社会主义核心价值观的路径

习近平认为,积极弘扬和践行社会主义核心价值观,主要从以下几方面入手:一是立足于中华优秀传统文化。对待中华传统文化,既要汲其精华又要弃其糟粕。习近平指出,应深入挖掘"中华优秀传统文化讲仁爱、重民本、守诚信、崇正义、尚和合、求大同的时代价值"①,为社会主义核心价值观建设注入新的活力。同时也应大胆舍去其糟粕性的内容。二是融入社会生活。可通过舆论宣传、教育引导、实践养成、文化熏陶等方式,让人们感知、领悟社会主义核心价值观,并转化为人们的自觉行动。三是发挥政策导向作用。应像抓经济项目一样抓价值观的培育。可通过政策制定、具体措施、法律规范来推动社会主义核心价值观建设,使符合核心价值观的行为得到鼓励,反之应受到制约或惩罚。

四、协调推进"四个全面"——习近平治国理政思想之方略

习近平站在战略全局的高度,结合当前中国的现实,提出了"全面建成小康社会、全面深化改革、全面依法治国、全面从严治党的战略布局"②。这是新形势下习近平治国理政方略的重大突破,是推进中国特色社会主义伟大事业的总抓手,为中国道路指明了方向和目标。

1. 全面建成小康社会是实现中国梦的首要目标

习近平立足于我国现阶段的基本国情,围绕全面建成小康社会提出了一系列新思想,其基本内涵包括:建设目标是使经济更加发展、民主更加健全、文化更加繁荣、社会更加和谐、科教更加进步、人民生活更加殷实③,例如,习近平强调要确保农村贫困人口到2020年如期脱贫,所有重点贫困县到2020年全部减贫摘帽;建设成果惠及全体劳动人民;建设布局覆盖经济社会建设各个领域;理想追求是致力于实现人的全面发展。

2. 全面深化改革是实现中国现代化的战略举措

习近平从全局视角、以长远眼光看待改革,对深化改革进行了部署。其独特内涵包括:一是改革目标是全方位的。全面深化改革的总目标是"完善和发展中国特色社会主义制度,推进国家治理体系和治理能力现代化"④。并在此基

---

① 习近平. 习近平谈治国理政[M]. 北京:人民出版社,2014:164.
② 习近平. 领导干部要做尊法学法守法用法的模范 带动全党全国共同全面推进依法治国[N]. 人民日报,2015-02-03(1).
③ 十六大以来重要文献选编(上)[M]. 北京:中央文献出版社,2005:317.
④ 中共中央关于全面深化改革若干重大问题的决定[EB/OL]. 新华网,2013-11-15.

础上设定了一些改革的分目标。二是改革任务是多领域的。改革涵盖了中国特色社会主义"六大建设"各个领域。三是改革贯穿于经济社会发展全过程。改革发展中的矛盾和问题主要靠深化改革解决,因此,改革永远在路上。诚如习近平强调:"改革开放只有进行时、没有完成时。"①足见党中央深化改革的坚定决心。

3. 全面依法治国是实现中国梦的长远战略举措

习近平基于我国当前法治建设的实际,围绕全面依法治国提出了一系列新论断。其基本内容包括:一是目标体系的全面。全面依法治国的总目标是建设社会主义法治国家。另外还设定了一些具体的子目标体系。二是工作布局的全面。全面推进依法治国是一项复杂的社会系统工程。应"坚持依法治国、依法执政、依法行政共同推进,坚持法治国家、法治政府、法治社会一体建设"②。三是法治过程的全面。即推进科学立法、严格执法、公正司法、全民守法。此外还要求党员干部要带头尊法、学法、守法、用法。

4. 全面从严治党是实现全面建成小康社会目标的重要战略举措

习近平以反腐倡廉为动力,以作风建设为根本,以制度建设为保障,在实践中不断丰富和发展全面从严治党思想。其主要内容包括:一是治党主体全覆盖。从严管党治党的主体既包括党的各级领导干部,也包括8000多万普通党员。二是治党内容全覆盖。即涵盖思想、组织、制度、作风等方面的建设。三是把从严治党常态化、制度化。就是增强管党治党意识,建立严肃的党纪法规、严密的组织体系,不断增强从严治党的系统性、实效性。譬如,习近平号召全党开展的"三严三实"专题教育活动,就是全面从严治党常态化的有益尝试。

"四个全面"作为实现中华民族伟大复兴的战略布局,内涵十分丰富,特色鲜明,各有侧重,又相互支撑,具有严密的逻辑关系,是一个有机统一体。它们统一于习近平治国理政的伟大实践,统一于中国特色社会主义伟大事业。

五、贯彻"五大发展理念"——习近平治国理政思想之理念

"没有思想就没有灵魂,没有理念就没有方向。"在党的十八届五中全会上,习近平提出了"创新、协调、绿色、开放、共享"③的发展理念,这是改革开放近40年来我国发展经验的集中体现,是新一届党中央治国理政的新思想、新理念,为

---

① 习近平.习近平谈治国理政[M].北京:人民出版社,2014:71.
② 中共中央关于全面推进依法治国若干重大问题的决定[EB/OL].新华网,2014-10-28.
③ 中共中央关于制定国民经济和社会发展第十三个五年规划的建议[EB/OL].新华网,2015-11-03.

新形势下深化改革开放提供了科学指南与基本遵循。

1. 创新是引领发展的第一动力

习近平在党的十八届五中全会上指出,必须把创新摆在国家发展全局的核心位置,让创新贯穿党和国家一切工作,让创新在全社会蔚然成风。① 足见党中央对创新的重视,把创新摆在发展理念的首位,其内涵愈加深厚,外延愈加宽广,具有指引方向的重大意义。具体地说,思想理论创新属"脑动力"创新,是激发各类创新活动的灵魂,引领社会的变革与发展;制度创新属"原动力"创新,是持续创新的保障,其核心是国家治理创新,推进国家治理现代化;科技创新属"主动力"创新,是提高综合国力的战略支撑;文化创新属"软实力"创新,凝聚实现民族复兴的强大精神动力,是国家永葆生机与活力的基础。这四大创新指明了我国发展的创新思路与方向。

2. 协调是持续健康发展的内在要求

习近平聚焦全面建成小康社会目标,提出协调发展理念,这是习近平立足长远、谋划全局的战略考量,彰显了提高发展的平衡性、包容性与可持续性的坚定决心,体现了目标导向与问题导向的统一。协调,即和谐一致,配合得当。更加注重生态保护、社会保护,是协调发展的题中之义。"唱和如一,宫商协调。"只有经济社会各个方面协调一致、相得益彰,才能更好地发展。习近平从推动城乡协调发展、区域协调发展、经济建设与国防建设融合发展、物质文明与精神文明协调发展等方面诠释了协调发展的内涵与目标,旨在补齐发展短板,解决发展不平衡问题,具有重大的理论价值与实践指导作用。

3. 绿色是实现永续发展的必要条件

习近平站在新的历史起点上,从"五位一体"的整体布局出发,提出绿色发展理念,凸显了马克思主义生态思想与生态伦理与时代特征的有机结合,是对发展理念和实践的全方位提升。绿色发展理念就是将生态文明建设融入经济、政治、文化、社会建设之全过程,推进绿色发展、循环发展、低碳发展,建设美丽中国。这是适应新常态、把握新常态的生动体现,也是引领中国长远发展的执政理念与战略谋划。"生态兴则文明兴,生态衰则文明衰。"根据习近平讲话精神,我们应将绿色发展作为一个系统工程,树立绿色发展理念,以绿色富国、绿色惠民,形成人与自然和谐发展的现代化建设新格局,建设人与自然和谐共生的美丽家园。

---

① 中共中央关于制定国民经济和社会发展第十三个五年规划的建议[EB/OL]. 新华网,2015-11-03.

4. 开放是国家繁荣发展的必由之路

习近平从全球视野思考中国发展问题,提出开放发展理念,是对经济社会发展规律认识的深化,为提升我国对外开放的质量与发展的联动性提供了指南,有助于拓展实现中华民族伟大复兴的发展空间。开放发展理念蕴含主动开放、双向开放、全面开放、公平开放、共赢开放等思想。其中,主动发展就是更加积极主动地扩大对外开放;双向开放就是坚持引进来与走出去相结合;全面开放就是打造陆海内外联动、东西双向开放的新格局;公平开放就是构建公平竞争的内外资发展环境;共赢开放就是推动经济全球化朝着普惠共赢的方向发展。我们应贯彻开放发展理念,形成深度融合的互利合作格局,构建广泛的利益共同体。诚如习近平指出的那样,我们将继续从世界汲取发展动力,也让中国发展更好惠及世界。

5. 共享是中国特色社会主义的本质要求

习近平顺应时代发展潮流,将共享发展作为五大发展理念的出发点与落脚点,不仅回应了全社会关切,更体现了制度安排的科学性。共享发展理念坚持以人为本、以民为本,突出人民至上,反映着我们党立党为公、执政为民的根本宗旨,体现了中国化当代化大众化的马克思主义发展观。按照习近平讲话精神,促进共享发展,就是以促进社会公平正义为前提,以加强和优化基本公共服务为抓手,以推进扶贫脱贫为基础,以实现共同富裕为目标,在全社会营造人人参与、人人尽力、人人享有的良好环境,不断提升共建共享水平,使全体人民有更多获得感、幸福感。

总之,"五大发展理念"相互贯通、相互促进,具有高度的契合性,是一个相互联系的集合体。以创新理念为例,创新的实现离不开协调、绿色、开放、共享理念的共振。协调是创新之原则,绿色是创新之取向,开放是创新之条件,共享是创新之目的。如果没有协调、绿色、开放、共享理念的规制,创新就失去了目标与方向。因此,"五大发展理念"缺一不可。唯有统一贯彻,破解难题,才能如期全面建成小康社会,早日实现中华民族的伟大复兴。

理论前沿

中国纺织职工思想政治工作研究会(院校学组)成立30周年纪念

把精神文明创建打造成为促进学校发展的内生动力

刘志刚[1]　张东伟[2]　柴国生[2]

([1]中原工学院党委；[2]中原工学院党委宣传部,河南 郑州 450007)

摘　要：精神文明建设与高校科学发展是互为促进的统一体。中原工学院的精神文明创建,以组织制度建设为保障,统筹规划、狠抓落实、凝神聚力,提高了学校科学发展的动力之效；以科学文化建设为根本,不断提高人才培养能力与水平,夯实了学校科学发展的动力之基；以思想道德建设为引领,持续提升师生道德素养,汇聚了学校发展的力量之源,实现了精神文明创建与学校科学发展的有机统一,使精神文明创建成为促进学校科学发展的内生动力。

关键词：精神文明创建；学校发展；内生动力

《中共中央关于加强社会主义精神文明建设若干重要问题的决议》(以下简称《决议》)指出,社会主义精神文明建设的根本任务是适应社会主义现代化建设的需要,培育有理想、有道德、有文化、有纪律的社会主义公民,提高整个中华民族的思想道德素质和科学文化素质。[1]高校作为人才培养的主阵地,其教育的根本宗旨与精神文明建设的根本任务是一致的,教育的主要内容与社会主义精神文明建设的主要内容是一致的,教育的成败也直接关乎精神文明建设的目标能否实现。《中共中央关于进一步加强和改进学校德育工作的若干意见》(以下简称《意见》)更是赋予了高校精神文明建设神圣的历史使命。《意见》指出,在整个社会主义精神文明建设中,学校应成为最好的小环境之一,并对大环境的优化做出积极贡献。因此,高校不仅肩负着培养我国社会主义事业建设者和接班人的重要历史使命,更是社会主义精神文明建设的重要阵地,也肩负着建设社会主义精神文明示范园的历史使命。作为普通高等院校的中原工学院,认准任务,担当使命,立足实际,在精神文明创建中,以制度建设为保障,以科学文化

作者简介：刘志刚,中原工学院党委副书记。
　　　　　张东伟,中原工学院党委宣传部部长,教授。
　　　　　柴国生,中原工学院党委宣传部副部长,博士。
[1]　中共中央关于加强社会主义精神文明建设若干重要问题的决议[M].中央文献出版社,2002.

建设为根本,以思想道德建设为引领,统筹规划、狠抓落实、凝神聚力,提升了精神文明创建的水平与层次,提高了人才培养的能力与质量,实现了精神文明创建与学校科学发展的有机统一,将精神文明创建打造成为促进学校科学发展的内生动力。

一、组织制度建设为保障,提高学校发展动力之效

精神文明创建与学校科学发展是有机统一的。中原工学院高度重视精神文明创建工作,采取切实有效的措施,保障了精神文明建设能力与水平的提升、学校科学发展质量与层次的提高。

一是要加强组织领导。中原工学院党委和行政把精神文明建设始终列入重要议事日程。学校成立党委书记、校长为主任,校领导班子成员和党政工团各部门主要负责人参加的精神文明建设委员会,统一领导创建工作。在学校召开的学年工作推进会上,校长工作报告把精神文明建设工作作为重要内容进行安排部署,把精神文明建设和学校其他工作作为统一的工作目标,一起部署、一起落实、一起检查。各院、部、处成立了以党总支(支部)书记任组长,行政负责人、分工会主席、团总支(支部)书记参加的基层精神文明建设领导小组。日常工作中坚持一岗双责,物质文明与精神文明建设工作同时部署、同时检查、同时考核、奖惩兑现。

二是统筹规划。学校精神文明建设是一项基础性工程,中原工学院结合学校教育的特点和学生成长成才的规律,把精神文明建设纳入学校工作的整体规划,做到不断创新、与时俱进,融精神文明创建于学校各项工作的环节中。学校先后出台了《中原工学院"十二五"发展规划》《中原工学院"十二五"校园文化建设规划》《中原工学院关于进一步提升校处级领导办学兴校能力建设的意见》《中原工学院大学生"启航工程"实施方案》《中原工学院2012—2013学年精神文明建设实施方案》等一系列规划措施,使精神文明创建活动有章可循、有法可依。

三是狠抓落实。学校党委和行政明确要求把精神文明建设落实到教学科研及各项工作之中,围绕教育教学中心工作,把思想道德建设放在首位,广泛动员全体师生员工积极参与、大力推进群众性精神文明创建活动,努力营造健康向上的舆论环境、文明和谐的校园氛围和丰富多彩的校园文化生活。学校还根据上级部门的要求,成立了安全文明校园创建活动领导小组、综合治理委员会、大学生思想政治工作指导委员会、普法工作领导小组等专属机构。党政办公室、宣传部、学工部、教务处、保卫处、工会、团委、后勤管理处及各学院(部)都有

自己的职责和任务,在认识统一、目标明确、组织机构健全的基础上,各司其职、各负其责,做到事事有人抓、件件有落实。精神文明创建活动取得了显著成效。

创建工作切实有效的开展,为学校发展凝聚了强大的精神动力。全校师生艰苦奋斗、励精图治,在激烈的竞争中,不等不靠,以奋发有为的精神状态投入到学校事业发展中去,艰苦创业,勤俭办校,取得了显著成绩。目前,中原工学院拥有河南省功能性纺织材料重点实验室、高档超硬材料工具河南省工程实验室、河南省智能化专业虚拟仪器仪表工程技术研究中心、河南省高等学校功能性纺织面料重点学科开放实验室、河南省高校空调节能工程技术研究中心、河南省高校精密制造工程技术研究中心、河南省静电检验测试中心、河南省纺织服装 CAD 研究开发中心、河南省普通高校人文社会科学重点研究基地系统与工业工程技术研究中心、郑州市纺织工程技术中心、郑州市计算机网络安全评估重点实验室、河南省高校纤维成型及改性重点实验室培育基地等省市级研究机构。

同时,学校"纺织服装产业协同创新中心"获批省级协同创新中心 1 个;获批"分布式能源接入与微电网系统"、"空调制冷节能"、"计算机信息系统安全评估"等 3 个河南省工程实验室;获批河南省高校高速实时信号采集与处理工程技术研究中心、郑州市纺织服装科技公共服务平台;获批河南省高校人文社会科学重点研究培育基地和河南省知识产权培训基地;获批河南省科技创新团队——河南省功能性纺织材料与纺织品创新团队;获批河南省省院合作项目 1 项,河南省高校科技创新团队 1 项,河南省杰出青年基金 1 项,河南省高校科技创新人才(人文社科类)1 项。高水平成果培育工作取得进展,"精梳机成套设备与技术"项目经中国纺织工业联合会、河南省科技厅联合鉴定,居于国际领先水平。"金刚石工具有序置砂关键设备和技术开发及应用"项目与郑州三磨超硬材料有限公司、郑州华晶金刚石股份有限公司三方已签署协同创新合作协议,项目获国家科技进步二等奖。"可再生能源热泵和纯电动汽车空调新技术"项目与中科院理化研究所、中国一汽、杭州三花签订协同创新合作协议。

学校的建设与发展受到社会媒体的广泛关注。《中国教育报》《中国科学报》《河南日报》《工人日报》《河南教育》以及人民网、新华网、河南电视台等媒体对中原工学院事业发展中所呈现的崭新风貌进行了全方位报道。

二、科学文化建设为根本,夯实学校发展动力之基

科学文化建设是教育的根本,是精神文明建设的主要内容,更是学校发展的基础。《意见》强调,要建设以社会主义文化和优秀民族文化为主体的健康生

动的校园文化,使学校成为精神文明的示范窗口。因此,加强校园文化建设是加强精神文明建设的必要条件。为完成培养"四有"新人的任务,提高学校科学文化的创新与传承能力,促进全民族科学文化素质的提高,就必须促进和加强校园文化建设。

  中原工学院历来高度重视校园文化建设。在建设实践中,以打造文化品牌为途径,以服务学生成长成才为目的,广泛开展了丰富多彩且具有教育意义的实践活动。优秀的精品文化活动品牌,对学生成长成才起到潜移默化润物无声的作用。在全方位推进大学生思想政治工作的进程中,中原工学院坚持以高雅的人文环境启迪人,不断创新和打造启迪学生成长的文化品牌。实施"启航工程",以建设优良学风、培养优秀学生为目的,以组织建设、目标引领、启发觉悟、激发能动、营造环境为手段,认真抓好年级、班级、宿舍等组织建设,全方位开展人生理想教育、职业规划教育、品德诚信教育、文明素质教育、专业认识教育,切实促进广大学生树立崇高理想信念,明确人生规划和学习目标,激发学习自觉性和能动性,培育良好品行和习惯,在学生中间形成"处处争先进、人人拼学习、个个讲文明"的良好氛围。活动开展以来,学生组织体系、制度公约、机制保障更加完善、规范,学生工作基础更加扎实。"有组织、有理念、有制度、有公约、有作为"的先进班级集体和社团组织蔚然成风,"团结好、学习好、风尚好、环境好"的文明宿舍比比皆是。优良品行的自觉与习惯得到培育、养成,学习的内在动力和奋发向上精神得到激励、启发,"品德好、学习好、身体好、素质好"已成为大多数同学的自觉向往和不懈追求,优良的学习、生活、行为风尚普遍形成。

  十多年来,我们坚持结合重大节日开展以爱国主义为主题的丰富多彩的文艺活动。每逢重要节日、传统节日,积极开展丰富多彩的思想性、教育性、参与性较强的校园精神文明活动。学校实施了"中原工学院大学生先进事迹报告会"、"中原工学院广场体育文化节"、"中原工学院科技文化艺术节"、"中原工学院道德讲堂"、"中原工学院读书节"、"中原工学院中国梦主题教育活动"、"中原工学院青年马克思主义工程"、"中原工学院社团文化艺术节"等活动,广大师生员工积极参与,认真演练,一场场文艺节目的演出,一次次摄影、绘画、书法作品的展出,一个个别开生面的演讲、朗诵活动,为学生搭建了展示才华的舞台,吸引、感染了师生员工,活跃了校园生活,陶冶了情操,深受大家欢迎。

  此外,学校还积极为学生搭建对外交流、学习的平台。学校与培养过23位诺贝尔奖获得者的世界百强大学英国曼彻斯特大学等合作举办教育项目,每年派遣品学兼优的学生出国交流、深造,提升了人才培养的层次。为解决帮扶学生就业,应对当前大学生就业难的状况,学校实施了毕业生跟踪帮扶和延伸服务,按照"形成机制、分类服务、按需帮扶、资源共享、真情永驻"的原则,对已签约毕业生扶上马、送一程；对未就业毕业生跟踪帮扶，指导绘制职业导航图；对有意向创业的毕业生，给信心、出点子、盘资源、送信息；对已离校的毕业生，有交流、有互动、有指导、有祝福。通过上下结合、全员参与，使毕业生在校或离校都能感受到学校的关爱和关心，彼此共情、彼此共赢。

校园文化建设的质量是学校精神文明状态的一面镜子。通过文化品牌的打造、引领和导向，使学校呈现出安全稳定、和谐温馨、人才培养水平不断得到提升的良好气象和面貌。目前，学校共有200多个班集体获得河南省先进班集体，计算机学院多个班级获得全国先进班集体；中原工学院大学生爱心社先后被评为"河南省优秀社团标兵"、"河南省青年志愿者助残行动先进集体"、"全国大学生社会实践优秀团队"和"全国高校优秀学生社团"等荣誉称号；河南省学生工作研究会也在中原工学院成立。此外，在2012年赛扶世界杯中国站创新公益大赛华北区域赛上，学校代表队获"优秀赛扶团队"称号；2012年4月，学校爱心社获得了中国青年艾滋病网络和"艾博公益"的联合项目资助，是河南省唯一获此殊荣的高校；在第七届全国大学生"飞思卡尔"智能汽车比赛中，荣获二等奖、三等奖及优胜奖；在中国包装创意设计大赛中，荣获一等奖3项、二等奖7项、三等奖7项；在全国第三届大学生艺术展演活动中，荣获优秀组织奖；承办河南省第十三届大学生科技文化艺术节校园主持人大赛，并被大赛组委会授予优秀组织奖；在河南省高等校园文化建设成果评比中，荣获一等奖，并上报教育部参加全国评审；在河南省第十三届大学生科技文化艺术节上，获一等奖18项，居全省高校第四名；2013年在河南省第十一届"挑战杯"河南省大学生课外学术科技作品竞赛终审决赛上，学校15个参赛团队在比赛中取得了特等奖3项、一等奖3项、二等奖11项、三等奖11项，团体总成绩位列全省第六，并捧得优胜杯；2013年6月举办的第三届全国大学生工程训练综合能力竞赛决赛上，学校第三次蝉联一等奖，也是全国连续获得三届一等奖的四所高校之一。

随着人才培养水平的不断提升，学校的科学研究、社会服务、文化传承能力也得到不断提高。目前，学校共承担国家自然科学基金项目47项、国家社会科学基金项目4项，参与国家重大科技专项及国家级科研项目7项，承担省重大公益项目3项、省科技攻关等各类省部级科研项目389项。获省部级以上科研奖励34项；获国家授权发明专利196件；出版著作500余部。学校的社会声誉不断提升，先后被人事部和教育部评为"全国教育系统先进集体"、"全国学校及周边治安综合治理先进集体"；校工会被中华全国总工会授予"模范职工之家"称号；被评选为河南高等教育质量社会满意院校，全省十大高等教育品牌；2013年度被授予"全国绿化模范单位"、河南省"五一劳动奖状"，成功申报"省级园林式单位",喜获"国家级职教师资培训专业点";节能减排成绩斐然,被河南省教育厅推荐为"国家级节约型公共机构示范单位";被授予"全省高校学生工作先进单位"、"全省高校资助工作先进单位"等荣誉称号;学校党委被河南省委授予"五好"党组织。

学校的人才培养、科学研究、社会服务、文化传承能力的不断提升,不仅增强了学校的综合实力,也为尽早实现"提高水平、更名大学"奋斗目标,实现科学发展、可持续发展夯实了基础,提供了保障。

三、思想道德建设为引领,汇聚学校发展力量之源

精神文明建设的根本任务,是培育"四有"新人,核心是提高人的素质。人的道德水准又是人的素质的基本标志。思想道德建设,是社会主义精神文明建设的主要内容,也是学校精神文明建设的中心环节。① 加强高校的思想道德建设,核心是加强对青年学生和教职工思想道德建设。中原工学院精神文明创建,坚持以思想道德建设为先,紧抓精神文明建设的两个主体——学生和教工不放松,把提升师生的思想道德素养作为首要任务。在创建的整个过程中,始终弘扬先进思想文化,坚持不懈地进行理想信念教育和思想道德教育,使广大师生员工的政治思想素质不断提高。

学生,是学校精神文明建设的主体,学校的一切政治工作,都是为了培养、塑造学生良好的道德品质和人格素质,教会学生如何做人。《决议》也强调,加强青少年思想道德教育,是关系国家命运的大事,要帮助青少年树立远大理想,培养优良品德。学校更是将学生的思想道德教育作为学校教育的核心任务来抓,始终坚持对学生进行理想信念教育、爱国主义教育、革命传统和艰苦奋斗教育,使学生树立高度的社会责任感,正确的人生观、世界观和价值观,全心全意为人民服务的精神。多年来,学校学雷锋活动、青年志愿者活动持续开展,关心残疾儿童、服务社会,与郑州市土山店希望小学结成交流对子,大学生用青春与活力、知识与爱心温暖着贫困儿童,深受社会的好评。广大学生积极参与文明城市创建,策划、参与了保护母亲河、保护生态环境等活动,利用节假日走上街头清除污染、清除白色垃圾。此外,学校还通过举行升旗仪式、重大纪念日活动、观看爱国主义影片、建立校园网思想政治工作网站等,对广大学生进行爱国、爱校、爱岗敬业教育,增强学生的凝聚力。

学校按照中央16号文件精神,不断加强和改进大学生思想政治教育工作。

---

① 周祥.高校精神文明创建工作的实践与探索——以滁州学院为例[J].滁州学院学报,2011(1).

大学生思想政治工作指导委员会每年召开专题工作研讨会,研究部署大学生的思想政治工作。通过加强两课建设,结合不同时期的实际情况,改革教学内容、完善教学体系、优化教学方法,有针对性地开设专题讲座,丰富政治思想道德教育内容,提高教育实效,使学生心悦诚服地接受真理,树立为建设有中国特色的社会主义国家而奋斗的人生理想,坚持党的基本路线,认清立国之本和强国之路,充分发挥了思想政治理论课主渠道的作用。通过认真贯彻落实《公民道德建设实施纲要》,在全校学生中开展了各种形式的遵守社会公德、诚信系列教育活动,使二十字基本道德规范深入人心并指导实践;广泛开展做文明大学生、创文明寝室、文明班级、文明校园活动,营造出了积极、和谐的校园环境,使学生在潜移默化中,思想道德素质不断得到提升。

教师是学校教育的实施者,提高教师队伍素质是加强学校建设的关键。学校紧紧围绕"加强内涵建设,提高教育质量,彰显办学特色,实现科学发展"的工作主题,牢牢把握正确思想导向,组织开展形式多样、富有实效的教职工政治理论主题教育活动,凝神聚气,推动发展,广大教职工的思想素质、理论水平和工作能力不断提升。

学校每年开展师德师风主题教育活动,推出典型,大力表彰先进,形成了教书育人的良好风气。全体教师更是把加强和改进政治思想道德教育作为自己的本职工作。专业课教师和公共课教师在搞好专业和基础课教学的同时,还要把教书和育人很好地结合起来,关心学生政治思想素质的提高。每年在师生中开展感动校园人物评选活动、标兵评选活动和全省楷模评选活动;在社区开展"五好文明"家庭活动,营造了团结和谐的氛围;在机关各部门中开展"优质量好服务"活动,加强机关作风建设,提高了服务意识和办事效率。学校机关及其他教辅人员,积极融思想政治教育于日常工作中。

学校还针对辅导员队伍,实施了中原工学院辅导员职业素质提升计划,为大学生思想政治工作提供了重要保障。辅导员职业素质提升计划紧紧围绕立德树人的根本任务,以完善工作体系为基础,以启发觉悟、激发内因为重点,以强化教育培训、开展考核评比为手段,以提高辅导员思想政治水平和综合素质能力、努力造就一支"政治强、业务精、纪律严、作风正"的高水平辅导员队伍为目标,为学生工作上台阶、上水平,不断提高教育教学质量和实现人才培养提供重要的支撑。活动开展以来,辅导员的理想信念更加坚定,政治意识、大局意识、表率意识、进取意识更加明确,思想政治教育素能、指导学生成长发展素能、学生事务管理素能普遍提升,志存高远、品格高尚、情趣高雅、思想睿智、行为规范、工作卓越成为辅导员的共识与自觉追求,一支政治素质高、实践能力强、工作作风硬的辅导员队伍开始形成。通过实施《计划》,适应学校发展需要的辅导员素质能力规范标准基本明晰，符合辅导员职业特点、成长规律、发展需求的内容完善、形式多样、科学规范的辅导员素质能力提升机制基本建立。此外，全校公民道德教育的全面推进，促进了诚实守信、助人为乐的良好风尚的形成，践行社会主义核心价值观的要求逐步成为全校师生员工的行为规范。

学校还以形象工程为载体，开展了校徽、校园标示系统、校园景观设计等形象设计方案的征集和评比活动。内涵丰富的校徽和"博学弘德　自强不息"八字校训增强了全校师生的凝聚力和向心力。

通过思想道德建设，全体师生的思想道德素质不断提高，广大学生崇尚学习、刻苦学习、按需学习、学以致用的良好风气蔚然成风，教职工队伍工作中比学赶帮、创优争先、奋发有为的氛围愈来愈浓。良好的精神风貌、积极进取的激情、干事创业的热情，日渐汇聚成为驱动学校科学发展的动力之源。

加强社会主义精神文明建设，是中原工学院学院一项长期而重大的系统工程。目前，中原工学院全体师生员工正在校党委行政的正确领导下，以创建省级文明单位为动力，主动融入和服务建设中原经济区建设，以"提高水平、更名大学"的奋斗目标为引领，崇尚学术，追求卓越，强化特色，服务产业，为把学校建成特色显著、国内知名、以工为主、多学科协调发展的教学研究型大学而奋斗。

大学生思想政治教育运行机制的多维度价值解析

姜国峰

（河南工程学院思政部，河南 郑州 451191）

摘　要：随着全面深化改革和现代信息技术的持续发展，当代大学生的意识形态建设和思想观念构建问题面临着新的环境体系和话语体系，使大学生思想政治教育工作面临前所未有的挑战和困难，导致大学生认知和行为指向出现偏颇。本文从思想政治教育在美学、法律、经济等多维度上的价值分析着手，提出达到思想政治教育效果的艺术性、制度性、实质性践行的合理化建议，期望对切实创新大学生思想政治教育方式方法，增强大学生思想政治教育效能提供有效参照。

关键词：思想政治教育；美学价值；法律价值；经济价值

一、美学价值——思想政治教育效果的艺术性践行

社会愈进步，人们的爱美之心也愈强烈、愈广泛。在新的形势下，大学生的审美能力不断提高，愈来愈要求思想政治教育体现美育价值，用美学原理优化主体，发挥美的形象作用和教化功能。柏拉图认为：人们对一个人的感受，第一步总是"从只爱某一个美的形体开始"的；第二步才接触他美的心灵；第三步是学会把心灵的美看得比形体的美更加珍贵。在思想政治教育过程中，教育者是主体，其一言一行均作为参照系在教育对象的审视和评价中。因此，教育者自塑一个令人心悦诚服、产生信赖感的良好形象，对教育的效果而言至关重要。首先，教育者要有人格美。教育者人品高尚，易使人们产生敬爱感；教育者宽厚仁爱，易使人产生愉快的情感体验。反之，其人格不端、言行不一，教育对象会因对教育主体的不满而对教育的内容产生怀疑，降低教育效果。其次，教育者要有知识美。"腹有诗书气自华"，现代社会是知识社会，教育者只有不断学习提高，开展工作才会更具有时代感和时效性。再次，教育者要有行为美。行为美是教育者在良好动机的驱使下，处处以身作则，以非以权力影响力刺激工作对象的效仿意识而产生美感的一种行为。在教育过程中，工作对象不仅听其

作者简介：姜国峰，河南工程学院思政部副教授，郑州大学博士后。

言,而且观其行。如果思想政治教育者不能以身作则,势必影响思想政治教育的效果。

用美学原理优化方法,增强思想政治教育的吸引力。美学理论认为,美感的特点在于愉悦性和目的性。在思想政治教育过程中,通过借助美学理论优化工作方法,使工作对象在愉悦的心情之中接受教育内容,从而达到增强思想政治教育吸引力的目的。古人云:"近山者仁,近水者智。"思想政治教育应借助自然美对大学生进行熏陶。由于这种自然美的欣赏加入了情感因素,能够产生一定的道德和思想意义,因此,通过组织大学生参观祖国的名山大川、当地的美丽风光等活动,可以激发大学生对祖国的热爱之情和对美好生活的向往。艺术美对人具有鼓舞作用。黑格尔说,艺术是每一个民族最早的老师。艺术美,能以典型的艺术形象影响和鼓舞人们的心灵,激发人的进取意识,启发人的思维,使人们在提高艺术欣赏水平的同时,逐渐自觉地接受和认同正确的审美取向。[①] 读一部好的小说,看一部好的电影,听一支优美的乐曲,欣赏一幅精美的绘画,都能从中得到启发和教育,受到感染和鼓舞,从而激起创造美好生活的热情。

用美学原理优化教育内容,增强思想政治教育的可容度。思想政治教育的内容大都是"大道理",但大道理并不都是枯燥无味的。真理本身就是美的,只要思想政治教育善于发现美,就能够充分体现出思想政治教育的内容美来。思想政治教育内容要有真实美。思想政治工作是心贴心、面对面、实打实的工作,要求内容必须真实可信,如果用一些花里胡哨的东西来"唬"工作对象,也许一时有效,但不可能解决根本问题。思想政治教育内容要有简洁美。在课堂上或者通过社会实践进行思想政治教育的时候,要注意结合当今高效率、快节奏的社会生活,让言简意赅、言之有物成为人们的心理需求和审美标准。所以,思想政治教育更应该具有简洁、明快、准确的特点。思想政治教育内容要有哲理美。饱含人生哲理的讲述能给人以启迪,陶冶人的情操,从而给人以美的享受。

二、法律价值——思想政治教育效果的制度性践行

思想政治教育在本质上就是一种时代精神的传播。思想政治教育的实际成效不仅要通过科学理论的灌输和思想启迪,转化为大学生正确的世界观、人生观、价值观来体现,而且要使大学生把这种正确的世界观、人生观、价值观转化为"保持不变色"、"保证打得赢"的内在动力来反映。而在这个由正确理论到形成大学生正确的人生观、价值观,再转化为个体内在精神动力的过程中,需

---

① 张耀灿.现代思想政治教育学[M].北京:人民出版社,2001:35.

要深入扎实地宣传马克思主义的科学理论和革命精神,发挥好导向转化功能;也需要充分发挥法规制度的教育引导功能,使思想政治教育所坚持的原则和精神,在法规制度上得到坚实有力的外在支撑。但在现实生活中,人们往往比较重视发挥思想政治教育的导向作用,而较为忽略法规制度对大学生思想行为的教育引导功能,这是造成思想政治教育效果难以巩固、持久的一个重要原因。因为,国家的各种法规制度在本质上是国家和人民的根本利益、根本意志的最高体现,是党的意志和主张的本质要求,也是每个大学生必须遵循的行为准则和道德规范,有着很强的教育引导功能。这种教育引导功能不仅体现在它以鲜明的党性原则和国家根本意志的形式对大学生思想政治教育所坚持的精神和原则加以法规化,而且体现在通过它的允许与限制等明确规定来使人形成一种必须遵守的规范意识。① 如果说思想政治教育主要解决的是使大学生由"不知"到"知"的认识问题;法规制度所要解决的则是使大学生由"知"到"行"的践行问题。也就是说,法规制度能够促使大学生把在思想政治教育中所形成的正确思想和价值观念在其外在的实践行动中进行贯彻和体现。

然而,在全面深化改革的大背景下,大学生在由"知"到"行"的转变过程中,难免要受到各种社会现实因素及某些不良倾向的影响,加之大学生心理尚不成熟,自控能力较弱,往往使这一转化过程变得较为曲折困难。可是,一旦要个体付诸实际行动,就会不同程度地表现出犹豫、观望态度,个别的甚至会干出一些违背校纪校规甚至违法的事情。事实充分说明,仅靠思想政治教育来倡导还不够,还必须注重运用法规制度的教育引导功能,以法规制度的形式来促使思想政治教育中所坚持和提倡的原则在大学生的具体行为中得以践行,激励大学生更好地学习、为祖国服务。② 要发挥法规制度的教育引导和规制功能,一方面,必须重视发挥法规制度对大学生思想的导向作用。这是因为法规制度具有鲜明的原则性和指向性,进而对于大学生的思想行为有着重要的导向作用。因此,通过法规制度的落实执行,可以使大学生明确自身前进的方向,懂得立身做人的准则,自觉地树立正确的人生观和价值观。另一方面,要不断发挥法规制度的教育功能。要加强法规制度的教育,使大学生在遵守和履行法规制度中受到熏陶,并通过用法规制度规范大学生的外在行为,使其自觉遵守条令条例和各种法规制度,实现其"知"与"行"的统一。

在改革开放和发展社会主义市场经济条件下,由于多种经济成分的并存,

---

① 孟宪忠.论社会主义市场经济的文化精神[J].中国社会科学.1994.6.83.
② 张耀灿,钱广荣.思想政治教育研究范式论纲——思想政治教育研究方法的基本问题[J].思想教育研究,2014(7):5.

各种思想观念的碰撞,大学生的道德价值取向亦呈现出明显的多样化趋势。这不仅对思想政治教育工作提出了更高的要求,而且对如何发挥法规制度的约束规范功能来加强大学生的思想道德建设提出了新的课题。近年来,大学生思想道德建设的实践证明,充分发挥法规制度的约束规范功能,能有效保证思想政治教育所提倡、要求的道德行为,在法规制度上获得确认和规范的操作,更有利于帮助大学生形成良好的思想道德素质,不断巩固和增强思想政治教育的效果。

  法规制度之所以具有这种功能,这主要在于:一方面,从法规制度的本质内容上看,在我国社会主义制度下,国家、学校的各种法规制度是以马克思主义理论为指导,以社会主义思想道德观念为基础,进而把社会主义思想、道德要求用明确的条文规定下来,成为包括大学生在内的全体社会成员从事社会活动和规范社会行为的依据。因此,用法规制度约束和规范大学生行为的过程,其实质就是用社会主义的思想道德教育培养大学生的过程。另一方面,从法规制度的执行过程看,它有着极强的约束性,它规定了人们应该做什么,只能这样做而不能那样做,并对违反者规定了相应的处罚和制裁,从而引导人们按照法规制度的要求去检查控制自己的言行,使之不越轨。这就可以使思想政治教育中所提倡、要求的道德行为得到法律的确认和规范的操作。然而,就思想政治教育本身来说,它并不具有法规的约束效应,它的任务在于教育大学生明确自己的道德责任和义务,懂得为什么应该这样做,而不能那样做的道理,提高道德认识,逐步树立崇高的道德情操,从而使自己的言行符合法律规定和道德规范的要求。① 因此,在大学生思想政治教育中,高校在内部形成各部门之间的合力,既要把国家、学校的各种法规制度作为思想政治教育的重要内容,持之以恒地抓好各种法规制度教育,不断增强大学生的法规意识;又要把执行落实法规制度作为巩固、增强思想政治教育效果的重要手段,使之真正成为指导大学生言行的具体规范。总之,只有把思想政治教育与法规制度有机结合起来,才能使思想政治教育更坚强有力,更具有规范性和有效性。

三、经济价值——思想政治教育效果的实质性践行

  人是经济的主体,作为具有思想意识的人,他们的经济行为、经济生活总要受到一定思想意识的支配。在现代条件下,思想政治教育通过激发人们的主体意识和竞争意识,帮助人们确立现代观念,提高自身素质,从而推动社会经济的

---

① 武小琪.论当代大学生思想政治教育的困境与对策[J].科学咨询(决策管理),2009(6):13.

发展和全面进步。思想政治教育的经济价值,首先表现在为经济发展提供价值导向。众所周知,思想政治理论是解决社会基本矛盾、解放生产力、推动经济持续发展的思想前提。改革开放30多年的实践充分表明,我国社会生产力的解放和发展,同人们思想的解放、理论的创新和民族精神状态的深刻变化紧密相连。建设中国特色社会主义理论,树立解放思想、实事求是、与时俱进的思想路线,坚守开拓进取、奋发图强的民族自立精神,确立实现中华民族伟大复兴的宏大目标指向,都能够为改革开放和经济建设提供有力的理论指导、精神动力和思想保证。

思想政治教育作为社会主义精神文明建设的组成部分,总是以其特有的价值导向在社会经济发展过程中发挥着重要作用。从人类文明发展史来看,任何一种社会,在经济政治上占统治地位的阶级,都要以自己的思想体系影响社会生产和经济发展的方向。我国经济体制改革的目标是建立社会主义市场经济体制,社会主义市场经济的发展,既要遵循市场经济的一般规律,又要体现社会主义的本质要求。社会主义生产的目的,是为了满足人民群众日益增长的物质和文化生活的需要。是否有利于发展生产力、有利于增强我国的综合国力、有利于提高人民的生活水平是衡量经济工作和其他一切工作的价值标准。思想政治教育通过马克思主义科学理论的传播,通过法律、法规和党的路线、方针、政策的宣传,以及社会主义价值观的教育,为保证经济发展的正确方向和经济活动的正常运行发挥着自身的作用。①

思想政治教育能够帮助全体社会成员树立正确的价值观念。通过弘扬先进的经济文化、经济伦理和经济思想,在全社会倡导进步的发展观、生产观和消费观,树立经济可持续发展观念,正确处理经济效益与社会效益、经济发展与环境保护、物的现代化与人的现代化的关系,提倡科学合理的消费和健康文明的生活方式。在我国致力于实现全面建成小康社会目标的关键阶段,社会上出现了"富而忘本"、"小成即满"、"小富即安"的思想,给思想政治教育工作增添了新的挑战。为此,大学生思想政治教育要加强"致富思源、富而思进"的教育活动,使大学生从"思源"中领会发展生产力的重要性、必要性,把贪欲财富的物质冲动、单纯谋利动机转变为一种社会责任感和社会成就感;进一步增强使命感、责任感和紧迫感,继续发扬艰苦创业精神,为中国经济的"第二次创业"提供精神动力,为把社会主义事业推向更高阶段作好必要的思想准备。

思想政治教育能够为经济进步营造良好的社会环境。实践证明,市场经济

---

① 陈晓晖,胡冉冉.基于精细化管理理念的大学生思想政治教育实效性探析[J].教育探索.2016(4):97.

作为人类社会迄今为止最为先进合理的经济模式,也是最有效率的。但市场经济一旦缺乏良好的道德环境、法制环境和文化环境,往往会导致市场秩序的混乱,并阻碍社会经济的发展。如果行为主体自身缺乏基本的诚信,而彼此之间又没有相互的道德约束,行为必定会短期化,导致假冒伪劣、合同欺诈、"三角债"恶性怪圈等现象出现。[①] 对此,思想政治教育对经济进步的重要作用之一,就在于扫除精神障碍,创造一个良好的舆论氛围、精神环境和社会风气。可以促使社会成员全面地、辩证地看待经济的进步问题,客观地、科学地分析经济形势,使人们的眼光从片面的、狭隘的纯经济增长的旧框框中解放出来,代之以全面的系统的发展观念,为经济和社会的全面进步提供总的方法论的指导。思想政治教育可以增强人们在经济活动中的法治观念和道德意识,形成奋发向上、开拓进取、公平竞争、精诚合作、讲求信誉、竭诚服务、崇尚奉献、服务大局的良好氛围。[②] 同时,思想政治教育也可以帮助大学生更好地认识改革开放带来的巨大变化,提高对社会发展前景的认同与信心,揭示改革过程中存在的矛盾、困难和风险,引导和调整社会心态,增强大学生的心理承受能力,从而形成有利于经济进步的认识环境、道德环境和社会心理环境。

思想政治教育能够为经济主体提供精神动力与道德激励。人是经济活动的主体,人的精神状态,人的素质,人的主动性、积极性和创造性的发挥,直接关系和影响生产的效率和经济的发展。在现代社会条件下,重视精神激励和潜能开发,不仅成为不同社会制度下人们的共识,而且已成为许多学科共同研究的课题。如果说在战争年代,面对无数艰难困苦,需要一股决不屈服的革命精神,一种战胜困难的拼命精神;那么,在和平年代,面对现代化建设的重任,同样需要理想和信念激发起人们的潜能,最大限度地调动人们的积极性和创造性。思想政治教育正是以其特有的方式,为经济主体提供精神动力和道德激励。因此,对大学生进行思想政治教育必须体现经济价值、经济因素,尤其是要形成具有特色的校园文化,以增强大学生的凝聚力、向心力,从而增强其自豪感和骄傲感。

综上,在全面深化教育改革的大背景下,传统灌输式思想政治教育必须进行实质性转化。从美学、法律、经济等维度探讨大学生思想政治教育的运行机制,既是转变大学生思想政治教育观念的现实需要,又是丰富和拓展大学生思想政治教育教学资源的关键选择,对于促进大学生思想政治教育的多学科交叉,增强实效性具有积极意义。

---

① 闫峰.从费斯汀格的认知失调理论看大学生思想政治教育方法创新[J].内蒙古农业大学学报(社会科学版),2006(4):52.

② 何树华.深化当代大学生思想政治教育的思考[J].改革与战略,2005(5):65.

中国纺织职工思想政治工作研究会(院校学组)成立30周年纪念

"中国梦":时代趋向、价值功能与基本特征

——基于高校思想政治教育的解读视角

孙庆华

(东华大学党委宣传部,上海 201620)

摘 要:"中国梦"具有十分深刻和丰富的内涵,可以多层面进行解读。从高校思想政治教育视角而言,"中国梦"表征了时代趋向,既契合当代社会大众文化的时代特征与高校德育目标的内在变迁轨迹,又贴近当代大学生的代际特征。从其价值功能而言,"中国梦"彰显了现代大学的理想精神。从其基本特征而言,"中国梦"实现了主导性和多样性的平衡,具备明确的主体取向和大众化的认知路径。

关键词:中国梦;时代;价值;特征;思想政治教育

2012年11月,习近平总书记在参观《复兴之路》展览时首次就"中国梦"进行阐发,"实现中华民族伟大复兴的中国梦,就是要实现国家富强、民族振兴、人民幸福","中国梦是民族的梦,也是每个中国人的梦"。"中国梦"具有十分深刻和丰富的内涵,可以从不同层面进行解读。它既彰显着"国家富强、民族振兴、人民幸福"的宏大愿景,也蕴含着"共同享有人生出彩的机会,共同享有梦想成真的机会,共同享有同祖国和时代一起成长与进步的机会"的个体期待。"中国梦"可以是教育梦、大学梦,也可以是教师梦、学生梦。从高校思想政治教育角度而言,"中国梦"可以走进思想政治理论课教学课堂,"深刻理解并让中国梦的基本内涵、本质要求和实践路径进课堂、进学生头脑,对深入学习贯彻党的十八大精神具有十分重要的意义。在'中国近现代史纲要'课教学中做好此项工作,很重要的一点,就是要澄清近现代史领域的历史虚无主义观点,守护好近代以来中华民族为争取民族独立、人民解放和国家富强而艰苦奋斗、不懈努力的历史,把正确的历史观传授给青年学生,从而夯实中国梦的历史文化基础"①。"中国梦"同样可融入课堂教学之外,例如各高校所开展的丰富多彩的"中国梦"活动:"我的中国梦"征文大赛、演讲比赛、主题宣讲、主题校园文化建设、主

作者简介:孙庆华,东华大学党委宣传部助理研究员。
① 王宪明. 夯实中国梦的历史文化基础[J]. 思想理论教育,2013(6 上):17-20.

题社会实践活动、"最美中国"主题摄影及微电影创作大赛、"我的梦·中国梦"为主题的网络文化和书信文化活动等。本文拟基于高校思想政治教育的角度,从时代趋向、价值功能和基本特征三个维度来透视"中国梦"。

一、"中国梦":表征着时代趋向

"中国梦是历史的、现实的,也是未来的","是国家的,民族的,也是每一个中国人的","是我们的,更是你们青年一代的"。[①]"中国梦"既是集体梦,也是个人梦。"中国梦"既契合当代社会大众文化的时代特征与高校德育目标的内在变迁轨迹,又贴近当代大学生的代际特征。

从当代社会大众文化的时代特征来看,"大众文化逐渐成为当代中国市民社会的主要文化形态。大众文化以其商业性、媒介性、娱乐性、世俗性、技术性、流行性和消费性等市民文化特质,日渐渗透到人们的日常生活当中,并凝结成人们相对稳定的生活方式"。这样一种大众文化的崛起,给高校思想政治教育教育带来了深刻影响,使得思想政治教育的社会文化环境更加复杂,对高校思想政治教育的话语体系产生了正反两方面的作用:一方面,挑战高校思想政治教育话语体系的叙事方式、叙事结构和叙事模式,导致能指与所指的分离,话语转变为形象,形象遮蔽了思想,对高校思想政治教育的现实有效性带来了冲击;另一方面,消解了传统思想政治教育话语体系的灌输性、对象性和控制性,使学生获得了参与思想政治教育对话的话语权,这种能动性的解码力量为高校思想政治教育话语体系创新带来了历史性的契机。"中国梦"于当代高校的思想政治教育而言,实现了语言形式的大众化、通俗化、形象化和生活化。[②] 从高校德育目标的内在变迁来看,"考察改革开放以来国家一级高校德育政策,可知高校德育目标经历了从片面强调国家政治需要的社会本位目的,到强调满足学生个人成长需要,再到强调社会对大学生素质多方面需求的以人为本目的转变"[③]。

从当代大学生的代际特征来看,他们有着鲜明的时代烙印和代际特色,如"我的个性我张扬"、"我的选择我做主"、"我的言论我发布"、"我的未来我找寻"等特征。[④] "他们的身心发展特点和社会角色,决定了他们的关注点更多的是学习、生活、人际交往、婚恋、就业等非常现实的问题。和远期理想相比较,他

---

① 习近平. 在同各界优秀青年代表座谈会时的讲话[N]. 人民日报,2013 – 05 – 05(02).
② 邓伯军. 大众文化时代高校思想政治理论课教学话语体系创新研究[J]. 思想理论教育,2012(7上):56 – 60.
③ 熊孝梅. 和谐社会对高校德育目标的时代诉求——以国家一级高校德育政策为研究文本[J]. 学术论坛,2011(9):199 – 202、221.
④ 龚莉红. "90后"大学生党员代际特征与作用发挥[J]. 当代青年研究,2012(11):40 – 44.

们更多地关注近期理想,比如顺利完成某个专业的学习,培养和锻炼自己某个方面的技能,获得某项奖励等;同样,和社会理想相比较,他们也更倾向于关注个人理想,比如努力学习以期如愿以偿找到满意的工作(职业理想),挣更多的钱,让自己和自己的家庭过上更加幸福的生活(生活理想)等。"①

"中国梦是国家的梦、民族的梦,也是包括广大青年在内的每个中国人的梦。'得其大者可以兼其小。'只有把人生理想融入国家和民族的事业中,才能最终成就一番事业。"②在"中国梦"的丰富内涵中,国家梦和个体梦是能够有机契合的。国家梦有足够的场域承载个体的期待,也有足够的资源实现个体的期待。党的十八大报告提出两个"百年目标":第一是到中国共产党成立100年时全面建成小康社会,第二是到新中国成立100年时,建成富强民主文明和谐的社会主义现代化国家。有学者敏锐地指出,"当代大学生的成长成才与实现中国梦的两个'百年目标'合拍共振"。"第一个'百年目标'对当代大学生的特殊意义在于,这个目标实现距今已不足十年时间,而这十年恰逢当代大学生成长成才的发展关键期。在这十年之内,绝大多数当代大学生将完成学业,步入职业,组建家庭,踏入社会,将在这十年之内集中面临几乎所有重大的人生课题,也将步入三十而立这个精力最为充沛、行动效率最高、创造力最强的人生高峰期"。"第二个'百年目标'对于当代大学生的特殊意义在于,这个宏伟目标将实现于40年之内的本世纪中叶。40年的历程,恰是当代大学生人生职业、事业生涯的一个基本完成过程"。③

二、"中国梦"的价值功能:彰显大学理想

梦想是一种心理活动,但本质上更是一个政治问题。"一种适合表述人的问题的存在论所需要的基本分析框架是关于'做'(doing)而不是'在'(being),因为对于人来说,存在就是做事(to be is to do)。在'做'的分析框架里,梦想就成为一个非常重要的问题变量,它在很大程度上决定一个人的生活、一个社会和一个国家将成为什么样的","积极的梦想可能导致生活和社会的改变,因此梦想在本质上是政治问题","我们有理由把梦想看成一个重要的政治哲学问题,而且是一个基本的政治哲学问题"。④

---

① 王易,宋友文. 新形势下大学生理想信念教育的问题与对策[J]. 思想理论教育导刊,2011(4):57-60.

② 习近平给北京大学学生回信勉励当代青年勇做走在时代前面的奋进者开拓者奉献者[N]. 中国教育报,2013-05-05(01).

③ 冯秀军. 中国梦与当代大学生的成长成才[J]. 思想理论教育,2013(6上):21-25.

④ 赵汀阳. 美国梦、欧洲梦和中国梦,跨文化对话(第18辑)[M]. 南京:江苏人民出版社:161.

关于梦想的教育和建设更加是一个政治问题。因为它还牵涉到选择梦想的严谨性、可行性，梦想形成的完整性和追求梦想早日实现的预设规划与行动体现等意义。"任何国家的高校思想政治教育无不具有意识形态性和非意识形态性的双重特性"，"由于意识形态内容具有意识形态性和非意识形态性双重因素，所以作为以进行意识形态教育为主要任务的高校思想政治教育，在教育内容上必然相应地具有意识形态性内容和非意识形态性内容两个方面，它既以意识形态中的意识形态性因素为主导内容，又包括意识形态中对全社会乃至一切社会具有普遍意义的非意识形态性因素为辅助内容"。①"中国梦"能指引大学生确立科学的人生理想、提供大学生成长成才的人生动力、明确大学生报效祖国的责任担当。这其中彰显了现代大学的精神与理想。从教育哲学的角度看，古往今来的"大学理想"大致可以分为三种。第一，"理性主义的大学理想"，其代表人物是纽曼、洪堡、怀特海、赫钦斯、弗来克斯纳等人；第二，"工具主义的大学理想"，其代表人物是克拉克·科尔和瑞德·博克等人；第三，"存在主义的大学理想"，其代表人物是尼采、加塞特、雅斯贝尔斯、艾肯、沃尔夫人等。"理性主义的大学理想主要强调理性的启发和对永恒真理的追求；工具主义的大学理想主要强调大学应为国家服务；存在主义的大学理想主要强调个人的存在与自觉。"②不管是"理性主义的大学理想"，"工具主义的大学理想"，还是"存在主义的大学理想"，大学的理想不可避免地受到国家政治经济的制约和文化传统的影响，离不开本国的民族土壤和现实需求。大学如果脱离国家和社会的需要，就不再有继续存在的理由。一所大学只有忧国家之忧、想国家之想、务国家之实、务社会之实，为自己的国家和所处的社会做出重要的贡献，才能担负起为人类文明谋福祉的重任。

"正如革命战争年代我们围绕土地革命、抗日战争、夺取政权等任务进行理想信念教育，建国时期围绕社会主义改造和社会主义政权巩固进行理想信念教育一样，在当代中国改革开放和市场经济建设实践中，理想信念教育也必须有明确的针对性，即围绕实现社会主义、共产主义在当代中国实践中的现实实践要求，推进理想信念教育。"③正因如此，习近平总书记在同各界优秀青年代表座谈会上指出："理想指引人生方向，信念决定事业成败。没有理想信念，就会导致精神上'缺钙'。中国梦是全国各族人民的共同理想，也是青年一代应该牢固树立的远大理想。中国特色社会主义是我们党应该人民历经千辛万苦找到的

---

① 石书臣.坚持高校思想政治教育主导性的时代要求[J].马克思主义与现实(双月刊),2007(2): 186-188.
② 肖海涛.中国现代大学的理想[D].武汉:华中理工大学博士学位论文,1999:155.
③ 刘宁.关于理想信念问题的三点思考[J].马克思主义研究,2000(4):5-8.

实现中国梦的正确道路,也是广大青年应该牢固树立的人生信念。"

"中国梦"能激起大学生追求真理与科学的理想,体现了探索知识、崇尚科学、追求真理、学术自由的大学精神;"中国梦"能激发大学生报效祖国的责任担当,体现了对国家和社会负责的大学使命。现代的大学理想既有"理性主义",也有"存在主义",还有"工具主义"。这是一种既追求科学本身,又强调学生主体,更对人类、对国家、对社会负责的价值追求。这样一种理想主义要求大学既不能禁锢学生的存在与自觉,不能放弃对社会进步、对国家前途必须负有的责任,更不能把自己的知识使命和国家的前途命运对立起来。

三、"中国梦"的基本特征

1. 主导性和多样化的平衡

于高校思想政治教育而言,"中国梦"蕴含着主导性和多样化的统一。"主导性与多样性是一个古老的哲学命题,是任何事物发展的基本形态。在当前情况下,高校思想政治教育所面临的困难是,具有统一的、原则的、抽象的主导性如何与分散的、具体的、生动的多样化相结合。"① "高校思想政治教育的目标包括社会化目标和个性化目标两个基本层次,是社会化目标和个性化目标的统一","社会化目标,就是促进大学生思想品德的社会化,把大学生培养成为符合一定社会的思想政治道德要求的人才。它体现了高校思想政治教育目标的普遍性、共同性。而且,高校思想政治教育的社会化目标,并不是让学生认同每一个社会或社会中所有的思想政治道德内容,而是有着明确的主导方向","个性化目标,就是要满足学生对思想道德的个性化追求与期待,促进学生思想道德的个性化发展。个性化目标体现了高校思想政治教育目标的特殊性、差异性"。②

就主导性而言,"在技术理性主导的现代社会,在人被'碎片化'和'单面化'的现实场景中,阐释和强调人的整体属性具有重要的现实意义。人只有在整体性的追求中才能彰显自己最真实的存在,人只有在整体性追求中才能应对生命的碎裂和剥离,人只有在整体性的追求中才能实现人的交往性发展"③。"共同享有人生出彩的机会,共同享有梦想成真的机会,共同享有同祖国和时代

---

① 郑永廷. 高校思想政治教育面临的时代性课题[J]. 中国高等教育,2003(21):13-14.
② 石书臣. 坚持高校思想政治教育主导性的时代要求[J]. 马克思主义与现实(双月刊),2007(2):186-188.
③ 张振鹏. 马克思人性理论内涵的时代演绎及其对高校教学改革的启示[J]. 渤海大学学报(哲学社会科学版),2010(6):136-140.

一起成长与进步的机会"的前提是"国家富强、民族振兴、人民幸福"。只有在"中国梦"绽放的时候,"个体梦"才能开花。从根本上说,个人梦想生长的土壤深深植根于"中国梦"。有了"中国梦"的茁壮,"个体梦"才有基础与空间。对于当代大学生来说,其内在需求固然是多指向的,但并非所有重大需求他们自己都能清醒地直觉到。因而,启发大学生发现他们自己的重大和长远需求,并根据这种需求及其变化选择思想政治教育的切入点,往往事半功倍。以两个"百年目标"为内核的实现中华民族伟大复兴的"中国梦"为当代大学生产生、选择和确立人生理想指明了方向和参照。

就多样性而言,个性化目标是社会化目标的基础,个性化目标的实现促进社会化目标的发展。"中国梦"的生命力和吸引力就在于其切实落实到个人,以真实可触摸的"个体梦"为基础。如果"中国梦"与"个人梦"没有太大关系的话,那样的梦哪怕再壮丽也没有什么意义。"改革开放以来,尽管大学生人生价值观的演变形式多种多样,但都围绕着自我与社会这一中心,并且不断地从社会本位向个人本位倾斜。因此,应该承认这种变化的合理性。市场经济的确立意味着重视个人利益,意味着重视个人的主体意识。"[①]"中国梦"是个体生活幸福和人生出彩之梦。更好的教育质量、更多的就业机会、更高的工作收入、更广的发展空间、更稳定的工作环境、更可靠的社会保障、更舒适的居住条件、更优美的自然环境,当代大学生期盼自己能成长得更好、工作得更好、生活得更好。这些绚丽多样的"个体梦"本身就构成了"中国梦"的一块块基石。

思想政治教育要"在坚持主导性的指导下发展多样性,在发展多样性的基础上坚持主导性"。"实现中华民族伟大复兴的中国梦,就是要实现国家富强、民族振兴、人民幸福","共同享有人生出彩的机会,共同享有梦想成真的机会,共同享有同祖国和时代一起成长与进步的机会"。"中国梦"的丰富内涵赋予了高校思想政治教育的主导性和多样性的平衡。

2. 明确的主体指向

相比于"中华民族伟大复兴"的宏大叙事,"中国梦"的概念有更强的人本色彩。"实现中国梦必须凝聚中国力量。这就是中国各族人民大团结的力量","中国梦归根到底是人民的梦,必须紧紧依靠人民来实现"。这一论述蕴含着这样的深刻思想:"中国力量不是外在于全体中国人的某种抽象存在,相反,全体中国人构成了中国力量的真实主体。人的这种主体性地位和作用,构成了中国力量的基本前提、深厚源泉与根本目标。"[②]"中国梦"提供一种"新生的让人向

---

① 姚本先.新时期大学生价值观演变的轨迹、特点及原因[J].高等教育研究,2008(9):76-81.
② 贺来.中国力量的主体指向与依靠对象[N].光明日报,2013-04-24.

往的理想生活。这种理想生活既要尊重每个人的个人目标追求,对个人有着充分的激励,又要重视每个人的社会存在,让个人价值通过积极地创造社会价值得到实现"①。"中国梦"是我们每个人的梦,我们每个人都是这梦的主体。"中国梦"的实现不是建构于个人梦想的让位和牺牲,而是让每个人都成为在场者和书写者。就高校思想政治教育而言,"中国梦"其主体指向必然就是大学生。

霍姆林斯基说过:"只有当行为给学生带来真实感……在他心里留下愉快、兴奋、精神充沛的情感,知识才能够变成信念。"②高校思想政治教育过程中,就要做到以学生为本,不能把学生当作"物",不能忽视学生的主体意识,不能忽视对学生作为一个主体的感情、性格、道德意识的培养。传统高校思想政治教育价值定位的"社会本位化"和内容的"泛政治化",更多地强调社会价值,关乎人自身的个体价值和受教育者的现实需要却在很大程度上被忽略了,使得学生对思想政治教育产生了严重的误解和排斥心理。正如有学者所言:"在现实的思想政治教育中,这些关乎人存在,意义生存、幸福生活的内容由于种种原因却被淡化、忽视了,从而导致了思想政治教育在现实中的'解题低效'。"③

教育者是主体,受教育者也是主体。"如果一方是主体,另一方是客体,那么双方就不能实施平等的交换,而是一方对另一方的支配和剥夺。"④"中国梦"凸显了大学生这一价值主体。它既有助于学生更好地认清当下处境和未来方向,更自觉地把握自身命运,又为学生提供了广阔的实现梦想机会的空间和平台。这种主体性包含两个层面。第一,大学生自觉对事物的重要性及是否满足需要作出判断。任何价值观念都是主体在自身的社会实践中逐步形成和构建的,它涉及"谁的价值观"或"谁的价值行动"等问题。新时期大学生价值主体的演变具有从自我意识由觉醒到抽象再到具体的特点。第二,大学生思考、确定并追求的对其行动具有重要意义的目标,它涉及"人的行动是为了什么"的问题。⑤ 人的主体性自觉,要求大学生必须确立这样的自我意识:个人的自主性、独立性和创造性,都是"中国梦"的有机构成部分;在"中国梦"的实现过程中,每一位大学生都是在场者、参与者。大学生不是"中国梦"之外的被动客体,更不是"中国梦"的旁观者和看客,大学生的思想和行为、理论与实践都会直接对"中国梦"产生重要影响,对它的生成和壮大负有重大责任。"教育绝非单纯的

---

① 吴海江、杜彦君.国际比较视野下的美国梦、欧洲梦和中国梦[J].思想理论教育,2013(6上):11-16.
② [苏]霍姆林斯基.个人全面发展教育的诸问题[M].济南:山东教育出版社,1986:41.
③ 闫艳、王秀阁.现代思想政治教育内容新探[J].思想教育研究,2008(4):14-18.
④ 马克思恩格斯全集(第23卷)[M].北京:人民出版社,1972:102-103.
⑤ 姚本先.新时期大学生价值观演变的轨迹、特点及原因[J].高等教育研究,2008(9):76-81.

文化传递,教育之为教育,正是在于它是一种人格心灵的唤醒,这是教育的核心所在","在思想政治教育目标的制定过程中,必须考虑每个受教育者的实际需要和思想道德多层次性的现实状况,由片面强调整齐划一向多样性方向转变,在强调共性的同时,更多地关注个性和个体发展的差异性,为每个人的创新力的生成以及终极价值的实现创造自主发展空间,开发其潜在的个性优势"。①

3. 大众化的认知路径

现代传播理论与实践都表明,意识形态的内容不一定非要用意识形态的方式表达,非意识形态的话语有时更能产生潜移默化润物细无声的效果。"中国梦"概念的深入人心,日益成为当代大学生"普遍赞同"的"常识"或"共识",发挥着引领思潮、凝聚共识,构建新的精神依托、精神家园和文化认同的作用。关键之一在于,其能深度实现"口头认知—情感认同—价值内化—方法论指导"的转化。也即其内部条件的实现问题:理论与受众需求相符合、理论对接个人生活经验、理论紧密联系人们的社会兴趣、理论满足人们的利益追求、理论与个人意义世界的关联。②关键之二在于,其能实现从应然教育目的到实然教育目的的有效转化。把应然社会价值取向转化为教育过程当事人,也即大学生的实然价值取向,其中教育过程当事人不仅接受教育目的,更直接参与其中。关键之三在于,其能"落地",即与大学生日常学习与生活的相关性问题。也可以被理解为建构"常识"或"共识"的过程,就是把不同的观念、信念和实践接合和重新接合为"常识"或"共识"的过程。正如费斯克所说:"一个文本要成为大众的,就必须'言说'读者想要的东西,并且必须允许读者在建构和发现文本与他们的社会情景具有相关点时,同时参与选择文本所言说的东西(因为文本所言说的东西必然是多元的)。"③比如,仅就作为表征"中国梦"载体的影视作品而言,"中国电影和中国百年的社会历程相伴随,也紧紧地扣住了中国的命运和中国人的命运,因此,电影和'中国梦'就是天然地联系在一起的,电影可以说就是'中国梦'的表征","从今天看来,新中国的六十年经历了由民族独立和民族国家的建构到'和平崛起'的发展,也经历了由'集体性'地争取国家强大的'中国梦'到每个中国人个体实现自己梦想的'中国梦'的展开的进程"。④

---

① 左宁. 个性化时代的高校思想政治教育途径探析[J]. 长春师范学院学报(自然科学版),2010(3):157-160.
② 赵君,肖祥. "推进高校马克思主义中国化、时代化、大众化理论与实践交流研讨会"综述[J]. 高校理论战线,2010(12):60-61.
③ [美]约翰·费斯克著. 王晓珏、宋伟杰译. 理解大众文化[M]. 北京:中央编译出版社,2001:173.
④ 张颐武. "中国梦":想象和建构新的认同——再思六十年中国电影[J]. 上海大学学报(社会科学版),2009(5):5-17.

正如党在不同时期所提出的"枪杆子里面出政权"、"为人民服务"等让广大人民群众耳熟能详通俗易懂的大众化语言,"中国梦"也用最明白、最通俗的语言表达社会主义核心价值观并传送给学生。但值得注意的是,"中国梦"虽有着大众化的认知路径,具备通俗、亲和、明白、易懂的特点,但讲通俗不等于不要准确,讲亲和不等于没有原则。尤其是作为高校思想政治教育工作者,更需要将"中国梦"的内涵、外延、本质、立场、价值等向大学生阐发清楚。如果不讲清楚或者讲不清楚,就可能会给一些人或一些群体有意无意曲解"中国梦"提供机会。若如此,不仅会模糊"中国梦"的本来面目,还会扰乱"中国梦"的共识,消解"中国梦"的合力。

概而言之,"中国梦"具有十分深刻和丰富的内涵。从高校思想政治教育视角而言,"中国梦"表征了时代趋向,既契合当代社会大众文化的时代特征与高校德育目标的内在变迁轨迹,又贴近当代大学生的代际特征。从其价值功能而言,"中国梦"彰显了现代大学的理想精神。从其基本特征而言,"中国梦"实现了主导性和多样性的平衡,具备明确的主体取向和大众化的认知路径。课堂内外的"中国梦"活动不仅能兼顾思想政治教育的意识形态性和非意识形态性,而且能实现两者的兼容:发展社会性功能基础上的阶级性功能,重视个性化目标基础上的社会化目标,吸纳非意识形态性内容基础上的意识形态性内容,包容多样价值取向基础上的一元价值导向。

高校意识形态教育的突出问题及其对策

孙庆民[1]　仲　宏[2]

（[1] 苏州大学纺织服装学院，江苏 苏州 215021；[2] 苏州大学文正学院，江苏 苏州 215021）

摘　要：意识形态教育是一项战略工程、固本工程和系统工程，是有效地进行社会动员和社会整合、稳固党的执政基础的重要手段。高校的特殊性使其在意识形态教育中具有不可替代的作用。当下高校意识形态教育存在着一元引领与多元思想碰撞、顶层设计与基层创新割裂、内化于心与外化于行脱节、传统教育方式与新媒体教育方式无法形成合力等诸多突出问题。因此，加强高校意识形态教育必须在理念上坚持一元引领与多元包容的有机统一，在运行机制上坚持顶层设计与基层创新的有机统一，在教育环节上坚持内化于心与外化于行的有机统一，在教育方式上坚持新媒体教育方式与传统教育方式的有机统一。

关键词：高校；意识形态；阵地建设；辩证关系

改革开放以来，我国经济社会生活方式和组织形式发生了深刻变化，各种思想文化交流交融交锋日益频繁，人们思想活动的独立性、选择性、差异性、多样性，以及思想观念呈现出多元多变的态势。作为集学科建设、人才培养、服务地方、文化引领优势为一体的高校，在意识形态教育方面的确存在一些突出问题，教育任务更加艰巨复杂。

一、当下高校意识形态教育存在的突出问题

在当下高校意识形态教育存在着一元引导与多元价值碰撞、顶层设计与基层创新割裂、内化于心与外化于行脱节、新媒体教育方式与传统教育方式缺乏整合等诸多突出问题。

其一，多元化背景下，一元引领与多元思想不断碰撞。由于诸多历史和现实、主观和客观、外部和内部因素的影响，中国人真正团结一致的时期在历史上总是很短。李瑞环在和大学生座谈时曾提到一个故事："一个美国人说，如果有

本文系 2014 年度高校哲学社会科学研究基金资助项目"思想政治教育与巩固党的执政基础研究"（项目批准号：2014SJB513）阶段性研究成果之一。

作者：孙庆民，男，河北南和，1970 – ，苏州大学纺织与服装工程学院党委书记，法学博士，副研究员。
　　　仲宏，男，1967 – ，四川大英，苏州大学文正学院党委书记，副研究员。

一个中国人进了我的研究所,我就要很小心,他很有可能把我的研究成果学走;如果有两个,就稍微放点心;如果有三个中国人,我就完全放心了,因为他们自己就折腾起来了。"①中国人心整合之难可见一斑。特别在当下中国,多元化的社会环境,为各种意识形态的传播创造了条件,一些西方国家利用先进技术、文化产品和强势媒体,对我国社会生活的各个领域进行意识形态渗透。比如,近几年来美国等西方国家通过教育和学术交流向高层学者、知识分子等社会精英进行价值观渗透,通过福特基金会、洛克菲勒基金会、福布赖特基金会等,拉拢和利用高层社科研究人员和知识分子,意在培养从内部瓦解社会主义的"文化基因",通过他们的辐射作用传播西方的文化价值观,影响社会大众。一些人利用中国特色社会主义建设中存在的问题大做文章,比如否定社会主义革命和建设成就的历史虚无主义、否定中国共产党领导和马克思主义意识形态占主导地位的意识形态终结论等,对社会主流意识形态具有不可忽视的消解作用。

而由于改革开放后多种所有制的并存、社会阶层的分化和固化、利益主体的多元化等内部因素,导致我国在经济快速发展的同时,也付出了破坏自然生态和政治生态两个历史性代价,一些社会问题的确没有得到妥善解决。有专家指出:"'信仰失落'问题在当代中国,主要不是个人缺乏扬善惩恶、追求不朽的内在动力,而是共同理想的淡漠、历史方向感的丧失。"②在此背景下,一些高校的老师和学生基于个人的切身利益和成才环境等独特的认知方式,更加关注党和政府的工作绩效、社会政治文化和公平正义建设,特别是"党和政府的绩效问题已然成为大学生是否认同社会主义主流意识形态的关键"③。由于缺乏社会政治经验,又受西方价值观的影响,部分师生不同程度地存在政治信仰迷茫、理想信念模糊、价值取向扭曲等问题,对主流意识形态的认知存在偏差,极易被各种不良思想所利用。

同时,社会主义意识形态作为我国当代的主流意识形态,其在发挥一元引领作用方面还存在一些问题。以往采取理论灌输、正面宣传、领导谈心等传统方式的意识形态教育因为不能完全满足青年大学生的精神需求而显得有所欠缺,降低了师生对社会主义意识形态的认同。高校在把马克思主义作为一元引导的实践中,对于引导师生如何正确认识西方敌对势力、国内一些新自由主义、民主社会主义和历史虚无主义等缺乏针对性和说服力,对于现实社会中的两极分化、阶层腐化和贪腐等问题没有足够的令人信服的解释依据,导致主流意识

---

① 李瑞环.看法与说法[M].北京:中国人民大学出版社,2013:46.
② 侯惠勤.当代中国信仰问题的出路是坚定马克思主义信仰[J].思想政治工作研究,2011(4).
③ 王晓方.高校思想政治理论课对大学生主流意识形态认同的影响[J].思想教育研究,2010(11).

形态在多元思想不断碰撞中引领作用的发挥有待进一步增强。

其二,教育运行机制上存在顶层设计和基层创新的割裂和"两张皮"现象。顶层设计与基层创新相结合是推进中国特色社会主义改革的重要原则。中国革命、建设和改革的长期实践证明,顶层设计与基层创新在充分衔接、上通下达十分流畅的时候,也是党带领人民群众取得最大成绩,全国上下共识最强、士气高涨的时期;当由于诸多因素影响,顶层设计与基层创新割裂开来,出现"政令出不了中南海"的状况的时候,也是社会矛盾加剧、人心散乱的时期。习近平在总结我国建设和改革的经验时指出:"摸着石头过河和加强顶层设计是辩证统一的……要加强宏观思考和顶层设计,更加注重改革的系统性、整体性、协同性,同时也要继续鼓励大胆实验,大胆突破,不断把改革开放引向深入。"①

教育的最终目的是培养真正自由全面发展的人。而当下高校教育在这一方面的确存在一些突出问题,著名的"钱学森之问"意味着高等教育解决学生与教师同步发展、共同成长的问题任重道远。高校意识形态教育同样如此,这主要体现在教育主管部门、高校相关部门的顶层设计与基层一线教师和学生创新之间的割裂。一方面,教育主管部门、高校相关部门等行政机构十分重视意识形态教育,费尽心思寻求良策,投入了一定人力、物力和财力;另一方面,部分一线意识形态教育工作者却面对现有的教育体制悲观失望,感到无从做起,对于基层创新持消极被动的态度,形成了顶层设计和基层创新的割裂和"两张皮"现象。

其三,教育环节上存在内化于心与外化于行的脱节现象。当下我国高校在坚持正确的政治方向和舆论导向、坚持马克思主义理论指导地位、确保社会主义办学方向等方面发挥了重要作用。但是,一些高校也出现了该上的课没有上好、该管的事没有管好、"该种的地没有种好"的现象,削弱了意识形态教育。主要体现在教育环节,教育主体对马克思主义理论能否真正做到讲准讲深讲透,能否将其融入教育对象的思想意识和精神血脉,能否使教育对象真正做到内化于心与外化于行的有机结合,依然是我们今天在新形势下要面对的问题。如果知行脱节,师生仅仅满足于坐而论道,应付考试,而不愿意身体力行,甚至成为知行背离、言行不一的两面人,这就意味着高校意识形态教育的失败。

内化于心与外化于行的脱节,关键在于内化于心的教育力度不够,实效性缺失。意识形态教育作为触及学生灵魂的一种教育,一定要遵循人的心理发展规律、教育规律,润物无声、持之以恒、日积月累地对学生进行引导,这样才能久久为功,逐步进入学生的思想和意识深处,形成其自觉的价值取向和追求。当

---

① 习近平:习近平谈治国理政[M].北京:外文出版社,2014:68.

然，意识形态教育的生命力在于外化于行的实践效果。需要师生共同配合，积极行动，意识形态教育才能进一步在践行中加以巩固，进而充分发挥精神引擎的巨大作用。

其四，教育方式上传统方式与新媒体方式无法形成合力。当前"大数据"的背景已经推动教育领域逐步进入"无纸学习"时代。随着具有及时性、互动性、生动性、共享性等诸多新特征的互联网、微博、微信等新媒体逐渐普及，高校意识形态教育面临机遇与挑战并存的形势。一方面，学生通过互联网可以开展在线学习、混合学习和协作学习的模式转型，利用传统课堂所不及的优势开展内容丰富的学习和信息交流，极大地激发其学习的兴趣和动力；另一方面，新媒体本身所固有的传播主体的去中心化、传播内容的碎片化以及传播方式的蝴蝶效应等特征也为高校意识形态教育带来极大挑战。在新媒体背景下，如何引导学生在通过互联网获得的海量信息资源中获取有价值信息，提升其去伪存真、分辨是非的能力成为学校指导和培养学生的第一要务。如何适当地应用新媒体服务教学，成为现代教育必须面对的课题。有学者担心当教育遭遇新媒体后，学校的概念将被弱化，甚至教育模式可能被颠覆，这种担心不无道理。

长期以来，我国高校意识形态教育一直拥有相对独立的主流影响渠道、宣传主阵地和一批骨干教育管理队伍，团委、学生会、社团等学生组织是意识形态教育的桥梁和纽带。而新媒体带来的生动、新鲜、复杂而多元的文化元素冲击了传统的教育模式和方法，导致传统方式与新媒体方式缺乏整合，有的高校甚至形成校方宣传机构与新媒体意见领袖"两个舆论场"，这一问题必须引起我们的重视。

二、加强高校意识形态教育的对策

大学生是中国特色社会主义建设和实现中华民族伟大复兴"中国梦"的重要力量，理应成为以马克思主义为指导思想的主流意识形态的接受者、传播者和践行者。因此，加强高校意识形态教育显得尤为重要。加强高校意识形态教育必须在理念上坚持一元引领与多元包容的有机统一，在运行机制上坚持顶层设计与基层创新的有机统一，在教育环节上坚持内化于心与外化于行的有机统一、在教育方式上坚持新媒体教育方式与传统教育方式的有机统一。

（一）处理好一元引领和多元包容的辩证关系

任何事物的发展都有正反两方面的后果，改革开放也不例外。我国社会主义市场经济实践在产生大量物质财富的同时，出现了社会价值冲突和人们精神缺失及价值迷茫的现象，存在着转型社会价值真空和社会道德失范引发的风险。有学者认为:"纵观当代中国社会变迁,我们不难发现经济的现代化远快于精神的现代化,物质的不断丰富却伴随着精神的逐渐失落,尤其是作为人类精神支柱的信仰如今变得越来越模糊,呈现出鱼龙混杂,缺乏强有力价值导向的态势。"①社会文化价值多元化、部分社会成员信仰缺失就是改革开放和社会急速转型带来的负面影响之一。

一方面,必须坚持马克思主义的一元指导地位,发挥社会主义核心价值观的引领作用,加强理想信念教育。社会主义核心价值观反映了全国各族人民的最大共识。习近平强调:"一个国家的文化软实力,从根本上说,取决于其核心价值观的生命力、凝聚力、感召力。"②并且指出:"如果一个民族,一个国家没有共同的核心价值观,莫衷一是,行无依归,那这个民族、这个国家就无法前进。"③高校是弘扬主旋律、传播正声音、聚集正能量、树立正形象的阵地,课堂是传播马克思主义、弘扬社会正气、维护党的形象的渠道。因此,用马克思主义占领课堂主阵地主渠道,不断巩固马克思主义的指导地位,深入推进中国特色社会主义理论体系建设,使得具有中国特色、时代特征的高校哲学社会科学学术理论体系和学术话语体系走进课堂,深入学生头脑,通过开展中国特色社会主义和"中国梦"的宣传教育抵御西方敌对势力的渗透和负面舆论,显得尤为重要。正如列宁所说,"或者是资产阶级的思想体系,或者是社会主义的思想体系。这里中间的东西是没有的……"④。这就意味着我们必须在各种意识形态之间做出何为主导的选择,要大力加强社会主义核心价值观和理想信念教育,保证大学生意识形态的正确方向。

另一方面,应该采取兼容并蓄、多元包容的态度对待其他意识形态,取其精华,弃其糟粕。在多元文化社会里,要正确看待当下社会文化价值多元化的现象,对待非主流意识形态我们需要具有宽容和对话的精神,以强化主流意识形态的地位。中国劳动力学会副会长苏海南认为:"较之改革开放前以及改革开放初期,现在整个社会心态的状况确实发生了很大的变化。主要有六个方面:首先,社会心态由单一变成多元;其次,由比较静态变成动态;第三,由原来那种非黑即白、很极端、很绝对的心态变得比较模糊和混沌不清;第四,由相对僵化凝固,变成比较普遍地焦虑不安;第五,由被动接受,党和政府宣传什么就听什么,发展到现在,各个社会阶层和群体都有一种主动宣泄的需求和表现;第六,

---

① 李刚.当前理想信念教育的"瓶颈"和破解思路[J].成都大学学报(社科版),2010(5).
② 习近平.习近平谈治国理政[M].北京:外文出版社,2014:163.
③ 习近平.习近平谈治国理政[M].北京:外文出版社,2014:168.
④ 列宁选集(第1卷)[M].北京:人民出版社,1995:326.

由原来的包容性很差、很弱,到现在的包容性宽松很多。"①需要重视的是有些人对社会主义产生了疑问,信心开始动摇,社会主义信念不坚定。一些民众尤其是知识分子,对官员的廉洁、能力和为人民服务的宗旨持怀疑态度,甚至失去了信心。代表祖国未来希望的一些年轻人,无理想无目标,表现出学习无动力、工作不认真、能力无所谓的状况,往往"混"字当头。自私功利等为人所鄙弃的落后道德有了市场,并且正影响着年轻一代,对正在转型期的中国造成负面的影响。

为了更好地巩固执政基础,执政党在实践中的政治理念应体现更多的包容性,团结的对象越多越大,就意味着得到最大多数的认同,这样才可能赢得和保持执政地位。列宁指出:"无产阶级专政的实质不仅在于暴力,而且主要不在暴力。"②我们"只有最大程度地协调统治者与被统治者、领导者与被领导者、管理者与被管理者之间的关系,特别是更多地替被统治者、被领导者和被管理者着想,才能得到别人的理解和接受"③。作为执政党,中国共产党有责任把社会上不同的阶级、阶层、集团凝聚在一起,通过马克思主义理想信念教育和践行社会主义核心价值观,展示中华文化独特魅力,提高国际话语权,讲好中国故事,传播好中国声音,阐释好中国特色。只有这样,才能让社会主义意识形态在高校学生群体中大放异彩,才能共同建设好社会主义国家。

(二)运行机制上坚持顶层设计和基层创新的有机统一

加强高校意识形态教育必须要有顶层设计,但也必须依靠基层创新,顶层设计为基层创新提供方向和保证,基层创新为顶层设计提供丰富的依据,顶层设计依靠基层创新实现。顶层设计不可能规定出具体的实现模式,但基层却可能探索出许多具有普遍意义的科学有效模式,这就需要顶层设计者不断关注和肯定基层创新。

1. 领导重视是强化高校意识形态阵地建设顶层设计的重要体现

"顶层设计"原本是一个表述自高端向低端展开设计方法的工程学术语,本义是统筹考虑项目各层次和各要素,追根溯源,统揽全局,在最高层次上寻求解决问题之道。其核心特征包括顶层决定性、系统整体性和实际可操作性三个方面。随着改革的深入,影响中国发展的因素也越来越复杂、积累的深层次矛盾问题越来越多,如何避免"头痛医头脚痛医脚",从源头上化解积弊,在重点领域取得突破,必须要有"顶层设计"。习近平提出的"全面建成小康社会、全面深化

---

① 苏海南.科学分析和看待当前社会心态[J].时事报告,2011(9).
② 列宁全集(第36卷)[M].北京:人民出版社,1985:275.
③ 邱柏生.关于思想政治教育学科研究的若干问题[J].思想政治教育,2006(4).

改革、全面依法治国、全面从严治党"的治国方略,就完整地展现出新一届中央领导集体治国理政的顶层设计框架。

加强高校意识形态教育需要来自中央和地方各级领导的重视和顶层设计规划。以习近平为总书记的党中央十分重视高校意识形态建设。习近平专门强调:"思想纯洁是马克思主义政党保持纯洁性的根本,道德高尚是领导干部做到清正廉洁的基础。我们要教育引导广大党员、干部坚定理想信念、坚守共产党人精神家园,不断夯实党员干部廉洁从政的思想道德基础,筑牢拒腐防变的思想道德防线。要抓好思想理论建设、抓好党性教育和党性修养、抓好道德建设,教育引导广大党员、干部认真学习和实践马克思列宁主义、毛泽东思想、中国特色社会主义理论体系,牢固树立正确的世界观、权力观、事业观,模范践行社会主义荣辱观,以理论上的坚定保证行动上的坚定,以思想上的清醒保证用权上的清醒,不断增强宗旨意识,始终保持共产党人的高尚品格和廉洁操守。"[①]这就要求教育者特别是各级党员领导干部必须保持思想的高度,体现纯洁性。

同时,学校主要领导应该主动站在意识形态工作第一线,切实担负起政治责任和领导责任,敢抓敢管、敢于亮剑,做到守土有责、守土负责、守土尽责,坚持把加强思想理论建设放在首位,用发展着的中国化的马克思主义教育全校党员和广大师生员工,不断巩固马克思主义在意识形态领域的指导地位。有的高校按照"学术研究无禁区,课堂讲授有纪律,公开宣传有要求"的原则,建立、细化和完善各级领导干部听课制度和专职教学督导听课制度,是一种值得借鉴的方式。另外,需要各级领导加大在高校意识形态阵地建设方面人力、物力和财力的实质性投入。

2. 凝聚共识是强化高校意识形态阵地建设基层创新的重要成果

中国社会复杂的现实条件也要求在进行顶层设计的同时也必须考虑到基层创新。没有基层强有力的执行和创新,顶层设计就没有坚实的社会基础。改革开放初期实行的农村联产承包责任制就体现了基层创新的价值。在某种程度上说,基层设计并不见得比顶层设计来得容易。如果说顶层设计涉及的是党的大政方针的制定,那么基层设计更多的是关乎政策执行效果和基层创新。顶层设计和基层创新需要互相衔接配合,形成有机统一的建设格局。一方面,顶层领导机构要不断改进教育的内容、方式和方法,充分发挥师生的积极性和主动性,只要基层的教育工作者有一种使命感和责任感,心里真正想着学生的发展,知道教育培养的目标,掌握教育规律,敢于担当,勇于创新,锐意改革,就一定能够促进教育的真正变化。另一方面要加强对基层创新的适度控制和引导,

---

① 习近平关于党风廉政建设和反腐败斗争论述摘编[M].北京:中央文献出版社,2015:141.

防止因基层创新无序混乱冲击国家的全局安排。加强课堂管理,不给违反宪法和法律的错误观点与言论提供传播渠道。只有让高校领导干部、教师、大学生都成为意识形态阵地建设的有力组织者、社会主义核心价值观的自觉传播者和中国特色社会主义的坚定信仰者,高校意识形态阵地建设才会更加稳固。

3. 顶层设计与基层创新有机统一是教育机制顺利运行的可靠保证

教育改革必须有顶层设计,但也必须依靠基层创新,顶层设计为基层创新提供方向和保证,基层创新为顶层设计提供丰富的依据,顶层设计依靠基层创新实现。顶层设计来自基层创新,要不断为基层创新助力助推。顶层设计不可能规定出具体的实现模式,但基层却可能探索出许多具有普遍意义的科学有效模式,这就需要顶层设计者不断关注基层创新,不断总结规律性的东西,不断肯定基层的改革与实践。顶层设计是在教育整个大系统中从外到里的改革,而基层是在最核心的课堂从里往外改革,这两种改革必须遥相呼应才能不断推进。

(三)在教育环节上坚持内化于心与外化于行的有机统一

辩证唯物主义告诉我们,事物变化发展是内因和外因共同起作用的结果,外因通过内因起作用。因此,内化与外化是强化意识形态阵地建设过程中密不可分的两个发展阶段,是对立统一的辩证关系。内化是将外在的社会意识、思想转化为个体的思想意识,是变"社会要我这样做"为"我要这样做";外化则是将个体的思想动机转变为外在的行为,是变"我要这样做"为"我正在(已经)这样做"。内化于心与外化于行的有机统一过程就是教育主体将主流意识形态通过内化而纳入客体自己的意识体系,使其成为内在力量;然后,教育客体把已经内化了的思想观点自主地转化为自己的行为表现和行为习惯。

1. 强化高校意识形态阵地建设的前提是"内化于心"

"内化的机理是复杂的,从总体上看是一个感受、分析、选择的过程。"①教育主体虽然发挥主导作用,但由知到行的转化最终只能取决于教育客体自身认识的提高和思想转化。在内化阶段,教育主体处于主导地位,教育主体将社会所要求的主流意识形态传导给教育客体,以提高教育客体的思想认识。周恩来说过:"要想把领导者的觉悟、领导者的智慧变成群众的力量,需要经过教育的过程,说服的过程,有时需要经过等待的过程,等待群众的觉悟。"②因此,加强对大学生的意识形态教育,要在科学揭示、正确认识其内在生成和发展规律的基础上,持之以恒地长期强化和引导,才能逐步进入其思想和意识深处,形成自觉的价值取向和追求。

---

① 鲁洁,王逢贤.德育新论[M].南京:江苏教育出版社,1994:273.
② 周恩来选集上卷[M].北京:人民出版社,1981:336.

需要指出的是,作好教育对象内化于心的工作关键在教师。教师承担着教书育人的崇高职责,在意识形态教育中具有言传身教的重要作用。要增强高校教师的政治意识、责任意识和本领意识。高校教育要巩固马克思主义在意识形态领域的指导地位,巩固全党全国各族人民团结奋斗的共同思想基础,因此,教师要始终把坚定的政治意识放在首位。习近平总书记曾在与高校教师、青年学生座谈时告诫广大教师,要始终同党和人民站在一起,自觉做中国特色社会主义的坚定信仰者和忠实实践者,忠诚于党和人民的教育事业,自觉把党的教育方针贯彻到教学管理工作全过程。高校教师必须把增强本领意识放到重要位置,必须要始终处于学习状态,刻苦钻研、严谨笃学,不断充实、拓展、提高自身素质,尽到教书育人、立德树人和正确引导学生的责任,就是要把这种责任体现到平凡、普通、细微的教学过程之中。

2. 加强高校意识形态教育的标志成果是"外化于行"

外化是指受教育者将个体意识转化为良好行为,并使其成为行为习惯,产生良好的行为结果的过程。这就要求教育主体应更加注重实践性,通过积极开展有明确的正确意识导向的形式多样的活动,形成良好的氛围,让所有的大学生都参与其中,达到外化的效果,真正实现由"知"到"行"的转变,实现在思想自觉基础上的实践自觉。离开了实践生活,再好的意识形态也只是空中楼阁。高校意识形态教育的生命力就在于它的实践性。因此,教育主体必须面向现实,研究回答重大理论和现实问题,增强理论认同、政治认同、情感认同,通过广泛开展形式新颖、喜闻乐见、针对性强的实践活动,将意识形态教育融入大学生的学习、工作、生活之中,教育他们在实践中感知、在行动中领悟,争做维护社会主流意识形态的践行者。

内化与外化互相渗透,内化中有外化,外化中有内化。只有内化于心,才能外化于行,内化于心是前提,外化于行是落脚点,是归宿。光内化于心而不能外化于行,内化于心便无着落;单外化于行而未内化于心,其行动便无目标。必须将内化于心同外化于行相互结合起来,做到知与行的统一。比如,高校可以采取把外部灌输和开发人的自觉性结合起来进行提升人的主体性的教育;采取日常化教育方式,将道德教育的内容和人的日常生活密切结合起来,营造积极向上的氛围,结合社会难点、热点深入宣传新事物、新典型;组织开展关于意识形态大讨论活动,将社会主义主流意识形态内化于心、外化于行,助力青年学生成长成才。

(四)在教育方式方法上坚持传统教育与新媒体教育方式的有机统一

在当前"大数据"的背景下,互联网、微信等新媒体具有及时性、互动性、生动性、共享性等诸多新特征。新媒体的普及和应用使强化高校意识形态阵地建设面临机遇与挑战并存的形势。如何有效地利用网络特性,强化高校意识形态阵地建设,是我们亟待解决的问题。

1. 运用新的技术手段,增进宣传效果

随着时代和社会的发展,主流意识形态的确立面临着很大挑战,它的内容和形式将不是一成不变的。江泽民强调:"互联网已经成为思想政治工作的一个新的重要阵地,各级领导干部要密切关注和研究信息网络发展的新动向,抓紧学习网络知识,善于利用网络开展工作,努力掌握网上斗争的主动权。"①新媒体境遇下,高校意识形态教育宜疏不宜堵,片面压制只会让大学生丧失对主流意识形态的信任。因此,强化高校意识形态阵地建设一定要主动适应和充分利用互联网、微信、微博等新媒体,关注网络舆情,主动参与讨论,掌握管理权和话语权,构筑富有吸引力的马克思主义教育阵地。

一方面,高校要充分利用新媒体,掌握主流意识形态的话语权。与传统意识形态教育相比,新媒体最突出的优势在于其营造的双向互动的沟通平台,教育者可以利用这个平台,就大学生关注的热点及敏感话题,加强与大学生的交流互动,形成积极向上的舆论导向。在新媒体背景下,老师同时可以通过使用电子设备布置、批改电子作业,在线答疑和即时家访;学生能够在线学习、提交作业并增加师生或同学间的互动。高校在意识形态教育过程中应该与时俱进,由课内向课外延伸。发挥网络媒体手机媒体等新媒体的功能,以引导式、体验式、互动式和渗透式等方式来开展主流意识形态教育,更加注重内容和活动设计的开放性与可选择性,着力建设高素质的意识形态工作队伍,组建学校网络评论员、引导员,培育一批导向正确、影响力广的网络名师,弘扬向上向善的精神力量,开展网上舆论引导和思想疏导,增强教育内容的全面化和系统性,实现虚拟空间与现实空间的有机统一。

另一方面,高校应强化对新媒体平台的管理和建设,建立主流意识教育的网络工作平台。根据学生年级和专业特点设立不同的网页论坛或博客版块,设计具有时代特点的,有较强感染力、影响力、吸引力的思想政治教育软件;吸引广大学生广泛参与网上学习和讨论,有选择地自发地感受教育内容,形成网上网下主流意识形态教育的合力,加强校园宣传舆论阵地监管,建立健全信息沟通和联动机制,开展学校网络信息监测和舆情预警机制,对敏感信息做到及时发现、及时报告、及时处置。这样可以兼收并蓄、取长补短,让大学生用广阔的视角和理性的态度来分析社会现象,理清思路,剔除其中的一些混淆因素,确立正确的社会认识和社会判断。

---

① 江泽民文选(第3卷)[M].北京:人民出版社,2006:94.

2. 运用新的技术手段不能忽视传统教育方式

人与人之间面对面的交往和沟通具有极强的效果。马克思指出:"人们通常总是被自己亲身所发现的道理说服,更甚于被别人精神所想到的道理所服。"①当下,师生面对面课堂教学活动仍然是教育的主要方式。现场感很强的促膝谈心、眼神的交流、"茶话会"式的探讨等方式是网络永远代替不了的。因此,在高校意识形态教育的过程中,教育主体采用情景启发、情感体验等现场方式,避免单向强制灌输,实行双向互动、启发诱导,可以增强教育的亲和力和说服力,要做到网上网下联动,互为补充,增进教育实效。注重情感因素在意识形态教育中的运用 接受主体的需要是推动意识形态教育内容被接受的直接动力。关键是要从学生的心理需求出发,加强课程内容的整合,真正做到通过学习课程使受教育者学有所得,学有所获。

高校意识形态教育是国家的一项战略工程、固本工程和系统工程,事关党对高校的领导,事关全面贯彻党的教育方针,事关中国特色社会主义事业后继有人。高校意识形态教育在理念上坚持一元引领与多元包容的有机统一,在运行机制上坚持顶层设计与基层创新的有机统一,在教育环节上坚持内化于心与外化于行的有机统一,在教育方式上坚持新媒体教育方式与传统教育方式的有机统一,这将更加有利于保证中国特色社会主义大学的政治方向。

---

① 马克思恩格斯选集(第1卷)[M].北京:人民出版社,1972:9.

中国纺织职工思想政治工作研究会（院校学组）成立30周年纪念

当代青年大学生价值观构建

程晓军 解 笑

（苏州大学艺术学院）

（苏州大学医学部，江苏 苏州 215123）

摘 要：社会主义核心价值观是社会主义核心价值体系的内核，体现社会主义核心价值体系的根本性质和基本特征，既是社会主义建设事业得以健康发展的前提，也是每个社会成员在思考行为时应该主动遵循的准则。青年一代作为未来社会建设的重要力量，在学校教育阶段所受到的价值观教育将直接决定其未来的价值取向与行为选择，而高校作为学校教育的终点，将对青年整个价值观的构建起举足轻重的作用。应该以理想信念为核心、科学人文精神做基础，同时抓住现实与网络两个环境的构建，为青年大学生培育符合社会主义要求的价值观做贡献。

关键词：青年大学生；核心价值观；文化

　　社会主义核心价值观，是指在社会主义建设和改革开放过程中形成的，融民族精神与时代精神为一体，以社会主义基本政治制度、基本经济制度的确立和以马克思主义为指导思想的社会主义意识形态，是全体中国人民在党和政府领导下共同为之努力奋斗的理想，其内核体现了社会主义核心价值体系的根本性质和基本特征，反映社会主义核心价值体系的丰富内涵和实践要求，是社会主义核心价值体系的高度凝练和集中表达。这种共同理想既反映了当前中国总体经济社会发展水平和国民的精神面貌，也应该成为每一个社会成员在行为方面的自觉价值选择，而后者对于确保社会的稳定运行和持续发展至关重要。党的十八大以来，中央高度重视培育和践行社会主义核心价值观。习近平总书记多次做出重要论述、提出明确要求。中央政治局也围绕培育和弘扬社会主义核心价值观、弘扬中华传统美德进行集体学习。社会主义核心价值观是在社会主义意识形态中居于核心地位、起统领作用、相对稳定的根本价值理念，是真理性与价值性、普世文明与中国特色的高度统一。它能够引领多样化的社会思潮，有效应对西方价值观的冲击和挑战，有了社会主义核心价值观，个人才有精

作者简介：程晓军，苏州大学艺术学院讲师。
　　　　　解笑，苏州大学医学部讲师。

气神,社会才有凝聚力,国家才有软实力。①

当代青年大学生(特指20世纪90年代中期后出生)正处在价值观形成的关键时期,童年、少年时期他们中的大多数是在享受改革开放丰硕成果的雨露中成长起来的,平稳、安定、团结的社会发展大局给青年们的成长提供了极为良好的外部环境,而随着改革开放的不断深入,各种社会现象和社会矛盾杂陈,在冲击着传统价值观念的同时更是给青年一代的价值观构建带来许多干扰,甚或使青年一代对社会主流价值观产生怀疑。

21世纪以来,网络科技的快速发展带给人类以全新的认识世界的方式,与传统比较单一的书刊、报纸等信息获取方式相比较,网络带给人的首先是平等的信息获取机会,海量信息即时呈现在大众面前。对于价值观已经稳定成熟的人而言,可以更加顺畅地利用网络获取沟通交流机会并创造价值;而尚未形成自身价值观的群体包括青年群体则很有可能在复杂的信息面前迷失。青年大学生作为未来国家建设的重要力量如果不能在这一人生的关键时期确立正确的价值观,则对于整个国家发展而言在战略层面是危险的,因此,稳固青年大学生思想,帮助其形成完整的价值观应该成为全社会成员的共同任务。而构建青年大学生价值观首当其冲的一定是高校,笔者认为当前高校的价值观教育应该从以下四个方面入手。

一、理想信念教育为核心

对大学生进行理想信念教育,是高校思想政治教育的核心内容。高校思想政治教育必须始终坚持以理想信念教育为核心,引导大学生树立正确的世界观、人生观和价值观。

"两课"即政治理论课和思想品德课。"两课"是对大学生进行马克思主义理论教育和思想品德教育的主渠道和主阵地。但是,"两课"教学并没有取得很好的实际效果,大学生普遍对"两课"缺乏兴趣。基于这种状况,必须加强对"两课"的改革和建设。一是要革新"两课"教学内容。教材内容既要立足经典原理,又要联系社会实际,增加时代感,增强针对性和实效性。课程建设要与时俱进,吸收马克思主义理论创新的最新成果。课程建设要以时代为背景,增加知识的广度和深度。课程设置要实施多元化,以达到综合提高大学生的思想政治素质、道德法律素质、心理健康素质和开拓创新素质的目的。二是改进教学方式和手段。要坚持理论与实践、单向传授与双向互动的结合。要将课堂讲授、主题讨论、多媒体教

---

① 冯留建.社会主义核心价值观培育的路径探析[J].北京师范大学学报(社会科学版),2013(2):15.

学、网络教学、案例教学等统一起来,采用灵活多样的形式,开阔学生视野,真正提高学生分析问题和解决问题的能力。通过"两课"的"重建",切实为高校学生养成优秀的思想政治素质提供舒适环境和广阔空间。

二、科学精神与人文关怀并重

科学精神和人文精神是人类生存和发展的精神支柱。人文精神是通过人文教育传授人文知识培养起来的,是对人文素质的抽象概括。人文精神的教育能启迪人的生存智慧、深化人生价值的认识和反省、协调人的知情信意行,使人自由全面发展。科学精神是由科学本性所决定的各种思想观念、行为准则、价值观念以及道德与意志品质的总和,它集中体现为敢于坚持科学思想的勇气和顽强求索的意志,具体表现为理性精神、怀疑精神、求实精神及创新精神等。具体来说表现为求真务实、明辨是非、开拓发展。高校思想政治教育既要重视科学精神教育,同时又要大力加强人文精神教育,二者要齐头并进。重视人文精神教育,培养学生优秀的道德品质和高尚精神,了解自身,了解社会,了解历史,以一颗柔软的心去触摸世界,思考人生,确定方向。促进人与自然、社会的和谐发展。大力弘扬科学精神、宣传科学思想、传播科学方法,引导和促进学生形成正确的世界观、人生观和价值观,进一步增强高校思想政治教育的实效性。

科学精神是寻求真理的要求,人文关怀是责任担当的体现,两者有机统一,才能相得益彰。使得求真过程不再冷漠,至善之路不再含糊。在当今大学教育中文理科截然分开的现状下,我们提倡文科生应该多进行一些社会调查与实践取证,理科生要多一些现实关注和人文情怀。

三、校园文化建设推陈出新

校园文化是大学在自身存在和发展的历史过程中形成的、由师生员工共同创造的、具有独特气质的精神文化成果的积淀,是大学精神风貌、价值传统、人文环境与育人功效的集中体现。将社会主义核心价值观融入校园文化之中,通过校园文化体现社会主义核心价值观可以使社会主义核心价值观教育可感、可知,可以使大学生在认同校园文化同时接受社会主义核心价值观。① 加强校园文化建设能拓展思想政治教育新渠道和新内容,实现推陈出新。校园文化是整个社会文化的组成部分,通过自身的物理环境和精神氛围,使生活于其中的师生员工在思想观念、行为准则和价值取向等方面与社会文化趋向认同,从而达

---

① 田永静,陈树文.加强大学生社会主义核心价值观教育有效途径探究[J].思想教育研究,2010(5):22.

到对人的思想和性格的塑造。丰富和谐的校园文化能给予学生最好的熏陶和教育,并且总是在潜移默化中使学生的情操得到陶冶,思想得到提升。校园文化所提供的这种和谐环境,有助于师生之间的良性互动,使学生接受教育趋于自然。总体上说,学校的校园文化决定了学生的行为倾向和精神风貌。因此,要加强校园文化建设,综合利用一切积极因素,充分整合一切可利用资源,营造一个具有特色的高品位的校园文化环境。

1. 要注重物质文化建设,规划环境

在校园文化建设中,精神文化是目的,而物质文化是实现目的的途径和载体,是推进建设的必要前提;物质文化建设是校园文化建设的重要组成部分和重要支撑。强化文化走廊、标语牌、告示栏、黑板报、橱窗等多种硬件设施的建设,以物质文化建设来营造有利于促进人改善精神面貌、约束不良风气的整体环境。

2. 要强化精神文化建设,营造氛围

我国高校以社会主义核心价值观为引领,注重提升在校学生的人文素质和科学精神。除了"两课"等思想政治类课程的直接灌输外,应该大力提升各类课内外活动的思想教育性,将核心价值观教育的内容与专业学习相结合、与师生互动相结合、与社会实践相结合,开展类似特殊专业意识培育(如师范类师德、医疗类医德)、学术道德、社会公德等活动,让青年学生在校期间就不断通过身体力行来践行社会主义核心价值观的各项要求。

3. 要强化制度文化建设,提供约束

任何思想意识的形成、行为习惯的养成,都与受教育主体所在的制度环境不可分割。应该大力推动高校依法治校、民主治学工作,强调法制,体现公平、公正、民主原则,在以人为本、人人参与的基础上,以制度作为规范思想与言行的主要手段,让青年学生在潜移默化中养成符合社会主义核心价值观的行为习惯。

四、重视和加强大学生网络道德教育

互联网是一把双刃剑,一方面,它为大学生的学习和生活提供了极大的便利;另一方面,网络信息本身具有明显的隐蔽性、复杂性甚至虚假性,这在一定程度上会给大学生构成危害,也给大学生发生网络不道德行为提供了条件。当代大学生作为互联网的"原住民",从出生开始就与网络结下了不解之缘。网络作为开放性的互动交流平台在建立初期并未能提供足够的机制来给予指引,也没有充分手段予以管理,故各类网络不当行为层出不穷,青年大学生群体处于心理生理的不稳定期,容易受到网络信息误导而产生网络道德失范。网络道

德失范行为是网络道德和失范行为的结合,是指个体在网络环境下失去网络道德的约束或自身内部的自律而产生的一种非常态行为。① 网络的虚拟性、匿名性,加大了网络管理的难度,极大地诱发了大学生网络不道德行为发生的可能性。针对网络这一青年学生成长环境的特殊性和重要性,高校应主动将网络道德教育纳入价值观教育体系中来,尽早占领网络平台制高点开展思想教育引导工作。首先强化各类网络平台的构建,以实用性、趣味性作为切入点吸引学生关注进而形成习惯;其次在开展各类网络活动时将社会主义核心价值观和网络道德教育的内容植入其中,以"润物细无声"的方式引导广大学生自觉规范各类言行;三是注重将网络虚拟活动与现实相结合,通过各类仪式教育、典型树立与模范宣传、社会实践活动等将网络虚拟社群吸引到真实的社会生活中来,让互联网"原住民"们将自身成长与现实社会更紧密地联系起来,提升教育活动的效果。

价值观构建是家庭教育、学校教育乃至整个社会教育的重要责任,高等教育作为培养政治立场坚定的社会主义建设者和可靠接班人这一重要任务的最后一环,在青年一代价值观构建中起到了举足轻重的作用。社会主义核心价值观教育作为高校思想政治教育的最主要内容,必将在青年大学生成长成材过程中发挥更加重要的作用。

参 考 文 献

[1] 张锋兴.大学生网络道德失范行为的成因探析[J].广东社会科学,2010(2).
[2] 詹丽萍,孙堂厚.践行社会主义核心价值观推进大学文化建设[J].中国高等教育,2014(13).
[3] 石秀杰,吴楠,宋慧勇.以社会主义核心价值观引领高校校园文化建设[J].中国成人教育,2011(24).
[4] 韩喜平.社会主义核心价值观培育与高校的责任[J].中国高等教育,2014(7).
[5] 朱海龙,杨韶刚.高校大学生价值观教育策略分析[J].高教探索,2014(2).

---

① 张锋兴.大学生网络道德失范行为的成因探析.[J].广东社会科学.2010(2):73.

从习近平关于意识形态工作的论述看高校思政课教学的重要地位

蒋 辛 徐 娜 朱丽霞

(武汉纺织大学马克思主义学院,湖北 武汉 430073)

摘 要:高校是我国意识形态工作的前沿阵地,思政课教学是高校意识形态工作的主要方面。习近平总书记用"一个极端"和"三个事关",深刻阐释了意识形态工作对党、国家、民族的根本性、战略性、全局性意义。根据总书记的指示,党中央出台了一系列针对高校思政课建设的文件。当前应该认真学习习总书记关于意识形态工作的讲话精神,充分认识到思政课教学在高校意识形态工作中的重要地位以及两者的辩证关系,认清形势、把握大势、顺势而为地抓好高校的思政课教学。

关键词:意识形态;习近平;高校;思政课教学

党的十八大以来,面对我国意识形态领域纷繁复杂的发展态势,习近平总书记从党和国家事业发展全局出发,在不同场合就新形势下的意识形态工作发表了一系列重要讲话,党中央也为此出台了一系列文件。《普通高校思想政治理论课建设体系创新计划》中指出:"办好思想政治理论课,事关意识形态工作大局,事关中国特色社会主义事业后继有人,事关实现中华民族伟大复兴的中国梦,必须始终摆在突出位置,持之以恒、常抓不懈。"高校是思想意识形态的重要领域和前沿阵地,在新形势下,必须以习近平总书记讲话精神为统领,坚定不移地抓实抓好高校意识形态工作,而高校意识形态工作的主要方面是思政课教学。因此,抓好思政课教学是做好高校意识形态工作的关键。

一、意识形态工作的极端重要性

习近平总书记强调,"经济工作是党的中心工作,意识形态工作是党的一项极端重要工作",[1] "历史和现实反复证明,能否做好意识形态工作,事关党的前途命运,事关国家长治久安,事关民族凝聚力和向心力"[2]。这"一个极端"和

作者简介:蒋辛(1990—),男,武汉纺织大学马克思主义学院研究生。
徐娜(1991—),女,武汉纺织大学马克思主义学院研究生。
朱丽霞(1965—),女,武汉纺织大学马克思主义学院院长、教授。

"三个事关",深刻阐述了意识形态工作对党、国家、民族的根本性战略性全局性意义。

1. 从中国特色社会主义事业发展高度来看意识形态工作的重要性

习近平总书记指出:"只有物质文明建设和精神文明建设都搞好,国家物质力量和精神力量都增强,全国各族人民物质生活和精神生活都改善,中国特色社会主义事业才能顺利向前推进。"[3]在这里,"精神文明建设"主要指的就是意识形态工作。"要坚持'两手抓、两手都要硬',以辩证的、全面的、平衡的观点正确处理物质文明和精神文明的关系。"[4]只有把经济建设和意识形态工作放在同等重要的位置,才能有效促进中国特色社会主义事业的发展。然而在实际工作中,我们时常会面临只重视物质文明建设不注重精神文明建设的问题,比如一些地方和部门把经济工作当作"硬任务"、意识形态工作当作"软指标",意识形态工作"上热下冷、效应递减"的现象确实是客观存在的。为此,总书记向全党提出一个基本要求:"我们在集中精力进行经济建设的同时,一刻也不能放松和削弱意识形态工作。"[5](P70)在我国,高校是意识形态工作的前沿阵地。习近平总书记在第二十三次全国高等学校党的建设工作会议上指出,高校建设的根本目标是办好中国特色社会主义大学。这表明,我国高校不仅要具有一般社会主义大学的共性,而且必须具有中国特色社会主义大学的特性。中国特色社会主义是科学社会主义理论逻辑和中国社会发展历史逻辑的辩证统一。所以说,办好中国特色社会主义大学是高校建设的根本目标,只有抓好意识形态工作才能办好中国特色社会主义大学,从而推进中国特色社会主义事业的发展。

2. 从巩固党的执政根基和提高党的执政能力的高度来看意识形态工作的重要性

"一个政权的瓦解往往是从思想领域开始的,政治动荡、政权更迭可能在一夜之间发生,但思想演化是个长期过程。思想防线被攻破了,其他防线就很难守住。"[6](P143)习近平总书记的这一论断旨在强调把意识形态工作的领导权、管理权、话语权牢牢掌握在手中,守住守牢这一道思想防线。从历史上来看,苏联解体、苏共垮台的重要原因就是,党的指导思想改变,放弃马克思主义一元化指导地位,放任意识形态多元化,致使人民的理想信念缺失。戈尔巴乔夫担任苏共中央总书记以后,逐步主张放弃马克思主义对党的指导地位,在意识形态领域实行自由化,放弃对各种非马克思主义和反马克思主义思潮的限制和斗争。这一行为从根本上瓦解了社会主义意识形态,使苏共失去了科学理论指导和正确舆论支撑,失去了党的团结统一的政治基础、思想基础,也使人民失去了信仰。1991年苏联"8.19"事件中,人们不顾紧急状态命令,冒着生命危险涌向红场,支持的却是反共的叶利钦,使拥有2000万党员的苏共不仅丧失政权,而且被解散。习近平总书记选择8月19日就宣传思想工作和意识形态工作发表重要讲话,是有深意的。苏共亡党的教训告诫我们,坚持党的马克思主义指导思想,必须不断巩固马克思主义在意识形态领域的指导地位。由此,应该认识到,能否巩固马克思主义在意识形态领域的指导地位,做好意识形态工作,关系到党的执政根基的稳固和国家的前途命运。

3. 从增强民族凝聚力和向心力的高度来看意识形态工作的重要性

人无精神不立,国无精神不强。精神力量这个软实力是相对于经济、科技、军事力量等硬实力而言的,是让他人自愿按照你的意图做事的力量,是植根于文化和意识形态的吸引力,具有强大的凝聚力、持久的向心力和独特的竞争力。精神力量好比"黏合剂",能够把整个民族紧紧团结在一起,引领人们朝着一个共同目标奋力前行。犹太民族丧失了国土,颠簸流浪2000多年,不仅没有灭亡,而且恢复了以色列国家和希伯来语;德国在100多年内从四分五裂的联邦国家到企图称霸世界,经历两次世界大战经济却能迅速恢复,都是因为有强大的精神凝聚力。中华民族在5000多年的发展中使中华文明传承不辍,饱经沧桑而不亡,历尽磨难而新生,成为世界四大文明体系中唯一没有中断的文明,根本就在于形成了以爱国主义为核心的伟大民族精神。在当前社会矛盾和问题相互叠加与集中呈现,人们思想活动的独立性、选择性、多变性、差异性明显增强的形势下,我们要实现中华民族伟大复兴的中国梦,就是要将中国精神作为"凝心聚力的兴国之魂、强国之魄",引导人们细细品味信仰的味道、精神的力量,形成最大公约数和最大共识,铸造共同的精神旗帜和时代的高昂旋律,为国家富强、民族振兴、人民幸福不懈奋斗。

二、思政课教学在高校意识形态工作中的重要地位

《普通高校思想政治理论课建设体系创新计划》中指明了,思想政治理论课是巩固马克思主义在高校意识形态领域指导地位,坚持社会主义办学方向的重要阵地,是全面贯彻落实党的教育方针,培养中国特色社会主义事业合格建设者和可靠接班人,落实立德树人根本任务的主干渠道,是进行社会主义核心价值观教育、帮助大学生树立正确世界观人生观价值观的核心课程。

1. 思政课是高校意识形态工作的主阵地

思想政治理论课是高校对大学生进行马克思主义理论和思想政治教育的主渠道、主阵地。马克思主义理论学科与思想政治理论课关系紧密,2005年中宣部、教育部启动了高校思想政治理论课程新方案("05方案"),随后国务院学位委员会、教育部做出了增设马克思主义理论学科为一级学科的重大决定。自

此,马克思主义理论学科建设和高校思想政治理论课建设被推向了同步进程。马克思主义理论一级学科的首要任务,就是为包括高校思想政治理论课在内的理论教育服务。习近平总书记曾在"8.19"讲话中指出,高校"要把马克思主义作为必修课,成为马克思主义学习、研究、宣传的重要阵地"。根据总书记的指示,2015年1月,中共中央办公厅、国务院办公厅印发了《关于进一步加强和改进新形势下高校宣传思想工作的意见》(以下简称《意见》),分七个部分对于高校宣传思想工作做了总体部署。《意见》强调指出,"意识形态工作是党和国家一项极端重要的工作","做好高校宣传思想工作,加强高校意识形态阵地建设,是一项战略工程、固本工程、铸魂工程"。同年7月,中央宣传部、教育部关于印发了《普通高校思想政治理论课建设体系创新计划》的通知;9月,教育部又印发了关于《高等学校思想政治理论课建设标准》的通知,具体制订了高校思政课的建设标准。增设马克思主义一级学科、印发关于意识形态工作的意见、制定高校思政课创新计划这一系列制度和政策的出台体现了国家对于思政课教学的重视程度是前所未有,表明了思政课在高校意识形态工作中所具有的不可替代的"主阵地"作用。

2. 意识形态工作渗透在思政课教学的各个方面

高校思政课教学秉承着"事关全面贯彻党的教育方针和中国特色社会主义事业后继有人"的指导思想,以深入推进中国特色社会主义理论体系进教材、进课堂、进头脑为主线。目前高校思想政治理论课分为五门课程,《马克思主义基本原理概论》主要阐述了马克思主义的科学体系和本质特征以及物质世界的本质规律,这门课程旨在让学生了解马克思主义的由来,并可以运用马克思主义的基本原理认识和分析现实问题。《毛泽东思想与中国特色社会主义理论体系概论》包含了马克思主义中国化的历史进程、马克思主义中国化理论成果的精髓、新民主主义革命理论、社会主义改造理论、社会主义的本质和根本任务、社会主义初级阶段理论等内容,主要是对中国特色社会主义理论体系进行详细的阐述。《中国近代史纲要》分为鸦片战争到五四运动前(1840—1919年)、五四运动到新民主主义革命胜利(1919—1949年)、新中国成立到社会主义建设(1949至今)这三个时期,讲述了近代以来中国的国情,表达的中心思想是中国共产党是如何在实践中领导人民从半殖民地半封建的旧社会走向社会主义现代化建设的新时期。《思想道德修养与法律基础》教会学生弘扬民族精神和爱国主义传统,加强自我道德修养遵守社会公德、家庭美德和职业道德,并具有基本的法律素养。《形势与政策》结合了当前国际国内形势中的前沿问题,帮助学生了解时事政治。这五门课程分别从不同侧面反映了我国意识形态的变迁和现状,全面地对大学生的思想进行武装,使学生树立起牢固的马克思主义信仰。

3. 当前高校思政课教学存在的困难和不足

思想政治理论课建设自身也还存在许多困难和不足：一些地方和高校对思想政治理论课仍然重视不够，政策条件保障尚未落实到位，思想政治理论课在高校考核评价体系中的地位和作用不够突出；统筹推进教材修订完善、教师队伍建设、教学方法改革的意识不强，思想政治理论课建设体系尚未完全形成；教师队伍建设不适应思想政治理论课改革发展需求，整体素质亟待提升；改革创新的手段不多，制约思想政治理论课针对性实效性的瓶颈亟待突破；有效整合全社会资源的力度不够，思想政治理论课建设全员全方位全过程育人的格局仍需巩固。这些问题都是我们需要面临和解决的，这也是教育部印发《高等学校思想政治理论课建设标准》的原因，在统一的标准之下，针对目前存在的问题建设思想政治理论课，做好高校意识形态工作。

三、建设高校意识形态，抓好高校思政课教学

习近平总书记在全国宣传思想工作会议上指出："我们必须把意识形态工作的领导权、管理权、话语权牢牢掌握在手中，任何时候都不能旁落。"同时他还强调，"意识形态工作一定要把围绕中心、服务大局作为基本职责，胸怀大局、把握大势、着眼大事，找准工作切入点和着力点，做到因势而谋、应势而动、顺势而为"。思政课教学正是高校意识形态工作的主要方面，因此也是高校意识形态工作的"切入点和着力点"。

1. 用社会主义核心价值观引领高校意识形态教育

社会主义核心价值观是社会主义意识形态在实践层面的本质体现。习近平指出，"做好网上舆论工作是一项长期任务，要创新改进网上宣传，运用网络传播规律，弘扬主旋律，激发正能量，大力培育和践行社会主义核心价值观，把握好网上舆论引导的时、度、效，使网络空间清朗起来[7]"。高校意识形态教育必须以社会主义核心价值观为指导，帮助学生牢固确立正确的世界观、人生观和价值观，提高他们分辨、抵制西方各种意识形态的能力，从而有效防范资产阶级意识形态的隐形渗透和不良影响。高校在意识形态教育过程中应充分发挥教师的主体性和能动作用。高校教师尤其一些年长的教师是我国改革开放的见证者和亲历者，他们对改革开放给国家、社会和人民带来的变化有着更为直接的感受和体验，他们可以用亲身经历告诉青年教师和学生践行社会主义核心价值观的重要意义。中国这些年来一步步由落后国家走向强国道路的实践充分证明了，在意识形态的问题上面，只有坚持党的路线方针才是正确的，唯有践行社会主义核心价值观才能统一人民的思想、汇集群众的力量，实现中华民族

伟大复兴的梦想。

2. 正确发挥网络的舆论导向功能

习近平强调,"网络安全和信息化对一个国家很多领域都是牵一发而动全身的,要认清我们面临的形势和任务,充分认识做好工作的重要性和紧迫性,因势而谋,应势而动,顺势而为[8]"。当前掌控阵地的关键是掌控互联网,要认真落实各项举措,确保互联网可管可控。西方一些敌对势力妄图颠覆中国的一个重要手段,就是利用其网络技术上的优势对我国进行思想和文化渗透。总书记还强调,"要制定全面的信息技术、网络技术研究发展战略,下大气力解决科研成果转化问题。要出台支持企业发展的政策,让他们成为技术创新主体,成为信息产业发展主体"[9]。由于信息技术具有社会舆论导向的功能,因此我们要加强信息技术的开发、利用和管理。一方面要通过技术上的优势控制和屏蔽一些腐朽思想和观念的入侵,塑造一个良好的文化氛围和网络环境;另一方面要加强马克思主义意识形态在网络传播中的主导地位,以此应对西方资产阶级意识形态的挑战,进而拓展马克思主义先进文化在世界影响的范围。

3. 增强舆论工作的引导力,掌握话语权

习近平总书记在全国宣传思想工作会议上的讲话点名了一个中心,那就是"始终坚持正面宣传为主,巩固壮大主流思想舆论"。高校是积极推动党的理论创新的重要基地,也是意识形态领域各种思想文化交流交融交锋的前沿阵地。我们应清醒认识当前意识形态领域斗争的长期性复杂性尖锐性,切实承担起肩负的重大政治责任,始终坚持弘扬主旋律、凝聚正能量,更好地发挥宣传思想工作在思想引领、舆论推动、精神激励和文化支撑方面的重要作用。对于意识形态领域暴露的问题要做到"敢抓敢管、善抓善管、常抓常管",确保牢牢掌握意识形态工作的领导权、话语权。特别是要针对西方学术话语占据主导的现状,发挥高校人才优势和学科优势,增强责任感紧迫感,深入总结提炼我们在中国道路中创造的新思想新经验新做法,着力打造融通中外、具有普遍适用性和广泛接受度的新概念新范畴新表述,讲好中国故事,传播好中国声音。要建立高校意识形态研究中心,及时掌握意识形态动态,研究意识形态工作规律,充分发挥理论专家作用,主动引导思想舆论。健全社会思潮和舆情分析研判机制,及时发现和处理倾向性、苗头性问题,切实把握工作主动权。

参 考 文 献

[1][2] 习近平. 意识形态工作是党的一项极端重要的工作[EB/OL]. http://news. xinhuanet. com/politics/2013 – 08 / 20/c_1170214 64_2. htm,2013 – 08 – 20.

[3] 习近平. 胸怀大局 把握大势 着眼大事 努力把宣传思想工作做得更好[N]. 人民日报,

2013 – 8 – 21.

[4] 习近平.在会见第四届全国文明城市、文明村镇、文明单位和未成年人思想道德建设工作先进代表时的讲话[EB/OL]. http://news.xinhuanet.com/politics/2015 – 05/05/c_127766651.htm,2015 – 02 – 28.

[5][6] 人民日报社理论部.深入领会习近平总书记重要讲话精神(下)[M].北京:人民出版社,2014.

[7][8][9] 习近平.把我国从网络大国建设成为网络强国[EB/OL]. http://news.xinhuanet.com/politics/2014 – 02/ 27/c_119538788.htm,2014 – 2 – 28.

中国纺织职工思想政治工作研究会（院校学组）成立30周年纪念

流变、实质与应对：当代中国社会四大思潮研究若干问题评析

唐 辉

（成都纺织高等专科学校，四川 成都 611731）

摘 要：社会思潮是意识形态的观念表达。新自由主义、民主社会主义、普世价值、历史虚无主义无疑是当代中国最活跃、论争最激烈的社会思潮，也是当前我国理论界需要着力批判的主要社会思潮。文章梳理了关于社会思潮概念界定的相关研究，对四大思潮的流变、实质等问题进行了评析，提出了用社会主义核心价值观引领各种社会思潮的对策思考。

关键词：当代中国；社会思潮；意识形态；社会主义核心价值观

近年来，社会思潮成为学术界研究的热点问题。如何定义社会思潮？当代中国有哪些影响较大的社会思潮？如何应对形形色色的社会思潮？对这些问题，学术界进行了深入研究和探讨，现就相关理论做一个梳理，尤其是对当代中国四大社会思潮研究若干热点问题进行评析，以便在学术论争和意识形态喧嚣中揭示其本质，也有利于更好地在实践中凝聚社会共识，推动社会发展。

一、社会思潮的内涵与特征

1. 社会思潮的内涵

最早提出"思潮"一词的是梁启超先生，只不过他是用"时代思潮"而不是"社会思潮"，①梁先生所言"时代思潮"，即有时代产物之意，为"心理之感召，时代之要求"。按照《辞海》的解释，思潮是：（1）某一历史时期内反映一定阶级和

基金项目："'慕课'背景下的高校思想政治理论课教学改革与探索"，成都纺织高等专科学校教学改革研究项目（2015cdfzjj06）。

作者简介：唐辉（1975－　），男，四川安岳人，成都纺织高等专科学校讲师，中国社会科学院马克思主义学院博士研究生，研究方向为马克思主义理论、科学社会主义。

① 在《论时代思潮》一文中，梁启超指出："凡文化发展之国，其国民于一时期中，因环境之变迁，与夫心理之感召，不期而思想之进路同趋于一方向，于是相与呼应汹涌，如潮然。凡'思'非皆能成潮；能成潮者，则其'思'必有相当之价值，而又适合于其时代之要求者也。"梁启超：清代学术概论（第1卷）[M]. 北京：中华书局，1954：1.

阶层利益与要求的思想倾向;(2)涌现出来的思想情感。可见,从起源上讲,"社会思潮"就是指一定经济关系的产物,是反映一定历史时代的人们的"利益和要求"的思想观念。

自20世纪80年代王锐生把"社会思潮"的本质界定为"人们生存的社会条件以思想观点和情绪等形式在社会一部分人的意识之中的反映"以来,我国学者对于社会思潮的内涵研究不断深入,表述也更为丰富和深刻。赵智奎等人认为,社会思潮代表着某个阶级或阶层的利益要求,是这个阶级或阶层意识形态的反映,它们在较长时期内得到广泛传播,是能够产生较大影响的某种社会意识、思想观念所形成的思想趋势、潮流。① 余双好认为,社会思潮是指某一时期内在某一阶级或阶层中反映当时社会政治情况而又较大影响的思想潮流,它以一定的社会存在为基础,以相应的意识形态为理论核心,并与某种社会心理发生相互影响、相互制约、相互渗透作用。② 齐冰等人则认为,社会思潮是在一定的历史时期得到广泛传播并对社会经济、政治、文化产生较大影响的某种社会意识和思想观念,是一种思想趋势和思想潮流。③

这些定义虽然在遣词造句上有所不同,但我们至少可以得出关于"社会思潮"的基本要素:(1)以一定的社会存在为基础,与一定的阶级或阶层的利益表达相联系;(2)以一定的意识形态理论为基础,与某种影响较大的思想潮流相联系;(3)以一定的社会心理为基础,对经济社会发展具有能动的影响和制约作用。

2. 当代社会思潮的基本特征

当代中国,各种思想体系激荡和碰撞,是社会思潮最为活跃的时期。中央党校赵曜指出,当代我国社会思潮主要呈现5个特征:(1)正确思潮和错误思潮的同时并存;(2)潮来潮去的相互变动;(3)国外思潮向国内思潮的不断转化;(4)沉渣泛起的反复出现;(5)思想侵蚀的潜移默化。赵曜的这篇文章虽然发表于2002年,但是对于今天的中国仍然具有很强的理论和现实意义。比如,他提出在"文革"期间,出现了极"左"思潮,粉碎"四人帮"以后,随着社会条件的改变,又出现了资产阶级自由化思潮。因此,随着社会条件的改变,显现出潮来潮退、潮起潮落的现象。

社会思潮是社会存在的反映,是一种思想观念,但并不是所有的思想观念都能成为社会思潮,它必须以一定的意识形态理论作为基础,具备相应的理论

---

① 赵智奎,马砚,孙应帅.改革开放30年:各种社会思潮激荡[N].中国社会科学院报,2009(2).
② 余双好.当代社会思潮在高校生成和发展的新特点及发展趋势[J].学校党建与思想教育,2013(4):18.
③ 齐冰,刘志民,钟海.三种社会思潮对高校学风的负面影响及其应对[J].中国青年政治学院学报,2014(1):73.

特征。佘双好较为全面地概括了社会思潮的特征：理论性、现实干预性、广泛传播性、潜隐性、非主流性等。戴钢书则认为，社会思潮与社会心理、社会精神、社会文化是同一系列的概念，同时又具有自己的特征：(1)理论性与实践性并存；(2)阶级性与时代性并存；(3)导向性与变异性并存。① 戴钢书在社会思潮特征凝练中，较好地说明了其固有的本质特征与其动态发展的关系问题。

在这些特征的抽象概括中，佘双好和戴钢书都清楚地界定了作为指导思想的马克思主义和各种社会思潮之间的关系。佘双好指出，在我国社会，只有体现工人阶级和广大劳动人民要求和需要的马克思主义思想和在此基础上建立的社会主义核心价值体系是一种占主导地位的、同时也是一种主流的思想观点。② 而社会思潮从性质看，对社会主导价值观念具有抵消或消解作用，即他认为社会思潮具有非主流性，马克思主义并不属于社会思潮的一种。戴钢书则认为，社会思潮并非像主流意识形态一样具有稳定性，而是在一定条件下——如与主流意识形态相冲突时——会产生变异性，③ 显然也界定了社会思潮并不包含作为主流意识形态的马克思主义。

近年来，随着经济社会的剧烈变化，社会思潮的发展出现了一些新特点。当代社会思潮与网络相互影响、相互促进，出现了碎片化的发展趋势，社会思潮之间出现了相互渗透和杂糅的现象。许多学者认为，这一趋势是社会进步的体现，有利于形成百家争鸣的态势，不同思潮也能起到相互制衡的作用，同时学者们也表达了对错误思潮进行鉴别和批判的立场。

二、当前中国四大社会思潮的主要观点及其论争

改革开放30多年，我国经济社会发生了巨大变化，社会思潮异常活跃而复杂，它既表现为大众心理、民众观念，也表现为思想理论和不同学术派别的论争。但从政治层面看，新自由主义、民主社会主义、普世价值、历史虚无主义无疑是当代中国最活跃、论争最为激烈的意识形态和社会思潮。

——新自由主义。新自由主义是在继承以亚当·斯密为代表的古典自由主义经济学的基础上，以反对凯恩斯主义为主要特征，反映国际垄断资产阶级要求的极端理论思潮，其核心思想是"三化"：私有化、自由化、市场化。

当然，新自由主义作为一种经济学思潮和理论，有其可资借鉴的地方，如通

---

① 戴钢书.当代社会思潮对高校学生思想的影响及对策[J].学校党建与思想教育,2010(4):8.
② 佘双好.当代社会思潮在高校生成和发展的新特点及发展趋势[J].学校党建与思想教育,2013(4):19.
③ 戴钢书.当代社会思潮对高校学生思想的影响及对策[J].学校党建与思想教育,2010(4):9.

过市场有效配置资源的观点,加强法制和使政府行为纳入法制道路的观点,关于尊重人权和人的自由发展的观点,以及某些研究方法,等等,都值得借鉴。但是,当其作为一种维护国际垄断资本利益的思想体系时,从本质上讲,是维护资本主义私有制的,新自由主义鼓吹的全面私有化、全面自由化、全面市场化、反对政府干预等观点,不仅导致20世纪90年代俄罗斯"休克疗法"的彻底失败,还酿成了灾难性的亚洲金融危机,造成拉美国家连续多年的金融危机和阿根廷经济面临崩溃,对此,我们要有清醒的认识,并坚决加以批判和抵制。

在我国,党的十八届三中全会《决定》提出"使市场在资源配置中起决定性作用",一些人认为这体现了新自由主义思潮对国家政策的影响。刘国光教授则深刻指出,社会主义经济如果长期受到西方新自由主义经济思想的侵蚀,使自由化、私有化倾向不断上升,计划化、公有经济为主体的倾向不断下降,社会主义经济基础最终就要变质,变成与社会主义意识形态和上层建筑不相容的东西。因此,按照十八届三中全会的说法,"社会主义市场经济"是一个完整的概念,"社会主义"和"市场经济"是不容割裂的有机统一体,发展市场经济必须坚持科学社会主义基本原则,其中最根本的一条就是毫不动摇地坚持以公有制为主体,多种所有制共同发展的基本经济制度,旗帜鲜明地反对私有化浪潮,这就在根本上界定了我国的经济体制改革与新自由主义的本质区别。

——民主社会主义。民主社会主义,或曰社会民主主义,曾经接受过马克思主义的基本原则,包括消灭私有制、实行计划经济和实现共产主义目标等。后来,随着世界社会主义运动陷入低潮,伯恩斯坦修正主义成为社会民主党的主导思想。当代资本主义,社会民主党已经逐步认同了资本主义制度,民主社会主义思潮发展成一种改良主义,其思想包括反对暴力革命、阶级调和、"和平过渡"等。

当然,今天的民主社会主义在社会建设、经济管理、党的建设方面取得的成就和基本经验,的确有很好的借鉴意义,值得认真思考和关注。但是,从本质上讲,社会民主党与共产党在阶级属性上有着根本的不同,它所倡导的改良思想并不是,也不可能从根本上改变资本主义制度和资本主义生产关系。例如苏联东欧等国正是在民主社会主义指引下,把共产党改造成社会民主党,从而丢掉了共产党的政权,改变了社会主义制度性质,造成了亡党亡国的悲剧。

当代民主社会主义,不仅已经抛弃了马克思主义,还坚决反对马克思主义,不再把社会主义作为奋斗目标,主张政治多元化,否定消灭私有制。"现在,社会民主党的取向是告别社会主义。"①这就充分说明了当代民主社会主义的基本立场,以及它与科学社会主义的关系。因此,对于民主社会主义,参考借鉴有必要,顶礼膜拜不值得,迷信照抄更有害。中国的前途必须从本国的实际出发,"广泛借鉴、坚持走自己的路"。

——普世价值。"普世价值"源于西方资产阶级以"自由、平等、人权、博爱"等口号反对封建主阶级和宗教神学,是资产阶级上升时期的意识形态。曾经一度在中国十分盛行,甚至有人主张,中国在21世纪要实现现代化,就必须认同西方的"普世价值",建立西式的民主政治。

应该说,世界上并没有普遍适用的、永恒的价值。价值从来都是具体的,因人而异的,它是社会经济关系的产物。当然,人类面临着共同问题,也有着共同利益,但绝不能说存在这种共性,价值观就一样了。前者是客观存在,后者是人们的主观意志,即对待共同问题的态度、方法会有所不同,每一个国家、每一个阶级都会从自身利益出发对待和处理全人类共同问题。在阶级社会,"凡是反映一定社会的经济基础、利益结构和社会关系的经济、政治、文学、哲学和道德等社会意识形式的内容主体和本质属性,都具有阶级性、时代性和社会形态的质的规定性"②。因此,普世价值把资本主义的意识形态中性化、普遍化、神圣化、绝对化为超阶级和超时代的东西,其本身就是个悖论和谬误。从本质上讲,普世价值其根本立脚点是资本主义的核心价值及其制度架构,是西方推行霸权主义和"颜色革命"的有力工具,其目的是为了消解社会主义核心价值,否定中国特色社会主义民主政治,力图把中国的政治体制改革引导到西方"民主化"的陷阱。

需要提及的是,今天我们提倡的社会主义核心价值观24个字,与资本主义所讲的"普世价值"有着本质的区别。比如,我们对"自由"的理解,是马克思主义的自由观,它是一种实践自由和实质自由,是一种以人的社会性为中心的全面自由,而不是抽象的、片面的自由。今天,西方的"普世价值"面对多重困境,当普世价值变成一种模式,推行到发展中国家时,"水土不服"现象非常严重,所谓的"普世民主"推行到哪里,哪里就是战争和动乱。

——历史虚无主义。在近代中国,历史虚无主义是与"全盘西化"相呼应的一种思潮。它认为中国近代不及"西洋"的原因在于中国文化的愚昧和落后,主张积极融入"海洋文化"、彻底西化或仿照"西方模式"。这种论调当然不能正

---

① 靳辉明.关于当前影响我国的四种社会思潮的剖析和思考[J].重庆邮电大学学报(社会科学版),2009(2):4.
② 李崇富.李崇富集[M].中国社会科学出版社,2013:438-442.

确反映近代中国文化发展的要求,理所当然应该受到抵制和批判。

进入新的历史时期,在改革开放这一特定历史条件下,历史虚无主义开始在中国泛起,有的人以"学术研究"和"还原历史"为借口,否定近代中国革命发生的历史必然性,否定党在社会主义革命和建设时期的伟大成就,对重要历史人物、重大历史事件颠倒黑白是非、蓄意抹黑丑化。

对于历史虚无主义,以北京大学梁柱教授为代表的学者发表了大量的文章进行批判。梁柱认为,在我国,历史虚无主义思潮的突出表现就是"告别革命"。这种观点在逻辑上经过所谓的"范式转换"和"重新评价",从鸦片战争到中华人民共和国成立的历史,及之后因革命而走上社会主义道路并获得伟大成就的历史,以及党和国家的领袖,就从根本上被历史虚无主义者否定了。①

这种以"范式转换"来诠释历史,本来可以为历史研究开辟一条新的道路,如果运用得当,完全有可能深化人们对历史的认识。然而,一些人却借助"现代化范式"否定共产党的全部历史,全面否定毛泽东的一生;否定国际共产主义运动的历史和社会主义制度。一些人还把马克思主义及其指导下的历史认识体系扣上"历史虚无主义"的帽子,认为马克思主义就是历史虚无主义,马克思主义是"历史终结论"。

事实上,马克思主义指导下的历史认识体系在实践过程中虽然存在过公式主义、简单化的不足,但其主流却是在不断发展,也会不断丰富发展。马克思主义也从来没有"终结历史",并非到了共产主义,历史就完结了,就可以"想我所想,愿我所愿"了,相反,马克思主义认为,共产主义社会是人类史前时期的结束和人类自由自觉历史的开端。

从本质上讲,历史虚无主义是唯心主义的历史观,它违背了实事求是的历史研究原则,它往往按照自己的政治诉求,任意打扮历史、假设历史,形而上学地看待历史事件,用一些片面的材料,就轻易得出结论;它否定和反对马克思主义阶级分析的方法,主张按照所谓"人性论"的原则,崇尚"好人不好"、"坏人不坏"的模式,用抽象的人性论取代阶级论,陷入唯心主义的泥淖。

在世界社会主义运动处于低潮的形势下,历史虚无主义的目的是要"虚无"社会主义历史,树立资本主义历史。许多学者站在历史唯物主义的高度,以实事求是的科学态度,旗帜鲜明地对这些错误思想进行了批判,揭示历史虚无主义的实质和本来面目。"历史虚无主义有着明确的政治诉求和现实指向,本质上是一股政治思潮,是关于'举什么旗、走什么路、朝着什么目标前进'等根本性

---

① 梁柱.历史虚无主义思潮评析[J].红旗文稿,2009(5):12.

问题。"①

历史是审判者。诸种思想、理论、思潮、主义、事件,其是否具有真理性、科学性、历史进步性,历史人物是英雄还是小人,都要接受历史的审判。如果没有正确的历史观,没有正确地把握历史发展的规律,那它就没有未来,历史一定会让它破产,会毫不犹豫地抛弃它。历史虚无主义否定中国革命史,否定社会主义制度,这是它不懂世界历史发展的基本逻辑,不懂得中国社会发展的特殊国情,没有认识中国特色社会主义是历史和逻辑的统一。对于消解历史规律性、颠覆历史是非、阻碍人类社会前进和世界历史发展趋势的现象,只能用历史中蕴藏的规律之力、真理之力来纠正。

2013年1月5日,习近平总书记在新进中央委员会的委员、候补委员学习贯彻党的十八大精神研讨班上明确指出:"我们党领导人民进行社会主义建设,有改革开放前和改革开放后两个历史时期,这是两个相互联系又有重大区别的时期……不能用改革开放后的历史时期否定改革开放前的历史时期,也不能用改革开放前的历史时期否定改革开放后的历史时期。""两个不能否定"的重要论述,站在历史唯物主义的高度,有力地批驳了历史虚无主义错误思潮,旗帜和态度十分鲜明,对于我们正确认识和把握党的历史与现实,进一步坚定中国特色社会主义理论自信、道路自信、制度自信具有重要的指导意义。

三、用社会主义核心价值观引领社会思潮,凝聚社会共识

当前,多元文化已经成为我们面临的主要文化生态环境,各种社会思潮竞相发声、彼此交流交融交锋。学者们提出,必须用社会主义核心价值观引领各种社会思潮。同时,当前中国社会各种社会思潮的激烈博弈与斗争,决定了我们的原则和方向。保持政治定力,在指导思想上,必须毫不动摇地坚持和巩固马克思主义的指导地位;在策略上,必须正确处理主流意识形态与多元文化的关系;在实践上,必须着力解决好老百姓最关心、最现实的利益问题。

坚持和巩固马克思主义的指导地位。事实上,无论怎样的所谓民主开放的政权,都会有一个主导的、维护统治阶级利益的价值体系,都需要有主流意识形态的强力支撑。当代中国,坚持马克思主义指导地位,是社会主义经济制度和政治形态的根本要求,是对我国公有制和人民当家做主的意识形态表达。坚持马克思主义指导地位,就是"巩固全党全国人民团结奋斗的共同思想基础"。

以目前的高校为例,部分大学生对新自由主义、民主社会主义、后现代主义

---

① 不能任由历史虚无主义虚无我们的历史根基——专访中国人民解放军国防大学教授李殿仁中将[J].中华魂,2014(10上):19.

等观点比较关注,对资本主义的"自由、民主、人权、博爱"等普世价值观比较欣赏,对鼓吹西化、分化、资本主义化等观点缺乏理性的辨识,同时还面临各种宗教势力的渗透。在意识形态教育领域,马克思主义不去占领,非马克思主义和反马克思主义的东西就会去占领。同样,如果我们不能用先进的思想来教育和武装学生,那些错误腐朽的价值观就会占据学生的头脑。用马克思主义牢牢占领高校意识形态阵地,是保证社会主义办学方向的前提,是实现中国特色社会主义事业后继有人的根本保障。

在苏联解体、苏共垮台之前,整个意识形态领域被历史虚无主义所占领,"重评"斯大林和苏共的历史,推行所谓的"改革新思维",否定苏共和苏联英雄成为风气。曾经被视为"苏联英雄"的卓娅,被说成是苏联政府为了唤醒群众意识人为制造出来的"神话"和"圣徒"。这种长时间的"重评"、"还原真相",彻底搞乱了人们的思想,颠覆了人们长久建立的是非观和价值观。

当代中国,一方面各种虚无主义者通过丑化毛泽东等开国领袖和刘胡兰、董存瑞、黄继光、邱少云、雷锋等英雄模范人物,一方面为早有定论的汉奸、反动派、卖国贼等中华民族的败类翻案。其言论在互联网上流传甚广,对社会影响极大。批判、遏制这一思潮的重要思想武器就是坚持、发展和应用马克思主义,用社会形态和社会形态演变规律的原理、社会基本矛盾运动规律的原理、阶级分析的方法和马克思主义国家理论等等,来澄清和纠正人们的模糊认识和错误观点。

正确处理好主流意识形态与多元文化的关系。首先,我们要以马克思主义为指导,牢牢掌握意识形态领导权、管理权和话语权,对错误思潮进行揭露和批评,弘扬正能量,打好主动战。其次,要尊重差异、包容多样。"不能把不符合甚至违背马克思主义的东西统统归于反马克思主义,那样只会四面树敌、孤立。"① 对于外来的优秀文化,我们要大胆吸收借鉴,只有通过交流借鉴,民族文化才能更加丰富多彩。同时,对于优秀传统文化,更要传承和发展。"天人合一、道法自然"的生态观念,"天下兴亡,匹夫有责"的爱国情怀,"言必信,行必果"的诚信准则,"己所不欲,勿施于人"的与人为善的态度,"和而不同"的包容精神,等等,都是传统文化中的精华,而且已经融入我们今天所倡导的社会主义核心价值观中。对待多元文化和思潮,只要引领和整合得当,就可以在主流意识形态的统领下和谐并存,在碰撞交锋中相得益彰,在尊重差异中形成共识,在包容多样中扩大认同,还可以激发社会主义核心价值观的长久魅力。

着力解决好老百姓最关注的现实利益问题。恩格斯说:"每一个社会的经

---

① 秋石.巩固马克思主义在意识形态领域的指导地位[J].求是,2013(19):12.

济关系首先是作为利益表现出来。"① 老百姓的切身利益是主流意识形态的现实基础,是社会主义核心价值观的认同保障。人民群众利益上的问题没有解决好,就会体现在对党的意识形态的动摇和抵触,社会主义核心价值观就没有根基,甚至引发社会冲突。解决老百姓的切身利益问题,需要采取综合措施。一是要大力发展生产力,为全面建成小康社会奠定坚实的物质基础;二是要协调处理好各阶级阶层之间的利益关系,进一步深化改革,坚持人民主体地位,维护好最广大人民的根本利益;三是要着力加强制度建设,强化依法治理,促进公平正义,在解决人民群众最关心、最现实问题的过程中引领社会思潮、凝聚社会共识、化解社会矛盾。

---

① 马克思恩格斯选集(第2卷)[M]. 人民出版社,1995:209.

核心价值观研究

对地方历史文化资源融入大学生核心价值观教育的思考

漆晓玲

（成都纺织高等专科学校，四川 成都 611731）

摘　要：地方历史文化资源因其乡土气息浓郁、内涵丰富、个性鲜明等特点，更容易让学生产生学习兴趣和求知欲，是对大学生进行社会主义核心价值观教育的天然优质资源。因此通过专题式课堂教学、主题式校园文化活动、体验式爱国主义教育基地教学以及在线式网络教育等途径把地方历史文化资源融入大学生社会主义核心价值观教育中将是行之有效的创新手段之一。

关键词：地方历史文化资源；核心价值观教育；思考

随着全面深化改革的不断推进，我国的经济体制、社会结构、利益格局发生深刻变动，加之网络负面新闻的攻城略地，人们的世界观、人生观和价值观越来越活跃，也越来越迷茫。大学生也不例外。因此在高校大力倡导以富强、民主、文明、和谐，自由、平等、公正、法治，爱国、敬业、诚信、友善为内容的社会主义核心价值观，有利于引领社会风尚，规范大学生的社会行为，提高大学生的道德修养，集聚大学生为全面建成小康社会、实现中华民族伟大复兴中国梦的强大正能量，引导大学生坚定不移地走中国特色社会主义发展道路。而地方历史文化因其乡土气息浓郁、史料丰富、形式多样、独特的文化理念和价值追求等特点，也是社会主义核心价值观教育的优质资源。习近平曾强调："培育和弘扬社会主义核心价值观必须立足中华优秀传统文化。牢固的核心价值观，都有其固有的根本。抛弃传统、丢掉根本，就等于割断了自己的精神命脉。"[1]这句话充分肯定了中国优秀传统文化对社会主义核心价值观的资源意义，这其中也包括了地方历史文化资源卓越而特殊的价值。

一、地方历史文化资源融入大学生核心价值观教育的独特价值

地方历史文化资源是指一个地区在发展进程中所创造的一切含有文化意味的文明成果以及承载有一定文化意义的事件、物件和人物等等，蕴含着深厚

作者简介：漆晓玲（1969—），女，成都纺织高等专科学校副教授，法学硕士，主要研究方向为思想政治教育。

的民族精神、时代精神和艰苦奋斗品质,是人们形成归属感和认同感的精神纽带,是陶冶高雅情操塑造健全人格的丰厚土壤和天然优质教育资源。把地方历史文化资源融入大学生核心价值观教育的独特价值表现在:

1. 更加真实可信

地方历史文化资源集中展示了一个地区在历史发展进程中所创造的文明成果,包括历史故事、历史人物和遗址等,可以让大学生近距离地触摸、聆听、体验甚至跨越时间地对话,在身临其境中培养学生良好的审美情趣和健康、乐观向上的品质,感受家乡人民在波澜壮阔的历史长河中的奋斗历程和顽强精神,真实可信,真情暖人,可激发大学生热爱故乡、热爱亲人,从而以实际行动报效家乡、报效祖国,避免社会主义核心价值观教育陷入空洞乏味的理论说教。

2. 更加亲切自然

地方历史文化资源由于是对一个地区的历史人物、历史事件的呈现,由于这些历史人物和事件具有相同的生活环境和地域文化心理,因此他们的语言风格、思维方式和成长足迹都烙上了地方色彩、乡土气息,使这些历史人物和事件更加亲切自然,易于被理解和接受,容易引发大学生的共鸣和认同,并为家乡人民的高尚情操和果敢智慧感到由衷的骄傲,这就让社会主义核心价值观教育变得鲜活和温暖,避免社会主义核心价值观教育陷入高高在上曲高和寡的尴尬境地。

3. 更加个性鲜明

地方历史文化资源所承载的自然风光、历史轨迹、历史活动等,蕴含了当地的地理环境、风土人情、文脉传承,地域色彩浓郁,个性鲜明,质朴独特,容易激发大学生的兴趣点和求知欲,使其自觉自愿地亲近历史、探究真相、感受情怀,从而培养大学生以历史的眼光、地域的角度去认识人与人、人与社会、人与自然的关系,从人类发展历史中汲取智慧,开发思维,这就避免了社会主义核心价值观教育陷入单调、呆板、千篇一律的表达。

二、地方历史文化资源融入大学生核心价值观教育的路径及方法

地方历史文化资源融入社会主义核心价值观的独特价值不言而喻,但是地方历史文化资源虽然近在咫尺,常有耳闻目染,但了解不等于理解,理解不等于认同,认同不等于内化于心、外化于行。所以我们要通过各种路径和方法不断挖掘地方历史文化资源,使其在倡导社会主义核心价值观中发挥特殊的引导功能。

1. 专题式课堂教学是地方历史文化资源融入大学生核心价值观教育的认知前提和升华基础

课堂教学是地方历史文化资源融入大学生核心价值观教育的重要渠道和

前奏。马克思在《〈黑格尔法哲学批判〉导言》中曾经指出:"理论一经掌握群众,也会变成物质力量。理论只要说服人,就能掌握群众;而理论只要彻底,就能说服人。"[2](P9) 通过开展专题式教学活动使学生对中华民族的聪明才智,以及英勇顽强、卓尔不群的民族品格有一个全方位的理论认知。例如利用《马克思主义基本原理》"认识与实践的辩证统一"这一节、《毛泽东思想和中国特色社会主义理论体系概论》第8章建设中国特色社会主义文化这一节、《思想道德修养和法律基础》关于"社会主义核心价值观"这一节等,结合地方历史文化资源的物质载体、发展脉络、精神内涵、历史故事来生动诠释社会主义核心价值观的丰富内涵和时代意义,准确理解富强、民主、文明、和谐是国家层面的价值目标,自由、平等、公正、法治是社会层面的价值取向,爱国、敬业、诚信、友善是公民个人层面的价值准则等等,使专题式课堂教学成为地方历史文化资源融入大学生核心价值观教育的认知前提,这是帮助大学生提高理论修养,树立正确的世界观、人生观和价值观,净化其精神境界的重要途径。

为了增强专题式课堂教学的教育引导作用,配发视频、音乐、图片、歌曲甚至实物激发学生兴趣和好奇,便于学生学习、观赏、探究、理解。设计专题式互动,让大学生在查阅相关资料,自主了解历史人物、英雄事迹的基础上,开展一些专题式微辩论、微演讲等活动,使学生自觉领悟地方历史文化的浑厚深沉,以及中华文化历经沧桑经久不衰的奥秘等等。另外,由于当代大学生成长环境开放自由但自身社会经验不足,导致行事方式容易发生偏颇,甚至走向极端,所以在课堂教学中要打破固有的灌输方式,善于把地方历史文化资源所传承的民族精神和民族性格和学生的关切点有机结合起来,进行深入浅出的专题式研讨和分析,在大是大非面前澄清事实,消除学生心中的疑惑,使学生的思想和心灵得到抚慰和升华,从而提高课堂理论教学的学习质量和效率,使学生真学、真懂、真用,变成强大的物质力量,更好地指导学生开展丰富多彩的实践活动,把地方历史文化资源融入大学生核心价值观教育。

2. 主题式校园文化活动是地方历史文化资源融入大学生核心价值观教育的实践课堂和锻炼舞台

理论是对大学生进行核心价值观教育的基础和前提,而实践是衡量核心价值观是否确立和正确与否的标准。列宁曾说过:"从生动的直观到抽象的思维,并从抽象的思维到实践,这就是认识真理、认识客观实在的辩证途径。"[3](P181) 即任何人认识任何事物,都要在实践基础上从感性认识开始,再从感性认识上升到理性认识,实现实践对科学理论的践行力量和推动力量。校园是学生展示风采传播思潮之地,是培养学生核心价值观的实践课堂,更是锻炼的舞台,崇尚科学、追求真知、积极向上的校园文化对学生的思想和心灵会产生积极影响。

因此，开展特色鲜明、内涵凝练的主题式校园文化活动，积淀厚重独特的校园文化和清新的校园文明风尚是地方历史文化资源融入大学生核心价值观教育的新思路、新天地。为此要充分发挥高校的特色专业优势和地域优势，把地方历史文化资源和学生专长、专业结合起来，开展富有乡土气息的科技学术活动和技能比拼、地方历史文化资源主题讲座等，使大学生在春风化雨中既感受了地方历史文化资源的博大精深，又使其专业水平、人格塑造得到锤炼和陶冶。

如轩辕黄帝的元妃嫘祖系四川盐亭县人，她拓展农桑、一生为民、福泽百姓的故事在巴蜀大地广为流传。学校深入挖掘"讲仁爱、重民本、守诚信、崇正义、尚和合、求大同"的嫘祖精神，依托自身办学优势，集结专业师生研究嫘祖文化，创作华夏母亲嫘祖故事图，编排大型舞蹈《织》，通过演绎中国纺织文化的发展史生动再现了中华民族5000年灿烂辉煌的历史以及鸦片战争以来中国人民艰苦卓绝的奋斗史，丰富了社会主义核心价值观的载体形式，也把"爱国、敬业、诚信、友善"这一当代中国人的精神追求和价值标准演绎得淋漓尽致，使大学生无论在现实生活还是虚拟社会中，无论在对内交往还是对外交流过程中，都能以自己的言行去塑造中国良好的国家形象和精神风貌。又如蜀绣是中国也是世界文化遗产，距今已有3000多年历史。学校以蜀绣研究为切入点，定期开展"我与蜀绣文化"、"亲情中华 川针引线——旗袍上的藏羌彝公益活动"等主题教育活动，把蜀绣文化植入学生专业设计、就业创业当中，使学生不仅提高了对地方文化遗产的保护意识和热爱之情，也使他们创作的作品有了更加强大的精气神和爱国情、民族魂，专业水平和个性色彩更加出色和饱满。

3. 体验式爱国主义基地教学是地方历史文化资源融入大学生核心价值观教育的鲜活教材和精神依托

德育入心，体验先行。通过课堂教学、校园文化活动把地方历史文化资源融入大学生核心价值观教育中有一定的局限性，当地爱国主义教育基地因其触摸可及的珍贵文物、叱咤风云的历史人物和惊心动魄的英雄事件、妙趣横生的民间艺术等真实记录了中华民族源远流长的历史文化，见证了"刚健有为"的中国精神、"革故鼎新"的开拓创新精神、"国而忘家"的爱国主义情怀、"仁者爱人"的人本理念等，也反映了近代中国人民英勇奋斗的壮丽篇章，铭刻了中国共产党人的丰功伟业和社会主义现代化建设的丰硕成果，承载着中华民族的道德理想、价值观念和精神信仰，生动直观、感染力强，是实施爱国主义教育、理想信念教育和民族精神教育的鲜活教材，是激发大学生爱国情感、弘扬民族精神、陶冶道德情操的精神依托，让学生在"游中学，学中悟，悟中获"，从而弥补课堂教学的纸上谈兵和校园实践活动的形式限制。

以成都历史文化资源为例，参观都江堰水利工程、聆听金沙遗址讲解、瞻仰

"川军抗日阵亡将士纪念碑"等等现场教学,让学生亲眼所见、亲耳聆听、亲手感知、亲身体验,近距离地感受到古老的中国人民的勤劳与智慧、当地历史文化资源的源远流长以及中国精神和中国力量,枯燥的文物史料变得鲜活精彩,深奥的理论更加平易近人,学生自然会在情感上激起共鸣,产生强大的归属感、认同感、尊严感和自豪感。为了避免现场教学走马观花,还应该让学生和地方历史文化资源进行对话和交流。在体验活动之前组织观看相关题材影视剧,学唱经典爱国歌曲等,要求学生查阅相关参观资料,带着问题和主题去体验等等。在体验活动中开展现场知识竞答、历史真相探究等活动,充分调动学生积极性,增强体验的深刻度和感染力。在体验活动结束后,组织学生开展征文比赛、书画展及制作课件分享感悟,抒发对地方历史文化的独有情怀和对家乡人民的崇敬之意。以这种身临其境潜移默化的方式引导大学生深刻领会"富强、民主、文明、和谐"是中国人民实现民族复兴的价值目标和在当代中国语境下的内涵以及在当代中国人民心中的神圣地位,树立道路自信、理论自信和制度自信。这就避免了浮光掠影式的参观和心血来潮式的热闹,重视对地方历史文化精神内涵的挖掘、提炼和传承、升华。正如列宁所说:"没有人的情感,就从来没有也不可能有人对真理的追求。"[4](P255)

4. 新媒体互动是地方历史文化资源融入大学生核心价值观教育的崭新天地和渗透平台

互联网的迅猛发展,以惊人的深度和广度影响着经济社会生活,深刻改变着舆论生成方式和传播方式,改变着媒体格局和舆论生态,这也给接受新事物快、可塑性强的大学生的学习方式、思维方式和行为模式带来革命性的变化,他们的民主意识、权利意识以及公平法治意识都逐渐提高,维权意愿强烈而直接,表达平台便利而广阔。因此,互联网时代的这些新特点为高校的思想政治工作者带来新挑战,也有新启示。大学生对每天海量的网络信息乐此不疲地接收,并沉湎于萌趣泛滥的图片、文字、视频当中,热衷于在各大网络平台上发表感言,当主持人,做传声筒,其平等性、个性化、去中心化更加明显。党的十八大报告就提出:"加强和改进网络内容建设,唱响网上主旋律。"[5](P33)因此要密切结合现代科技快速发展、现代青年强烈追求新科技的时代特点,积极推进现代科技创新与地方历史文化资源和核心价值观教育的深度融合将是不可阻挡的新常态。加大校园网、微信微博的平台建设,拓展地方历史文化资源融入大学生核心价值观教育的崭新天地,实现和学生全天候的亲密互动与心灵渗透。用生动短小的微理论、色彩斑斓的微漫评、丰富多彩的微视频以及通过开设在线微课、慕课等新型教学方式,宣传地方历史文化资源的特色、精髓和魅力。让学生把碎片化时间利用起来进行学习和了解,增强社会主义核心价值观教育的新鲜度和时代感。

同时，为了培养大学生的文化自信和文化自觉，高校要引导学生把专业优势和地方历史文化资源的特色元素、社会主义核心价值观的丰富内涵结合起来，创作更多风味独特令人耳目一新的剧目、诗歌、小说、歌曲、动漫等，不仅让地方历史文化资源透过自己的创作大放异彩，而且能弘扬主旋律，传播正能量，通过形象生动的内容和活泼灵动的形式不断巩固壮大积极健康向上的主流思想舆论。同时，高校思想政治工作者还要借助网络平台和学生"心心相印"，时刻关注容易对青年学生思想造成深刻影响的社会热点，及时制定传播预案，积极介入舆论引导，对学生面临的困惑善用地方历史文化资源的感人故事、民族精神进行说服，"在'真'上下功夫，要用真理说服人、用真情感染人、用真实打动人"[6](P105)，最大限度地增强社会主义核心价值观的历史厚重感、时代风尚感以及强大的亲和可信度，这样才能推动大学生把社会主义核心价值观做到理实结合、知行统一，从而让网络主旋律高歌猛进，激励人心。

青年是毛泽东口中"整个社会中最积极最有生气的力量"，是李大钊笔下"惟知跃进，惟知雄飞，惟知本身自由之精神，活泼之生命"的群体，是习近平总书记心目中"社会上最富活力、最具创造性的群体，理应走在创新创造前列"的有为一代。而大学生是青年中最富有希望的中坚力量。但是在21世纪这个科技引领的时代，这个科技影响生活的互联网时代，既瞬息万变新奇叠加又荆棘丛生，社会思潮多元化、价值取向多维化已是不争的事实。我们面临的风险挑战前所未有，我们面对的教育对象难以把控，因此要充分利用丰富的地方历史文化资源加强大学生核心价值观教育，引导广大学生铭记历史、缅怀先烈、传承精神、凝聚共识、开创未来，积极培育和践行社会主义核心价值观，使自己在不懈奋斗中成长为祖国建设的栋梁之材，在实现中国梦的伟大实践中书写更加华丽的篇章！

参 考 文 献

[1]《习近平谈治国理政》[M]，北京：外文出版社，2014.

[2]《马克思恩格斯文集》第1卷[M]．北京：人民出版社，2009.

[3]《列宁全集》(第38卷)[M]．北京：人民出版社，1959.

[4] 列宁全集(第20卷)[M]．北京：人民出版社，1958.

[5] 胡锦涛．坚定不移沿着中国特色社会主义道路前进 为全面建成小康社会而奋斗——在中国共产党第十八次全国代表大会上的报告[M]．北京：人民出版社，2012.

[6] 于红．社会主义核心价值观融入高校思政课教学实践研究[J]．思想理论教育导刊，2015(6)．

社会主义核心价值观融入高校教育全过程的策略

王亚男　张建林

（武汉纺织大学马克思主义学院，湖北 武汉 430000）

摘　要： 社会主义核心价值观体现社会主义核心价值体系的实践要求和丰富内涵，是对全体中国人民美好愿望的集中概括，培育和践行核心价值观是实现中国梦的必由之路，对于提高国民素质、激发民族创造力、开拓未来发展思路有重要作用。高校是培养社会主义未来建设者和领导者的主阵地，在高校深入贯彻落实核心价值观对于我国未来发展有重要意义。目前虽已有学校进行路径探析但尚有缺陷，针对不足，根据思想政治教育资源配置的基本原理，可从不同方面进行改进。

关键词： 核心价值观；改革；教育

党的十六届六中全会提出社会主义核心价值体系的深刻内容，十八大将其凝练为三个层面的 24 个字，即国家层面富强、民主、文明、和谐的价值目标，社会层面自由、平等、公正、法治的价值取向，个人层面爱国、敬业、诚信、友善的价值准则，这是社会主义核心价值观的基本内容也是核心要义。高校作为思想意识形态领域的前沿阵地，担负着学术研究和引导群众的社会责任，更担负着培养祖国未来接班人的重大教育职责，将社会主义核心价值观积极有效地融入高校教育全过程，无论是对大学生群体、社会还是国家都具有十分重要的意义。

一、明确融入高校教育全过程含义

高校教育全过程这一概念并没有在学界形成具体的阐释，许多相关论文往往模糊概括、笼统论之，但要研究核心价值观如何能全面深入地融入高校教育，厘清高校教育全过程的具体内涵外延是基础，也是必须条件。本文所指高校教育全过程主要是指思想政治教育的全过程。

高校教育全过程内容庞杂、过程漫长、步骤众多，很难一概而论，笔者认为

作者简介：王亚男（1992—），女，研究生在读，研究方向为思想政治教育。
　　　　　张建林（1962—），男，教育学博士，武汉纺织大学马列学院教授；华中科技大学教科院兼职博士生导师，主要研究方向为大学教学论、高等教育原理、大学生思想政治教育等。

大体可从时间、空间、主体三个层面来尝试概述。

时间层面：教育全过程不是某一时间点的教育活动，它具有连贯性和长期性，思想政治教育不同于文化知识的传授，是对个人品德修养和人生观价值观的潜移默化的培养和影响，应该是从大学生入学开始到毕业为止的连续性活动，不仅有长期性，而且有连贯性，不仅在学期内，假期、社会实践活动时期都应该有思想政治方面的教育。

空间层面：高校教育不是点而是面的教育，课堂教学是一方面，但是隐性教育资源中的辅导员教育、校园活动教育、社会实践教育、文体活动教育、宿舍文化氛围教育等等都对学生的思想政治产生重要影响，甚至会取得比显性教育更好的效果，因此核心价值观融入高校教育全过程要充分利用各种教育资源，显性隐性资源相结合，全方位多层次宽领域地渗透教育思想以取得更好的效果。

主体层面：思想政治教育全过程要改变传统单向灌输的思维桎梏，以全新的视角接受双主体的新观念，即教育者也是受教育者，二者互相教育学习进步。不仅如此，还要扩宽主体概念，除了传统的思政教师外，高校教育全过程中的施教主体还应包括辅导员、管理人员、高效员工等，而受教主体也不应该仅仅是普通高等院校的学生，还包括军事院校、民办院校、成人高校、夜校学生等，学历水平从中专、职高、普高到研究生甚至博士都涵盖在内。这样来看，思想政治教育的主体是非常庞大的，大的群众基础就肩负着大的社会责任，把握和落实好核心价值观融入高校全过程责任重大。

二、社会主义核心价值观融入高校教育的重要意义

1. 是端正大学生思想政治态度，引导其积极健康发展的必然要求

大学生是国家的未来，是领导国家走向茁壮还是衰败的决定性力量。目前我国大学生群体整体思想符合主流期待，但是不和谐因素也频现。现阶段的大学生都是在计划生育和改革开放后国民经济飞速发展的过程中成长起来的一代，这一群体从小生活环境优渥，缺少忧患意识，没有强烈的生活紧迫感和责任意识；网络年代成长起来的大学生，从小就开始面对信息爆炸的网络环境，多重价值观念和文化导向的碰撞导致了多重人格、复杂人格；日益开放的国际环境和社会环境给学生提供了丰富的机会来参与社会活动、培养各种兴趣爱好，这一代大学生的公共事务参与热情高，但同时因为独生子女的原因又缺乏集体责任感。受倡导个性和创新的社会导向与文化氛围影响，当代大学生个性有余，承受能力不足，平顺的人生没有经历过大起大落，一点小事就能导致心情沉闷、态度消极。大学时代这一群体的人生观、世界观正在形成中，因此及时帮助当

代大学生群体塑造正确世界观、人生观的任务紧迫而且必要。

2. 是积极响应中央文件,承担社会责任的要求

《关于进一步加强和改进新形势下高校宣传思想工作的意见》(以下简称《意见》)是 2015 年 1 月 19 日中共中央办公厅、国务院办公厅印发的新阶段指导我国意识形态领域发展的纲领性文件,在这一文件中表明,意识形态工作是党和国家一项极端重要的工作,这其中加强和改进高校宣传思想工作是一项重大而紧迫的战略任务,要"以深入推进中国特色社会主义理论体系进教材进课堂进头脑为主线,以提高教师队伍思想政治素质和育人能力为基础,以加强高校网络等阵地建设为重点,积极培育和践行社会主义核心价值观,不断坚定广大师生中国特色社会主义道路自信、理论自信、制度自信,培养德智体美全面发展的社会主义建设者和接班人"。

3. 是依据现实情况,坚定社会理想信念的要求

我国在共产党的坚强领导下,自改革开放以来,经济飞速发展,人民生活水平日益提高,社会进步日新月异,但是在意识形态领域,始终有些问题争论不休,伴随着经济文化的发展,也滋生出了许多新问题。部分党员干部贪污腐败,丧失了共产主义的伟大信念;部分社会青年迷失了人生方向,盲目度日;部分学生失去奋斗动力,不思进取;社会风气浮躁,传统文化不受重视,崇洋媚外问题严重……在此情况下,西方文化势力的强势入侵,西方反动思想的逐步渗透都对我国的社会价值观提出了严峻的挑战。高校作为学术权威和舆论风向标,在引领社会思潮、把握社会主流话语权方面有其独特的优势,在当今这一严峻形势下,中央已经认识到了意识形态工作的重要性和艰巨性,提出了社会主义核心价值观的建设方向,在此基础上开出了《意见》这剂良方。提出主要任务是要加强高校思想理论建设,提升师生的思想道德素质,促进学生的全面发展,激发创造活力,推动文化创新,壮大主流思想舆论。良方已出,如何落到实处成为社会各界面临的主要问题,而高校正是解决这一问题的首要阵地。

三、现阶段各高校的探索实践

在《意见》的指导下,许多高校都对如何将社会主义核心价值观无缝衔接、春风化雨般地融入教育工作和组织工作进行了积极有效的探索,也取得了一定成果,对于进一步改进完善今后的工作提供了启示,累计了经验,也为别的学校提供了改革范例。例如,在 2014 年 5 月 4 日习近平总书记在北京大学发表《青年要自觉践行社会主义核心价值观》为主题的讲话之后,北京大学随后即在 15 日举办了以《社会主义核心价值感与立德树人》为主题的理论研讨会,邀请了许

多知名的专家学者,共商这一社会关注的问题。北京大学党委书记朱善璐强调思想理论课在传播核心价值观中的主阵地作用,强调教师在传播过程中的引领地位,提出要将核心价值观内化于心、外化于行。清华大学承办以"大学校训传播社会主义核心价值观"为题的研讨会,积极探讨如何以校训为载体,传播社会主义核心价值观,并深入实践探索,在每年寒暑假近1.7万人次学生前往全国各地参与社会实践的基础上,2014年更是发起了实践梦想计划,帮助同学们积极实现梦想,建立社会主义核心价值观协同创新中心,深入研究协同创新机制体制改革,建设国家级平台,为核心价值观的建设提供更强有力的理论支持和技术知识,将社会主义核心价值观点面结合,融入大学生实践生活、学习课程,为探索更为有效的培养机制提供有益探索。复旦大学以"博学而笃志,切问而近思"的校训为载体,积极探索和开发校训所承载的深厚内涵,结合现代技术,向学生、教师、社会全方位多层次传达复旦精神,创新人才培养计划,开展各种特色活动以期传递正确价值观,培养学生的健全人格。

四、社会主义核心价值观融入高校教育全过程中存在的问题

之所以强调高校意识形态建设的极端重要性和大学生道德建设的紧迫性,一是因为高校在社会舆论导向中处于引领的地位,具有前瞻性和导向性,是社会进步思想的发声机构和国家进步思想的锦囊智库;二是因为高校生是建设未来中国的中坚力量和社会脊梁,他们的想法会在未来落实到学习生活和工作实践中,落实到建设未来中国的历史任务中,从而进一步影响和决定着未来中国的发展方向和发展前景。当前各高校提出的措施各有特色,值得借鉴,北大各知名学者在研讨会上认识到了思政课的重要作用,提出要内化于心、外化于行,强调了思政课在核心价值观建设中的重要地位,但是不足的是,课程设置在中国往往成为老师教授、学生被动接受的过程,缺少积极主动参与的课程往往很难使学生产生浓厚的兴趣和积极性去参加和学习,如何增加思政课的趣味性和参与度是需要广大思政课教师思索的重点。清华大学和复旦大学都十分重视校训的思想内涵和指导作用,紧密联系核心价值观丰富校训内涵,同时开展实践探索,开发各种项目激发学生学习热情,探索全方位的培养机制。但是如今90后甚至95后的大学生个性极强,如果不进行个性引导和单独指导,强制性地开展项目可能会激发学生的逆反心理和对于强行灌输价值观的抵触心理,如何将项目开展得既人性化又丰富有趣、细致入微是一个十分复杂的问题。综合各高校的探索活动,会发现有如下几个方面尚需完善。

1. 一些高校对于核心价值观融入教学活动的探索尚停留在理论层面,没有

深入开展

马克思主义实践观告诉我们,在社会实践中要实事求是,从社会生活的实际出发查找问题根源,才能更好地解决问题。喊口号是不能解决问题的,理论只有应用于实践,在实践中检验,才能发现问题、改进问题,否则很难非常好地契合实际情况。核心价值观的推广和深入工作时间紧迫,大学生在大学接受教育的时间只有短短的四年,如果等到条件成熟、准备完备的方案再投入实施的话可能几代学生已经离开学校进入社会了,那么这些学生就失去了深入了解核心价值观的机会,因此这一行动刻不容缓,不能容许任何一代学生失去这个机会,教育改革是摸着石头过河的,没有准备非常完善才投入实施的方案,在实践和试错中不断改进才是改革应有的精神和进程,因此要有在探索中前进、不怕失败的精神和勇气,在逐步的实践过程中慢慢总结经验改进方案,积极尝试各种有益的教学形式。

2. 思想仍被局限在自上而下的教育灌输中

教育活动是双主体的,客体很多时候也往往担当主体地位,大学生有独立的思想和前卫的想法,很多时候往往应该成为教育改革的推动者而不仅仅是被动的接受者。应该确立学生在教育活动中的主体地位,向学生群体要答案,积极听取他们的意见和建议,要采取他们喜闻乐见的方式来改进教学模式,这样才能吸引他们主动热情地学习核心价值观并积极地去践行。要放弃传统教师讲、学生听的教学模式,不仅是因为新时代新教育理念倡导多样化的教学手段,更因为思想政治教育不同于知识传授,更多的是需要通过同情和体验来取得效果,单纯的课堂讲授并不能起到很好的效果,因此学校教学要主动探索新路径,开阔思维,运用多种教学思源,创新思维,进行各种有趣的社会实践来吸引学生注意力,在各种实践活动中潜移默化地进行灌输。

3. 仍旧以群体为考量单位而未考虑到每个学生的特殊性

核心价值观的建设不应该以量化指标来衡量成效,这一问题归根结底是道德问题,是人们价值观念的问题,是每个人的世界观人生观问题,不能采取自上而下的推行措施。核心价值观的建设要自下而上,从每个公民的思想建设出发,具体到高校,就是要从大学生的思想状况和性格发展出发,来制定和实施具体措施,这就使得考察当代大学生思想动态的历史发展和存在问题成为深入贯彻落实核心价值观的第一步。马克思告诉我们,"人是一切社会关系的总和",要尊重每个学生的独特性,以此为前提开展核心价值观的教育活动才能对症下药,确保效果。目前各高校的探索往往也是大范围针对全部学生的,但是我们要注意到今时不同往时,现在的学生多是"90"后甚至"95"后,有着非常鲜明的个性,而且都有自己独立的想法,思想政治教育是做人的思想工作的,这一工作要想取得好的效果,绝对不能以"面"为单位,而必须以"点"为单位。固然思想政治工作要想各个击破,针对每个学生进行的话需要投入大量的人力物力,现阶段从事思政工作的教职工太少,往往一个班级只有一个辅导员,这就导致很难对每一个学生都能进行及时有效的思想政治辅导,核心价值观的融入来说也是一个问题所在。但是我们要看到困难是暂时的,相信随着科技的发展进步、国家对思想政治教育的支持逐步增多,一切困难都可以解决。因此高校思政教育要改变传统思想,高度重视这一教育工作,积极配备更多的思政教职工,合理有效地开展学生的思想政治教育工作,配合核心价值观的深入教育以取得更好的效果。

4. 依旧以传统教育模式为主

教育改革要紧跟时代步伐,广泛利用各种教育资源,改变传统教学模式,发挥多种教学媒介的作用。信息时代学生每天都被大量的信息所包围,如果仍旧以传统课堂讲授的方式来教育学生,对于学生的熏陶时间也就只有短短的几十分钟,而要深入开展核心价值观的教育工作就要让核心价值观无时无刻不萦绕在学生周围,营造一个热烈的学习氛围。各种教育资源的紧密结合和创新运用可以达到这个效果,QQ微信的营销活动、传统标语的有力渲染、文体活动主动点明活动意义、网络投票等方式都可以运用。这就要运用到在文章开始时提到的思想政治教育全过程的概念和定位,在实践、空间、对象三方面全方位地进行部署和渗透,让学生时刻处于思想政治教育和核心价值观的熏陶与浸染中,于不知不觉中加强道德修养,提高个人觉悟。

五、强化社会主义核心价值观融入高校全过程的措施建议

综合高校各种探索经验和存在问题,结合对于同龄大学生们心理状况和社会关系的微观把握,笔者提出以下几点建议,希望能够对社会主义核心价值观进高校的顺利开展有一点帮助作用。

1. 要改变高校思想教育惯有思维模式

时刻认识到每个学生都是独立特殊的个体,彻底丢掉自上而下强制灌输的想法,否则思想教育不仅无效而且容易起到反作用。新一代大学生与以往"80"后、"70"后有着决然不同的成长背景,十分注重个性发展,讨厌被同化被压制,因此充分尊重学生个性自由是开展教育工作的首要前提。

2. 博采众长吸取经验

国内高校如火如荼开展中的各种试点项目已经陆续取得了一些成就,总结了一些经验,各高校要不断站在前人的肩膀上看问题、处理问题,在探索创新教育模式的工作上奋勇争先,积极开拓,同时借鉴国外积极经验,认真学习西方国

家通识教育的教育体制和实践经验,明晰通识教育和思想政治教育的异同,将可用的思路借鉴到我们的教育体系中来。

(1) 注重学生的社会实践。这方面学校往往做得不够,大学生作为社会中坚力量的储备军,不应该只是被关在象牙塔里不谙世事的孩子,而应该积极参与社会实践。社会是健全人格最好的训练场,而目前许多高校的社会实践环节把关不严格、流于形式,这就导致学生怠惰,对于社会实践不够重视,往往蒙混过关。学校的社会资源没有充分利用,学生的社会实践没有学到东西,这是一个极大的失误和浪费。

(2) 充分发挥高校教务人员的作用。学生健全人格的形成受教师的影响极大。己欲立而立人,己欲达而达人,对于学生来说,老师永远是一个榜样和行为示范,如果老师教导的事情他自身都不能做到,试问如何说服学生去做?除了教师,学生在生活中接触到的每一个人都会影响其性格的养成和发展。因此,除了教师的理论讲授和以身作则、社会实践的锻炼以外,学生生活的场所在学校,学校的每一个教职员工对于学生的发展都应该负有责任。辅导员的主要任务就是关注和引导学生健全人格的发展,因此更是负有十分重要的责任。除了教师和辅导员,甚至连学校的保洁、楼管、保安都应该进行严格的职位培训,因为他们处于高校体系中,对于尚未建立完整世界观的学生往往有一定的潜移默化的影响作用。

社会主义核心价值观进高校是时代需要,更是民心所向。培养心态健康、积极向上、充满创造力的一代大学生是国家未来健康发展的保健良方,尽管教育弊病根深蒂固,教育改革步履维艰,但是不管前路有多艰险,中国的教育改革势在必行。社会主义核心价值观如果能成功并深入地根植于每一个大学生心中,无疑会给未来发展打好坚实的基础,营造良好的社会氛围。

参 考 文 献

[1] 中央办公厅、国务院办公厅印发《关于进一步加强和改进新形势下高校宣传思想工作的意见》[EB/OL]. http://news.xinhuanet.com/edu/2015-01/19/c_1114051345.htm,2015-01-19/2015-03-21

[2] 北京大学召开"社会主义核心价值观与立德树人"理论研讨会[EB/OL]. http://pkunews.pku.edu.cn/xwzh/2014-05/16/content_283022.htm,2014-05-16/2015-03-21

[3] 社会主义核心价值观协同创新中心在清华揭牌[EB/OL]. http://news.cyol.com/content/2014-11/25/content_11006863.htm,2014-11-25/2015-03-21.

[4] "大学校训传播社会主义核心价值观"研讨会在清华大学举行[EB/OL]. http://news.tsinghua.edu.cn/publish/news/4204/2014/20140729174351019202317/20140729174351019202317_.html,2014-07-29/2015-03-21.

虚拟社会青年社会主义核心价值观的培育机制研究

程诗涵

(南通大学纺织服装学院,江苏 南通 226001)

摘 要: 虚拟社会是一种新的社会形态,具有开放性、互动性、虚拟性等发展特性,契合青年社会主义核心价值观培育的内在需求。考量实践工作,虚拟社会青年社会主义核心价值观培育还客观存在核心价值观主导地位不够凸显、转化通道不够畅通、合力机制不够健全等发展困境。因此,必须全面建构虚拟社会青年社会主义核心价值观培育机制。一是理论认同机制,主要是解决思想认识的问题;二是心理认同机制,主要是解决价值内化的问题;三是实践认同机制,主要是解决行为自觉的问题。

关键词: 虚拟社会;青年;社会主义核心价值观;培育机制

十八大报告提出:倡导富强、民主、文明、和谐,倡导自由、平等、公正、法治,倡导爱国、敬业、诚信、友善,积极培育和践行社会主义核心价值观。学界对社会主义核心价值观的培育开展了深入而系统的研究,短期内已经取得了丰硕的理论成果,助推了生动的社会实践生活中社会主义核心价值观的培育和践行。青年社会主义核心价值观培育,应全面审视和考量两大语境即现实和虚拟语境。随着信息社会的悄然到来和计算机技术的纵深发展,日益生成和建构了一种新的社会形态——虚拟社会。一般而言,虚拟社会是指以计算机网络为基础架构和活动空间,形成新的社会活动和交往实践的组织结构和关系体系。我们要高度重视以新媒体为基础的虚拟社会的影响力及其价值意蕴和实践功能。

一、虚拟社会是青年社会主义核心价值观培育的全新场域

1. 开放性

虚拟社会是一个四通八达、没有边界、没有中心的分散式结构,体现的是自由开放的理念和堵不住、打不烂的设计原则。目前,我国虚拟社会中存在一些不文明现象,严重败坏社会风气,损害虚拟社会和谐环境,使得虚拟社会的"双刃剑"效应凸显。同时,我们更应该敏锐地洞察到虚拟社会在青年社会主义核

作者简介:程诗涵,南通大学纺织服装学院讲师。

心价值观培育中的功能与优势。新媒体作为一种全新的传播手段和传播载体，及时传播了马克思主义理论的最新思想动态，为研究、发展和创新马克思主义理论提供了平台。虚拟社会整合和创新了教育的手段和方式，丰富和拓展了建设的思路和载体，切实增强了社会主义核心价值观系列主题教育实践活动的影响力和凝聚力，充分发挥了其强大的价值导向功能，引导青年群体树立中国特色社会主义的共同理想，为实现中华民族伟大复兴的中国梦贡献青春力量。

2. 互动性

虚拟社会的实时互动与异步传输并举的技术结构，彻底改变了传统信息传播中"传播—接受"的关系，任何网络用户既可以是信息的接受者，同时也是信息的传播者，实现在线信息交流的实时互动。这一特点可以用来更加有效地评价当前社会主义核心价值观培育的实际效果，建构科学有效的评估反馈体系，有利于形成社会主义核心价值观培育和践行的长效机制。同时，虚拟社会的互动性为宣传社会主义核心价值观的思想精髓创造了有利条件。虚拟社会以特有的形式和丰富多彩的内容带来了青年群体思想方式、生活方式、教育方式的改变，有利于青年群体民族精神和时代精神的教育培育与倡导实践。

3. 虚拟性

在虚拟社会里，人与社会之间构成了一对主客体的价值关系。正确的虚拟社会价值观的基本要求是正确处理虚拟与现实社会的关系，既要善于利用虚拟社会来满足工作、生活和娱乐的需要，同时又不沉溺于虚拟社会之中而逃避现实。正确认识虚拟社会的功能与价值，把虚拟社会作为工具而不是目的，积极利用虚拟社会的正面功能，限制和消除虚拟社会的负面作用，尤其不能利用虚拟社会的强大功能来危害社会和他人选择。虚拟社会作为一个信息载体其价值取向是中性的，可是选择什么样的信息则取决于主体——虚拟社会使用者的价值观、德行、利益和需要。

二、虚拟社会青年社会主义核心价值观培育的实践困境

1. 虚拟社会核心价值观主导地位还不够凸显

我国的虚拟社会在迅速发展的同时，也存在诸多问题。一是缺乏主流价值观的强有力引导，虚拟社会内部冲突不断。二是虚拟社会趋于病态化发展，主流价值观边缘化趋势明显。当前，我国有些网站受到商业利益的驱动，热衷于炒作挑逗，热衷于追求新奇怪异、无厘头的东西，甚至参与传播、炒作低俗煽情非法的内容；即使一些主流网站，"小报化"趋向也很明显，主流价值和优秀文化

被边缘化,低俗文化却日渐走俏。① 三是缺乏核心价值观的系统维护,虚拟社会安全隐患不断加大。西方敌对势力利用发展中国家网络安全设置的漏洞,推行文化霸权主义和文化殖民主义,大量"倾销"他们的价值观念和思想文化,严重影响我国虚拟社会的健康发展和国家社会的稳定和谐。

2. 虚拟社会核心价值观转化通道还不够畅通

虚拟社会核心价值观转化通道还不够畅通,主要表现在两个方面:一是自身内功还不够,吸引力不足,影响力不大,自身建设力度有待进一步加强。社会主义核心价值观专题网站与政府主流网站的对接度有待凸显。二是虚拟空间的文化生态环境并不理想。转化通道不顺畅是当前我国基于虚拟平台的青年社会主义核心价值观培育和践行遭遇的重大挑战,其主要表现是:自娱自乐,影响力和关注度小,参与程度不高,行政化、指标性倾向明显。在信息化时代,虚拟社会已经成为青年交往实践的基本手段,它必将直接或间接地影射到青年的思想领域、精神层面,从而悄然改变青年对交往实践本身的认知和判断。

3. 虚拟社会社会主义核心价值观合力机制还不够健全

虚拟社会社会主义核心价值观合力机制还不够健全,主要体现在主流媒体与非主流媒体的联动互补、同向合力效应还不明显。现状是部分非主流媒体的传播效果和表达方式并没有凸显青年社会社会主义核心价值观培育的内在要求,即使有,往往也是流于形式,应付色彩较为明显。青年在这样的虚拟社会环境下很容易放松对自身的道德自律和约束、价值塑造和培育。因此,政府在发挥主流媒体弘扬社会正能量、引领发展的基础上,还有必要对非主流媒体进行科学的引导和必要的管理,进一步健全完善虚拟社会核心价值观培育的合力机制,进一步营造"政府大力引导、网商积极参与、媒介通力协作、网民有力配合"的良好运行环境和全面建构氛围。

三、虚拟社会青年社会主义核心价值观的培育机制

社会主义核心价值观是当代中国主流意识形态建构的集中体现,在全面推进构建社会主义和谐社会、实现中华民族伟大复兴的中国梦的伟大进程中发挥着思想引领和价值规范作用。在虚拟社会,社会主义核心价值观转化为青年群体的自觉行为有其内在的培育机制,必须大力营造、全力推进和着力落实。

1. 理论认同机制

要做到理论彻底性,当前必须做好以下几项工作:一是社会主义核心价值

---

① 宋希永. 网络核心价值观:构建社会主义核心价值体系的题中之义,理论界,2010(1).

观的进一步高度概括提炼,尊重差异,体现多样性、包容性和发展性。要做好社会主义核心价值观内容的解读细化工作,要让社会主义核心价值观贴近青年群体生活场景,通俗易懂,好记易学,便于操作,在日常的生活学习实践过程中加深学习,提高认识,不断培育对社会主义核心价值观的理性认同。二是将社会主义核心价值观与虚拟社会无缝对接起来,主动将理论送进场。将理论渗透到虚拟社会生活的方方面面,将理论和虚拟社会的各种活动紧密耦合起来,强化理论的指导性,弘扬虚拟社会的正能量,构建虚拟社会核心价值观。

2. 心理认同机制

科学的理论体系,必须占领人的内心世界,产生心理认同,形成价值内化,才能转化为自觉的实践行为。理论如何内化为青年人的心理认同,必须做好以下工作。一是彰显人的主体价值。马克思强调:"社会结构和国家总是从一定的个人的生活过程中产生的。"二是建立利益互动机制。要不断增强社会主义核心价值观解决实际问题的能力,从而全面提升理论的吸引力、凝聚力和向心力。要努力契合青年群体的一些实际困难,如就业难、上学难、房价高等关系他们切身利益的现实困境,加以积极引导,采取切实措施加以合理解决,建立一种"利益—情感—心理"的认同机制。

3. 实践认同机制

理论认同固化为心理认同,才能转化为行为自觉。实践认同不仅依赖于人的价值认同,而且还决于人的生活环境。在虚拟社会中,必须全面营造良好氛围,发挥正面引导功能,不断强化青年群体的实践认同,使践行社会主义核心价值观成为青年群体的自觉行动。一是加强虚拟社会问题的治理。现实与虚拟的伦理冲突以及价值渗透转化通道的阻塞,使得虚拟社会的伦理生态问题严峻。因此,当前不仅要加快虚拟社会建设的力度,而且要注重虚拟社会治理的深度。二是注重虚拟社会伦理的建构。三是完善制度保障体系的建设。坚持团结稳定鼓劲、正面宣传为主,牢牢把握正确的舆论导向,把社会主义核心价值观贯穿到日常形势宣传、成就宣传、主题宣传、典型宣传、热点引导和舆论监督中,弘扬主旋律,传播正能量,不断巩固壮大积极健康向上的主流思想舆论。各级各类新闻媒体都要强化责任意识,积极发挥各自优势,在虚拟社会大力传播主流价值,营造良好的舆论氛围;要不断适应虚拟社会的传播特点和青年群体的传播规律,全方位运用鲜活的生活语言和文字符号,充分发挥先进典型的示范引领价值,积极引导青年培育和践行社会主义核心价值观;要不断强化各级各类新闻媒体的管理,特别是一些商业性网站要强化政治立场和态度,绝不允许为各种错误思潮滋长提供土壤,营造风清气正的舆论氛围。

加强大学生社会主义核心价值观教育必然性探究

孙 莹

（青岛大学数据科学与软件工程学院，山东 青岛 266071）

摘 要：党的十八大提出的社会主义核心价值观为高校辅导员工作提供了遵循。当代大学生思维活跃且尚未形成完整的价值观，如果不加以引导，极易受到非主流价值观的冲击，进而影响我国社会主义事业的发展。如何在高校开展社会主义核心价值观教育，使之成为大学生群体共同的价值取向和心灵归宿，已经成为高校辅导员队伍必须思考的关键问题。

关键词：社会主义核心价值观；高校辅导员；大学生

价值观是人类在认识、改造自然和社会过程中产生与发挥作用的。不同民族、不同国家由于其自然条件和发展历程不同，产生和形成的核心价值观也各有特点。党的十八大在社会主义核心价值体系的基础上，提出了"倡导富强、民主、文明、和谐，倡导自由、平等、公正、法治，倡导爱国、敬业、诚信、友善"的社会主义核心价值观。当代大学生是我国社会主义事业的建设者和接班人，肩负着国家的未来和民族的振兴。青年的价值取向决定了未来整个社会的价值取向，而青年又处在价值观形成和确立的时期，因此，在大学生群体中开展社会主义核心价值观教育，提高大学生思想政治觉悟，是高校责无旁贷的历史使命，也是高校辅导员义不容辞的责任。

一、当代大学生价值观现状分析

1. 价值选择模糊化

大学是人生的重要阶段，是人生价值观形成和确立的时期，具有不稳定性，价值取向极易受到不同文化的影响。在这种传统与现代、东方与西方、主流与非主流的价值思想交锋中，当代大学生的价值观由过去追求道德上的崇高开始转向对现实问题的思考，从过去讲求奉献开始思考现实利益。大学生在接受优秀文化熏陶的过程中，也存在着受不良风气影响的现象，个性开放，爱国热情高

作者简介：孙莹，青岛大学数据科学与软件工程学院辅导员。

涨,容易接受新鲜事物,同时也存在敬业精神缺失、诚信危机、友善价值观被忽视等问题,直接反映了大学生价值选择模糊化的特性。

2. 价值追求物质化

随着改革开放的巨大成功,经济的快速发展,社会的巨大变化,大众的价值取向、行为方式和生活态度受到巨大冲击。人们在追求社会价值的过程中,通过东西方文化的融合,也不断重新认识和塑造自身的价值体系。因此,使得以重利益讲竞争、等价交换等观念为主要特征的市场经济不断与中国传统的文化发生激烈的碰撞和冲突。始终以金钱作为衡量标准,严重扭曲了市场经济的初衷与原则,导致人们过于追求物质,忽视精神需要。这一现象也或多或少地出现在大学校园内。利己主义、经济因素、金钱至上等观念已经成为衡量大学生能力的重要标准,使得校园文化不同程度地被世俗化、庸俗化甚至恶俗化,而这也直接反映了大学生价值追求的物质化。

二、加强大学生社会主义核心价值观教育的必然性分析

1. 大学生群体的特点

当代大学生多为"95"后,思想开放,受外来文化影响巨大,而自身生理和心理都不成熟,不能很好地明辨是非,表现出依附与独立同在、个性与同属并存、稳定与冲突相处、储蓄与预支共存的群体特征。此外,部分大学生存在人生价值多元化、社会责任意识淡化、抗挫折能力弱、独立意识强但独立能力弱、心理问题多发等一些负面问题,严重影响他们的健康成长。因此,高校要培养社会主义事业合格建设者和可靠接班人,必须充分发挥辅导员队伍的力量,坚持社会主义核心价值观统领大学生思想政治教育工作,使之成为社会主义核心价值观的坚定执行者。

2. 当今国际形势的必然要求

随着经济全球化、文化多样化、价值多元化的发展,国际交流日益频繁,世界各个国家已经成为一个紧密联系的整体。特别是改革开放以来,我国日益与世界其他国家互通联系,西方文化不断涌入我国。面对拜金主义、享乐主义等西方不良文化的冲击,价值观尚未完全形成的大学生很难明辨是非,往往被"糖衣炮弹"所击中而迷失自我。因此,面对多元文化的冲击,高校辅导员必须明确社会主义核心价值观在思想政治教育中的核心地位,不断在学生中加强教育和引导,帮助大学生尽快形成正确的价值观。

3. 党的教育方针和高等教育目标的要求

教育是民族振兴和社会进步的基石。党的十八大提出,要努力办好人民满

意的教育,同时要求培养学生社会责任感、创新精神、实践能力。此外,我国高等教育从外延式发展到内涵式发展,历经探索,使得教育目标更加明确,即培养德智体美全面发展的社会主义建设者和接班人。这就要求辅导员在工作中必须始终做到以学生为本,将学生的全面发展作为一切工作的出发点和落脚点,深入开展社会主义核心价值观教育,切实提高人才培养的水平和质量。

社会主义核心价值观是在社会主义核心价值体系的基础上,更加突出核心要素、更加注重凝练表达、更加强化实践导向,两者具有内在一致性,共同体现了社会主义意识形态的本质要求,体现了社会主义制度在思想和精神层面的质的规定性。因此,作为高校辅导员,必须以社会主义核心价值观为中心,统领大学生思想政治教育工作。

参 考 文 献

[1] 中共中央宣传部.习近平总书记系列重要讲话读本[M].北京:人民出版社,2014.
[2] 田永静,陈树文.加强大学生社会主义核心价值观教育有效途径探究[J].思想教育研究,2010(5).
[3] 周青.新形势下大学生社会主义核心价值观教育之探析[J].教育理论研究,2010(2).

宣传阵地

发挥四个群体作用　做好高校宣传思想工作

高建勋

（武汉纺织大学党委宣传部，湖北 武汉 430200）

摘　要：习近平总书记指出，做好宣传思想工作必须全党动手。在高校内部要发挥好四个群体的作用：高校领导干部率先垂范，切实担负起表率的作用和责任；高校教师言传身教，切实担负起育人主体的作用和责任；高校青年学生增强主体意识，切实发挥好自我教育的作用；高校宣传思想部门干部要成为让人信服的行家里手，切实发挥好关键作用。要努力形成宣传思想工作的强大合力，协同推进高校宣传思想工作。

关键词：高校宣传思想工作；意识形态；党的建设

习近平总书记指出，做好宣传思想工作必须全党动手。要树立大宣传的工作理念，动员各条战线各个部门一起来做，把宣传思想工作同各个领域的行政管理、行业管理、社会管理更加紧密地结合起来。高校是意识形态工作的前沿阵地，肩负着学习研究宣传马克思主义、培养中国特色社会主义事业建设者和接班人的重大任务。做好高校宣传思想工作，当前在高校内部要发挥好四个群体的作用，形成宣传思想工作的强大合力。

一、高校领导干部率先垂范，切实担负起表率的作用和责任

习近平强调，各级党委要负起政治责任和领导责任，加强对宣传思想领域重大问题的分析研判和重大战略性任务的统筹指导，不断提高领导宣传思想工作能力和水平。加强和改进高校宣传思想工作，高校领导干部是"关键的少数"。在宣传思想工作的很多实际工作中，领导干部都是第一责任人。领导干部能不能以身作则、率先垂范，能不能"一级抓一级、层层抓落实"，关系到宣传思想工作的实际效果。党的十八大以来，高校认真学习贯彻习近平总书记系列重要讲话精神，牢牢把握正确政治方向和舆论导向，意识形态工作积极性主动性明显增强，阵地意识明显提升，广大师生牢记立德树人崇高使命，积极践行社会主义核心价值观，

作者简介：高建勋(1969—)，男，湖北大悟人，武汉纺织大学党委委员、党委宣传部部长，教授，研究方向为高等教育、思想政治教育。

成为传播先进文化、传递社会正能量的生力军。但也有少部分人以为,当前评价学校办学水平的指标是论文的质量和数量、博士与硕士点数量、科研项目、高层次人才等硬指标,而把宣传思想工作视为软任务,不能自觉地重视、投入和关心。我们必须清醒认识高校宣传思想工作面临的新形势、新任务、新挑战。

高校党委书记、校长要旗帜鲜明地站在意识形态工作第一线,发挥好示范引领作用。高校党委是大宣传工作格局的核心和基础,肩负着重要的政治责任和领导职责。高校党委书记、校长重视程度不同,就会带来宣传思想工作水平不一致。首先要做好顶层设计,完善高校宣传思想工作机制,高校党委要强化政治责任和领导责任,党委书记、校长要旗帜鲜明地站在意识形态工作第一线,充分发挥高校党委的领导核心作用,坚持和完善党委领导下的校长负责制,建立健全高校党委统一领导、党政工团齐抓共管、党委宣传部门牵头协调、有关部门和院(系)共同参与的工作机制。其次要配齐建强高校宣传思想工作队伍,统筹推进高校党政干部和共青团干部、思想政治理论课教师和哲学社会科学课教师、辅导员班主任和心理咨询教师等宣传思想工作骨干队伍建设,坚持高标准选配高校宣传思想工作干部,加强高校宣传思想工作人才培养。最后要明确责任。建立并落实意识形态工作责任制、问责制、督导制,把意识形态工作纳入所有领导考核的重要内容。

各级干部要落实宣传思想工作,把责任担起来。"政治路线确定之后,干部就是决定因素。"高校党委副书记、副校长在学校党委的领导下,分管党建、教学、科研、后勤等领域的工作。机关职能部门一把手、二级学院书记、院长,直接管理本部门、本系统,本学院工作。高校共青团干部、机关干部负责各项任务和工作的落实。当前,少数干部认为宣传思想工作就是书记的工作,宣传工作就是学校宣传部门的事,思想工作是学生工作部门的事,因此对宣传思想工作重视程度不够,没有给其应有的地位保证、人员保障、经费支持,更不去关心工作对象的认识和感受,因此也就不可能因势利导地改进宣传思想工作。各级领导干部应该做好三种人:第一是清醒人,真正理解领会加强和改进高校宣传思想工作是一项战略工程、固本工程、铸魂工程,事关党对高校的领导,事关全面贯彻党的教育方针,事关中国特色社会主义事业后继有人,对于巩固马克思主义在意识形态领域的指导地位,巩固全党全国人民团结奋斗的共同思想基础,具有十分重要而深远的意义。第二是明白人,有关职能部门是大宣传工作格局的重要组成部分,肩负着各守一方、协同作战的重要职责。都要树立大宣传理念,把自身工作同宣传思想工作联系起来,无论是制定政策、出台措施,还是开展工作,都要考虑价值导向、舆情民意、教育效果。第三是局中人,要冲在一线,发挥好引领示范作用。

二、高校教师言传身教,切实担负起育人主体的作用和责任

邓小平同志曾经指出:"一个学校能不能为社会主义建设培养合格的人才,培养德智体全面发展、有社会主义觉悟的有文化的劳动者,关键在教师。"习近平总书记在北京师范大学强调全国广大教师要做"有理想信念、有道德情操、有扎实知识、有仁爱之心"的好老师,为发展具有中国特色、世界水平的现代教育,培养社会主义事业建设者和接班人做出更大贡献。充分说明了教师的重要性,指明了教师努力的方向。

高校教师是高等学校育人的主体,教师队伍的思想政治素质直接关系到高校人才培养的质量高校教师的主流是积极向上的,很多老师一生中忘了自己、把全部身心扑在学生身上,有的老师把自己有限的工资用来资助贫困学生,很多事迹感人至深、催人泪下。这就是人间大爱。但也有部分教师理想信念模糊、政治信仰迷茫,在课堂上公开发表杂音与噪音,"抹黑中国"、"扭曲历史"、"美化西方"的言论喋喋不休。要着力加强教师思想政治工作,坚持不懈用中国特色社会主义理论体系武装教师头脑。扎实推进师德建设,落实高校教师职业道德规范,完善师德建设长效机制。

发挥思想政治理论课教师和哲学社会科学课教师、辅导员班主任和心理咨询教师骨干作用。在部分高校,思想政治理论课教师队伍存在结构性缺陷。个人发展得比较好的往往会被抽走担任专业课的教学,或把主要精力放在担任专业课教学上面,而优秀的专业课教师却极少被安排担任思想政治理论课的教学。而担任教学任务的党政干部、辅导员不仅工作较忙,而且缺少专业基础知识的学习,很难使这门课收到较好的效果。首先要热爱思想政治理论课教学岗位,建设学生真心喜爱、终身受益的思想政治理论课。二要切实推动中国特色社会主义理论体系进教材、进课堂、进头脑。统一使用马克思主义理论研究和建设工程重点教材,纳入相关专业人才培养方案和教学计划。目前,哲学社会科学70%以上的研究人员在高校,哲学社会科学理论研究成果2/3出自高校,要充分发挥高校哲学社会科学育人功能,挖掘哲学社会科学课程的思想政治教育资源。深入推进哲学社会科学教学科研骨干和思想政治理论课骨干教师研修工作,建立中青年教师社会实践和校外挂职制度。辅导员班主任着力增强大学生思想政治教育针对性实效性,加大心理健康教育。

发挥专家学者的智力优势。具有大批专家学者是高校的独特优势。建立教育激励手段,引导校内相关领域专家学者积极参与宣传思想工作。这对于增强宣传思想工作的学理性和吸引力、感染力具有重要意义。一是聘请专家学者

担任学生导师班主任,用自身经历教育青年学生。二是组织开展高校名师大讲堂、理论名家社会行等活动,邀请一些知名专家学者做专题演讲、学术报告、辅导讲座,他们思想深刻、语言鲜活,能够给人以深刻启迪。可以对其进行分类和整理,提炼成观点新闻稿件在校内媒体上刊发。三是抓好人物访谈。认真分析和研究大众的关切点,围绕党和国家大政方针和社会热点事件,对相关领域的专家学者进行专题访谈。四是抓好理论文章。抓住新问题、掌握新动态、跟踪新趋势,邀请权威专家学者围绕前沿热点问题撰写重点理论文章。

调动全体教师教书育人积极性。高校教师必须守好政治底线、法律底线、道德底线。严把教师聘用考核政治关,从入口选拔政治素质强专业强的教师。进一步健全教师政治理论学习制度,实行学术安全培训制度,重视在优秀青年教师中发展党员。强化高校课堂教学纪律,制定加强高校课堂教学管理办法,健全课堂教学管理体系。决不允许各种攻击诽谤党的领导、抹黑社会主义的言论在课堂出现;决不允许各种违反宪法和法律的言论在课堂蔓延。加强师德师风建设,实行师德一票否决制,完善加强高校学风建设办法,健全学术不端行为监督查处机制。

所有员工都肩负着服务育人的责任。发挥教职员工教书育人、服务育人、管理育人的作用,实现全员育人,不做局外人,不当旁观者。高校宿舍管理人员、实验室人员、图书管理员、保卫人员,机关干部都应有道德情操,这是高校管理服务岗位的前提条件;要有仁爱之心,把学生当亲人,努力与学生和谐相处,成为一家人。

三、高校青年学生增强主体意识,切实发挥好自我教育的作用

在宣传思想工作中,大学生作为教育对象是宣传思想工作客体与主体双重身份的统一体。主体与客体及其相互关系直接影响着宣传思想工作的有效性,强化主体的主体性是提高宣传思想工作有效性的前提;增强客体的主体性是提高宣传思想工作有效性的关键;主体与客体的和谐互动是提高宣传思想工作有效性的核心动力。但是,大学生在思想政治教育问题上不如智育和体育那样有明确的接受意愿,缺乏作为接受主体参与、配合相关活动的自觉意识,以及自主地选择、评判、践履宣传思想工作内容的自觉意识。所以,必须注重培养大学生的主体意识和道德意志,激发大学生的主体接受意愿、合理欲望和动机,引导大学生进行自我教育。

充分发挥学生骨干的作用。学生的广泛参与,不仅可以有力支持宣传工作,同时还可使宣传工作成为培育学生综合素质的重要平台。各级各类学生干

部、学生党员和入党积极分子、理论学习骨干及在学术科技、文化体育等方面成绩突出,对大学生群体有引领作用的优秀学生组成高校学生骨干群体,他们是沟通师生感情、传递师生信息的桥梁和纽带,是学校宣传思想工作中的中坚力量,应充分信任、大胆使用、着力提高。一是加强思想引导和业务培训。充分利通团校、社团做好青年思想引导工作,帮助广大青年树立远大理想,坚定走中国特色社会主义道路的人生信念,用科学的理论武装青年,使他们不断增强道路自信、理论自信、制度自信,不断增进对党的信赖、信念、信心,提高团的吸引力和凝聚力。二要着力培育典型项目,努力构建网络育人新机制。培育富有特色的学生网络社团和创业项目,依托相关网络互动社区和主题网站,采用"学校组织、网络搭台、学生唱戏"的模式,形成更多更好的网络特色项目和品牌。

引导大学生进行自我教育。近年来,随着现代信息技术的迅猛发展,网络对传统的教育模式提出了新的挑战,也为人才培养提供了新的载体、平台和巨大信息资源。如今,网络化生活已成为当代大学生的常态,对大学生思想行为也带来了全方位、深层次的影响。当前高校宣传思想工作中的许多新情况新任务,在很大程度上是因"网"而生、因"网"而兴、因"网"而增。当代青年学生主体意识强烈,不喜欢被灌输说教,崇尚追求自我展现。针对这一特点,要秉承开放、共建、共享的理念,充分利用现代传媒手段,创新网络思想政治教育,大力开展丰富多彩的网络主题教育活动,努力营造网络育人的浓厚氛围。围绕中国特色社会主义和中国梦教育,培育和践行社会主义核心价值观,大力唱响主旋律,积极弘扬正能量,依托具有影响力的教育网络互动社区,组织开展网络关爱青少年活动、全国高校"我的中国梦"微电影摄影系列大赛等活动,充分发挥网络"第二课堂"的重要作用。继续抓好高校礼敬中华优秀传统文化系列活动、校园好声音网络大赛等系列活动,以学生喜爱、能黏住学生的方式,润物无声地做好网络时代高校宣传思想工作。

四、高校宣传思想部门干部要成为让人信服的行家里手,切实发挥好关键作用

习近平指出,宣传思想部门承担着十分重要的职责,必须守土有责、守土负责、守土尽责。宣传思想部门工作要强起来,首先是领导干部要强起来,班子要强起来。各级宣传部门领导同志要加强学习、加强实践,真正成为让人信服的行家里手。

高校宣传思想工作在面临前所未有的挑战,同时也迎来了建功立业的历史机遇。在新形势新挑战面前,宣传思想干部队伍中有的对意识形态工作的极端重要性缺乏足够的认识,不安心、不专心、不愿意做宣传思想工作;有的知识结

构单一、应对挑战、开拓创新的能力不足,在困难和矛盾面前办法不多;有的以不变应万变,不思进取,被动应付。面对新形势、新挑战、新任务,宣传思想干部一定要在思想理论上、业务素质上、工作作风上强起来。

建设一支高素质的高校宣传思想队伍。一要抓好理论学习,通过坚持不懈学习,学会运用马克思主义立场、观点、方法观察和解决问题,坚定理想信念。二要旗帜鲜明地坚持党性原则。坚持不懈地宣传党的理论和路线方针政策,敢于善于反驳错误思想言论。坚持政治家办报、办刊、办台、办新闻网站,切实管好阵地、管好内容、管好新媒体、管好工作人员。三要提高业务素质。要在理论上、笔头上、口才上或其他专业上有"几把刷子",真正成为让人信服的行家里手。四要注重抓基层、打基础,着力转作风、正学风、改文风,增强主动性、掌握话语权,努力开创宣传思想文化工作新局面。

宣传思想部门干部要发挥好关键作用。首先,宣传思想部门作为党委的参谋助手,要承担起协助党委构建大宣传格局、抓好宣传思想工作的重要职责。建立党委统一领导、党政工团齐抓共管、党委宣传部门牵头协调、部门院系共同参与的工作机制。其次,宣传思想部门是大宣传工作格局的骨干和枢纽,肩负着牵头抓总和指导协调的重要任务。必须统筹整合各种优势资源,发挥牵头协调作用,树立整体思维,整合资源,调动一切积极因素,心往一处想、劲往一处使,形成各方参与、协同推进的良好局面。第三,宣传思想工作一定要把围绕中心、服务大局作为基本职责,在高校全面深化改革的进程中,宣传思想工作要牢牢把握正确的舆论导向,发挥现代媒体的优势,探索各种形式,宣传党的理论、路线、方针、政策,传播先进文化,凝聚促进开放合作、改革发展、维护稳定的正能量。通过树立问题意识,主动回应社会和师生员工的关切,弘扬主旋律,正确引导校内外舆论热点,有理、有据、有节地开展舆论斗争。

高校宣传思想工作点多线长面广,是一项系统工程。必须树立起大宣传理念,按照围绕中心、服务大局、统筹规划、系统设计、整体推进的要求,统筹整合校内外各种优势资源,调动一切积极因素,发挥高校群体作用,心往一处想、劲往一处使,形成人人重视、各方支持参与、协同推进高校宣传思想工作的良好局面。

参 考 文 献

[1] 习近平:意识形态工作是党的一项极端重要的工作.新华网,2013 – 08 – 20.
[2] 人民日报编委会:学习习近平同志在全国宣传思想工作会议上重要讲话的体会[N]人民日报,2013 – 08 – 30.
[3] 闫永新.大学生思想政治教育有效性研究的现状与展望[J]思想理论教育导刊,2014(4).
[4] 党波涛.增强高校宣传工作的思想内涵[N]人民日报,2011 – 11 – 03.

创新宣传思想工作 全面服务学校发展
——北京服装学院宣传思想工作的探索与实践

席宇梅 朱光好 郄 程 娄宝剑 吴振平

（北京服装学院，北京 100000）

摘 要： 新形势对高校宣传思想工作提出了更高的要求，北京服装学院多年来结合学校特点搞创新，在思想政治教育、特色文化培育、宣传载体打造、向上氛围营造等方面进行了积极探索与实践，形成了多维、立体的大宣传格局，有力地服务于学校全面科学发展。

关键词： 高校宣传思想工作；创新

习近平总书记在全国宣传工作会议的讲话中指出，"宣传思想工作创新，重点要抓好理念创新、手段创新、基层工作创新"，要"把创新的重心放在基层一线"。多年来，北京服装学院党委高度重视宣传思想工作，坚持"围绕中心、服务大局、外树形象、内聚力量"的工作思路，结合学校特点不断创新工作内容、方法、手段和载体，全面服务学校科学发展，形成了集思想政治教育、特色文化培育、宣传载体打造、向上氛围营造于一体的多维度、立体化宣传格局，为建设国内一流、国际知名纺织服装高校做出了积极贡献。

一、充分认识高校宣传思想工作创新的必要性

在国内外形势纷繁复杂、文化多元的当下，高校宣传思想工作面临着前所未有的挑战。基层宣传工作如果还只是停留在原有的思考上，就会有失去吸引力和感召力，甚至有被忽视、厌倦的可能。只有着眼新情况，开拓新思路，提高针对性，不断创新工作，才能使宣传思想工作立于不败之地，发挥应有作用。

创新，是指更新、改变、创造新东西，含革新、用新方法的意思，也可理解为在已有基础上加工、完善和改良。高校作为面向广大师生的基层单位，积极开展宣传思想工作创新是加强高校意识形态工作、培育和弘扬社会主义核心价值观、实现中华民族伟大复兴的中国梦的需要；是凝心聚力、服务学校改革发展的需要；是虚功实做、增强宣传思想工作吸引力和感召力、将工作落到实处的需要。

二、积极探索宣传思想工作创新的有效途径

1. 从学校特点出发 创新师生思想政治教育

北京服装学院是全国唯一一所以服装命名,艺工为主,艺、工、经、管等多学科协调发展的全日制普通高校。前身为1959年建校的北京纺织工学院,1987年改扩建为北京服装学院,增添服装设计、经管等专业,努力建设以服装为主线,从面料开发到产品设计再到营销的一条龙服装人才培养基地。学校坚持"艺工融合"的办学特色,建立了"艺术教育与工程教育、管理教育相结合,民族服饰文化与现代设计理念相结合,理论教学与实践教学相结合"的现代服装教学体系。目前8000余名在校生和近800名教职员工中艺术和工、文几乎各占一半,做好宣传思想工作必须结合学校实际,找好工作切入点和着力点,这样才能避免流于形式,才能为广大师生所接受,真正收到实效。

(1) 理论武装有的放矢。每学期初,宣传部制定党委理论中心组学习计划,下发至各个党总支、直属党支部,各支部结合自身实际,制定具体的学习计划,做到学习有时间、有地点、有中心发言人、有考勤、有记录、有督查。学习形式多样,组织专题理论学习和理论研究,定期举办专题报告和讲座,组织社会考察与参观活动。党委理论中心组结合文化创意产业,参观第十九届中国国际服装服饰博览会、中国国际时装周、京交会、宋庄画家村等;结合大学治理工作,参观中国传媒大学传媒研究院、动画学院;结合廉政建设,参观北京市反腐倡廉法制教育基地。院系中心组先后组织参观中关村、"798"、房山韩村河等地。同时,结合重点时期工作为师生员工放映电影;引进"部长进校园"活动,邀请专家、名人面向全校师生做有影响力的大报告,助师生启发心智、拓展视野,提升综合素养。

(2) 师德建设统分结合。师德建设是高校思想政治工作的重点和难点。师德建设不仅关系到教师的自身修养,也关系到人才培养的质量,对大学生世界观、人生观、价值观的形成有着十分重要的影响。宣传部与人事处、工会等齐抓共管,建立了师德建设长效机制。学校制定了《北京服装学院师德建设实施方案》,在全校开展教师三级培训:新入职教师岗前培训纳入师德内容;青年教师师德培训班、思政教育社会实践常抓不懈;针对老教师开展教授师德研讨班。每年教师节前夕宣传部组织召开以师德为主题的座谈会,开展师德征文并结集印发,固化了师德教育成果;定期组织师德专场报告会;在全校师生中开展两年一次的"北服师德现状问卷调查",为党委深入开展师德建设提供第一手参考资料;利用官网、院报、橱窗等宣传阵地宣传师德典型,营造尊师爱生、为人师表、

教书育人的校园氛围;建立青年教师社会实践基地;组织一年一度的校"优秀德育奖"评选,等等,扩大了师德建设的影响,使"学为人师,行为世范"的观念不断深入人心。

(3)日常宣教落到实处。针对学校"艺工融合"的学科专业特点,将主题教育通过学生喜闻乐见的形式引入第一、第二课堂,将主题教育与专业学习相融合,在进行专业学习的同时育人。例如,建议专业课教师以"社会主义荣辱观"为学生作业选题、举办"践行社会主义核心价值观"作品展、"弘扬雷锋精神"主题墙绘、"八荣八耻"漫画大赛、"北京精神"创意速写比赛,以及结合思想政治理论课的"大学生人文知识竞赛"、党史知识答题竞赛等。从2004年开始,学校每年年底举办北服"十大新闻"评选,师生全员参与投票,通过评选的过程回顾一年成绩、记载学校发展历程,激发师生自豪感和自信心。从2013年起举办年度"感动北服人物"评选,以优秀典型感召师生,弘扬、树立社会主义核心价值观。

2. 精心培育 创新特色学校文化平台

(1)整合学校资源,打造精品项目。学校从2003年开始,举办了第一个全校性节日活动——"科学·艺术·时尚节",取"科学与艺术完美结合,打造现代服装理念"之意,旨在集中展示办学成果,凸显学校艺工融合的办学特色,培育学校文化,扩大学校社会影响力。此活动将学术活动、作品展示、校企交流等集中推出,每届围绕一个主题,已成为学校文化建设的重要载体和平台。2003年以"现代服装——传统与时代、科学与艺术的完美结合"为主题,通过静动态展示、论坛、展览等营造浓厚的校园文化氛围;2004年以"教育创造多彩校园"为主题,通过学生技能作品展示展卖一条街、"亮丽工作室"等突出学校特色;2006年以"用知识服务社会"为主题,通过学生作品展示洽谈(交易)会、教师服装设计作品发布会等促进校企合作;2008年以"创意编织奥运梦想"为主题,展示了奥运服装设计团队的工作过程及背后故事,彰显北服创作实力;2009年以"历史成就今天"为主题,结合50周年校庆开展动静态展示、学术交流等活动;2010年以"传承传统文化 激扬时尚青春"为主题,把传统文化元素和概念在时尚的舞台上巧妙演绎;2012年以"科学融合艺术,创意引领时尚"为主题,结合学校服饰时尚设计产业创新园的开园,紧密围绕首都文化创意产业发展,举办纺织服装材料高层论坛、首都大学生创意集市、学校自主设计品牌发布会等,进一步彰显学校特色和学术科研成就;2013年以"发现·传承·创新"为主题,与"垂衣裳——敦煌服饰艺术展"同时开幕,以多元立体方式展示敦煌艺术,开"敦煌服饰艺术"进校园之先河,调动了全校师生继承、创新的积极性。"节"的举办有力地促进了学校的教学、科研和文化建设,亦成为一年一度向社会集中展示北服的重要载体,受到社会各界和媒体的广泛关注。

在2004年举办的"大学生作品展示展卖一条街"的基础上,学校在高校当中率先发起创意集市,并成为北京市教工委主办的首届"北京市大学生创意集市"承办单位,为推动北京市文化创意产业发展,培养首都大学生的创意思维和创新能力,进一步提升首都大学生的实践能力和创新精神,引导青年学生全面发展和成长成才发挥了重要作用。

"北服讲堂"是学校着力打造的又一文化建设品牌。每学期邀请政治、经济、文化、艺术等领域的专家学者、知名人士为全校师生做报告,先后有吴建民、王民忠、高新民、孙建杭、孙机等名家做客学校,引导师生关注形势、聚焦热点、开阔视野、荡涤心灵,在师生中引起很大反响。

(2) 借力学校大事,做好文化"文章"。学校以2009年50年校庆为契机,系统整合资源,梳理学校历史和文化,通过结集成册《北服50年简史》、宣传画册、举办校史展并利用校史展成果在新教师入职、新生入学之际开展校史宣讲,进行学校文化认同教育,取得良好效果。为迎接2014年学校建校55周年,学校组织开展了为时一年的大规模校训、校歌校内外征集活动,动员组织师生积极参与投票和创作,最终,隆重推出学校新校训——弘毅日新 衣锦天下,凝练了学校精神,明确了奋斗愿景,激发了爱校热情,增强了北服人的归属感和自豪感。此外,还拍摄、制作了首部北服形象片——"印象北服",进一步彰显学校精神文化内涵,提升学校的品牌形象。

此外,还充分利用学校主办、承办重大教学、科研、文化活动的契机,如"新世纪的丝绸之路——"中美大学生文化交流活动"、"北服创新园"开园、"天工传习馆"开馆、"垂衣裳——敦煌服饰艺术展"等,大力做好宣传策划和氛围营造工作,邀请社会媒体参加,校内外宣传报道形成声势,在传播、弘扬中华民族传统文化的同时,构建北服特色大学文化,并将"中国梦"、社会主义核心价值观等润物无声地融入师生心田。

(3) 完善文化"硬件",构建多彩校园。学校统一规划设计并大力推广和使用本校专业教师设计的学校视觉识别系统(VI),用于学校导视系统、宣传材料、校院系旗、名片、门牌、班车、网站等处,新建筑落成后也都按照VI进行装修,学校形象更加完整、和谐。学校规划建造了具有历史内涵和文化韵味、经得起时间考验的校园景点设施,如中山装雕塑广场、雕塑花园、咖啡书屋等,皆已成为师生休闲留影的首选和毕业生对母校美好回忆之所在。学校还把民族服饰博物馆搬到了网上,并建设北服特色资源库,将资源贡献于社会。北服特色学校文化在一系列固化的过程中加以完善和提升,同时,也潜移默化地影响、陶冶着一批批北服人。

3. 拓宽宣传视角,创新工作载体

随着门户网站、微博、微信、飞信、QQ等强调互动性、超文本传输的新媒体的兴起,传统的大学文化传播途径面临挑战。学校整合传统媒体与新媒体,打造"纸媒、网媒、掌媒"三媒一体宣传平台,变被动接受为主动搜索,变被动灌输为主动创新。从四个着力点拓展文化建设的新阵地,用时尚的语言、全新的视角宣传学校发展,引发师生共鸣。

(1)紧紧服务学校大事。结合校庆、主题教育活动、党代会及校园品牌文化活动等学校大事,在学校官网及时、连续开展新闻报道,开设专题网站,策划热点选题,采访相关师生,集中宣传报道,深度剖析解读,转变思想政治教育言说方式,扩大文化育人覆盖面,很好地营造了主流舆论氛围。

(2)笔头、镜头对准基层师生。作为群众路线教育实践活动的成果之一,学校在官网、院报上开设北服人物、新闻追踪等专栏,深入教研一线采访,广泛宣传优秀师生的突出事迹,报道丰硕成果背后严谨治学的作风、求实创新的品格、刻苦钻研的精神和勇攀高峰的勇气。2014年共发布各类专访百余篇,受到师生广泛关注。

(3)打造"微"平台,发掘校园亮点。开通学校官方微博、微信,围绕学校中心工作,介入师生关心的舆论场。2012年微博开通,用以发布学校资讯,利用转发、评论、对话、私信等方式进行互动,展现校园风貌,传递精神理念,实现网上和网下教育的有机结合。2013年5月4日微信上线,在栏目设置上下足功夫,先后开设了"北服要闻"、"创意北服"、"舌尖北服"、"范儿·北服"等多个生动、亮眼的栏目,及时推送图文并茂的学校要闻、资讯,"官微"关注量在短期内迅速攀升,仅"舌尖北服"第一期的阅读量就达到日均7 000人。还积极进行"议题设置",开展"北服故事"栏目征集,吸引师生、校友关注、参与。发布内容和时间上则充分考虑师生的浏览意愿和浏览时段,以便师生、校友、社会人士能更好地了解和感到学校的进步与发展,受众在交流和沟通中达成共识,传播实效在互动中得以实现。

(4)宣传片直观展现学校成就。宣传片是展示学校成就的最直观载体。近几年来,先后制作校庆宣传片《华彩50》、党代会专题片《回眸·展望》,每年制作学校"十大新闻"揭晓专题片以及"感动北服年度人物"揭晓专题片,全面生动地呈现了学校教学、科研、人才培养、服务社会等各方面的成就,在校园电视及网络平台上滚动播放,取得了良好的宣传效果。

4. 健全体制机制、加强创新队伍建设

创新高校宣传思想工作需要体制机制做支撑,更离不开一支讲政治、肯吃苦、高素质、肯创新、奋发有为的工作队伍。学校组建了一支由党委宣传部和院系部处主管宣传的负责人（处级）、宣传委员（宣传员）共同组成的专兼职宣传工作队伍，其中基层的宣传员也同时兼做部门的信息员、网络监管员。还组建了学生记者团和信息员队伍，学生记者实施派驻各部门制度和每周例会制度。宣传部适时开展队伍培训，不断提高理论水平、创新意识和宣传业务能力，并引入评优激励机制，已经形成了领导重视、层层负责、广泛关注的好传统。

在创新驱动下，近年来，北京服装学院的宣传思想工作已经构建了党委统一领导、党政工团齐抓共管、党委宣传部牵头协调、相关部门分工负责、二级院系具体落实、全校师生共同参与的充满活力的大宣传格局。宣传思想工作在夯实思想政治教育基础、引导师生思想舆论、服务学校全面发展、提高学校影响力等方面发挥着极其重要的作用，已经成为完成学校中心工作不可或缺的力量。

德育论衡

立德树人筑防线　固本正源促清风
——论当代大学生廉洁教育问题

裴　军

（天津工业大学纪委，天津 300387）

摘　要： 反腐倡廉，构建清正有序的社会环境现已成为世界性共识。大学生作为祖国的未来和社会的希望，其廉洁修养直接关系到国家民族的兴衰存亡。因此，高校有责任针对大学生开展廉洁教育，以促使其形成廉洁自律意识，进而确保个人健康成长和社会有序发展。当前，我国高校大学生廉洁教育工作已取得了明显成绩，其积极效果业已初步显现。不过，由于起步较晚，积累不足，我国高校在大学生廉洁教育方面尚存在一些问题，在今后的工作中需逐步加以改进提升。

关键词： 反腐倡廉；大学生；廉洁教育

　　腐败问题，是当今面临的全球性顽疾。根据世界银行的相关调查统计，各类腐败现象导致全世界平均每年大约 26000 亿美元被窃取用于行贿或中饱私囊，该数额已经超过了全球 GDP 总值的 5%。与此同时，联合国开发计划署的数据则显示，发展中国家每年因为腐败问题损失的资金是用于援助发展的政府资金的 10 倍，大量贫困人口因无法获得适度援助而无法改善生活现状，终其一生都会受到腐败阴影的影响。由此可见，腐败现象的存在和不断蔓延，既会削弱政府的行政管理能力，也会破坏社会的正常秩序，更会毁掉无数个人和家庭的幸福生活，其后果危害巨大且持续长久。有鉴于此，打造廉洁清正的生活环境已经成为当前世界各国有识之士的共同奋斗目标。值得注意的是，对于反腐倡廉这样一个永远在路上的大型系统工程而言，打击贪腐犯罪行为、惩办违法乱纪分子只是震慑手段，在全社会形成普遍的廉洁自律氛围、建构有效的防腐机制方是其根本目的，而要切实完成这一宏大目标，就必须大力加强廉洁教育工作，在全体社会成员心中筑起自律反腐的思想意识防波堤。

　　当代大学生作为中国特色社会主义建设事业的接班人，肩负着实现中华民族伟大复兴的历史重任，故而对其加强廉洁教育工作就显得更加紧迫和必要。

作者简介：裴军，天津工业大学纪委书记。

习近平总书记明确指出："青年的价值取向决定了未来整个社会的价值取向,而青年又处在价值观形成和确立的时期,抓好这一时期的价值观养成十分重要。这就像穿衣服扣扣子,如果第一粒扣子扣错了,剩余的扣子都会扣错。人生的扣子从一开始就要扣好。"①人类社会数千年的发展历史已经反复证明,年轻一代公民有责任、有担当,国家才能有前途,民族才会有希望。因此,只有从根本上坚定大学生的理想信念,培养大学生廉洁奉公、艰苦奋斗、服务社会的优良品质,方可确保其在人生的道路上不致误入歧途,最终成长为国家民族的栋梁之材。

综上所述,深入开展大学生廉洁教育工作就是为了在其思想意识领域扣准扣紧反腐倡廉的第一颗纽扣,其教育效果直接关系到大学生个人的发展走向乃至整个国家民族的前途命运,重要性不言而喻。正是基于这种认知,笔者将着手从已有成绩、存在问题以及改进原则三个方面对我国当前的大学生廉洁教育工作加以简要分析,并指出其发展方向。

一、我国大学生廉洁教育工作的显著成绩

在党和国家的高度重视之下,我国大学生廉洁教育工作已经初见成效,在很多方面都取得了令人欣喜的成就。首先,在统筹管理层面,我国已经先后出台了一系列有关在校学生廉洁教育的指导文件,从而为各高校的教学实践工作提供了良好的政策支撑。比如,2007年3月,教育部制定下发了《关于在大中小学全面开展廉洁教育的意见》。该文件明确要求:"各级教育行政部门和学校要站在确保中国特色社会主义事业代代相传、长治久安的战略高度,以对党的事业高度负责和对青少年学生健康成长高度负责的态度,充分认识在大中小学全面开展廉洁教育的重要性和必要性,认真做好这项工作。"②恰是以上述《意见》的颁布为契机,我国高校的廉洁教育工作正式大规模展开。其次,在理论建设层面,我国业已取得了有关青少年廉洁教育的专门化成果,并开始作为教材应用于教学实践之中,从而为建立适合我国国情的反腐倡廉理论教育体系打下了坚实基础。在这方面,清华大学与西南政法大学等高校分别组织翻译、编纂的《全球青少年廉洁教育概览》《三十年反腐倡廉理论建设》等著作乃是典型代表。从内容上看,这些著作分别从国际与国内、纵向与横向等角度深入分析了腐败现象的形成根源与防治途径,腐败案件的发生特点与侦破手段等问题,明确指出了青少年在未来反腐大业中的重要地位和关键作用,并对校内外的廉洁教育工作者提出了一系列实践建议,由此

---

① 习近平谈治国理政[M].北京:外文出版社,1994:172.
② 中华人民共和国中央人民政府.教育部关于在大中小学全面开展廉洁教育的意见.
http://www.gov.cn/zwgk/2007-03/30/content_566681.htm

极大提升了此项教育工作的影响力和实效性。最后，在实践层面，我国高校已大都形成了较为完整的廉洁教育体系，教育正规化程度获得了显著提高。这主要表现在以下两个层面：其一，课程体系渐趋完善。一方面，四门思想政治理论课程已成为我国高校思想教育工作的主阵地，而在其课程内容中均对大学生廉洁自律意识的培养有所涉及。另一方面，在四门主干思政课程之外，部分高校亦针对廉洁教育工作设立了专项特别课程，或者定期组织相关讲座与实践教学活动，其目的就是扩大廉洁教育的影响范围，使之成为高校大学生思想政治教育工作的重要组成部分。其二，师资力量不断加强。目前，国内很多高校非常重视培养专业思想政治理论课教师以外的思政教育力量，包括专门的心理健康教师与专职学生辅导员等等。与专职思政教师相比，上述人员与学生接触机会较多，沟通更为频繁，而这也为其在日常学习生活中灌输培育大学生的廉洁自律意识提供了诸多便利条件。

二、我国大学生廉洁教育工作的主要问题

在充分肯定已有成绩的同时，我们也必须深刻地认识到，我国的大学生廉洁教育工作尚处于初始阶段，积累过少，经验不足，在很多方面均存在不完善之处。总的来说，我国部分高校在开展大学生廉洁教育工作之时主要暴露出了以下三个方面的问题：

第一，"大"题"小"做。如前所述，开展大学生廉洁教育工作事关学生个人发展和整个国家民族的前途命运，在整个教育体系中的地位是非常特殊和重要的。但是，至今仍有极少数人认为大学应以培养专业人才为主业，不应"浪费"大量资源于廉洁教育这样无益于专业技能培养的领域。此外，还有部分教育者虽然认同开展廉洁教育的必要性，但他们却始终认为，"腐败"更多的是一个与掌握公共权力的公务人员相关的词汇，而终日苦读于"象牙塔"中的大学生尚无法涉足产生腐败的环境，因此也不主张过多耗费时间精力培养其廉洁意识。上述思想意识的存在，最终使得大学生廉洁教育这一关系到党和国家事业兴衰成败的大问题在部分高校未能获得应有重视，呈现出了所谓"大题小做"之象。具体而言，在教学主体方面，虽然很多高校完善了其思政教育师资力量的培育工作，提升了廉洁教育工作的教学水平，但廉洁教育作为一项系统工程，仅仅依靠专职思政教师和学生辅导员的力量远远不能达成其预期目的。相反地，只有在全校建立起自上而下的管理实施机制，方能统筹各方力量，调动一切资源，从而确保这项工作最终落到实处。在教育受众方面，部分高校将大学生廉洁教育工作的主要对象定位在学生党员或学生干部，因为这些人是未来党政干部的主要后备力量，而其余为数众多的普通学生则没有加以覆盖。很明显，这种做法将大学生廉洁教育工作异化成了某

种集中优秀学生进行的小型"表演",外表虽然光鲜,实质上却是舍本逐末。

第二,"新"题"旧"做。腐败问题虽然是人类社会面临的历史性顽疾,但廉洁教育作为大学生思想政治教育工作的一个组成部分,其实施方式与手段应当随着时代发展不断变化。不过,在我国部分高校,廉洁教育开展的方式与手段还是较为陈旧的。其一,就教育形式而言,很多高校思政教师依然习惯采取单向授课为主的课堂教学,即俗称"满堂灌"的教学模式。这种模式的弊端已有大量研究予以揭示,但对廉洁教育而言,其造成的危害可能尤为严重。我们都知道,当代大学生思想活跃,自我意识强,对社会有着自身的认知体系但还极不成熟。在这种条件下,他们极易对外来的"压迫"产生排斥甚至逆反心理,而这类情况若发生在廉洁教育领域,其后果不堪设想。其二,就教育内容而言,我国的廉洁教育工作目前大体是以案例讲述为核心辅以理论分析和价值评判进行的,其思想意义较强但与社会实际联系较弱。对于尚未正式步入社会的大学生而言,很容易使其产生理论与实践相互脱节的困惑,从而很难将廉洁意识"内化于心、外化于行",贯彻于自身生活的方方面面。其三,就教育手段而言,我国的廉洁教育工作对于计算机互联网平台的应用远远不够。当前,我国已经进入"互联网+"时代,廉洁教育工作亦应与时俱进,加入时代洪流。但令人感到可惜的是,很多教育者并没有认识到互联网的革命性作用,而只是简单地将其视为方便快捷的传输工具,最终导致目前所谓的"网络廉洁教育"不过是将已显现出弊端的传统教育模式进一步延伸到了线上平台而已。

第三,"活"题"死"做。反腐倡廉固然是一个严肃的话题,但廉洁教育工作的组织与实施并不能因此而死板僵化,相反地,它需要教育者开拓思路,积极利用校内外资源,提升教育实效性。当前,我国廉洁教育在这方面是存在一些问题的:其一,对校外资源利用不够。如前所述,廉洁教育是一项系统工程,故各高校在其实施过程中应当注重打破校园局限,积极与校外机构,特别是反腐工作机构建立稳定的合作关系。这是因为,纪检委、检察院等党纪国法的执行机构所拥有的一线实践经验和掌握的诸多实际案例是单纯的教育机构不能比拟的,其产生的心理影响及教育效果更是校内课程无法达成的。可遗憾的是,受各种条件制约,我国高校对上述社会性资源的利用效率至今相对有限,导致后者潜在的廉洁教育效能无法得以有效发挥。其二,对校内廉洁文化建设的重视程度不够。从广义上讲,校园文化亦是高校思想政治教育的组成部分。与传统课堂教学相比,其教育效果虽非立竿见影,却能"随风潜入夜、润物细无声",以至于在不知不觉中提升受教育者的思想道德素质。有鉴于此,各高校在推动大学生廉洁教育时,亦应注重将反腐倡廉工作的理论成果与实践经验融入多彩的校园文化建设活动。但问题在于,受传统教育观念的影响,国内很多高校仍旧习惯于在廉洁教育与单纯的宣传灌输之间画上等号，未能充分将教育资源应用于校园文化建设之中，从而导致事倍功半，教育效率偏低。

三、我国大学生廉洁教育工作的改进方向

成语有云："有的放矢。"针对当前我国大学生廉洁教育工作存在的一些不足之处，个人认为可以从如下几方面入手着力加以改进：

第一，提高认识，全面展开。各高校应当充分提升思想认识，并积极建立覆盖全校的联动机制，全面推进在校大学生的廉洁教育工作。具体而言，所谓联动机制主要涉及领导层、各职能部门、专业思政教师、学生辅导员四个方面。其中，校级领导的主要工作在于组建起高效有力的领导班子，并着手制订与廉洁教育工作相关的实施、考核等管理制度，以便从宏观层面对这一重要工作加以调控。与之相应，各级职能部门则应当积极贯彻执行相关制度，并在本部门职责范围之内制定行之有效的工作计划，对在校学生的廉洁教育工作进行全面配合。相较之下，专业思政教师与学生辅导员的职责则显得更为具体，前者主要负责以思想政治理论课程为主阵地向学生施以正确的价值引导和思想灌输，使之明确树立廉洁自律精神、构建防腐思想防线的重要意义；后者则应当在日常生活中，有计划、有步骤地将廉洁自律意识渗入学生思维和行动的方方面面，使之能够在波澜不惊中实现自身思想境界上的大幅提升。除此之外，部分高校在推进大学生廉洁教育工作之时，应摒弃以往某种程度上存在的"掐尖作秀搞宣传"的思想，切切实实地将所有在校学生平等地视为教育对象，这既是确保廉洁教育工作克服形式主义、取得实际效果的需要，同时也是尊重所有学生，培育其健全人格的必要措施。

第二，与时俱进，开拓创新。前文已述，我国目前针对大学生的廉洁教育工作在教育形式、内容以及手段等方面尚有一定改进空间。结合思想政治教育工作的新进展，大学生廉洁教育工作在上述方面亦应做到与时俱进、开拓创新。具体而言，在教育形式方面，沿袭已久的灌输型模式须转化为引导型模式。为实现这一目的，主讲教师一方面要跳出教材局限，加强案例解读与素材分析，在生动活泼的讲授过程中逐步引领学生形成正确的价值观念和牢固的廉洁自律意识；另一方面，则需注重激发学生的学习潜力与兴趣，积极组织话题讨论、知识竞答等课内实践。通过这些活动，学生被动接受教育的情况会得到很大改观，进而促使廉洁教育的外在目标逐步转化为学生的内在需求，提升教育实效性。在教育内容方面，为积极引导大学生从局限于课堂之上的"看官"成为社会反腐工作的实际参与者，今后的廉洁教育工作应注重密切理论与实践的联系，使之能够与当今社会的热门话题紧密结合，切实对应学生的现实生活视野。只

有这样,才能确保学生能够真正掌握正确认知社会腐败问题以及反腐倡廉工作的能力,并进一步与实际生活层面的克己奉公行为有机结合,从根本上提升自身思想素养。在教育手段方面,必须注重发挥计算机网络技术的巨大作用,充分利用互联网这一新型数据传输平台推动廉洁教育的实施模式快速走向智能化,大幅提高教学效率。需要特别指出的是,为了确保廉洁教育工作切实从线下扩展到线上,我们在建构其新型教育模式时必须注意从根本上贯彻信息化思维,充分利用互联网高速、互动、实时的平台优势,最大限度地丰富廉政教育的表现形式和完成手段,而非片面地将其作为传统教育模式的延伸渠道。

第三,内外互补,张弛有度。为了使廉洁教育摆脱以往严肃、刻板、生硬的脸谱化形象,加强其对大学生的吸引力和影响力,结合实际环境,我国高校今后需着力从校外校内两个维度提升大学生廉洁教育工作的活跃程度。就校外联络而言,如前文所述,各高校需加强同一线反腐工作机构的联系与合作,充分发挥后者的实践优势。在条件允许的情况下,应积极邀请其工作人员到学校进行讲座,并组织他们与学生展开互动交流。进一步地,可尝试与此类机构合作建立廉洁教育主题校外实践基地。依托这类基地,各学校可组织本校学生开展公益服务、专项调查等社会实践活动。如此一来,就可以促使廉洁自律意识真正成为学生日常生活和工作的重要指导原则,进而全面提升廉洁教育在立德树人方面的实际效果。从校内建设角度来讲,各高校则应努力营造廉洁教育的"软"环境,积极推进校园廉洁文化建设。在实际操作过程中,一方面应当注意丰富校园廉洁文化的表现形式,积极采取宣传板报、文艺表演、语音广播、视频短片等多种方式建构多层次立体化的校园廉洁文化体系,使在校大学生能够在潜移默化中提升人文素养和廉洁自律意识;另一方面,则应注重在校园廉洁文化建设过程中把握基本原则,确保"形散而神不散",坚持以马克思主义基本原理与社会主义核心价值观引领校园廉洁文化的前进方向。这样一来,大学校园廉洁文化建设将切实成为大学生廉洁教育乃至整个思想政治教育体系的有效补充,并为培养清正廉洁的中国特色社会主义事业的建设者和接班人提供重要保障。

一百多年前,梁启超在《少年中国说》中曾经满怀激情地指出:"少年智则国智,少年富则国富;少年强则国强,少年独立则国独立,少年自由则国自由,少年进步则国进步。"如其所言,青(少)年的素质从根本上决定了整个国家民族的发展走向。在反腐倡廉领域,作为社会主义建设事业的接班人,当代大学生是否具有足够坚强的廉洁自律意识更是关系着我国未来能否真正建立起清明公正的社会氛围、实现国家长治久安。有鉴于此,我们必须高度重视大学生的廉洁教育工作,不断探索新方法、新途径,确保清正廉洁之理念成为当代大学生成长发展之根本,伟大祖国繁荣昌盛之泉源。

中国纺织职工思想政治工作研究会(院校学组)成立30周年纪念

我国高校大学生廉洁教育生活化实现路径探研

柴国生

(中原工学院党委宣传部,河南 郑州 450007)

摘　要：教育内容脱离实际、教育方法单一陈旧、教育成效有限是当前大学生廉洁教育的基本现状。廉洁教育日常生活化,不仅是人的全面发展的内在要求,是廉洁教育发展的必然趋势,也是改变这一现状的必由之路。在尊重大学生教育主体地位的基础上,用来源于生活的教育内容、贴近生活的教育方法,使廉洁教育融入大学生现实的学习生活,以"润物细无声"的方式,让廉洁自律成为生活方式,实现知行合一,是实现当代大学生廉洁教育日常生活化、达到教育目的的根本途径。

关键词：大学生；廉洁教育；教育日常生活化；思想政治教育

青年大学生是国家的希望和未来,是中国特色社会主义事业的建设者和接班人,肩负着实现中华民族伟大复兴"中国梦"的历史使命和时代责任。对当代大学生全面开展廉洁教育,是面向全社会开展反腐倡廉教育的重要组成部分,是加强青少年思想道德教育的必然要求。[①]教育引导大学生形成廉洁无私、拒腐防变的自律自觉,是培养中国特色社会主义事业的建设者和接班人的根本要求,也是廉洁教育的根本目的。新世纪以来,我国高校对开展廉洁教育重要性的认识不断提高,并就如何开展廉洁教育进行了积极探索,取得了一定成效。但是,已有成效与中央的要求、社会的期许存在较大差距,也未能从根本上遏制大学生中的不廉洁行为。如何提高廉洁教育的实效性,改变成效不足的现状,成为当前高校廉洁教育亟待解决的首要问题。由于廉洁教育的警示性与目的的实践性等特点,将廉洁教育融入当代大学生的学习、生活实际,以日常生活化的教育方式,教育引导广大学生把廉洁价值理念转化为行为自觉,形成廉洁自律的生活方式,实现知行合一,是提高廉洁教育实效性,改变当前高校廉洁教育成效不足的根本途径。

一、高校大学生廉洁教育面临的现状与存在问题

我国高校廉洁教育的广泛开展,始于 2007 年教育部《关于在大中小学全面

作者简介：柴国生,中原工学院党委宣传部副部长,博士。
① 教育部.关于在大中小学全面开展廉洁教育的意见.教思政[2007]4 号.

开展廉洁教育的意见》的颁布实施。在不足10年的时间里,全国高校围绕廉洁教育开展、廉政文化建设进行了积极探索,实施了"廉政文化进校园"等文化建设活动,取得了一定成效。总体而言,当代大学生对廉洁教育持有积极的态度,有一定的认同感,对腐败现象普遍比较反感、憎恶,甚至零容忍,对抵御校园不和谐风气有较强的期待。但是,廉洁教育对大学生中的不廉洁行为的遏制作用有限,当前校园内的不廉洁行为仍在一定范围内存在,有不断蔓延的趋势,严重影响到大学生的成长成才,也造成了一定的社会后果。就笔者长期在思想政治教育教学第一线所掌握的情况和开展的相关调查研究来看,教育内容脱离实际,缺乏针对性;教育方法单一滞后,活动开展形式大于内容;大学生对廉洁教育的认知不够,廉洁思想理念"知"向"行"转化不足,是当代大学生廉洁教育存在的普遍问题。

1. 廉洁教育内容脱离实际

当前大学生廉洁教育的内容主要包括思想政治理论课及相关学科中与廉洁教育相关的知识理论。由于我国大学生廉洁教育起步较晚,相关各方对廉洁教育开展、廉政文化建设的研究还不够系统、深入,对相关学科中的廉洁教育理论知识与有关教育资源缺乏深入挖掘和系统整合,使得当前高校廉洁教育的内容系统性不强、针对性不足,更没有形成完善、成熟、科学的理论体系。此外,当代大学生廉洁教育内容在新形势下的与时俱进性不强,相关学科中廉洁教育的内容往往滞后于我国反腐倡廉建设的进程,也未能按照当前高校廉政文化建设的新要求、新精神进行及时更新,导致相关内容缺乏时代气息,存在着已有内容与现实需求不匹配、相脱节的问题。另一方面,当前高校廉洁教育的内容主要侧重于廉洁思想理念、基础知识与基本理论,与当代大学生的现实生活结合不够紧密,对他们实际的思想、成长需求关注不够充分,符合当代大学生思想实际与成长需求且丰富深刻、具有启迪意义的内容也较为缺乏,导致廉洁教育难以达到入心入脑的效果,转化为行动自觉的成效有限。

2. 廉洁教育方法单一陈旧

当前高校廉洁教育知识、价值、理念的教育,主要以课堂讲授为主,忽视了多种教学方法的综合运用。以课堂讲授为主的单一、传统方法,无法体现廉洁教育本应有的新颖性、灵活性,其教育的警示性、目的的实践性也很难在教学过程中完全实现,导致教育的吸引力和感染力不够,学生学习的兴趣、动力不足,教育成效有限。此外,当前高校开展的廉洁教育相关活动形式大于内容的倾向严重。近年来,高校廉洁教育活动的开展呈现出一拥而上的"一窝蜂"态势。但是,由于部分高校认识不到位,对廉洁教育活动开展缺乏系统规划、精心设计和统筹指导,活动的内容与大学生的生活、学习实际结合不紧密,导致活动的规范化、系统化、常态化不够,形式也缺乏参与性、灵活性、生动性和趣味性,致使活动往往流于形式,效果也如"隔靴搔痒"。另一方面,当前高校实施廉洁教育的渠道普遍较为单一,对互联网教育等新媒体时代产生的各种教育方式利用不够。目前已有的通过网络等新媒体实施的廉洁教育,也往往忽视大学生的主体性,以被动式、自上而下单向度的方式为主,而作为接受主体的大学生往往缺乏有效的互动途径和参与渠道,这种教育方式往往效率不高,难以起到应有的成效。

3. 廉洁教育作用成效有限

大学生正处在世界观、人生观、价值观形成的关键时期。在当前国际国内形势深刻变化的背景下,各种西方思潮、价值观念和多元文化不断冲击,当代大学生思想观念、价值取向向多元化发展,且较易受到社会思潮、社会现象等因素的影响。不容否认,当今社会存在的一些消极腐败思想与各种不廉洁现象,对当代大学生造成了不可低估的负面影响,导致部分大学生对腐败认识不到位,出现了廉洁意识淡薄、价值观取向扭曲、思想消极腐败等问题,严重消解了廉洁教育所取得的实效,导致廉洁教育对当代大学生廉洁无私的自律意识培育、行为自觉的养成作用有限。总体而言,当代大学生中廉洁自律意识较为缺乏,对廉洁教育的认同度不高,严人宽己、知行脱节的状况较为严重,漠视腐败,甚至模仿腐败的现象在一定范围内存在。考试作弊、作业抄袭、证明材料作假、骗取或拖欠国家助学贷款、恶意拖欠学费、"模拟腐败"等不廉洁行为在高校时常发生,甚至出现少数大学生"羡腐"、"纵腐"的现象。另一方面,对腐败现象关注、关切的大学生,也缺乏有效参与监督、纠正不廉洁行为的途径和方法,一定程度上影响了他们参与、支持廉洁教育的积极性和主动性。

二、高校大学生廉洁教育日常生活化的意义

"教育是中华民族复兴和社会进步的基石。"[1]生活是包括廉洁教育在内的思想政治教育的生长点和作用点,离开生活基础,廉洁教育将走向虚无。[2] 对于教育目的的实现,苏联教育家苏霍姆林斯基指出:"教育者的教育意图越是隐藏,就越能为受教育的对象所接受,就越能转化成受教育对象自己的内心要求。"[3]因此,作为高校思想政治教育工作重要组成部分、极具前瞻性的大学生廉洁教育,改变传统的教育方式,实现教育日常生活化,不仅对于提高大学生的道

---

① 十八大报告文件起草组.十八大报告辅导读本[M].人民出版社,2012:32.
② 刘江伟.大学生廉洁教育的现状及其对策探究[J].福建教育学院学报,2014(4):18.
③ 苏霍姆林斯基.给教师的一百个建议[M].中国教育出版社,1984:208.

德自律意识,增强拒腐防变的良好心理品质,形成廉洁自律的职业观念,促进其全面发展和健康成长,成为中国特色社会主义事业合格的建设者和可靠接班人具有重要意义,而且是实现教育目的的必由之路。

1. 教育日常生活化是人的全面发展的内在要求

以廉洁教育为重要组成部分的思想政治教育的本质是关注人的全面发展。廉洁教育是一种深层次人格发展性的教育,是通过对人的思想道德素质的提高,来促进人的整体素质的发展以实现人的全面发展。马斯洛在人类需求层次理论中,将人的需求划分为五个层次,认为第五层次需求是人自我实现的需求,也是人的精神世界的最高发展。当前高校廉洁教育成效有限的关键因素在于廉洁教育实施中更多地注重受教育主体的外在因素,一定程度上忽视了受教育主体包括自我实现在内的多样性需求,以及对生活质量的主观感受,导致受教育者与现实世界无法达到和谐统一,人的全面发展无法真正实现。教育日常生活化则是实现受教育者与现实世界和谐统一的重要途径。因此,将廉洁教育融入大学生现实的学习生活,在寓于生活的教育中不断提升大学生的廉洁素养,促进廉洁教育目的的实现,才能真正促进人的全面发展。

2. 教育日常生活化是廉洁教育发展的必然趋势

大学生是高校廉洁教育的接受主体。当代大学生特殊的社会地位,特别是他们正处在从学生向成年人、社会人过渡的关键时期,导致这一群体的个性鲜明、思想开放,有自己的思想、喜好和判断,有较强的主体性和参与意识,已不满足于被动地接受灌输式的传统教育。因此,科学有效的思想政治教育特别是廉洁教育,必须充分尊重大学生的主体性,调动其主观能动性,平等地实施教育引导,这一过程必然要在现实的生活世界里实现。运用日常生活化的教育方式,把教育融入大学生现实的学习生活,"润物细无声",不仅更容易被大学生接受,也才能够真正使大学生的廉洁自律意识在生活实践中逐步提高,廉洁自律行为自然养成,实现知行合一的教育目的。因而,教育日常生活化不仅是实现廉洁教育目的的根本途径,也是廉洁教育乃至思想政治教育发展的必然趋势。

3. 教育日常生活化是提升廉洁教育成效的必由之路

"生活是道德存在的基本形态。"[①]大学生廉洁自律意识、拒腐防变的良好品质、敬廉崇洁的美德的养成,必然要有敬廉崇洁、风清气正的学习生活环境对其施以潜移默化的影响。把廉洁教育和大学生的学习、生活相结合,在真实生活中展开,引导他们从自身的言行做起,养成良好的廉洁意识和品德,树立正确的廉洁观,做到学以致用,自觉运用廉洁知识理论指导生活实践,形成廉洁自爱

---

① 鲁洁. 道德教育的当代论域[M]. 人民教育出版社,2005:284.

的生活方式,不断提升正确分析、判断、选择和处理复杂多变的社会生活的能力与水平,进而提高生存和生活的智慧、能力。因此,实现廉洁教育的日常生活化,才是从根本上提升廉洁教育成效的必由之路。

三、高校大学生廉洁教育日常生活化的实现路径

实现廉洁教育日常生活化的根本,就是要充分尊重大学生在教育中的主体地位,用来源于生活的教育内容,贴近生活的教育方法,使廉洁教育充分融入大学生的学习生活当中,培养其参与和实施廉洁教育的主体意识,真正成为廉洁行为的践行者、倡导者,不廉洁行为的监督者、纠正者,廉政文化的建设者、弘扬者。

1. 内容要来源于生活,提高教育针对性

有来源于生活的丰富、系统的教育内容,是高校廉洁教育日常生活化的基础。受当今文化多元发展的影响,当代大学生人生观、价值观呈现出多元化发展的特征。对他们实施廉洁教育,首先要有既符合其特点又来源于生活、既体现时代性又丰富多彩富有启迪性的教育内容。其次,廉洁教育的内容也要系统化、体系化。教育内容不仅要挖掘、继承古代廉洁、廉政思想文化的精髓,赋予其时代意义,古为今用,用来解决新时代的问题;也要借鉴世界其他国家优秀的廉洁、廉政思想文化,同时积极吸纳当代廉政建设的经验教训、新思想、新成就,结合当代大学生的生活实际和当前的社会实际,选择与当代大学生学习生活、成长成才、毕业就业、未来发展等密切相关的内容,不断丰富充实、及时更新相关内容,真正使教育内容"接地气、连民心"。同时,要加强廉洁思想理论的研究,以思想政治理论课为主导,加强不同学科间廉洁理论知识的融会贯通,形成系统的理论体系,利用不同学科的特点从不同方面加强廉洁教育的针对性。再次,要针对当代大学生中不同群体的年龄、层次、心理成熟状况等的不同而区别对待,增强教育内容的针对性。对在校的本专科生要侧重知识理论、行为规范的教育引导,对研究生群体要注重学术道德等方面的教育引导;对于学生党员、干部群体要注重增强廉洁自律性和廉洁榜样性的教育;对于毕业生则要注重强化廉洁就业、恪守职业操守等方面的相关教育。

2. 方法要贴近生活,增强教育目的性

立足生活和实践的日常生活化的教育方式,是廉洁教育日常生活化的重要保障。教育方法要贴近生活,首先,要加强宣传舆论阵地建设,将互联网特别是手机互联网等当代大学生主动获取信息的主要渠道的新兴媒介与校园宣传橱窗、校内广播电视、黑板报、校报(刊)等传统媒介相结合,开展多渠道、多方式、

全方位的宣传教育活动,大力宣传廉洁教育有关知识,营造良好的舆论环境和敬廉崇洁的氛围,让广大青年大学生认识、了解、认同、接受、参与廉洁教育。其次,要改变传统教学方法,结合大学生的特点、需求与廉洁教育的特点,要以理性思考和辨析为主,通过说理、讨论等形式,采用专题教育、典型事迹报告会、学生论坛、案例辨析等灵活多样、启发启迪式的教学方法,突出学生的主体意识,让学生更多参与到教学过程中,使他们对廉洁的认知从感性认识提高到理性层面,提升知向行转化的实效,增强践行自觉。第三,课外活动的开展要突出主题、形式多样、注重实效。课外活动是廉洁教育的重要载体。高校廉洁教育活动的开展,充分结合大学生党团活动、班级社团活动和暑期文化科技卫生"三下乡"等课外活动与社会实践,围绕廉洁主题,精心设计、系统规划,开展内容丰富、形式新颖和吸引力强的实践活动,让广大学生积极参与进来,在参与过程中不断提升廉洁自律意识、增强行为自觉。同时要大力宣传弘扬淡泊名利、廉洁奉公、学为人师、行为世范的优秀教师典型和艰苦朴素、勤奋学习、自强不息、报效祖国的优秀学生典型,充分发挥先进人物、事迹的模范效应,通过身边人、身边事教育大学生,用无声的行为感染大学生,引导他们健康成长,增强其道德实践自觉,实现廉洁教育的目的。第四,要加强学校教育与家庭教育、社会教育的结合,发挥学校在廉洁教育中的主阵地作用,不断加强学校教育、家庭教育、社会教育的相互衔接,构建学校、家庭、社会紧密配合的廉洁教育网络,形成教育合力。

3. 成效要融入生活,成为大学生的生活方式

让廉洁自爱成为当代大学生的生活方式,是高校廉洁教育的本质,也是最终目的。实现廉洁教育日常生活化,完成教育的目的,就要使生活成为廉洁教育赖以滋长、生存的土壤和真实根基。一方面,要把廉洁教育和大学生自身的生活联系起来,用教育来引导大学生从身边的点滴小事做起,将口号变为行动,将行动化为习惯,逐步使习惯成为生活方式,努力成为廉洁文明的传播者、践行者、推进者。另一方面,要不断巩固已有教育成效。当前社会生活中涌现的不廉洁现象,使得大学生所学的廉洁理论在现实生活中不但很难得到验证、证实,甚至带来更多的困惑和不解,致使部分学生对所学产生了疑问,使廉洁教育缺少说服力和感染力,教育效果也被部分冲淡、消解,甚至部分大学生一定程度上对主导价值观产生不信任,甚至有逆反心理。[①] 因此,要使廉洁教育的成效最终体现于生活,形成大学生的行为自觉,就要不断巩固已有的教育成效,确保其发挥长效作用。首先,要完善体制机制,保障大学生对看到的不廉洁行为有反映

---

① 余保华. 我国学校价值观教育:内涵、目标与原则[J]. 天津市教科院学报 2007(5):5.

的渠道、监督的权力和纠偏的方法。如建立廉洁记录档案,并将廉洁状况记入学分,与评优评先、入党、就业等联系起来,规范约束大学生的行为。其次,要教育引导大学生不断提升自我教育、自我进步、自我引导的能力与水平,形成科学的廉洁思维方式,树立正确的价值取向,加强自我廉洁认知,增强抵御消极思想观念腐蚀的能力,养成优秀的思想品质和良好的行为习惯。使大学生在平时日常生活中时刻关注自己的言行举止,把廉洁自爱的行为习惯体现在日常生活当中。只有这样,廉洁教育才能真正实现日常生活化,才能真正使当代大学生把廉洁思想理念内化于心、外化于行,做到知行统一,实现教育的目的,也才能确保大学生成长为中国特色社会主义事业合格的建设者和可靠的接班人。

国家认同视域下青年志愿服务的文化价值及发展策略

胡 琦

（浙江理工大学团委，浙江 杭州 310018）

摘 要：志愿服务蕴含深厚的道德精神和伦理价值，诠释并弘扬民族精神与时代精神，有利于凝聚国家意识、增进公民国家认同。国家认同视域下青年志愿行动的引导要遵循社会主义核心价值观的基本要求，深入挖掘我国志愿服务文化传统，把握青年志愿群体的"文化公民"属性，透析以大学生为代表的青年志愿服务的行为逻辑和发展走向，全面构建基于文化自觉和自信的志愿服务发展路径，助力当下国家治理体系和治理能力现代化建设。

关键词：志愿服务；国家认同；文化自觉；核心价值观；文化公民

当代志愿服务是我国社会主义道德的生动实践，闪烁着善良、平等、正义、互助等人性光辉，呈展着人类文明和社会进步的良好形象，不仅为培育和践行社会主义核心价值观搭建了重要平台，也在自身体制机制的发展中成为公民参与社会治理的重要形式，并且日益成长为一种广受认同的文化风尚。从本质上看，志愿服务文化的形成及发展与一个国家的政治制度、历史传统和文化观念密切相关，反映公民参与公共生活的内心意愿，是公民国家认同水平的集中体现。厘清我国青年参与志愿服务的文化走向和行为逻辑，从全面实现人生价值的视角激发青年志愿服务意识，不仅可以动员更多的青年参与社会管理，促进国家治理体系和治理能力现代化建设，更重要的是可以在战略层面上为提升国家意识、凝聚发展共识积蓄力量。

一、深刻认识当下我国青年志愿服务的文化价值

改革开放以来，社会主义市场经济体制催生了若干相对独立的社会自主空间，以前的总体性社会日渐出现分化重整趋势，一些长期处于边缘地带的社会团体主动走进社会治理的多个领域，角色定位发生着深刻的变化。特别是随着我国社会治理模式由原来的传统国家主义社会治理逐步向现代合作主义社会治理转变，推进国家治理体系和治理能力现代化成为国家发展的重大命题，也

作者简介：胡琦，浙江理工大学团委，副教授。

相应地提出了大力培育和发展社会组织的任务和要求。同时,改革开放的不断深入,使得人们在社会结构调整和重组过程中的交往日益频繁,个体角色和社会定位随之快速转变,为建立互助合作的新型人际关系创造了条件。实践证明,社会组织的发展可以通过道德手段引导人际关系,有针对性地弥补市场和政府在社会治理中出现的脱节和失控环节。在我国社会组织成长兴起的过程中,涌现出了许多具有创新特色和历史意义的组织形式,演绎着一个个与改革开放大潮相映生辉的社会治理潮涌。从价值引导力、实践参与度、持续发展性等德育相关指标来看,当前社会组织对社会成员的影响以志愿服务组织的活动最为典型。党的十八大报告明确提出"深化群众性精神文明创建活动,广泛开展志愿服务",之后的十八届三中全会强调"创新社会治理体制"、"激发社会组织活力",同时提出把"支持和发展志愿服务组织"作为优化社会组织培育机制、发挥社会组织正能量的举措。2014年,中央文明委出台了《关于推进志愿服务制度化的意见》,为我国志愿服务制度化、规范化、经常化发展提供了基本遵循。

志愿服务的发展程度在某种意义上体现着一个国家"社会资本"的运行水平。随着全社会公益性服务需求的快速增长,我国志愿服务行动逐渐由临时性应急服务领域向城乡社区日常性服务事项转移,更加注重满足社会公众的普遍性需求,这使得志愿服务的开展既需要党和政府的大力推动和指导,更需要全体公民的主动参与和支持,在全社会形成一种自觉的文化共识。纵观国内,现代志愿精神所蕴含的不求报酬、与人为善、有爱无碍、平等互助的社会理念,与源远流长的中华慈善助人传统异曲同工。因此,志愿服务在我国的实践,既是对传统美德的继承和弘扬,也是对社会主义核心价值观的深刻践行,它以自愿、无偿为前提,是价值认同基础上的自觉行动,渗透进公民血液,融入国家文化骨髓,必将成为新时期完善国民人格、塑造民族品性、凝聚国家意识的原生性力量。应当关注到,从1994年"中国青年志愿者协会"成立到2008年步入"成人之年",在经历了北京奥运会、上海世博会、广州亚运会、世界互联网大会等重大活动和玉树地震、舟曲泥石流、芦山地震等抢险救灾及灾后重建志愿服务行动之后,我国青年志愿服务组织伴随着国家治理体制的创新逐步深入到社会管理的各个方面。

总体上看,从推动社会和谐发展并催生现代文明的"全球性社会运动"角度来说,志愿服务是公民社会的基石,它的无偿性、公益性等原则特点展示了人类追求和平、自由、安全和正义等最为朴素与高贵的情操。尤其是面对当下经济快速发展时期群体力量逐渐分化、人际关系发展缺乏平衡的境况,志愿服务高高举起"奉献、友爱、互助、进步"的旗帜,搭建沟通平台,消减彼此隔阂,增进相互信任,缓解由于社会分化带来的各类矛盾,极大程度上为促进人际互动与社会融合提供了可能和保障。更为重要的是志愿服务文化中"个体对互助、进步的追求,是国家发展和社会进步的基础,也是形成国家意识的根本"①。青年群体思维活跃,能动性强,具有较好知识结构、文化素养、专业技能和执行能力,成长发展中的他们普遍希望在国家管理和社会治理等公共性事务中发挥积极作用,通过帮助他人、服务社会、推动国家发展,不断实现人生价值。青年志愿服务以大学生群体的活动最为典型。一项调查显示,大学生普遍把"'帮助别人,觉得很开心'、'能够增加人生阅历,自我完善'、'可以提高自身的综合能力'、'做有益于社会的事情,很快乐'、'我觉得社会需要,我就做'、'令生活更加充实'、'很多人帮助过我,我也要用我的方式帮助他人'"②作为参与志愿服务的初衷。从20世纪90年代中期起,我国大学生志愿服务从国内的扶贫环保、抢险救灾、社区服务、赛会服务、成长辅导、文化建设到各类海外援助行动,在丰富和拓展工作内涵中聚沙成塔、集腋成裘,不断激发着更多的青年志愿群体由起初的文化自在走向文化自觉,以主人翁姿态热心参与社会事务,倾心奉献个人才智,为民生改善、经济发展、社会进步做出积极贡献。大学生社会责任感和归属感的升华,正是他们国家认同意识和水平提升的生动体现。

二、准确把握青年志愿群体"文化公民"的本质属性

从社会学视角来看,欧美国家作为现代志愿服务的发源地,一直强调公民社会的发育需有一定的文化环境为基础,在志愿服务活动中加强价值引导,塑造社会需要的"文化公民"。国内有学者认为,"志愿文化意味着个体对于他人、对于志愿组织、对于社会的一种责任的担当,一种坚定的、与权利和义务相当的承诺,一种自觉的公民精神"③,同时提出"志愿文化自觉"理念,强调自觉的志愿文化发展能够促进志愿文化质的提升。文化自觉是费孝通先生学术思想的结晶,更是当今世界文化转型的客观需求,"各美其美,美人之美,美美与共,天下大同"则是费孝通先生对文化自觉发展进程的精辟概括。文化自觉的深层意义在于其内含的价值取向和追求,通过对理想信念、价值观念的整合与统一,为国家建设和社会治理创设积极有利的环境。

公民社会强调对社会成员进行活动规范、生活方式、文化观念及价值理念的认同教育,体现了一种高层次的文化价值追求。志愿群体的公民性出现了文

---

① 彭志红.志愿服务的现代价值[N].光明日报,2015-09-23(13).
② 马富春.宁夏高校大学生志愿服务状况专项调查显示——高校志愿服务需进一步满足大学生需求[N].中国青年报,2014-6-17(4).
③ 陶倩.志愿文化:从自在走向自觉[J].思想理论教育,2012(15):9.

化维度,具有文化理性的思维能力,对文化传承创新有自觉理解,在志愿行动中重塑着精神世界,成为建构公民社会的重要力量。以志愿群体为代表的"文化公民"的出现,是社会核心价值观正向作用的重要体现,既意味着志愿群体对其社会责任、义务及相应权利有了自觉反思和深刻体悟,也意味着他们开始走向以自省和觉解为特点的文化理性样态。社会核心价值观是对公民个体道德的规范和要求,引领社会思想文化的价值追求,但从本质上来看更应该是国家层面的一种"制度精神",奠定着国家认同的思想和心理基础。因此,"文化公民"的培育应当成为增进国家与社会价值互认、提升国家软实力的重要途径。

文化认同是国家认同的基础,国家认同是文化认同的升华。作为社会发展的基础性力量,青年志愿群体的文化自觉与自信很大程度上决定了他们参与社会建设的意愿,具有一定的国家战略意义。青年群体是社会改革的重要参与者,在志愿行动中面临着无偿奉献与有偿参与、自觉选择与被动服从、个人发展与社会发展等一系列价值矛盾选择,实现从外在工具性价值向内在生命发展价值的"质"的转换是其文化自觉的核心内容和发展方向。青年志愿服务的引导应当紧紧把握其"文化公民"的本然属性,在公共生活的舞台上不断强化主体意识,深刻地认知自身历史使命和社会责任,理性追求友爱互助、高尚有德的生活方式,培养多元文化中的共生性人格,实现对先进文化的主动认知和觉醒。从我国以大学生为代表的志愿群体来看,他们参与志愿服务有助于基于文化理性而承担起对国家和社会的公共责任,坚持与权利及义务相当的承诺,实现公民意识与社会责任的有机结合,切实将社会主义核心价值观融入自身心灵,破解了当前社会参与和文化选择中的许多困惑及迷茫。我们可以欣喜地发现,志愿服务作为当代社会国民精神的价值性行为选择,正不断培育出一大批认可和坚守社会主义核心价值观、具有高度国家意识的青年"文化公民"。

三、大力完善基于文化认同的青年志愿行动引导机制

文化认同是一种价值认同,社会核心价值观是社会文化认同的核心,对于社会管理制度的设计、社会秩序的建构、人文情怀的凝聚、社会共识的引领及国家认同度的提升有着不可替代的本源性作用。青年志愿组织文化的形成与发展是青年公民文化自觉到文化自信的充分彰显,推动他们实现了真正意义上的社会化过程。从组织目标来看,尽管青年志愿组织涉及多个领域,但都关注公众利益,服务国家治理,反映着社会改革的积极趋势和基本方向,与社会核心价值观取向一致。从组织方式来看,青年志愿组织多数是根据个人志向和价值选择而自愿组合起来的群体,尊重个体需要,发展青年潜能,符合德育的主体性原

则,有利于保持青年对国家公共事务的参与热情,也有利于不断增强他们变革社会的责任意识。从组织运行来看,青年志愿组织往往关注国家和社会发展大局,遵循法律法规要求,与宏观政策积极互动,不仅锻炼了广大青年的现代合作精神和人际交往能力,更是有效增长了他们立足国情审时度势、理性参与国家建设的能力。当前,我国青年志愿行动价值观的构建,需要立足社会主义核心价值观的基本原则,关注青年群体的人生价值诉求,推动他们对意义世界的深刻确认,围绕"中国梦"的共同愿景,积极树立文化共同体意识,全面完善基于文化自觉和自信的志愿服务发展路径。

1. 弘扬志愿文化传统,提升志愿文化理念

我国优秀传统文化是中华民族身份的证明,蕴含丰富的哲学思想、人文精神及道德理念,深刻融合在民族意识、道德规范的发展演绎之中,内化为华夏儿女的文化性格、价值取向和思维习惯,对各时期的社会生活及人民实践产生着积极影响。习近平总书记强调,"不忘历史才能开辟未来,善于继承才能善于创新。只有坚持从历史走向未来,从延续民族文化血脉中开拓前进,我们才能做好今天的事业"。纵观历史,炎帝神农氏费尽心思"百死百生"的无私奉献美德堪称我国古代志愿精神的萌芽,之后儒家"仁者爱人"的"仁爱观"、墨家"博爱互助"的"兼爱"思想、道教"上善若水"、"无爱之爱"的修身之道,以及佛教"无缘大慈,同体大悲"、"慈悲普世,自利利他"的境界,都拥有浓厚的爱人济世色彩,倡导"奉献、友爱、互助"等人文理念,是传统文化中志愿精神的思想源泉。可以说,我国现代志愿服务精神具有中华传统文化的基因,尤其是其中助人为乐、扶危济困、仁爱互助的道德精髓,更是志愿服务在当代中国兴起和发展的动力本源。

中央文明委《关于推进志愿服务制度化的意见》强调,"要大力弘扬中华传统美德,结合时代条件深入挖掘和阐发,进行创造性转化、创新性发展,赋予志愿服务深厚的传统文化内涵"。民族精神是一个民族生生不息的精神源泉,是所在国家发展的重要精神支柱,与其相关的民族认同必然蕴含于国家历史认同之中。历史认同是国家认同的重要维度,作为民族精神的守卫者和国家文化传承的生力军,青年群体的志愿服务行动深深烙有独特的民族气质和鲜明的国家意识,成为推进国家治理的重要力量。我们要扎根深厚的中华文化沃土,依托优秀传统文化的理性升华及创造性转化,不断完善青年文化自觉的多维度机制,用志愿精神引领共同的价值追求,让青年在传承中华文明的过程中深厚家国情感、增强责任意识,主动用青春智慧助力社会管理和国家建设,以充分的文化自信引领现代社会文明风尚。

2. 引导价值实现需求,激发志愿文化自觉

工业化的深入推进正在深刻改变现代社会人际交往形式及其关系结构,不断孕育出各种新的价值取向。志愿行动是公民社会参与的一种基本方式,"以志愿谋求公益"的志愿精神承载着公民自我发展中的价值诉求,既是社会文明和公民道德水平的重要衡量指标,也是国家治理状况的间接反映。公民社会的兴起,既要求公民在自我发展定位中认识并把握面临的公共领域利益关系,也要求他们认同并信守所处的公共生活准则,实现对社会核心价值体系的自觉遵循。核心价值体系作为公民社会的文化灵魂,不但是反映国家特质与民族属性的"文明基因",也是各类志愿组织乃至公民社会赖以发展的社会文化环境。在我国,"社会主义核心价值观是对于当代中国社会文化和基本价值观念的集中体现和全面反映,必须体现国家认同"①。文化自觉是一种道德自觉,志愿服务作为自愿参与、无私奉献的道德行为是公民文化能动性的生动体现。我们要完善和巩固志愿服务的社会心理基础,积极引导青年进行深入的"公民性思考",促使他们"从对生活方式的体悟走向对意义世界的确认"②,在探究生命价值的过程中不断增强国家意识,以拥有爱国为民的高尚道德情操成为社会道德榜样。

人的社会存在和价值体现在其与国家、社会及他人的相互作用和关系之中。志愿服务立足关爱主题,坚持需求导向,提倡公众自愿参与,维系社会合作体系,可以实现志愿者贡献社会、服务他人的人生价值,并融入国家发展洪流。我们要从关注志愿组织及机制、志愿者素质结构等外在因素转向关注志愿者生活样态、行为生成逻辑、志愿文化生态建构等内在因素,实现对青年志愿群体的本体性关照,从源头上系统设计基于文化价值认同和发展需求的志愿服务组织引导机制,使他们在志愿活动中获得友谊与尊重,感受肯定与信赖,实现心灵的升华。同时,志愿文化的价值引导要突出"理想主义、精神引领和实践育人"的要求,有效发挥广大青年志愿群体的积极性、主动性和创造性,激发他们不断提升思想境界,把"追求成长进步的个人理想"与"通过自己的努力让更多的人生活得更好的社会理想"生动结合起来,在自我觉悟和觉醒的状态下实现对国家和社会的主动担当。

3. 完善志愿服务保障,浓厚志愿文化氛围

历经二十载风雨,我国青年志愿服务文化发展继往开来、亮点纷呈,有机融

---

① 习近平.在纪念孔子诞辰2565周年国际学术研讨会暨国际儒学联合会第五届会员大会开幕会上的讲话[N].人民日报,2014-9-25(1).

② 李建华.社会主义核心价值观的提炼[J].红旗文摘,2012(5):9.

入中国特色社会主义文化海洋,日益成为广大青年追求的精神文化时尚。当前,我国青年志愿服务在活动形式上注重集中性大型活动的同时已经在不断向社区化、民间化方向扩展,而活动形式的规范性又直接推动着其自身持久有效的开展,形成辐射性影响,这标志着我国青年志愿服务已从短期性活动向常态化方向演进,融入了国家治理和社会管理。我们要把对青年志愿组织的培育摆放到推进国家治理体系和治理能力现代化的高度,全面构建有利于志愿服务精神融入全社会、内化于广大青年的长效机制和工作文化。"志愿文化的精神层面即志愿精神,是志愿者在志愿服务的社会实践中逐渐形成的具有普适性价值的规范、原则和理念的统称,是志愿文化的核心与主体。"[1]青年志愿文化的发展尤其要发挥社会主义核心价值观凝魂聚气、强基固本的作用,在"党政关心、社会关注、青年关切"的领域整合资源和设计项目,完善志愿者培训认证制度及激励管理机制,不断提高志愿者素质和服务水平,培育充满生机和活力的志愿服务工作氛围。

  文化拥有独特的思想引导功能,但文化意识的持续离不开物质环境的保障。要促进青年志愿行动公共空间的成长,应当着眼青年的成长特点和发展需求,在志愿服务组织体制、公共政策、运行机制等方面破解深层次困境。我们要把握现代社会的治理目标和规律,建立系统的多跨度协商联系和管理领导机制,全面完善公共信息服务平台,建设遵循市场机理的资源配置机制,拓展争取社会支持的市场化平台,积极促进志愿服务组织与政府、社会机构的良性互动,构建起合理的利益格局,动员广大青年更好地参与社会生活,不断健全社会工作体系。在政府主导的发展阶段,建立双方互动共赢的关系模式,最重要的就是要在政府的宏观领导下,逐步建立起以政府相关部门、青年志愿组织以及民间机构等多位一体的社会化综合网络,"形成一批有效对接志愿服务需求、高效整合社会资源、规范标准的实体型、网络型和复合型平台"[2],通过制度导范和认知提升,形成全社会参与志愿服务的氛围,不断深化青年对国情社情的认识和道路选择的认同,激发他们勇敢走向社会,积极参与社会改革。教育部最新颁布的《学生志愿服务管理暂行办法》提出建立各级各类学生志愿服务建档及星级认证制度,在源头上为建立健全我国志愿服务体系、推进志愿服务规范化、制度化发展提供了基本遵循。

  4. 发挥品牌活动效应,构筑志愿文化共同体

  习近平总书记指出:"推进国家治理体系和治理能力现代化,要大力培育和

---

[1] 刘晓燕. 志愿文化及其在中国的发展研究[J]. 社科纵横,2013(2):239.
[2] 共青团中央、中国青年志愿者协会. 中国青年志愿者行动发展规划(2014 - 2018) http://news.youth.cn/gn/201312/t20131202_4315922.htm. 中国青年网,2013 - 12 - 2.

弘扬社会主义核心价值体系和核心价值观,加快构建充分反映中国特色、民族特性、时代特征的价值体系。"这对推进志愿服务事业蓬勃发展赋予了广阔空间,也对培育符合我国国情的志愿精神提出了更高要求。近年来,我国青年志愿服务依托项目走品牌化发展之路,团结凝聚最广泛的志愿服务力量,以点带面地推动志愿服务活动成为一种社会文明风尚和文化现象。在团中央的大力倡导下,青年志愿者扶贫接力计划、大学生志愿服务西部计划、关爱农民工子女志愿服务行动、助残"阳光行动"等长效性、专业化品牌项目用人性主题和家国情感构筑精神文化家园,已成为我国广大青年服务国家民族、融入社会发展、奉献个人才能的重要途径。2014年,以深化"志愿服务项目化运作、社会化动员和制度化发展"为目标,团中央、民政部、中国志愿服务联合会联合广东省人民政府、中共广州市委共同举办志愿服务广州交流会暨首届中国青年志愿服务项目大赛,探索建设全国性、常态化的志愿服务"项目培育、资源对接和交流发展"的平台,创造性地推动了我国青年志愿服务事业的科学发展。

　　文化品牌彰显文化自信,青年志愿服务正在文化自在和自觉的基础上逐步构筑起当代青年主动参与公益事业的"社会生活共同体"。青年志愿组织选择并提炼志愿活动的文化标识,依托特色服饰、组织口号、新媒体平台等个性化方式宣传志愿服务理念和精神,形成了一种基于自身思想共识、联动社会力量的场域,追求和展示人与自然、社会、他人的和谐统一,汇聚起社会前行和国家发展的强大精神动力。"'社会生活共同体'是一切价值认知的检验地、道德情感的滋养场、社会规则的培训所",我们要在社会主义核心价值观的总体框架下,以"共同的文化记忆、文化生活及文化精神"为基础,在深化文化共识和价值认同上下功夫,结合实施分层分类项目,在青年志愿群体中梳理并确定起统一的价值评判标准。同时,作为文化软实力的打造,志愿服务文化品牌建设要深入把握青年志愿群体从文化自在走向文化自觉和自信的内在规律,通过志愿服务场域的互动和扩展,有效构建各类青年志愿文化共同体,使他们拥有共同的生命发展愿景并能形成积极的情感呼应,进而培育出更多志同道合的社会主义国家"文化公民"。

　　《中国青年志愿者行动发展规划(2014—2018)》指出,到2018年,青年志愿者行动要"在服务青年成长、满足社会需求、引领文明风尚等方面发挥更大作用,为创新社会治理体制、加强社会建设做出新贡献"。作为国家认同的重要维度,文化不仅是历史沉淀,也是精神风尚,文化自觉是文明的自觉,文化自信是价值观的自信。我们要立足"丰富中国精神、形成中国气派、实现中国梦想",从"文化公民"视角深入拓展青年志愿服务的解释空间,积极探索引导青年强化国家认同、实现生命价值的德育工作路径。

新媒体环境下大学生榜样教育研究

潘 峰

(南通大学纺织服装学院,江苏 南通 226019)

摘 要:信息科学技术的不断发展,悄然改变了人们的生活方式。以往的媒体形态已经被新媒体全面替代。新媒体时代的到来也给高校思想政治教育工作带来了全新的机遇与挑战。本文通过文献研究,提出在新媒体环境下高校的榜样教育存在一些问题。例如:利用新媒体工具滞后,榜样教育内容缺乏吸引力,无法满足大学生自我意识实现,榜样教育工作者素质有待提高,等等。通过对新媒体环境下大学生榜样教育现状的总结、分析,文章提出新媒体环境下高校应当改变思路,掌握正确的方法,以更好地进行榜样教育。

关键词:新媒体;大学生;榜样教育

新媒体是在新的数字等技术支撑下出现的媒体形态,如数字杂志、数字报纸、数字广播、移动电视、网络、移动网络等。相对于报刊、户外、广播、电视四大传统意义上的媒体,新媒体被形象地称为"第五媒体"。新媒体环境是相对传统媒体而言的新的大众传播环境。

美国《连线》杂志对"新媒体"的定义为"所有人对所有人的传播"。联合国教科文组织对"新媒体"下的定义为"以数字技术为基础,以网络为载体进行信息传播的媒介"。可以说,"新媒体"是以数字、网络技术为基础,以手机、电脑等设备为传播工具向受众进行信息传递和服务的媒体形态,是区别于传统媒体的新型传播方式,其界定范围随着科技的进步和时代的发展而改变。当代大学生生长在新媒体时代,新媒体的影响已经渐渐深入到其学习、生活、交往、娱乐、求职等各个方面。新媒体环境下,高校的教育工作者和作为被教育者的大学生们具有获取信息资源的绝对平等性,高校的教育工作者们不再占据各种信息资源的绝对主导地位,高校内的大学生主体特性表现得尤为突出,具体表现为当代大学生由单方面被动接受教育信息转变为主动参与信息的汲取、传播甚至制造。当今的大学生对思想政治教育信息的获取非常直接和便捷,对信息的获取方式的选择也更加多样性,在对信息内容的选择上有充分的主动性。

正是因为当前新媒体环境下全新的信息传播方式,带给高校思想政治教育

作者简介:潘峰,南通大学纺织服装学院团委书记,讲师。

以全新的机遇和挑战。在新媒体环境下,高校必须顺应时代发展的趋势,精准把握大学生思想政治教育的新情况,解决新问题,把握主动权,占得先机,这样才能做好大学生的思想政治教育工作。

在大学生思想政治教育工作中,最有力和有效的方式之一便是榜样教育。从发展心理学的角度看,大学生处在"自我同一性危机"年龄段,自我定位易趋于主观且片面,自我认知不稳定。尤其在多元文化观点冲击下更加会感到迷茫、不知所措。而生动、直观、贴近生活的"榜样"能使大学生受到感染,帮助他们形成和保持健康、乐观向上的心理状态,更好地发展自我。

成功的榜样激励作用能唤起大学生的利他行为,通过对榜样的言行和事迹的合理宣传,可以引导大学生自觉地观察、学习,对榜样的行为从无意识模仿到自觉模仿,使那些处在自我同一性危机之中的大学生的态度由不求上进、踌躇迷茫转变成目标明确、积极上进。榜样教育能促使大学生经常用榜样的事迹对照自己的言行举止,检查自己的不足,常常自我反省,矫正角色偏差。榜样的示范作用还能使大学生在无人监督的情况下,自觉在心中受到榜样的力量监督,自觉约束不规范的道德和行为。①

一、新媒体环境下高校榜样教育存在的问题

新媒体环境下,高校的有些思想教育工作者未能及时转变观念、与时俱进,不能及时适应新媒体环境,其思想政治教育工作很容易流于空洞的说教,实效性较差。中共中央总书记习近平曾在《之江新语》中指出:"干工作必须虚实结合,尤其是虚功一定要实做。精神文明建设特别是思想道德建设一定要通过看得见、摸得着的方式,创造实实在在的载体,寓教于乐,入耳入脑,深入人心,潜移默化。道理要说清楚讲明白,但任何道理要深入人心,都不能光靠说教,要有一个好的载体,通过积极探索和创造更多更加贴近实际、贴近群众、贴近生活的有效载体,使精神文明建设活动开展得有声有色、富有实效。"②对于新媒体环境下高校的大学生思想教育来说,选树好的榜样就是最好的"有效载体"。大学校园里的榜样教育应当是贴近学生、有血有肉、生动形象、喜闻乐见、实实在在的。

然而,当前高校的榜样教育存在着一些问题:

1. 高校榜样教育缺乏对新媒体工具的合理利用

新媒体时代移动互联网载体已经成为继报纸、广播、电视为主导的传播媒体之后的新型媒体。高校榜样教育工作必须紧跟时代步伐,借助移动互联网技

---

① 张超. 发挥榜样教育的力量 引领大学生成长成才[J]. 中国成人教育,2015(4).
② 习近平. 之江新语[J]. 浙江人民出版社,2007.

术实现现代化教育理念的转变,从而将榜样教育最大的优势发挥出来。然而,我国高校开展的榜样教育常常容易忽视大学生的虚拟网络生活。首先,专题榜样教育网络平台很少,基本是依附于高校的思想政治教育网站,水平不高。目前我国还没有形成全国性的权威的榜样教育网络平台。许多网站也只是流于形式,没有发挥其真正的作用。

其次是高校的榜样教育网络平台缺乏吸引力。内容与大学生的业余生活、兴趣爱好、生活方式脱节。现存的榜样教育网站多数缺少动态性,多是静态文字信息,缺少大学生感兴趣的形式和互动,难以得到大学生的认同。目前我国还没有形成成熟的关于网络榜样教育的软件,这是现阶段我国网络榜样教育资源建设落后的一个重要表现。

2. 在新媒体环境下高校的榜样教育内容缺乏吸引力

第一,对榜样的选树和宣传方式单调落后。新媒体时代具有鲜明的信息传递特点,大学生在使用各类信息媒介的过程中,不可避免地面临着多元价值观的浸染。但当下高校的榜样选树和宣传模式也应当与时俱进,如果高校依然单一地只是采取在法定节日或者特定纪念日进行悬挂横幅,张贴海报,开展研究和讨论并书写心得体会,推举"三好学生"、"优秀干部"、"最喜爱的老师"等活动方式进行榜样宣传,那么一定无法满足当代大学生的需求,难以被他们认同和接受。

另外,在高校里很多被宣传与树立起来的榜样,虽然能够进入课堂、官方网站等宣传教育平台,却因为新媒体时代的信息交互特征,而难以真正进入大学生的内心,因而无法使榜样典范的道德示范作用真正得以发挥。因此,榜样教育收效甚微。

此外,随着新媒体环境所带来的网络化语言的表达方式的泛滥,造成了表达方式自由化,在这种环境下成长的大学生们更习惯和乐于接受轻松、诙谐甚至是无厘头的表达方式,而对于传统官方的那种严肃、刻板的思想政治教育方式容易产生排斥心理,难于真正被当代的大学生接受。

第二,社会环境多元化而高校选树榜样的类型单一。首先,因为历史的原因,高校在树立榜样形象的时候往往容易刻画得过于完美,使很多"榜样"变成了毫无缺点的完美形象。但是,很多"高大全"式的榜样形象在新媒体环境的多元价值的冲击下面临着被解构的风险,一旦这些"高大全"的榜样的形象被颠覆,其道德示范效应瞬间丧失,甚至会破坏大学生对高校官方的信任。因此,用"高大全"的形象树立社会主流价值的道德典范必然会被消解和弱化。其次,新媒体环境下传播媒介发达,加之当今的社会多元化思潮,使榜样形象呈现多样化,使大学生面临着更为多样化的榜样选择。目前高校的榜样选树着意于主流核心价值的凸显,无可厚非,但是,近年来民间公共媒体宣传的一些公众人物如商界明星、演艺圈艺人、明星等因其成名经历、公共活动等方面受到高度关注,加上新媒体的放大作用使之容易成为大学生并不合适或不正确的榜样选择。

总的来说,新媒体环境传播媒介多样化与多元化情况的出现,使以往的价值趋同化的社会榜样典范受到不小的冲击,方式方法不当便难以唤起大学生的真正认同,容易使一些具有鲜明时尚气息的偶像被大学生错当榜样去学习。①

3. 新媒体环境下高校的榜样教育无法满足大学生自我意识的实现

新媒体时代大学生必然借助互联网搭建各类的"自媒体",不仅用来获取信息,同时也是自身信息的发布平台,一旦自己所发布的信息获得更多人的关注或者转发,便会因而产生强烈的自我认同感。而高校树立榜样的原则,多侧重和追求社会整体功能的实现。因此,在新媒体环境下大学生对榜样的态度,容易产生自我价值实现与社会价值实现之间的迷惑。

然而,过去高校的榜样的选树多是采取自上而下的方式,影响或削弱了大学生参与的积极性。由上级直接选择榜样,这种方式行政色彩浓厚且具有明显的强制性,极容易使学生没有主动参与的感觉,丧失产生逆反心理。

4. 高校新媒体榜样教育队伍素质有待提高

年轻一代的大学生必然会紧跟时代发展的步伐,对网络的运用和网络软件的使用比教师更熟练,更前卫。在高校榜样教育中,教育者的整体年龄结构偏大,其对新鲜事物的接受程度低。除此之外,部分教育者没有意识到利用新媒体手段开展榜样教育的机遇以及重要性。

首先,高校榜样教育者的新媒体宣传知识贫乏。榜样教育的工作者多数为学校的党政干部、辅导员、班主任等,他们担负着日常事务管理、上课、科研等工作,在新媒体的研究和使用上鲜有精力。其次,高校榜样教育者通过网络语言交流的能力较低。大学生善于通过新媒体终端、软件来表达自己的看法,张扬自己的个性。要想充分利用新媒体开榜样教育,通过新媒体终端与大学进行沟通是必不可少的环节。而当今教育者甚至看不懂大学生之间常用的网络用语,给榜样教育造成了障碍。再次,高校榜样教育者通过新媒体方式进行榜样教育的积极性不高。没有真正认识到新媒体与榜样教育的关系。对利用新媒体展开榜样教育的效果存在顾虑,也担心自己使用新媒体的教育效果。

二、新媒体环境下该如何选树榜样以引导大学生对榜样的认同

---

① 周鹏."微时代"背景下大学生榜样教育策略探究[J].学校党建与思想教育,2015(4).

1. 高校应借助新媒体工具进行榜样选树和宣传

在新媒体时代,高校教育工作者的教育引导方式必须进行创新,除了以课堂等传统空间作为榜样教育的场所之外,更应占领各个流行的新媒体平台阵地,如微博、微信等。同时,构筑独特的榜样教育"新媒体平台",在榜样的选择过程中,充分利用新媒体的优势,让广大的师生参与进来,共同选择,提高大学生群体的参与性,并通过技术手段杜绝弄虚作假,使之更加透明化。同时,以全方位服务大学生的内容形式打造新媒体平台以引导学生形成常态化的关注和积极参与,对于榜样宣传的信息内容组织学生学习、讨论,并及时更新。

2. 高校的榜样宣传语言应顺应新媒体时代的表达方式

2015年7月的毕业季各个高校校长们的毕业致辞依旧很"潮"。网络上很火的那一句"世界那么大,我想去看看"也被很多校长引用,大连理工大学校长郭东明、电子科技大学校长李言荣和吉大校长李元元都在毕业致辞中提到了这一"世界体"。此外,"重要的事说三遍"、"速度与激情"等等热门词汇,也让校长们的演讲多了一分轻松和生动。重庆大学校长在对优秀毕业生进行表彰时,称他们为一路领先的"学神"、"学霸",这引得台下的同学们会心一笑。

新媒体时代运用和年轻大学生同样的话语体系的观点更易于产生认同。因此,高校应在榜样教育中更多地使用"接地气"的话语,以开放和包容的心态建构新的话语体系,真正将榜样的积极作用内化到大学生的内心。

3. 高校应当将榜样的选树细分化、形象化,杜绝"高大全"

在以往的榜样选树时,为了突出其成绩或者光辉事迹,常常对其过分夸大,往往容易树造出一个个毫无缺点的"高大全"形象。然而,"新媒体时代"信息公开度高,交互性强,最终必然被认为与宣传形象不符,完全起不到榜样的示范作用。因此,高校教育工作者必须摒弃选树"高大全"的榜样形象,对榜样典型的选择,应以大学生身边活生生的某一领域优秀的同学或者老师为对象,并真实地呈现"榜样"的形象,不刻意否认瑕疵。另外,可以对榜样的选树进行某一不同领域的细分,比如,选树体育方面的榜样;助人为乐方面的榜样等。这样才会使大学生对榜样产生真实感,易于接受和学习榜样。

4. 建立完善高校新媒体榜样教育队伍

高校的新媒体榜样教育者首先要具备专业的思想政治教育功底。包括马克思主义基本理论、思想政治教育基本原理和方法、心理学等,在榜样教育中能准确表达马克思主义价值观,帮助大学生成长、成才。除此之外,高校的新媒体榜样教育者还要乐于并熟练使用互联网媒介,在平时工作中有利用新媒体载体开展工作的有效手段,能驾驭各种新媒体工具,能有效引导校园榜样教育方向,具备网络榜样教育的感召力,出现问题能在第一时间解决。另外,高校的新媒体榜样教育者要具有创新精神和接受新事物的能力。榜样教育者要接受新事物,体验大学生常用的新媒体生活、学习、交流及娱乐方式,只有这样才能和年轻一代的大学生处于同一时代,贴近大学生和大学生融为一体,这样才能更好地了解大学生的思想动态,便于榜样价值观念的宣传引导。也只有这样才能更好地面对传统榜样教育没有出现过的种种问题,不断克服困难,总结出新媒体时代榜样教育的特点和规律。最后,新媒体时代高校榜样教育者要具有敏锐的政治判断力。敏锐的政治判断力,基于扎实的理论功底,是借助榜样事件进行舆论引导的必要条件。只有具有了政治鉴别力和应变力才能以快速的思维和敏捷的鉴别力及时地发现问题,抓住问题的核心,针对问题的实质,有的放矢,给予大学生正确的分析和价值引导。

当代大学生社会责任感及培养途径探析

常 超

(河南工程学院团委,河南 郑州 451191)

摘 要:社会责任感是当代大学生应具有的一项重要素质。高校作为承担大学生学业教育和思想品德教育的最主要阵地,应发挥培养大学生社会责任感的主导作用。只有提高大学生社会责任认知水平,增强社会责任情感体验,磨砺社会责任意志担当,提升社会责任践行能力,才能切实培养出"讲责任、敢担当"的高素质人才。

关键词:大学生;社会责任感;培养途径

素质教育是21世纪我国教育发展的核心命题。我国高等教育在这一方面一直饱受诟病。2010年7月,作为新世纪第一部国家教育规划的《国家中长期教育改革和发展规划纲要(2010—2020年)》明确指出,"当前素质教育的核心是解决好培养什么人、怎样培养人的重大问题,着力提高学生服务国家、服务人民的社会责任感,勇于探索的创新精神和善于解决问题的实践能力。"社会责任感的培养被重点提出来,为我国高校的人才培养和德育工作指明了方向和目标。

一、大学生社会责任感的内容和现状

社会责任感是指对他人、对社会所应承担的职责、履行的义务,是一种内心强烈的自律意识和人格品质。我国文化传承中历来重视社会责任感。"先天下之忧而忧,后天下之乐而乐",表达了文人志士忧国忧民的情怀;"天下兴亡,匹夫有责",表达了普通百姓的民族担当;五四运动中青年学子"知识报国",揭开了复兴家国的序幕;"到西部去,到基层去,到祖国最需要的地方去",表达了当代青年报效国家的雄心壮志。萧乾说过:"倘若公民平时没有点急公好义的社会责任感,大难临头时争先恐后,只顾自己地乱冲,后果真不堪设想。"可见公民

作者简介:常超,河南工程学院团委书记,教授。

的社会责任感对一个国家和民族的重要性。①

正确理解社会责任感要把握三个标准:首先,社会责任感具有自律性。社会责任感是由内心的责任意识和情感外化的一种主动行为选择,是良好道德品质的表现。其次,社会责任感具有层次性。人们在社会生活中扮演着不同的社会角色,在不同角色中需要具备家庭责任感、工作责任感、社会责任感等不同层次的责任感。从广义上说,社会责任感可以涵盖以上所有层次的责任感。再次,社会责任感具有实践性。社会责任感是一种情感选择,但如果只停留在内心的情感冲动,而没有付诸行为,并不能视为真正的具备社会责任感。社会责任感要求人们在社会假恶丑面前要挺身而出,用行动担当起维护真善美的社会责任。

1. 大学生社会责任感的主要内容

大学生作为正在接受高等教育的群体,拥有较高的学识和社会贡献力,担负着未来国家发展、社会进步重要推动力的责任,他们的社会责任感理应更强。中央16号文件颁布实施后,各大高校十分注重大学生思想政治工作,通过多种途径加强大学生的世界观、人生观、价值观教育,成效显著。作为高校德育工作者来说,厘清大学生社会责任感的主要内容对于培养大学生社会责任感至关重要。

笔者认为,大学生社会责任感主要包含以下内容:

捍卫真理和真相。在科学研究领域,追求真理和真相是科技发展的原动力;在社会生活领域,追求真理和真相则是彰显社会公平正义的驱动力。在捍卫真理和真相的路上,需要人们的大无畏精神。400多年前布鲁诺为捍卫真理和真相付出生命代价,近代中国众多仁人志士为追求国家和民族解放而前仆后继,如今私媒体时代网络上众多的"扒粪"揭露事件,虽然时代给了人们追求真理和真相不同的内容,但正是这种强大的社会责任感支撑不同时代、不同领域的进步和发展。大学生掌握有较高的知识,享有较多的社会资源,更需要担当起捍卫真理和真相的社会责任。捍卫真理和真相要求大学生重视自身发展进步、勇于探索,运用所学知识分析社会现象、解决社会问题,自觉、理性地揭露社会假恶丑,维护社会真善美。

践行社会公平正义原则。维护公平正义是社会主义社会发展的目标之一。改革开放以来我国经济发展水平大幅提高,随着收入差距的拉大,社会阶层的分化日益明显,众多有失公平正义原则的现象凸显。"官二代、富二代"、"房姐、房妹"、"表叔"、"郭美美"、"最牛违建"等事件频发给社会造成负面影响。这些

---

① 苏振芳.当代国外思想政治教育比较[M].北京:社会科学文献出版社,2009:285.

不良社会现象也折射到高校校园,公平正义失范行为在校园大量滋生,诸如争抢助学金、贷款违信、考试作弊、论文抄袭、就业找关系等等。这些行为严重践踏社会公平正义的秩序,扰乱大学生的社会价值观。践行社会公平正义原则要求大学生从自我做起,掌握真才实学、自力更生、诚实守信、遵纪守法、不屈服黑恶势力、扶助弱者。

勇于担当,具有牺牲和奉献精神。牺牲和奉献是与内心的责任、义务相伴而生的。只有明确个人的责任和义务才能在实践上勇于担当,付诸牺牲和奉献。一个人在家庭中需要承担家庭责任,在工作岗位上需要履行岗位责任,在社会生活中需要承担公民责任和义务。而责任和义务的生成需要个人归属感在内心的生成和发酵。这就需要构建和谐的家庭关系、人际关系和社会关系氛围。勇于担当,具有牺牲和奉献精神,要求大学生承担起不同的社会角色,具有家庭、集体和社会归属感,尊敬师长、孝敬父母、宽待他人、热爱集体、爱岗敬业、服务社会、忠于国家。①

坚持个人发展和国家、社会发展相协调。马克思主义认为个人发展和社会发展是相辅相成的,是"小我"和"大我"的关系。个人的发展应紧跟社会发展的步伐和方向。用自己的所学报效国家和社会才能使个人的价值最大化。青年鲁迅弃医从文就是一个生动的例子;20世纪50年代,钱学森冲破封锁报效祖国更是舍"小我"追求"大我"的高境界。坚持个人发展和国家、社会发展相协调,需要大学生践行国家和社会发展的路线、方针和政策,不断充实自我,个人利益服从国家和集体利益,勇于牺牲"小我"保全"大我",最终找到个人价值和国家发展、社会进步的契合点。

2. 当前大学生社会责任感现状

不可否认,大学生总体上社会责任感较高。他们积极响应国家各项政策和号召。积极投入各类义工、志愿者、"三支一扶"、"西部计划"等行动中。但随着我国市场经济的深入发展,受到社会、学校和家庭教育重实用、轻信仰,过多宣扬自我价值等因素的影响,当前大学生社会责任感也出现了一些负面的偏向。校内调查显示,三分之二的大学生在专业选择上倾向于就业好、收入高的专业;四分之三的大学生竞选学生干部的初衷是为了获取"个人实惠"。

归纳起来,大学生社会责任感出现的问题如下:

责任认知丰富,责任意志不强。一方面,大学生对社会责任的认可和接受程度较高,对于公民权利和义务、法律法规、社会规范、环境保护、和平发展等有更多的认知,因此社会责任认知普遍高于社会其他群体;另一方面,大学生存在

---

① 刘献君.大学德育论[M].北京:华中理工大学出版社,1996:123.

片面追求眼前利益,对自我定位缺乏长远目光,缺乏深入的社会实践,在学校和家庭过多的保护下缺乏践行社会责任的意志和勇气。不少学生学习上滋生厌学、迷茫情绪;消费上大手大脚,追求享乐,成为"啃老族"、"月光族";就业中一味涌向大城市,怕吃苦、怕去基层。

重视个人权利,缺乏责任担当。权利和义务、付出和收获应是正比的关系。但许多大学生只关注个人利益、漠视集体荣誉,对集体事务漠不关心,对父母、老师缺乏感恩之心。比如,许多家庭困难的学生只知享受助学金,而缺乏刻苦学习获取奖学金的动力。不少学生在入党动机上考虑的不是服务国家、贡献社会,而是为就业增加一个有利砝码。

以自我为中心,割离个人与社会关系。许多大学生在大学阶段都出现过学习缺乏动力、旷课、沉浸网络、迷茫彷徨的不良情绪,并认为这只是个人的事。殊不知,高等教育资源在我国分布是不均衡的。大学生在享受高等教育资源的同时,有很多贫困家庭的同龄人却早早担负起家庭责任成为城市务工人员。大学阶段是人生发展的关键时期,无论对个人成长、对家庭责任还是对社会发展都是至关重要的阶段,大学生应该刻苦学习,并立志用自己所长回报家庭,服务人民,报效社会。

二、大学生社会责任感生成的内在规律

大学生社会责任感既然是一种人格品质,就应该遵循心理活动形成、发展的内在规律。社会心理学认为,任何思想品德都是由知、情、意、行四个要素构成的,这四个要素在心理活动中是依次递进、反作用促进的关系。只有这四个因素都发展好了,良好的思想品德才能形成。了解社会责任感生成的内在规律,对于大学生责任感培养具有重要的指导性。

1. 社会责任认知是前提

社会责任认知是大学生社会责任感产生的前提条件。只有认识到自己的社会责任才能将之内化和固化为情感体验,从而外化为社会责任行动。学习承担各种责任是每个人成长过程中的必经阶段。孩提时代无忧无虑,父母、家人为其撑起一片天。成年后步入社会就应在不同社会角色中承担相应责任。西方国家有孩子十八周岁后不再与父母同住的传统,视为其独立、成为社会人的标志。大学生作为年满十八周岁的成年人,理应认识到自己的责任。在家庭中,认识到父母养育的艰辛,珍惜父母的爱,常回家看看;在学校中,认识到学校培养的辛苦,尊敬师长,感恩母校;在社会中,认识到集体和他人对自己的关爱,善待他人,主动融入集体。社会责任过程可以是主动的习得,也可以是被动的

接受。主动习得包括主动通过不同媒介学习、了解不同社会责任。被动接受主要包括家庭、学校、社会等通过言传身教、宣传教育等方式宣扬社会责任意识。

2. 社会责任情感是基础

社会责任情感是主体对习得的社会责任的认同感,是一种个人价值与社会价值统一的态度体验,它隐含着社会责任主体的社会道德标准和价值评判准则,是社会责任主体内化责任认知、磨炼责任意志的催化剂。任何一种道德标准和价值评判准则只有与主体的内心真实感知相契合才能真正被默化。社会责任情感既然是一种内心体验,就需要社会释放出强大的正能量激发人们对社会责任意识的接受。大学生正处在世界观、人生观、价值观稳定和定性的关键时期,他们接受新鲜事物速度快、能力强,也较易被周围环境所影响。只有在积极向上的氛围中大学生的社会责任情感才能不断被激发,大学生的社会归属感和服务意识才能不断增强。

3. 社会责任意志是动力

社会责任意志是主动践行社会责任的内在决心和驱动力。一般而言,意志总是和行动紧密相连的,坚定意志的过程是不断克服困难的过程。克服的困难越多,执行意志的决心就越坚定。履行社会责任并不是主体随意而为的行动,必定是内心理性考量的结果。主体只有将社会责任看作分内的义务才能不断克服履行社会责任的障碍,果断践行社会责任。大学生相对于社会其他阶层来说在社会责任意志程度上是具有优势的。他们接受高等教育和最新理念,社会主义荣辱观强,更容易明辨是非,同时拥有强烈的公民意识,清楚自身的公民权利和义务,在履行社会责任中往往走在时代前列。后工业化时代中各国面临的环境问题、女权问题、民生问题、教育问题等等,都可见知识分子投身其中。

4. 社会责任践行是归宿

社会责任认知、情感和意志只有落实到行动上才算最终履行社会责任。因此社会责任践行是社会责任感的归宿和落脚点。身处校园的大学生并不缺乏知识储备和道德养成,缺乏的是将学识和能力转化为行动的社会锻炼。大学生只有走出校园,在社会实践中不断地认识社会、认清国情、体察民情,才能真正增强社会责任认知、加深社会责任情感并不断磨砺社会责任意志,勇敢地践行社会责任,真正成为未来建设国家、贡献社会和服务人民的栋梁。

三、大学生社会责任感培养的途径

大学生社会责任感培养是一项系统工程,需要家庭、高校、社会多方共同营造良好的培育环境。其中高校作为承担大学生思想品德教育和学业教育的最主要阵地更应发挥主导作用。大学生社会责任感的培养应遵循社会责任感生成的内在规律,全面提高社会责任认知水平,增强社会责任情感体验,磨砺社会责任意志担当,提升社会责任践行能力。

1. 晓之以理,提高大学生的社会责任认知水平

高校思想政治工作体系庞大。对于大学生社会责任感的培养既是我国社会主义现代化建设的必然要求,也是当前高校人才培养和素质教育的重要一隅。提高大学生社会责任认知水平,需要充分发挥高校思想政治工作的理论宣传、品德教育优势。①

"三观"教育。加强中国特色社会主义理论教育,引导大学生树立正确的世界观、人生观和价值观。培养大学生坚定的共产主义信念,通过历史文化教育、革命传统教育、爱国主义教育等,增强大学生的国家和民族自豪感,从而拥有建设美好国家、承担社会责任和义务的崇高理想。

国情教育。我国是发展中国家,人口多、收入水平严重分化、环境恶化等现实问题不仅考验着国家和政府的智慧,也必然会激发每一位有良知的公民的社会责任感。因此,高校通过开展国情通识教育、社会主义荣辱观教育等,使大学生正确认识国家责任,激发大学生为国服务、解决社会问题的决心;培养大学生遵纪守法、艰苦奋斗、诚实守信的良好品质。

公民意识教育。公民意识教育需要培养大学生树立社会主义民主法治、宪政精神、自由平等、公平正义、权利义务等理念,培养大学生承担社会责任人人有责的现代公民意识,勇于揭露社会恶习,维护公平正义的社会秩序。

感恩教育。培养大学生对父母、身边人事、母校、社会、国家的感恩之心。只有常怀感恩之心才能善待身边的一草一物,形成对他人的体谅和同情,更好地加入到服务社会的行列,对社会问题予以更多关注和参与,从而更自觉地去承担社会责任。

2. 动之以情,增强大学生的社会责任情感体验

增强大学生社会责任情感,最主要的是将社会责任认知转化为大学生的内心体验。这需要教育者教育方式的转变。

生动的教育方式。增强大学生社会责任情感体验的方式和方法必须是活生生的,单一的说教所起的作用甚微。这需要高校德育工作者创新思想政治教育方法,充分发挥大学生在德育教育过程中的主体地位。教育资源是多元的,如书籍、影视、网络、党群团体等;教育手段是多样的,如讲授法、榜样示范法、品德评价法、自我教育法、心理暗示法、实践锻炼法等,高校在德育工作中要调动

---

① 陈正祥.当代大学生的责任道德教育[J].中国青年政治学院学报,2005(7):20.

各种教育资源和方式,变单一的讲授为多元教育之下学生的内心体验。

理论联系实际和实践。在教学中要及时联系热点事件,让学生探索事件的背景和历史,引导大学生以正确的立场、观点和方法认清事件背后所蕴含的本质和是非曲直。结合有益事件引导大学生理性分析并客观评估不同主体在事件中的差异表现,从而更深刻地体验社会责任感的意义和价值。同时,社会责任认知只能通过实践外化出来,也只能通过实践才能固化为内心道德体验。因此高校德育工作要从校内课堂延伸到社会课堂,多组织大学生参加假期社会实践和多种社会公益活动,让学生在实践中体会自身的社会价值和责任。

3. 砺之以意,磨炼大学生的社会责任意志担当

只有磨砺大学生的社会责任意志,才能推动其社会责任行动。所以,社会责任意志教育也是德育工作不可忽视的环节。[①]

挫折教育。挫折教育可以贯穿大学生德育教育的全部环节。要培养大学生持之以恒的钻研态度、积极乐观的生活态度、坚韧不拔的奋斗精神、勇于担当的责任精神等。

自我规划和自律教育。对于大学生的自我规划能力、目标执行能力和自律规范能力的培养也是推动责任意志建立的良好方式。教师要引导大学生自己制定人生发展规划和职业发展规划,并以坚强的毅力执行目标。要善于从身边的小事培养学生理性思考、自我管控、适应社会、遵守社会秩序和规范的良好心理素质。

4. 导之以行,提升大学生的社会责任践行能力

行动是最好的执行力。高校可以通过丰富多彩的校园文化活动和社会实践活动来提升大学生的社会责任践行能力。[②]

校园文化活动是载体。高校不仅要将社会责任感教育与专业学习、勤工俭学、助学贷款、就业创业等常规工作相结合,帮助学生认清形势和社会发展趋势,深刻理解党和国家的方针政策,找到个人和社会发展协调一致的契合点,同时也要将社会责任感教育融入校园文化活动之中,多开展"主题性"、"体验式"的校园文化活动,避免纯"娱乐式"文化活动,让大学生在休闲、娱乐中体会社会责任,并积极践行社会责任。

社会实践活动是平台。社会实践活动的平台很大。高校要善于寻找契机和资源,深化大学生社会责任实践。如在"三个代表"学习活动中,与地方政府、中小学校、社区街道共建大学生"三个代表"实践服务基地,提升大学生服务社

---

① 张维满. 当代大学生社会责任感浅析[J]. 肇庆学院学报,2002(6):34.
② 张锋兴. 论大学生责任意识的培养[J]. 浙江青年专修学院学报,2007(3):23.

会的责任感;在"科学发展观"教育中,开展"保护河源"、"环境危机与大学生责任"社会调研,增强大学生环保意识和可持续发展意识;在"群众路线"教育实践活动中,开展"科技下乡"、"西部支教"、"大学生义工"等社会服务活动,提升大学生回报社会、贡献人民的意识;等等。

总之,社会责任感是个人价值与社会价值融合的一种崇高道德情感,是当代大学生应具有的一项重要素质要求。大学生社会责任感的培养是一项系统工程。高校作为承担大学生思想品德教育和学业教育的最主要阵地更应发挥主导作用。只有提高大学生社会责任认知水平,增强社会责任情感体验,磨砺社会责任意志担当,提升社会责任践行能力,才能切实培养起"讲责任、敢担当"的高素质人才。

论新媒体环境下的大学生榜样教育

唐星星

（湖南工程学院，湖南 湘潭 411104）

摘　要：在信息化社会，新媒体的广泛传播和应用，潜移默化地改变着当代大学生，给传统的榜样教育带来了新的挑战。本文通过揭示大学生榜样教育的内涵，分析新媒体的快捷性、多样性、交互性、开放性为大学生榜样教育提供的新优势，并从网络信息的不可控性、"网络大咖"对大学生的负面影响等方面分析榜样教育面临的新问题；最终从占领网络舆论制高点、建立网络榜样库、实行线上学习和线下实践的榜样教育操作路径等方面开展新媒体环境下高校榜样教育。

关键词：榜样；榜样教育

随着科学技术的迅猛发展，一个前所未有的信息传播的"新媒体时代"已经到来。大学生作为思想最为活跃、接受新生事物最迅速的社会群体之一，既是对新媒体技术最熟悉、也是对新媒体技术最依赖的人群，更是价值取向、道德标准和行为习惯受新媒体影响最深的群体，他们的行为方式、思想观念已深深地烙上了新媒体时代的痕迹。新媒体技术以其虚拟性和隐蔽性等特点导致互联网上的内容纷繁复杂，一些错误的、非主流的思想大行其道。网络上的不良信息对于社会主流价值观造成了严重影响，冲击着思想活跃、好奇心强、情绪易波动的大学生的人生观、世界观和价值观，严重影响了传统的思想政治教育效果，也使大学生榜样教育更为艰难。如何在新媒体环境下对大学生进行榜样教育，帮助大学生树立正确的价值观，提高大学生思想政治教育的效果，具有十分重要的意义。

一、榜样、榜样教育及大学生榜样教育的内涵

随着信息技术的迅速发展，以数字化、高速化、交互性和开放性为主要特点的新媒体已经渗入大学生活的每个角落，作为高文化层次群体的大学生是受网络影响最深最广的群体，他们过早地接触了大量信息，而多数学生在这个年纪

作者简介：唐星星（1972—），女，湖南安仁人，湖南工程学院纺织服装学院学生办公室主任，讲师，教育学硕士，主要研究方向为大学生思想政治教育。

是敏感的并且对是非对错的判断能力尚未形成,未能对这些信息进行正确的筛选。实际上这些都是他们缺乏学习和效仿对象的表现,他们需要借助榜样的力量。因此高校应该"关注和尊重大学生们的精神需求,从高位回归生活,关切他们成长过程中的困惑和迷茫,为他们健康精神品质的发展提供保障和引导"[1]。因此,对大学生进行榜样教育迫在眉睫。那么什么是榜样、榜样教育和大学生榜样教育呢?

翻阅《现代汉语词典》,我们可以看到这样的定义:"榜样,指值得学习的好人或好事。"通过这个定义我们不难得出,榜样就是言行举止带有积极品质和进步意义的,值得推广到普遍人群的正面典型。榜样教育则是借助各种途径,帮助学习者以提升其思想道德品质为目的,将影视、文学或现实的榜样的优秀品质和行为向学习者加以宣传和引导的思想政治教育方法。[2]它具有生动形象、说服力强的特点,同时具有很强的实践性特征。大学生榜样教育是高校思想政治教育工作者借助于正面的榜样人物或事例对大学生群体进行思想及道德引导,以促进大学生身心健康成长和全面发展的教育方法。大学生榜样教育是借助各种现代手段,通过塑造具有积极性、相似性的榜样形象,并融入大学生心理特点和时代背景从而对大学生发挥积极影响、鼓励大学生向上的教育。

二、新媒体环境下对大学生榜样教育提供了新优势

1. 快捷性增强了信息的时效性

新媒体作为继报纸、广播和电视之后的第四大媒体,其在信息生产、发行、制作和传播速度等方面具有绝对优势。快捷性是新媒体最重要的特征,四通八达的信息高速公路网络在传播过程中融合了快捷性、连续性、多样性、交互性等多重特点。借助网络信息传播的速度,最新、最符合大学生多样需求的榜样人物、感人事迹、励志精神能在第一时间传递给大学生,促进大学生与时俱进地从榜样人物身上习得时代精神、社会主旋律或者学习践行社会主义核心价值观。

2. 多样性提高了学习的积极性

要确保对大学生的榜样教育收到实效,必须唤起他们主动学习的积极性,而新媒体的特点更好地提高了大学生参与榜样教育活动的积极性。一般来讲,新媒体综合了报纸、广播、电视等传统媒体的特点,将文字、图片、声音、图像等信息聚集在一起,更加体现了内容多样性、形象性和直观性的特点,这些都为开展大学生榜样教育提供了全方位、大容量的丰富素材,使得榜样教育更具有吸引力和辐射力。高校教育者可以将选拔出来的榜样人物及其事迹上传至网络,配以富有感染力的新媒体形式,吸引大学生关注、浏览、学习,甚至可以将现实

榜样人物事迹做成网络游戏,借助于网络游戏趣味性强、互动性高的特点,能潜移默化地使大学生接受榜样教育内容,起到"润物细无声"的效果。

3. 交互性推进了教育的针对性

新媒体环境下,大学生作为思想政治教育对象,更具个性化、复杂化,榜样教育要取得良好效果,必须遵守"尊重差异"、"发展个性"原则,提高教育的针对性。为实现这个目的,必须充分了解大学生的思想动态、价值观念和行为方式。在新媒体环境下,网络交互性的特点为教育者把握大学生的心理动态提供了良好的平台。网络信息的传播多是在彼此的互动过程中进行的,一方面,教师通过网络的交往,可以及时了解大学生对榜样人物、榜样精神的需求,从而有针对性地开展榜样教育。比如,通过网络论坛、微博、博客和QQ群等多种方式,让学生自由讨论,针对不同价值需求,选择培育不同的榜样目标,对榜样进行分层分类,利用大学生身边的资源和校本优势等,树立可亲可学的榜样形象;另一方面,学生也可以主动通过网络将自己与榜样的差距、在践行榜样教育中面临的现实问题及时上传,教师可根据学生的提问,提出富有个性的参考方案,保证教育实践的个性化,也能确保榜样教育效果的最佳化。

4. 开放性确保了教育题材的全球化

网络是开放的,开放的网络必将改变榜样教育的时空,使受教育的人数、时间、地点和范围不再受到限制。新媒体环境下榜样选拔不拘职业、不分民族、不限国籍,向榜样模仿与学习也不受时空的限制,教育者可以将榜样教育的内容从一国引入另一国,实现资源共享,一改以往榜样人选单一、榜样事迹单调、榜样学习呆板等状态,开发榜样教育的网络模式。也可综合多方力量,创立"网络榜样教育库",让各层次、不同价值取向、不同目标追求的学生都能通过网络有选择地选取自己的偶像与榜样,自由、自主、自觉地接受榜样教育,从而确保榜样教育内容的全球化和可选性。

三、新媒体环境下开展高校榜样教育面临的挑战

据中国互联网络信息中心2012年7月23日发布的《第30次中国互联网络发展状况统计报告》,目前中国网民共计5.38亿人,其中学生网民的比例达到网民总数的28.6%,远远高于其他群体。[3]网络技术的高速发展,犹如一把双刃剑,既为大学生榜样教育的开展提供了平台和传播途径,同时也不可避免地对传统的大学生榜样教育提出了严峻挑战,主要表现为:

1. 网络信息的不可控性使得榜样教育趋于复杂化

新媒体的飞速发展与快速普及以及网络的广泛运用,改变了大学生接受教

育的传统方式,他们通过网络所获得的思想政治教育内容、价值理念可能与教师或家长灌输的不同,甚至有的信息与观点截然相反,这就给学校开展榜样教育带来了巨大的挑战,使得高校开展榜样教育趋于复杂化。据对大学生进行调查统计,新媒体对大学生的学习生活影响巨大,当前很少有大学生一天不使用新媒体、一天不上网,但网络上的内容良莠不齐,一些暴力、色情、恐怖等信息充斥其中,这些严重侵蚀着大学生这一群体的世界观、人生观和价值观,他们对于大学生榜样教育的开展是极其不利的。网络谣言或网络舆论也会妨碍对于榜样的宣传。网络谣言或网络舆论通过电子邮件、电子布告栏、博客、微博广泛而迅速地传播,具有很强的"杀伤力",诋毁榜样人物和恶搞榜样事迹的现象也屡见不鲜,这势必会影响大学生榜样教育的效果,使得榜样教育趋于复杂化。

2. "网络大咖"对大学生的负面影响给榜样教育提出了新的问题

新媒体既给大学生的现代生活带来了巨大便利,又给他们带来了极大困惑。首先,一些所谓的"网络大咖"会影响大学生的世界观和价值观,他们会错误地认为急功近利、一夜出名、没有底线、没有伦理、没有操守的成名是受追捧、是被认可与提倡的。其次,网络因其虚拟性,也使得一些"网络大咖"的非法言论、非法行为被滞后处理,也被意志不坚定、辨别是非能力不强的大学生所效仿和学习,造成无法挽回的损失。这些负面的影响都为大学生榜样教育带来新的问题,也为网络榜样教育提出新的挑战。

四、新媒体环境下开展高校榜样教育的途径

新媒体时代的到来,极大地拓宽了大学生获取信息的方式,他们每时每刻都在以各种方式接收着海量信息,一定程度上降低了学校、教师甚至官方信息的权威性,使得各种价值观念在大学生群体中有了比较和选择,这必然制约着高校榜样教育的有效开展。要解决这一问题,不能对网络进行回避或遏制,不能对学生采取批评与禁止,应该本着以人为本、科学规范、合理引导的原则,开展积极有效的榜样教育。

1. 占领网络舆论制高点,搭建宣传网络榜样平台

新媒体环境下,网络信息的特点决定了高校在开展榜样教育时必须高度重视网络舆论的导向作用,加强网络阵地建设,利用网络信息传播的特点积极弘扬各种榜样人物与榜样事迹。一方面要加强对网络信息的有效监控和引导。广泛采集与主流价值观相一致的榜样人物,占领网络宣传的主阵地。另一方面要对网络信息进行监控与管理,及时发现与消除网络垃圾与网络恶搞、恶俗现象,拿起法律法规利器,维护网络空间的纯洁性,促推网络榜样教育。

2. 建立网络榜样库,满足多层次需求

充分利用多媒体快捷、多样、资源丰富的优势,在全国甚至全球高校大学生中,从专业学习、人际交往、日常生活、兴趣特长、社会实践、就业创业等方面挑选出表现优秀的大学生榜样,建立榜样库,使每个大学生能各取所需,榜样也能各有所用。在构建针对性和多样性的榜样库时,高校可以充分挖掘大学生的学长资源,用大学生的优秀学长学姐作为榜样来教育大学生,可以获得事半功倍的效果。因为学长学姐与大学生的相似性更强,相同的专业和相似的成长环境,这样的学长学姐榜样更具有可学性和真实性,因此对大学生更具有吸引力和感召力。此外,学长学姐榜样的可操作性强,相较选树其他榜样人物的方式,更能为高校节省大量的教育成本。这些学长学姐榜样,可以是在校的,也可以是毕业多年取得卓越成就的校友,高校应充分利用多种途径和渠道,邀请这些榜样在学校里和大学生沟通交流,或是面对面地交流,和大学生分享自己的成长成才经历,激励学弟学妹珍惜大学时光,认真努力完善自我,实现自己的全面发展;或者充分运用多媒体手段,将榜样人物的事迹制成宣传片、纪录片等,客观地反映其精神品质,影响与教育、激励与唤起学弟学妹。

3. 实行线上学习、线下实践的榜样教育操作路径

在新媒体环境下,网络也是一种高效学习或宣传的手段,其目的在于唤起大学生自主选择学习榜样、效仿榜样行动的热情。因为榜样教育本身就具有很强的实践性特征,或者说榜样教育的最终落脚点是实践。榜样来源于实践,榜样精神要指导实践、服务于实践。因此,借助新媒体平台,榜样教育最终还是要回归于丰富多样的实践活动,于实践中调动大学生的积极性。如组织学生到榜样学习生活和工作的实际环境中去体验榜样人物的日常生活;组织学生寒暑假到社区、企业实践榜样立足本职、爱岗敬业、乐于奉献的平常与不平凡职业操守;组织学生在平时的学习生活中多参加一些青年志愿者活动以及结对帮扶、义务支教等能够塑造优秀品质的实践活动,创设大学生和他们身边的榜样同学习、同生活的环境,向身边的榜样学习,比赶超身边的榜样,于潜移默化中共同进步,从而实现榜样教育的最终目的。

参 考 文 献

[1] 黄勤锦. 略论大学生的专业品质培养[J]. 思想政治教育研究,2012(28).
[2] 关敏泓. 大学生榜样教育硕士论文湖北大学 http://epub.cnki.net/kns/brief/default_result.aspx.
[3] 中国互联网络信息中心. 第 30 次中国互联网络发展状况统计报告[OL]. http://www.cnnic.net.cn/hlwfzyj/hlwxzbg/hlwtjbg/201207/t20120723_32497.htm,2012－07－23.

实践教学

艺工融合院校思想政治理论课育人路径研究
——以北京服装学院为例

张红玲[1]　闫东[2]

([1] 北京服装学院党委宣传部,北京 100029;[2] 北京服装学院思想政治理论教学部,北京 100029)

摘　要：艺工融合院校大学生的思想认知有其自身特点,他们的认知方式、自我意识、价值取向、思想活跃性、思维方式等层面与其他大学生相比略有差异。因此,艺工融合院校思想政治理论课要更为有效地发挥思想政治教育的主渠道作用,必须结合学校实际与学生思想认知特点,注重思想政治理论课与人文教育的有机融合,提升思想政治理论课教学的实效性与吸引力,最终达到育人效果。

关键词：艺工融合；思想政治理论课；人文教育；育人路径

高校思想政治理论课是对大学生进行思想政治教育的主渠道,承担着对大学生进行思想政治教育的重要功能。大学生是社会文明的载体,起着传承社会文明和开拓创新的作用。对当代大学生的培养,不应只作为经济发展的需要,更应视为影响和推动社会进步的力量。因此大学教育不应局限于专业知识的习得,而应通过思政教育、人文教育提升学生的政治素质和人文修养,培养学生对社会优秀文化的自觉认同感,使学生发挥传承和创新社会文明与文化的作用。基于此,必须认真研究当代大学生的思想特点、思维习惯、认知方式和成长需求,同时立足于学校办学特色和学生专业特色,探索艺工融合院校大学生思想政治理论课育人新路径,以实现大学生思想政治教育的针对性和实效性。

一、艺工融合院校大学生思想认知特点分析

北京服装学院是全国唯一一所以服装命名,艺工为主,艺、工、经、管等多学科协调发展的全日制普通高校,目前在校大学生艺术类和非艺术类各占一半,且均为"90后",他们是在更为开放的信息网络时代成长起来的,在各种不同思想文化相互激荡的环境下,无论工科学生还是艺科学生都呈现出时代特征,同时彼此又略有差异。表现在:

作者简介：张红玲,北京服装学院党委宣传部部长。
　　　　　闫东,北京服装学院思想政治理论教学部副主任。

1. 对事物的认知方式较为直观,缺乏深层次的思考

我国正处在社会转型期,还存在着诸多矛盾。理论宣传和不尽如人意的社会现象之间的反差,使得无论工科学生还是艺科学生都呈现出一个共同特点,就是看待事物更加注重自身的体验和感受,不轻信、不盲从、不人云亦云,但同时艺科学生容易表面化、直观化、片面化,工科学生则习惯于一是一、二是二的惯性思维,对事物缺少灵活多样的分析,有时容易偏激甚至机械化。抵触正面的思想政治教育和理论宣传,缺少对政治的敏感与热情,不喜欢理论思维和理论学习,缺乏透过问题表象的更为深刻的思考。

2. 有较强的独立意识、自主意识,但自我约束能力较弱

这一点在艺科学生身上表现得尤为明显。目前在校大学生绝大多数是独生子女,步入大学校门之初,短期内一时难以适应新的环境、新的生活,思想上、学习上、生活上和自我管理上还未完全摆脱对老师和父母的依赖。但是相当一部分艺术类学生在进入大学之前已有住校或异地求学经历,加之专业的特殊性,与同龄学生和其他专业学生相比,其依赖性较少、独立性较强,个人发展愿望强烈,注重追求自我价值的实现。个性张扬,自主意识凸显,十分重视培养和表现自己的个性,不趋同,不愿重复别人,也不太看重别人对自己的评价和看法,喜欢标新立异,特立独行。

3. 个人本位价值取向较为突出,但又不乏传统美德的秉承

当代大学生在对具体事件的判断和行为方式的选择时,常常以个人得失作为依据,并体现出明显的自利化倾向,对学校的制度和管理时有反感,不愿被约束。日常对国家对社会关注度不够,只关注自己,注重个人价值的实现。但在关键时刻,尤其在涉及国家或集体利益的大是大非面前、在突发事件或重大公共事件面前,仍秉承了中华民族重视国家利益、发扬集体主义的优良传统,表现出强烈的爱国热情和社会责任感,诸如抗震救灾、扶危助难、舍己救人、志愿服务中不乏他们的身影。

4. 思想活跃,容易接受新事物,但易受到负面因素影响

在网络环境下成长起来的学生,学习能力很强,容易接受新事物,喜欢寻求刺激,追求新鲜感。思维活跃,经常求新求变,不安于现状。与工科学生相比,艺术类学生外出采风、专业实习、社会实践的机会相对较多,其与社会融合度较高,对社会的了解更深更广,比同龄学生更为成熟。但不论工科学生还是艺科学生,由于其世界观、人生观、价值观不稳定,对于是非良莠的辨别能力较弱,在思想观念、价值取向和行为方式等方面极易受到不良因素的影响。

5. 思维方式各有侧重、互有所长

人的思维方式受左右大脑的支配,一般而言,左脑发达则逻辑思维能力较

强,擅长推理、数据、证据的环环相扣;右脑发达则形象思维能力较强,具有丰富的想象力。北京服装学院学生工科学生和艺科学生各占一半,在思维方式上有明显的学科特征。工科学生多善于逻辑思维、推理和判断,但缺少丰富的想象力。当他们通过推理对某种事物产生认同后,会坚决支持、参与;但如果被否定,则会拒之于千里之外。而艺科学生明显善于形象思维,具有丰富的想象力,喜欢更直观、更形象地理解和表现客观世界。敢于尝试和创新,再造形象能力和表现力较强。但逻辑思维能力较弱,明显不长于对政治性、理论性比较强,内容稍显抽象,似乎与其专业毫不相干的课程的学习。

基于上述分析,如何顺势而为,以学生广为悦纳的方式实现大学生思想政治教育和人文素养提升的教育教学目标呢?北京服装学院思想政治理论课经过不断尝试,坚持立足学校艺工融合的办学特色和学生专业特色,逐渐摸索出一条思政教育和专业教育相融共生的思政课育人途径。

二、艺工融合院校思政课育人路径的基本思路与举措

现代文明的发展如同一把双刃剑,它在带给人们现代化生活的同时,也使人们在有意无意中忽略甚至遗弃了传统文化的传承。当今世界又是个多元文化并存的时代,中西文化的交融、碰撞构成了当今世界的文化主题。随着西方文化的不断涌入,中国大学生的思想意识也潜移默化地发生了一些变化,如崇洋媚外思想十分严重,对于中国传统文化知之甚少,不闻不问。中华文明上下五千年,源远流长,有着丰富的文化传统和文化底蕴,是中华民族几千年的文明结晶,因此,加强大学生的中国传统文化教育,不仅可以改善大学生在人文素质方面存在的种种不足,还可以提升大学生的人文素养,对培养既有知识和能力又有健康人格、既会做人又会做事的高素质人才具有重要的现实意义。也缘于此,北京服装学院思政课从人文教育的视角探索出一条独具特色的思想政治理论课育人路径。基本思路为:以思政课教学为基石,实现理论教学和实践教学的相辅相成、首都资源和学校特色的相得益彰、思政教育与专业教育的水乳交融、第一课堂和第二课堂的联动协同。以打造北京服装学院特色思政课教学模式为出发点,以提升学生思想政治素养和人文素养为归宿,促成学生理论、能力、素质三者协调发展。具体措施如下。

1. 课堂教学层面——开展基于学校专业特色的思政课因材施教

艺工融合是学校专业构成和学科发展的突出特点,服装设计等相关专业是我校的名片和亮点,因此我们以服装设计、艺术设计等专业为突破口,依据教学大纲重新梳理教学内容,挖掘相关理论与专业特色的契合点,形成适合北京服

装学院学生的思政课教学模式,以增强思想政治教育的针对性。具体而言:《马克思主义基本原理概论》课,从服装设计中的繁与简的关系、实用与审美的关系、传统与时尚的关系、民族与国际的关系等多个角度阐释马克思辩证唯物主义基本原理、基本概念(其实众多服装作品和设计元素都蕴含着诸如普遍联系、对立统一、质量互变等原理);《毛泽东思想和中国特色社会主义理论体系概论》课,则结合我国纺织服装业在新中国成立以来各个时期的发展状况与党和国家的路线方针政策之间的联系,帮助学生系统掌握中国化马克思主义的形成发展、主要内容和精神实质,不断增强道路自信、理论自信、制度自信,坚定中国特色社会主义的理想信念;《中国近现代史纲要》课,以中国服装服饰发展变迁的历史辅助课程教学,结合不同时期具有代表性的服装服饰来解读重大历史事件、重要人物、重要思想;《思想道德修养与法律基础》课,从服装艺术的思想性、民族性和国际性视角,对大学生进行理想信念教育、爱国主义教育等。

四门课程力争实现思想政治教育与专业教育内容的水乳交融,学生在思想政治理论课和专业教育相融合的独特的教学体验中达到对政治理论的理性认同。

2. 实践教学层面——利用首都地域优势,引领学生感悟中华文化的博大精深

北京服装学院地处首都,这种得天独厚的地域优势为开展独具特色的思政课实践教学提供了强有力的支撑。北京是世界闻名的历史古城和文化名城,有着丰富的博物馆资源,荟萃了中国灿烂的文化艺术,一座博物馆就是一部物化的发展史,是一个民族的发展史。几年来,思想政治理论课教学部在学校党委的高度重视和大力支持下,对实践教学进行了重新设计和统筹规划,即依托北京丰富的历史文化资源,为每一位大一学生购置一张博物馆通票,每门课程依据教学大纲和教学目标设定不同主题指导学生参观博物馆、纪念馆、文化馆、名人故居等。具体而言:

《思想道德修养与法律基础》——传承传统文化、创新民族文化,提升爱国情怀;《毛泽东思想和中国特色社会主义理论体系概论》——坚持中国道路,实现伟大梦想;《中国近现代史纲要》——做一个有历史情怀和人文关怀的大学生;《马克思主义基本原理概论》——艺术作品中的哲学思考。

为促使学生参观后能深度思考,每门课程根据学生的专业不同要求提交不同形式的实践教学作业,即艺术类学生须围绕上述课程主题以绘画、摄影、雕塑等艺术作品方式表达其体会和感悟,非艺术类学生则以文字报告的形式提交。对于以各种艺术作品方式表达的作业,将由思政课教师和专业课教师组成评审组,分别从作品主题思想和创作水平两个方面予以评价,并纳入期末总成绩。

3."思政课实践教学作品展"——课堂教学的延伸拓展

展览是一种独特的语言,这种语言不是声音和文字,而是以一种艺术的手法,传递作者的思想和感悟,使受众边品味边思考。因此,汇集学生的优秀艺术作品,举办符合时代主旋律、紧扣时代脉搏的展览,是课堂之外对学生很好的再教育方式之一。思想政治理论课教学部紧密联系时代主题与社会关注焦点,从实践教学作业中遴选优秀作品举办作品展,如在2014年举办了以"铭记·践行·圆梦"为主题、将思政教育、人文教育与学生专业特长有机融合的学生作品展。展出的作品生动形象地表达出学生对革命先烈的缅怀,对党、对祖国和对人民的热爱,传递着学生们的深度思考。展览的同时会选取优秀作品汇集成册,即《思政课实践教学艺术作品集》,固化教育成果。通过创作和观展,学生们进一步认识到历史和人民为什么选择了马克思主义、选择了中国共产党、选择了社会主义、选择了改革开放,坚定了信念,增强了学习动力。

4.举办校园大学生人文知识竞赛

竞赛重在考察参赛者的人文基础知识、文化素养和创新精神,竞赛不仅丰富了同学们的人文知识,更促进了同学之间的交流与合作,彰显大学生的社会参与感。为此,北京服装学院思想政治理论课教学部连续多年举办以"关乎人文、化成天下"为主题的大学生人文知识竞赛,该竞赛在提高大学生人文素质、提升大学生文化品位、培养大学生的文化自觉与创新精神方面发挥了重要作用。

人文知识是识道,人文精神是体道,了解人文知识的目的是培养人文气息。大学校园应融合课堂、阅读、参观、竞赛等多种渠道和多种方式,激励、引导学生学习人文知识、感受人文力量,把对人文知识的体验内化、升华为人文精神。

三、保障措施

目前,中央和各高校党委高度重视学生的思想政治工作,无论是制度建设、师资配备还是相关资源都予以高度关照,但从学校办学特色和学生专业角度实现大学生思想政治教育的目标,还需解决以下几个问题。

1.形成相应的工作体制机制

要完成这样的大学生思想政治教育目标,首先要形成"谁负责"与"怎么负责"的领导体制与运行机制。马克思主义学院或思想政治理论课教学部负责人,要重视思政课教学体系与内容的改革创新与完善,主动承担领导责任,负责建立以教研室主任或以具有较高研究能力、组织能力的教师为核心的教学改革创新团队。同时,要通过系部学术委员会,制定相应的监督评估与激励措施,支持教师积极开展将人文教育融入思政教育的教研科研,鼓励先进、鞭策落后。

2. 整合教师知识结构,建立特色教科研团队

思想政治理论课程是一门学科课程,但其实质是一门综合学科课程。宽泛的覆盖面对思政课教师的知识背景要求较高,单纯从知识结构来讲,思想政治理论课教师来自不同的专业领域,具有不同的教育背景,经过多年教学实践,大多数教师已经能够胜任思政课教学。但从学校办学特色和学生专业角度开展思政课教学,是一个全新的尝试,对教师的知识结构势必带来极大的挑战。这就要求思政课教师的知识体系在具有广博性的基础上要及时补充所需的其他专业知识,如服装发展史、服饰文化、服装造型、服装设计理论等,适当调整自己的知识结构,以满足教学的需要。

除了完善每一位教师的知识结构,还需要建立相应的教学、科研团队,集中优势力量,形成既有人文关怀又能反映学校特色的教学与科研成果,并把这些成果运用到教学之中。

3. 搭建教师共享特色资源平台

这种全新的教学尝试,既需要教师对知识结构做及时的调整,更需要特色素材的积累,因此,四门课程要准确把握学生专业与思政课教学的契合点,有针对性地撷取教学资料,如服装发展史料、服饰文化、服装设计、服饰搭配、艺术创造等方面的人物、事件、实物等典型图文材料,不断搜集、梳理,成为任课教师的共享资源和思政课因材施教的有效载体。

4. 实践教学经费的保障

经费保障将直接关系到特色思政课教学的探索和可持续发展,目前中央和高校在思政课建设上的经费投入较多,但在具体使用上有诸多限制,成为制约思政课特色教学探索的重要因素。因此学校应在思政课实践教学层面给予全面的经费保障,如购买博物馆通票、举办思政课实践教学作品展等。同时加强绩效考核,确保专款专用。

总之,艺工融合院校将思政课教学与学校专业特色进行结合,既扩充了知识,突出学校特色,又能极大地激发学生的学习兴趣,提升思政课教学的针对性和实效性,完成思政课的教育教学目标。同时也可将思政课教学提升到更高的水平,对其他高校特别是艺术类高校也有一定的借鉴意义。

思想政治理论课专题化教学应坚持两个原则

丛松日

(青岛大学思想政治理论教学部,山东 青岛 266071)

摘　要：思想政治理论课专题化教学,要坚持问题导向的原则,坚持马克思主义精髓的原则。思想政治理论课教材没有解决"针对性"问题,这个任务由思想政治理论课教师通过科学设置教学专题来完成。大学生关心的敏感问题、热点问题讲清楚了,马克思主义实事求是这个精髓讲清楚了,中国革命、建设、改革如何靠实事求是讲清楚了,思想政治理论课专题化教学就成功了。

关键词：思想政治理论课；专题化教学；问题意识；实事求是

真正树立思想政治理论课在高校意识形态领域的指导地位,培养中国特色社会主义事业接班人,必须充分发挥好课堂教学的主渠道作用。为此,从专题化教学方面谈两点思考。

一、坚持问题导向的原则,设置教学专题

提高思想政治理论课课堂教学质量,首先要确保教学内容有针对性,这样才有可能在结果上产生实效性。2015年3月,刘云山在同部分高校党委书记校长座谈时强调,要紧密联系党和国家事业发展的实际,充分考虑学生的接受习惯,"对准现实问题,着力解疑释惑,增强思想政治理论课的实际效果"①。现行的思想政治理论课教材尽管是马克思主义理论研究和建设工程重点教材,且不断修订,但是给人的感觉是为编教材而编教材,基本无视大学生关注、关心的热点、敏感问题,严重滞后于急剧发展的社会和意识形态工作的需要,造成教学内容与社会现实之间的巨大落差,既缺乏针对性,又缺乏实效性。

判断思想政治理论课教材是不是好教材,不能看教材是哪些知名专家编写的,也不能看是哪个知名出版社出版的；不能看教材是否有完整的结构体系,严

作者简介：丛松日,青岛大学思想政治理论教学部主任,教授,主要研究思想政治理论课教学、中国特色社会主义理论体系。

① 刘云山.认真落实责任,积极改进创新,切实做好高校党的建设和思想政治工作[N].人民日报,2015-03-29(2).

密的逻辑;也不能看是谁审定、批准的。关键要看教材是否回答清楚了大学生关心、关注的热点、敏感问题。从一定意义上讲,教材回答清楚了热点、敏感问题,思想政治理论课也就能够确保大学的社会主义方向,为马克思主义意识形态教育增添"正能量"。否则,教材空洞的理论讲得越多效果就会越相反,就是典型的形式主义。

习近平说,"要有强烈的问题意识",共产党人"从来都是为了解决中国的现实问题"①。思想政治理论课也必须抓住"问题"进行改革。各种反马克思主义、非马克思主义的热点、敏感问题,就是思政课需要回答的问题。他们的矛头都是直指"四项基本原则",核心是党的领导和社会主义制度。对这些非主流意识形态如果听之任之,不进行批判,不以正视听,久而久之,就会潜移默化、"三人成虎",非主流意识形态就变成主流意识形态了。

中国特色社会主义理论体系和习近平总书记系列重要讲话精神要很好地达到进教材、进课堂、进头脑的目的,首先要对热点问题、敏感问题不能回避,要理直气壮地去回答。教材是指挥棒,思政课教师只是在运用指挥棒。如果教材回避问题,教师自然也就会回避问题。把"教材编好"是"三进"的前提。第二才是"进课堂"的问题,在这个环节要给教师提出政治、法律、道德三条底线要求,教师在这里的作用是关键。第三进的"进头脑"是第一进和第二进的结果,前"两进"是手段,第三进是目的。前"两进"解决好了,结果才会好,"进头脑"才会得到理想的结果。思想政治理论课教材没有解决"针对性"问题,那么这个任务就不得不由思想政治理论课教师通过"问题导向",科学设置教学专题来承担和完成了。

大学本科生开设的思想政治理论课有《思想道德修养与法律基础》《中国近现代史纲要》《马克思主义基本原理概论》《毛泽东思想和中国特色社会主义理论体系概论》,可以分别改为《基础课专题》《纲要课专题》《原理课专题》《概论课专题》等。各门教材内容在课堂上不再以"章"、"节"出现,而是把现实中的热点、敏感问题梳理一下,分别放在四门课中以专题的形式进行解答,课堂上不是为讲"原理"而讲"原理","原理"只是用来解"疑"释"惑"的工具。大学生的"疑"和"惑"都解决了,一方面说明教学"专题"的设计是科学的、有"针对性"的,另一方面也说明思想政治理论课教学有"实效性"。更重要的是确保高校思想政治理论课功能的发挥,使大学生看到党和国家、民族的希望,坚定理想信念,愿意坚持共产党的领导,相信马克思主义,自觉地坚定不移地走中国特色社会主义道路。

---

① 十八大以来重要文献选编(上)[C].北京:中央文献出版社,2014:90.

二、坚持马克思主义精髓的原则,设置教学专题

1992年春,邓小平发表了著名的南方谈话,其中对学习马克思主义的重要论述,今天仍然是我们从事思想政治理论课专题化教学的重要指导原则。他说,第一,"学马列要精,要管用"第二,学马列要抓住精髓。他说,马克思主义的精髓是"实事求是"。他就相信"实事求是"。第三,要提倡实事求是,他常说他是"实事求是派"。过去我们打仗"靠实事求是",现在搞建设、搞改革也"靠实事求是"。①

胡锦涛在纪念十一届三中全会30周年大会上说,30年来我们创造性地探索和回答了什么是马克思主义、怎样对待马克思主义,什么是社会主义、怎样建设社会主义,建设什么样的党、怎样建设党,实现什么样的发展、怎样发展问题。习近平接过历史的接力棒继续探索和回答什么是中国梦、怎样实现中国梦问题。把思想政治理论课"上好",除了要正视、回答现实中的热点、敏感问题之外,还要按照邓小平的建议,课堂教学内容在"少"而"精"上下功夫,在如何"靠实事求是"上动脑筋,以"专题化教学"的形式,在四门思想政治理论课中,集中探索和回答胡锦涛、习近平提到的这"五个"问题。

例如,《马克思主义基本原理概论》(简称《原理》)教材包括马克思主义哲学、政治经济学和科学社会主义,几乎把马克思主义的三个主要组成部分都讲全了,但是课堂教学可不能这样,一定要贯彻"少"而"精"的原则。如果按照教材,只讲抽象的理论、概念,学生认认真真学完了,却不一定知道什么是实事求是、什么是马克思主义的精髓,回答不出什么是马克思主义、怎样对待马克思主义,不懂得人类社会发展规律,没有把马克思主义和社会主义、共产主义从规律的层面和高度来看待,反而把马克思主义疏远了,把社会主义、共产主义调侃了。马克思主义的精髓是实事求是,马克思主义的产生过程贯穿着实事求是,马克思主义就是规律。马克思主义的三个组成部分,本质上是从不同层次对人类社会发展规律的揭示。对《原理》课进行专题化教学,应该调整教材内容,以唯物史观为核心,用大学生容易接受的语言把马克思主义精髓讲清楚,把人类社会发展规律、社会主义建设规律讲清楚,把什么是马克思主义、怎样对待马克思主义讲清楚。

《中国近现代史纲要》(简称《纲要》)不能只是纵向式地讲解历史,不能为讲"史"而讲"史",也不能在纠缠史实、在讲故事中度过,应该从唯物史观出发,以史实为基础,回答、总结中国近现代史的发展规律。以专题化教学的形式,集

---

① 邓小平文选(第3卷)[M].北京:人民出版社,1993:382.

中回答历史和人民为什么选择马克思主义,选择共产党,选择社会主义,选择改革开放,讲清楚中国革命、建设和改革如何"靠实事求是"取得成功,即讲清楚中国近现代不同历史阶段与实事求是的关系,讲清楚中国人民"靠实事求是"选择马克思主义,选择共产党,找到中国革命正确道路;"靠实事求是"成功进行社会主义改造,选择社会主义;讲清楚违背实事求是,导致社会主义建设遭受曲折;"靠实事求是"选择改革开放并取得成功,走出一条中国特色社会主义道路。讲清楚选择马克思主义、选择共产党、选择社会主义、选择改革开放,本身就是遵循人类社会发展规律、社会主义建设规律、共产党执政规律;讲清楚实现中华民族伟大复兴的中国梦,必须坚持"四大选择"。《纲要》课这样来讲,就讲好了,就讲成功了。这样,才能坚定大学生对马克思主义的信仰,坚定大学生走中国特色社会主义道路,坚持党的领导的自觉性。

《毛泽东思想和中国特色社会主义理论概论》(简称《概论》),同样也不能以板块的形式,空洞地解读理论问题,同样要贯彻"少"而"精"的原则,要充分反映邓小平说的改革如何"靠实事求是"的问题。《概论》课专题化教学,要讲清楚改革开放、中国特色社会主义与实事求是的关系。重点从实事求是的角度讲清楚,改革开放30多年来我党是如何探索和回答为什么坚持中国特色社会主义理论体系就是坚持发展了的中国马克思主义;坚持和发展中国特色社会主义就是坚持和发展社会主义;党要始终做到"三个代表";实现中华民族伟大复兴的中国梦,必须走中国道路。让大学生明白,改革开放的成功,中国特色社会主义的活力,反映的是马克思主义的成功,是实事求是的成功,是遵循人类社会发展规律、社会主义建设规律、共产党执政规律的成功,从而增强大学生对中国特色社会主义共同理想的信心,自觉投身于坚持和发展中国特色社会主义的历史大潮中。

有人可能不同意上述观点,认为教材本身没有问题,思想政治理论课教师应该把"教材体系"转化为"教学体系",问题就解决了。笔者不赞成这样的观点!思想政治理论课教师由于层次千差万别,教学任务繁重,他们没能力、没精力、没时间把知名教授、专家编写的教材体系转化为教学体系,知名教授、专家应该直接拿出一个符合"教学体系"、"少而精"、"管用"的思想政治理论课教材给教师使用。

思想政治理论课教材,还要把回答大学生关注、关心的热点、敏感问题与邓小平说的"靠实事求是"的关系讲清楚,两者并不矛盾。讲清楚中国革命、建设、改革"靠实事求是"取得成功,是讲清楚现实中的热点、敏感问题的前提;而讲清楚现实中的热点、敏感问题则是对讲清楚中国革命、建设、改革"靠实事求是"取得成功的深化。把这两个方面的问题都讲清楚了,都解疑释惑了,这样的思想政治理论课教材才是好教材。

高校思想政治理论课实践教学模式探究

闫佼丽　王志刚　张　涛

(西安工程大学马克思主义学院，陕西 西安 710048)

摘　要： 实践教学是实现高校思想政治理论课育人目标的重要手段。目前存在着教学体系不规范，考评机制不科学，教学形式单一，参与人数有限，教师实践教学综合素质和积极性不高等问题。要从根本上提高思想政治理论课实效性，应首先廓清实践教学的内涵，在此基础上，实施课堂实践教学、校园实践教学和网络实践教学"三维式"实践教学模式，其运行机制包括成立实践教学领导机构，制定实践教学总体方案和实施细则，建立实践教学考评机制。"三维式"实践教学实现了理论与实践、课内与课外的有机融合，切实提高了思想政治理论课教学质量。

关键词： 思想政治理论课；实践教学模式；探索；实践

当前，随着现代政治、经济、文化的全球化，各种思想文化相互激荡，大学生面临着大量良莠不齐的文化思潮和价值观念的冲击。思想政治理论课作为大学生思想政治教育的主渠道和主阵地，责任重大。为切实提高思想政治理论课的实效性，各高校积极开展实践教学，并取得了一定的成效。但因资金、基地、师资力量及学生安全隐患等种种因素的制约，实践教学仍存在许多问题。西安工程大学作为省属地方本科院校，承担着为地方经济建设与社会发展培养各类专业人才的重任，从 2012 年起，开始探索思想政治理论课实践教学的新模式，经过四年的探索与实践，初步形成了"三维式"实践教学模式，并取得了较好的成效。本文试对此进行归纳总结，为完善实践教学提供借鉴。

一、存在问题

实践教学在提高思想政治理论课实效性方面发挥着不可替代的作用，各高校积极开展各种实践教学活动，但仍有一些问题制约着实践教学的实施。

基金项目：陕西省教育科学"十二五"规划 2014 年度立项课题(SGH140652)。
作者简介：闫佼丽，西安工程大学大学马克思主义学院副教授。
　　　　　王志刚，西安工程大学马克思主义学院院长、研究员。
　　　　　张涛，西安工程大学马克思主义学院副院长、副教授。

1. 缺乏规范的教学体系

实践教学作为独立形态的课程体系,应与理论教学一样,具有一套完整规范的教学体系。但很多高校的实践教学实际上处于"无学分、无管理、无考评"的三无状态,没有建立起系统完善的思想政治理论课实践教学体系。实践教学没有统一的教学大纲、教学计划、教学内容和教学方法,教师在进行实践教学时随意性很大,这严重影响了思想政治理论课实践教学目标的实现。

2. 缺乏科学的考评机制

科学的考评机制是保证实践教学持续有效进行的重要保证。目前,一些高校对实践教学的评价标准过于单一,往往只注重对学生结果评价,仅仅根据学生的实践报告、心得体会等文字性的成果进行评价,而学生在实践活动过程中所表现出的积极性、主动性、团队协作精神和创新性思维则被忽视了,而这恰恰是实践教学所要达成的培养目标。对教师的考评,主要是看教师是否开展了实践教学,至于对学生的实践活动指导作用是否及时、有效,考评是否客观、公正,实践教学的效果是否达标则没有具体的要求。

3. 实践教学形式单一,参与人数有限

目前,思想政治理论课的实践教学形式单一,部分高校甚至将实践教学等同于专业课程的社会实践,仅仅采用"走出去"的模式,实践过程缺乏教师指导,实践活动的内容与思想政治理论课内容结合得不够紧密。另一方面,各高校由于连续多年的扩招,教师数量相对不足,在校外实践教学中,很多高校均采用了以点带面的方式,择优选择部分学生干部参与社会实践活动,而大部分的学生则是分散各自活动,最后仅仅交一篇实践报告就完成任务,这样的实践教学效果难以得到保证。

4. 教师实践教学的综合素质和积极性有待提高

思想政治理论课实践教学对教师的素质要求较高,除了具备过硬的政治素质和扎实的理论功底外,还必须具备策划、组织、协调和实际的操作能力。现在的许多思政课教师多是从高校毕业到高校任教,缺乏实践锻炼环节,自身实践操作能力欠缺。与此同时,思政课教师面临着教学、科研双重任务的压力,学校对教师的考评多侧重于科研。教师组织一次实践教学活动不仅耗时、耗力,还承担一定的安全风险,最终实践教学的组织和实施效果既没有任何绩效的奖励,也不与教师的职称评审、岗位考评相联系,这直接导致思政课教师在实践教学方面投入精力有限、积极性不高。

二、廓清概念

目前,学界对思想政治理论课实践教学概念的界定并不统一,主要有两种观点。一种观点认为,实践教学等同于社会实践活动。① 这种观点对实践教学的概念界定过于狭窄,使得课堂内的、校园内的实践教学活动均被排除在外,大大制约了实践教学活动的广度和深度。广义的实践教学是指"除了进行理论教学之外的所有与实践相关的教学方式,它既可以体现在思想政治理论课的课堂中,也可以更多地体现在思想政治理论课的课堂教学之外"②。

实践的观点是马克思主义最基本的观点。所谓实践,马克思主义哲学认为,即人类有目的地进行能动的改造和探索现实世界的一切社会性的客观物质活动。因此,实践既包括生产实践、社会关系实践,也包括精神文化创造实践等多种形式。实践教学(又称"实践性"教学)是对理论教学的验证、补充和拓展,是一种基于实践的教育理念和教学活动。本文认为思想政治理论课实践教学就是为了达到思想政治理论课的教学目的,在教师的指导下,以学生为主体,依据教学计划,采用实际操作、获得知识、分析并解决问题、锻炼能力为主要内容的教学方式。即"在课堂理论教学之外,与课程本身相联系,由教师主导的一切教学活动"③。由此可知,思想政治理论课实践教学必须具备三个条件:第一,是课堂理论教学之外的教学活动;第二,由思想政治理论课教师主导的,以学生为主体的教学活动;第三,实践教学活动必须与思想政治理论课程内容有关联。因此,实践教学不仅仅指"走出去,请进来"的社会实践,还应包括课堂实践、校园实践在内的,一切有助于学生了解国情和社会,有助于学生运用理论知识分析现实问题的教学活动。

三、探索与实践

西安工程大学根据地方省属工科大学的实际情况,以培养学生形成正确的世界观、人生观和价值观,提高其分析问题、解决问题的能力为目标,紧密结合思想政治理论课课程内容,形成了"三维式"实践教学模式。

1. "三维式"实践教学模式的内涵

"三维式"实践教学模式,就是以马克思主义学院为主导,依托各教研室,以学生为中心,充分利用本校的特色教育资源,实现课堂实践教学、校园实践教学和网络实践教学三维并重的实践教学模式。

---

① 黄焕初. 高校思想政治理论课实践教学环节的界定[J]. 江南大学学报:人文社会科学版,2005(4):99.

② 张国镛. 思想政治理论课实践教学的基本含义和基本方式[J]. 江南大学学报:人文社会科学版,2004(6):75.

③ 阎占定. 对高校思想政治理论课实践教学中相关问题的探讨[J]. 湖北社会科学,2008(11):179.

（1）课堂实践教学。主要是利用课堂教学空间，以教师为主导，充分发挥学生的主体地位，引导并发挥学生的主动性、积极性开展实践教学活动。主要有课堂演讲、课堂讨论、学生模拟课堂讲课、案例分析、优秀视频资料赏析等模式。自实施以来，学生积极踊跃参加，现已积累了三千余份学生课堂实践材料，包括学生课堂演讲制作的 PPT、课堂讨论稿、学生模拟讲课稿及优秀视频资料赏析心得体会等。

（2）校园实践教学。是指在充分利用学校教学资源的基础上，根据需要配以模拟社会资源，以指导学生培养良好的政治思想道德素质，提高其实践创新能力为目的的实践教学。主要包括专题讲座、征文活动、马克思主义理论研讨会、才艺展示等模式。目前已进行了二十多场专题讲座，收到全校学生的征文三百余篇，举办了多次才艺展示和演讲大赛。

（3）网络实践教学。主要由马克思主义学院服务模块和师生互动模块组成。马克思主义学院服务模块是网络实践教学的资源库，网站设置了学院概况、教师简介、学科建设、教学工作、时事热点等栏目。学生可以通过该网站中的文摘、时事热点进行学习，如《读大学究竟读什么？》《理论自信与马克思主义中国化》《高校思想政治理论课贯彻党的十八大精神教学建议》等为学生提供了丰富的学习资料。师生互动模块主要包括师生互动的 QQ 群、网上课程论坛，由教师定期发布学术文章和时事热点文章，学生自由点击进入网站，阅读内容，提出问题，或发表看法。教师轮流值网，回答学生提问，引导学生思考，把握论坛导向。网络实践教学拓宽了思想政治理论课程的空间和时间，实现了网上和网下思想政治教育的有效衔接和有机融合。

2. "三维式"实践教学模式的运行机制

（1）成立实践教学领导机构。实践教学涉及的范围广、难度大，仅仅依靠思政课教师难以完成实践教学任务。为此学校成立了以马克思主义学院牵头，校主管领导和各职能部门（包括教务处、学生处、团委、宣传处）共同组成的实践教学领导小组。领导小组对实践教学工作予以统一安排，规划并统筹实践教学的经费筹集、计划制定、组织实施、结果考评等，定期召开研讨会，了解实践教学中出现的问题，并及时予以解决。

（2）制定实践教学总体方案和实施细则。学校根据教育部05方案，于2012年起制定并实施了《西安工程大学实践教学活动总方案》，将一切有目的、有计划地促进学生思想政治素质、专业技能和人文精神素质提高的实践教学活动，纳入学校的教学管理体系。明确各职能部门、学院办公室和各教研室在实践教学中的职责。同时依托各教研室，根据每门课程的特点，确定并统一各课程实践教学的具体内容、方式、方法，确保"三维式"实践教学高效、可持续地实施。如"中国近现代史纲要"课程依据纺织院校的特点,要求学生结合近代中国纺织行业发展变迁的历史,对近代纺织行业的重要人物或重要事件进行点评演讲,"李大钊和胡适关于'问题与主义'之争之我见"的课堂讨论;"思想道德修养与法律基础"课程开展"社会主义市场经济条件下,是否需要理想"的辩论赛等课堂实践教学模式。

(3)建立实践教学考评机制。实践教学的考评体系是对实践教学效果进行价值判断的体系,科学、合理的考评机制,是实现实践教学持续有效进行的重要保证。要求各教研室的教师在开学第一节课,就向学生讲明思想政治理论课的成绩由理论课考试成绩与实践活动成绩组成。理论课成绩主要是期末的开卷或闭卷考试,实践活动成绩则是依据学生在课堂、校园及网络实践活动中的具体表现予以综合评定。具体实践教学的考核评价遵循量化考核与模糊考核相结合,过程评价与结果评价相结合的原则。一方面,注重对学生实践活动结束时提供的 PPT、演讲稿、征文、讨论发言稿等文字性材料的检查;另一方面,还要对学生在实践过程中表现出的思想品质、协作精神、创新能力、质疑性思维等做出综合性评价,保证考评结果的客观性、公正性。

四、取得成效

"三维式"实践教学经过四年多的实践,取得了显著的成效。

1. 课堂教学效果明显增强

通过实践教学活动,调动了学生参与教学的积极性,学生成为教学活动的主角,极大提高了学生对思想政治理论知识学习的兴趣。从校教务处教学质量科获得的数据显示,自 2012 年学院实施"三维式"实践教学以来,学生到课率在 95% 以上,思政课教师在学生网上评教中,95% 的教师平均分值在 90 分以上。学生普遍认为思想政治理论课教学方法灵活,课堂内容新颖,学有所得。正如 2013 级纺织学院的一位学生说的:"实践活动不仅锻炼了我发现问题、解决问题的能力,更激起了我对课本理论知识探索的兴趣,原来理论知识离我的生活并不遥远。"

2. 学生政治觉悟和综合素质不断提高

思想政治理论课"三维式"实践教学模式的开展,极大地提高了学生的政治觉悟。近几年,学生提交入党申请的比例高达 70%,学生党员的比例已达 10%。学生的综合素质也有了全面的提高,一大批学生获得各种高级别的国家和纺织行业奖学金,涌现了一大批省级以上的三好学生、优秀干部和优秀毕业生;学校的学习风气日益浓厚,考试违纪和作弊现象逐年减少;学生还利用 QQ

群和课程论坛,在全校倡议发起了"光盘行动"和"文明从我做起行动",目前,学生的饭菜浪费现象、学习和生活垃圾随便丢弃现象基本杜绝;学生实践能力得到提高,大批到纺织行业工作的毕业生,得到了用人单位的充分肯定。从校招生就业处得到的数据显示,用人单位对学校毕业生的满意度达95%。

3. 校园文化活动异彩纷呈

思想政治理论课"三维式"实践教学模式的开展,极大地丰富了校园文化生活。四年来,学校先后邀请中美关系问题专家陶文钊教授、西安交通大学王宏波教授、西北大学李刚教授、中国教育科学院吴景松副研究员、本校姚穆院士等多位专家、学者作了二十多场专题讲座,就国际、国内形势,大学生理想信念,就业前景等学生关注的焦点、热点问题进行深刻解读。专题讲座不仅激发了学生积极的理论思考,同时也赋予学生更为宽广的理论视野。同时,结合本校的专业特色,在各学院的配合下,开展了四次学生摄影作品展、书法作品展、服装设计秀,参与学生多达二百多人次。思想政治教育教研室联合校学生会、团委以"我的大学我做主"、"当人生遇到困难时"等为主题,举行了个人演讲比赛。马克思主义理论研讨会在马克思主义基本原理教研室和校教务处、宣传处的配合下,成功组织了两次"我学马列"的论坛活动,收到全校五百余篇征文,极大地激发了学生学习理论、钻研理论的热情。思想政治理论课实践教学丰富了学校的校园文化生活,深受广大学生的喜爱。

4. 教师实践教学综合素质和积极性明显提高

"三维式"实践教学模式的实施,极大地锻炼了思想政治理论课教师的实践教学能力,教师的实践操作能力和教学积极性有了明显提高。近几年,马克思主义学院教师积极申请有关实践教学的教改项目,现有两项校级实践教学改革课题获得立项,发表相关论文20余篇,其中4篇在全国中文核心期刊发表。有一位教师获得"陕西省教学能手"称号,两位教师获得"西安工程大学教学能手"称号,五位教师获得"学生心目中的好老师"荣誉称号。

学科建设视域下思想政治理论课话语体系的构建

朱霁

(湖南工程学院思想政治理论课教学部,湖南 湘潭 411104)

摘　要:思想政治理论课话语体系的构建,既关系到马克思主义理论学科的建设,又关系到思想政治理论课教学实效性的提升。思想政治理论课话语体系的构建,要注意话语体系的政治性、学术性、实践性、艺术性和时代性。

关键词:学科建设;思想政治理论课话语体系;构建

处于同一门课程规范中的人们,总是有着共同的话语体系,它隐匿在人们意识之中,以悄然的方式左右着人们的言语和思想行为,思想政治理论课也不例外。相对于思想政治理论课应承担的责任和使命而言,它的话语体系还有诸多方面亟须加强。

一、思政课话语体系的内涵

话语(discourse)最早是米歇尔·福柯在《话语的次序》中提出的一个概念,是福柯哲学方法中的核心概念。福柯并未对话语下明确的定义,一般认为,话语是一种言说或表达方式,是特定社会语境中人与人之间从事沟通的具体言语行为。具有相同规范认识(或范式)的言说方式和表达方式就构成了话语体系。话语体系是思想理论体系和知识体系的外在表达形式。

思想政治理论课话语体系是指高校教师运用马克思主义立场、观点和方法,为实现一定的教育目标和教学任务,遵循一定的语言规范、规则和规律,思想政治教育活动过程的主体和客体在特定的话语语境里,用来交往、宣传、灌输、说服,以及描述、解释、评价、建构思想政治教育内容和主体间思想观念、价值取向和行为表征的言语符号系统。①置身于同一课程群体的成员,采用同一规范所决定的话语体系进行思考、表达和交流是必须和必要的,所以思想政治理论课是否具有一套相对完整的话语体系,是检验一门课程是否成熟的标志。

作者简介:女,汉族,湖南工程学院思想政治理论课教学部副教授,研究方向为中国特色社会主义。
① 邱仁富. 思想政治教育话语论[M]. 上海:上海交通大学出版社,2013:28.

思想政治理论课话语体系的构建,既关系到马克思主义理论学科的建设,又关系到思想政治理论课教学实效性的提升,是一个值得探讨的话题。

二、构建思想政治理论课话语体系是学科建设的重要部分

在中央实施马克思主义理论研究和建设工程的大背景下,2005 年,马克思主义理论被增设为一级学科(〔2005〕64 号文件)。马克思主义理论成为一级学科,可以让人们从整体上更全面更深刻地研究、理解和把握马克思主义的精神实质和基本原理,以改善原先只注重从不同学科门类出发去认识马克思主义,而在一定程度上对马克思主义的整体性认识有所割裂的情况。

为高校思想政治理论课提供学科支撑和为高校思想政治理论课教师队伍提供学科平台是设立马克思主义理论学科的两个直接原因(国务院学位委员会 17 号文件)。在这种新形势下,思想政治理论课教师要承担起建设和发展马克思主义理论学科的任务,以马克思主义理论学科支撑思想政治理论课教学,明确学科建设与课程建设之间的良性互动关系。

马克思主义理论学科和思想政治教育并不互相等同,两者有一定的独立性,但又有着交互性。马克思主义理论学科对思想政治教育理论课提供支撑作用和学理基础。2005 年 3 月,中共中央宣传部、教育部发布的《关于进一步加强和改进高等学校思想政治理论课的意见的实施方案》(以下简称"05 方案")的实施,和 2008 年进一步对马克思主义理论二级学科的完善[①]以及新教材的使用,使得《马克思主义基本原理》《毛泽东思想和中国特色社会主义理论体系概论》《中国近现代史纲要》《思想道德修养与法律基础》等课程都有了相对应的学科研究方向。所以,思想政治理论课教师应对应自己相应的学科研究方向,构建思想政治理论课教学话语体系,对提高课程教学实效、扩大学科发展空间起到基础性作用,在传播、转换、认同马克思主义方面也发挥着极为重要的作用。因此,思政课建设必须提到学科建设的高度,构建思想政治理论课话语体系是马克思主义理论学科建设的重要部分。

三、思想政治理论课话语体系存在的问题

1. 学术气息不足

2005 方案对本科生必修的思想政治理论课做出重大调整,这对完成思政

---

① 2008 年 4 月,国务院学位委员会、教育部决定在 2005 年马克思主义理论一级学科下设 5 个二级学科的基础上增设一个二级学科"中国近现代史基本问题研究"。

治理论课话语从政治化的角色中剥离出来,改变其依附于政治话语工具地位的现状以及为教学话语体系向科学话语、规范话语方向发展提供了良好契机。①

马克思在《〈黑格尔法哲学批判〉导言》中说过:"理论只要说服人,就能掌握群众;而理论只要彻底,就能说服人。所谓彻底,就是抓住事物的根本。"②思想政治理论课教师只有具备了较高的马克思主义理论素养,才能运用马克思主义这一批判的武器来分析现实矛盾,才能彻底说清当代中国社会进步的根本,才能说服学生认同马克思主义,认同社会主义道路,进而为学生解答困惑。但在现行思想政治理论课的教学中,由于部分教学资料或教师的表达有的宣传语气或文件话语味太浓,有的表达太随意,缺乏逻辑性、严谨性,出现话语和内容脱节,结论与论证之间缺乏逻辑力量和说服力。教师传递给学生的政治结论一定要表现为是理论经过严密推导的结果,有体系化的学术建构作为支撑,否则,会出现论证不够严谨、说服力不够强的现象,从而影响学生对马克思主义理论的认同。③

2. 关照现实不够

思想政治理论课应聚焦现实、聚焦民生,只有贴近国情、民情,回应当代中国现实问题,以理服人、以情感人,才能做好"解疑释惑"的工作。现有思想政治理论课话语体系联系实际不够紧密,有些教师只从学术的角度阐释理论,不能运用马克思主义这一批判的武器来分析现实矛盾,诠释当代中国社会进步的根本,诠释鲜活的社会现实,导致部分思想政治理论课未达到为大学生分析社会矛盾和反思思想困惑提供科学的理论思维和正确的价值导向的目的。

3. 缺少话语主导权

思想政治理论课的教学话语体系参与思想政治理论课知识的构建,不仅关系到马克思主义这一学科的建设,而且关系到党和国家指导思想实际贯彻的深度、广度、效度等一系列问题。思想政治理论课还缺少话语的自主能力、独立意识以及理论自卫能力和积极有效的传播意识。话语权缺失在一定程度上影响了马克思主义信仰的建立以及思想政治理论课的吸引力和凝聚力,也严重地影响了大学生对思想政治理论课以及中国特色社会主义理论、社会主义核心价值观的认同。用中国理论和中国学术话语关切解读中国的发展实践,不断概括、发展理论联系实际的、科学的新概念、新范畴、新体系,建构具有中国特色、中国风格、中国气派的思想政治理论课教学话语体系,已经成为马克思主义理论学

---

① 狄成杰,朱宗姣.思想政治理论课话语体系发展与创新研究[J].宿州学院学报,2012(8).
② 马克思恩格斯选集(第1卷)[M].北京:人民出版社,1995:9.
③ 马克思恩格斯选集(第1卷)[M].北京:人民出版社,1995:9.

科建设面临的重大而紧迫的时代课题。①

四、思想政治理论课话语体系的构建

1. 注意话语体系的政治性

思想政治理论课主要是马克思主义理论和社会主义意识形态教育,所以它首先要体现政治性和国家意识形态性。思想政治理论课是为国家培养社会主义事业的接班人服务的,中国特色社会主义道路是马克思主义学科赖以存在和发展的基本土壤和意识形态环境。所以,构建思想政治课教学话语体系,就应当关注中国特色社会主义的话语思维,从而使思想政治教育由抽象的理论走向大学生的生活世界,由主导价值观的灌输与传播转化为大学生对中国特色社会主义思想文化产品的自觉追求。②

2. 注意话语体系的学术性

如果思想政治理论课话语体系过分注重政治性而淡化思想政治理论课的学科性和科学性,那么思想政治理论课的话语权将受到极大的制约。所以要求思想政治理论课教师不仅要有坚定的马克思主义信仰,还必须要有马克思主义理论的学术追求、学术自觉和学术修养。只有具备扎实的马克思主义理论功底和宽厚的相关专业基础知识,用精准的学术概念把高校思想政治理论课讲出学术气息、学术自信来,才能成为受学生欢迎、教学效果好的高校思想政治理论课教师。

3. 注意话语体系的实践性

位于伦敦海格特的马克思的公墓上刻着一句话:"哲学家们只是解释世界,可问题是改变世界。"③这句话一针见血地道出了马克思哲学和其他哲学的区别,即它的实践性。马克思主义指出:"问题是时代的格言,是表现时代自己内心状态的最实际的呼声。"④思想政治理论课是讲授马克思主义的基本原理以及马克思主义中国化的具体成果的,而中国特色社会主义理论体系是马克思主义中国化的最新成果,自然继承了马克思主义哲学的最明显特征。习近平曾经强调:"在当代中国,坚持中国特色社会主义理论体系,就是真正坚持马克思主义。"⑤所以,注重社会实践是思想政治教育的基本职能。

---

① 叶红云.马克思主义理论的学科自信与马克思主义话语权思想教育研究[J].2013(3).
② 张玉瑜.马克思主义时代化与高校思想政治理论课话语体系的构建[J].思想教育研究,2014(8).
③ 马克思恩格斯文集(第1卷).人民出版社,1995:56.
④ 马克思恩格斯全集(第1卷)[M].北京:人民出版社,1995:203.
⑤ 习近平在十八届中共中央政治局第一次集体学习时的讲话[EB/DL].

注重社会实践要求思想政治理论课教师必须正视理论热点和难点问题,敢于聚焦火热的社会生活和人们关心的现实问题,积极阐释中国特色社会主义事业攻坚克难中的重大理论问题和现实问题。因此,找到理论和现实的结合点,直面现实诸多问题,科学回答中国特色社会主义经济建设、政治建设、文化建设、社会建设、生态文明建设以及党的建设中提出的重大课题,是提升高校思想政治理论课话语权的重要途径。① 如当前多样化社会思潮在高校流行,对马克思主义话语权产生强烈的冲击,思想政治理论课教师就不能回避,在课堂教学中应主动对各种社会思潮进行评析、批驳和学术批判,通过深层次的理论分析以及与当前社会实际相结合,使学生认清各种社会思潮的现象、本质,注重培养学生运用马克思主义原理分析社会思潮的能力,增强课程教学的实效性。

4. 注意话语体系的艺术性

思想政治理论课的理论一定程度上以枯燥、无味、呆板、严肃的面貌出现,不易让学生感到亲近,因此学生在心理上有一种排斥感。"言者谆谆,听者藐藐",一部分学生并没有理解、接受和内化教师所传达的内容,而且容易引起接受阻滞,形成思想政治教育的负向效应。这就要求就思想政治理论课教师改进思想政治理论课教学话语技巧,不能"照本宣科",也不能使用枯燥、乏味、程式化的文件话语,必须用生动活泼、通俗易懂的话语来阐述教材的基本原理和内容体系,解决思想政治理论课教学中理论抽象性与具象性的矛盾。德国哲学家哈贝马斯把"表达的可领会性"视作言语有效性原则之一。在遵循和领会理论本质的前提下,用大学生喜闻乐见的话语表达方式传播,比如说选用一些比较贴切的网络热词,这样容易为大学生们所认同和接受,才能增强思想政治理论课教学话语体系的价值引导力,成为引导人们尤其是广大青年树立正确的世界观、人生观和价值观的重要力量。

5. 注意话语体系的时代性

从马克思主义理论学科建设的视域出发,要求把中国特色社会主义理论体系的研究放在更加突出的位置,提升中国特色社会主义道路和制度探索的理论境界,要体现马克思主义当代发展的新概括和新提炼,要彰显马克思主义基本理论的时代内涵、时代精神和时代风格。

目前,建设中国特色社会主义是我们的主要目标,要体现政治性,就要体现当代中国特色社会主义的话语特征。

突出思想政治理论课教学话语体系的时代性,一方面可以主动设置紧密联

---

① 张玉瑜.马克思主义时代化与高校思想政治理论课话语体系的构建[J].思想教育研究,2014(8).

系当代中国与世界发展实际的议题,及时回应学生们关切的重大问题或热点、难点甚至敏感问题,增强思想政治理论课教学话语体系的时代感和现实感,增强感染力和影响力;另一方面要积极吸纳改革开放和经济建设中出现的各种新的话语资源。改革开放,特别是十八大以来,社会生活中出现了许多新的话语思想、话语方式和新的话语形态,如中国特色社会主义、中国梦、中国道路、四个全面、五个发展理念、四个自信等一些新的话语、概念。思想政治理论课话语体系可以积极汲取这些在建设和改革中所产生的理论成果的最新表达,不断创新话语体系,特别是及时把党的一些理论创新,如习近平"七一"讲话精神融入进去,增强思想政治理论课的时效性。

  思想政治理论课话语体系中的政治性和学术性、理论性和实践性都是既互相矛盾又互相协调、交互促进的关系,这其中最主要的是把握它的度。如在政治性与学术性之间应保持一种合理的、科学的、和谐的关系,不要把思想政治理论课变成那种简单的辩护论证型的理论宣传工作,要同时立足研究型和深度的学理发掘。只有具有学理深度的理论宣传,才是思想政治理论课话语体系原本的模样。

中国纺织职工思想政治工作研究会(院校学组)成立30周年纪念

"中国近现代史纲要"课专题教学模式的探索与实践

赖继年

(浙江理工大学马克思主义学院,浙江 杭州 310018)

摘 要: 专题教学能使"中国近现代史纲要"课更具针对性、实效性、科学性,极大地发挥思政教育功能;能使教师更好地实现教学目标。专题教学的重要步骤是设置专题,设置专题不能随心所欲,而要依据大纲的规定,以教材为原本,注重学术研究,遵循连贯性与完整性的原则。专题不是一成不变的,其遵循"变中求稳"的原则随着实际情况的变化而变化,在教学中综合使用多种启发式教学方式或模式,并和实践教学相结合,形成特色实践专题教学。

关键词: 中国近现代史纲要;专题教学;实践

"中国近现代史纲要"课程,是高校思想政治理论课程中一门重要课程,是每一位大学生的必修课。"纲要"课的教学内容多,教材分上、中、下三篇,共十章,全书29万字,主要教授1840年以来170多年的历史。然而,"纲要"课程的学时较少,只有32个学时(包括2个实践课学时)。显然,在"纲要"课教学中存在"内容多与学时少"的矛盾。专题教学法可缓解这一矛盾,所以将专题教学法运用到"纲要"课教学当中成了必要且重要的事情。所谓的专题教学法,就是打破传统的按照教材的章节体系依序授课的方式,根据大纲规定的基本要求和学生的实际情况,按照课程内容的内在思想和逻辑关系对教学内容进行提炼、整合,形成既先后连接又相对独立的系列专题,并围绕着专题确定教学方案,相对集中深入地进行的一种课堂教学方式。近年来,笔者将专题教学法运用到了"中国近现代史纲要"课程教学中,进行了有益的探索。

一、"纲要"课专题教学的必要性和意义

1. 实施专题教学能够使"纲要"课更具有针对性和实效性,更好地实现教学目标

"纲要"课程涉及的内容非常广泛,教学中教师往往四面出击,但不一定各个击破。或者说,是只照顾了面,而忽略了点。事实证明,这样做教学效果并不

作者简介:赖继年,浙江理工大学马克思主义学院副教授。

理想,教师教得很辛苦,学生学得也很泛泛,而且并没有解决实际问题,很难实现既定的教学目标。而实施专题教学则既可以体现教学基本要求的精神,同时又解放思想,与时俱进,可与其他学科的相关内容互相渗透,互取所需;也可与地方教材内容相互渗透,彰显地方特色;还可以结合"毛概"、"思修"等思想政治课中的相关问题、难点以及学生思想中的疑点与困惑,对内容进行科学合理设置和大胆求实剪裁。和以往照本宣科式的教学相比,专题教学更有针对性和实效性,能更好地实现"纲要"课程的教学目标。

2. 实施专题教学能够使"纲要"课更具科学性,更加符合教学规律

"纲要"内容包罗万象,涉及党史、党建、毛泽东思想、邓小平理论的形成与发展等问题,这些内容在"毛概"课程中也有体现。这就要求我们在具体教学中科学地处理"纲要"与"毛概"课中相同与相似的内容。如果按照原有的教学模式,就会对两门课程中重合的部分进行讲解,这样不仅会造成教育资源的浪费,也容易引起学生的反感,亦会给一线教师的教学带来极大的困难,而专题教学则可以很好地避免这种现象的发生。如前文所述,它是通过设立一个个相对独立的内容(这些内容是经过精心选择与编排的,避免了重复现象),深入探究某一个问题或某几个问题,引领学生从历史走向现代。所以说,专题教学的"问题"意识突出,通过精心设计"问题"来引导学生,一个专题的设立为解决某一或某几个问题提供了便利。这样做既体现了历史和逻辑的统一,同时也更具有开放性,无论在广度还是深度上都可有所拓展和挖掘。这就使"纲要"课更具科学性,更符合教学规律。

3. 实施专题教学可以更好地发挥"纲要"课程的思政教育功能

严格地说,"纲要"课不是历史课,而是思想政治课,其具有思想政治教育的功能。诚然,"纲要"教材的内容有思想政治教育的成分,教师依教材上课也能发挥"纲要"课的思想政治教育功能,但是成效甚微。与历史专业教材不一样,"纲要"课教材两到三年就修订一次,党和国家的最新政策、时政内容、新的研究成果、实际需要内容被补充到教材中,旧的观点和内容则被剔除。这充分体现了"纲要"课的时代性与思政性。但是在准备修订或修订教材时期,教师和学生使用的都是旧教材,接受的也是旧观点,这就未能紧跟时代的节奏,其思政性也相应减弱。专题教学则可以解决以上问题,体现了"纲要"课的时代性与思政性,并能更好地发挥政治教育的功能。在设置专题时,把过于繁琐的历史过程去粗取精,将党和国家的新政策、反映时代精神的内容、大学生所关心的问题等与教材进行有效融合。在此基础上,采用多种教学方式,有效地进行教学,帮助学生形成正确的价值观、人生观、世界观,使其坚定正确的政治方向,达到思政教育的目的。

二、"纲要"课专题设置要注意的几个问题

1. 设置专题要依据大纲的规定,以教材为原本

专题设置是对教材进行重新整合,这包括教材的本身,也包括其他相关教材的内容,亦包括教材之外的其他内容。专题的时空跨度较大,这与"纲要"课特点一致,但其在容量和内容方面与教材有所不同。这就意味着,专题的设置不能刻意迎合学生,随意而行,而要根据大纲的规定而行,不能脱离之;要以教材为原本,不能游离之。因此,设置专题要符合"纲要"课的教学目标和要求,即"主要是要认识近现代中国社会发展和革命、建设、改革的历史进程及内在的规律,了解国史、国情,深刻领会历史和人民怎样选择了马克思主义,选择了中国共产党,选择了社会主义道路,选择了改革开放"①,无论是设置专题还是展开教学都要围绕此目标和要求进行。除此之外,专题规定的重点、难点、基本观点要符合大纲和教材规定的重点、难点、基本观点,但可以灵活处理,不要一味迎合之。

2. 设置专题要遵循连贯性与完整性的原则

"纲要"课教材是连贯且完整的,专题也要连贯且完整,这既是专题教学的一般要求,也是专题设置必须遵循的原则。一般而言,一个专题就是一个大问题,这一大问题是对教材重新编排而生成的。因此,专题具有相对的独立性,但是不能以其独立性来抹杀其连贯性和完整性。通过前文可知,"纲要"课是从历史教育的角度出发承载思政教育的功能,而历史时间和内容都是连贯且完整的,所以专题也要体现时间和内容的连贯性和完整性,要确保各个专题在连贯、完整的理论体系之内。此外,还必须"正确处理专题与专题之间,及知识点、线、面之间的相互关系"②。如果破坏专题历史主题、时间、内容的连贯性和完整性,则"纲要"教学不能取得预期的效果,甚至不能完成教学目标。

3. 设置专题要注重学术研

专题教学与学术研究是相互促进的。设置专题是专题教学的重要一步,设置专题会促进相关的学术研究发展,而相关学术研究也会有利于专题的设置,甚至促进专题教学,二者紧密联系,所以设置专题要注重学术研究。在设置专题的过程中,"吃透"教材是第一步,这就须对教材的每一个问题都要深入了解,做到成竹在胸,而且在这一过程中会发现许多新问题。这些为相关问题研究提供了条件,也就是所谓的促进学术研究发展。而相关科研成果的出现,深化了

---

① 中国近现代史纲要(2013年修订版)[M].北京:高等教育出版社,2013:1.
② 范连生."中国近现代史纲要"专题教学探析[J].海峡教育研究,2013(1):67.

对专题中的问题认识,而且也可以将这些成果注入专题中,丰富专题的内容,加强专题的学术性,这就是所谓的科研促进专题设置。在这两个过程中,专题设置者也是学术研究者,具有双重身份,他们丰富了知识,提高了认识、分析、归纳、总结、科研等能力,使专题更具科学性,为专题教学打下坚实基础。

三、"纲要"课专题教学的实践

1. 合理地设置专题

笔者借鉴兄弟院校的做法,汲取了本学院教师的经验,结合本校本科大一学生历史知识掌握的状况,依据"两个了解"(了解国情、了解国史)和掌握"三个必然"(中国共产党的领导地位是历史必然;马克思主义的指导地位是历史必然;中国人民选择中国特色社会主义道路是历史必然)的教育要求,遵循专题设置原则,设置了七个专题。这些专题是:近代中国的半殖民地半封建社会;反侵略反压迫斗争与对国家出路的探索;马克思主义的传播及其与中国革命实际的结合;中国共产党领导新民主主义革命取得胜利的历程;从新民主主义社会到社会主义社会的过渡;社会主义建设曲折发展和建设有中国特色社会主义;浙江革命与社会建设。从中可以看出,专题是依据教学大纲的规定,以教材为原本进行设置的。除此之外,大学生所关心的问题、党史、地方史等也融进了专题中。

但是,专题也不是固化不变的,而是遵循"变中求稳"的原则随着实际情况的变化而变化,但变化幅度不大。这些实际变化的情况大致有这些:一是学生的数量和质量变化;二是学生关注的问题及其要求变化;三是教学硬件和软件的变化;四是专题教学教师的变化及学校要求;五是时代的变化;六是其他变化。在这一过程中,教师不但要对专题进行修订,对专题教学情况进行总结,还要对学生情况、时代内容、学术前沿等进行了解。

2. 合理地使用多种教学方式或模式

专题教学不仅仅是设置专题的教学,设置专题及讲解专题只是其中的重要步骤。在专题教学当中,应当使用多种教学方式或模式。互动式教学法是常用且有效的教学方式,笔者采用这种方法进行专题教学,调动了学生的积极性。笔者在教授"浙江革命与社会建设"这一专题时,会让学生讲自己家乡发生的革命,这种互动式的讲解激发了学生的学习热情,有效地将党史、地方史、红色文化等融进专题课堂教学。研讨式教学法也是有效的教学方法,它是一种在教师的引导下,以解决问题为中心,培养学生的自主与创新能力的教学方法。一般来讲,研讨式教学的对象需具备相应的人文学科方面的知识,因此该教学法最适合文科类学生。① 在教授"中国共产党领导新民主主义革命取得胜利的历程"这一专题的"中华民族的抗日战争"部分时,笔者设置了名为"为什么说中国共产党是中国人民抗日战争的中流砥柱"的研讨题目,要求学生围绕该题目在课前准备相关资料。在课堂上,教师讲解"正面抗战和敌后抗战的过程",然后组织学生围绕着"为什么说中国共产党是中国人民抗日战争的中流砥柱"这一问题进行分组讨论,在讨论的过程帮助学生解决疑难问题。经过讨论后,各个小组派代表上讲台讲解,没有上台的同学可以补充内容。在这一过程中,笔者给予适当的引导,并帮助学生解答了疑难问题。这种教学方法增加了学生的知识,提高了学生归纳、分析、演讲、辩论等方面的能力,启迪了学生的心智,优化了课堂教学。

此外,现代多媒体教学方式和"翻转课堂"教学模式也被运用到了专题教学当中。笔者制作多媒体课件,实现文字、数据、图形、图像、声音、动画等多种信息的交互传递,并通过一体化设计、交互式实现,将专题相关内容更为直观地呈现在学生面前,提高了课堂教学效率。"翻转课堂"是充分运用了多媒体教学方式的教学模式,笔者将其试用到专题教学当中(一个班级试用),取得了一定的成效。笔者在三个专题中设置了四个知识点,具体是:罪恶的军事侵略;洋务事业的兴办;封建帝制的覆灭;新文化运动与思想解放的潮流。笔者对四个知识点的内容进行了录播,配以选择题和问答题,并将这些制作好的视频和题目放到网站上。学生课前预习,可以看视频讲座、阅读功能增强的电子书,还能在网络上与别的同学讨论,能在任何时候去查阅需要的材料。笔者则采用讲授法和协作法来满足他们的需要,提高了教学效率。

3. 专题教学和实践教学相结合

专题课堂教学离不开实践教学,实践教学是"纲要"课专题教学的重要组成部分,可根据实际形成特色实践专题教学。无论是"纲要"教材还是笔者设置的专题都蕴含着丰富的红色文化,因此笔者通过实践专题教学(红色文化专题)来配合课堂专题教学。

近年来,笔者遵循思想政治理论课实践教学的既定目标,根据理论联系实际的教育理念,依照学科专业、优势特长、兴趣爱好等,和"纲要"教研部的教师共同设计出了红色文化实践教学主题。这些主题是:"领略中国共产党的伟大历史功绩"、"感悟红色精神"、"中国红色革命调研"、"我党榜样文化研究"、"抗日战争胜利纪念专题调查"。此外,笔者所在的教研部采取走出去与请进来相

---

① 渠长根. 马克思主义中国化、大众化语境下的红色文化研究[M]. 北京:中国工商出版社,2012:272.

结合的实践教学形式。其一,让学生走出去。学生通过多方调研,切身体会感悟红色精神以及新中国的辉煌成就。鼓励学生团队合作进行学习调研,形成读书报告、论文、调研报告等成果。其二,让教师走出去。积极组织教师参加省内外的思想政治理论培训学习,参加学术研讨会,参观考察革命历史纪念馆、红色文化遗迹及红色旅游地,到同行院校交流观摩,并积极引导学生参与实践全过程。其三,请进来。邀请省内外专家学者进校做报告、开讲座,加强对学生的红色文化教育。实践专题教学离不开教学基地。学院于 2014 年 12 月 11 日在龙泉市住龙镇建立思政课实践教学基地。学院师生通过考察红色文化遗址,参与村委会具体工作,走访产业基地等多种方式,围绕红色文化、社会治理、生态文明等主题进行深入调研,有效地将红色文化融入实践专题教学中。

高校思想政治理论课教学实效性提升路径探析

郭 松

(西安工程大学马克思主义学院,陕西 西安 710048)

摘 要:通过构建中国特色话语体系以增强思想政治理论课信服力,以实践教学为依托拓展教学空间,以学生为主体增强教学互动性,以现代媒介为支撑丰富教学手段等四个维度的分析,探讨高校思想政治理论课教学实效性提升的具体路径。

关键词:话语体系;实践教学;互动讨论;现代媒介

高等学校思想政治理论课是对大学生进行思想政治教育的主渠道、主阵地,承担着对大学生进行系统的马克思主义理论教育,帮助大学生确立正确政治方向,形成正确价值观的重要任务。在社会格局深刻调整,思想观念深刻变化,经济全球化,文化多样化、科技信息化相互交织的时代背景下,高等学校思想政治理论课教育教学面临新任务和新要求。《中共中央国务院关于进一步加强和改进大学生思想政治教育的意见》指出,要切实改进高等学校思想政治理论课教育教学的方式和方法。这就要求我们不仅要超越陈旧传统教学模式,积极开展具有探索性和开创性的课程设计与教学方法,而且要在构建话语体系、推动实践教学、搭建现代教学平台、丰富教学手段上不断创新。

一、以中国特色话语体系精讲基本理论,增强思想政治理论课信服力

马克思说:"理论只要说服人,就能掌握群众;理论只要彻底,就能说服人。"[①]构建中国特色话语体系,科学地阐释近现代中国社会发展和革命与建设发展的历史进程及其内在的规律性,马克思主义基本原理,中国特色社会主义道路、中国特色社会主义理论体系与中国特色社会主义制度"三位一体"的中国特色社会主义框架,以及习近平系列讲话精神等党的最新理论成果,是增强思

作者简介:郭松,男,西安工程大学马克思主义学院讲师。
① 马克思恩格斯选集(第1卷)[M].北京:人民出版社,1995:9.

想政治理论课信服力的必由之路。因此,应当在阐述基本理论上多下一些力气。① 用马克思主义的基本立场、基本观点和基本方法观察和分析中国特色社会主义道路建设中的问题,并直面目前社会的理论热点和难点问题,增强中国特色话语体系的时代特色,是提升思想政治理论课实效性的重要途径。传统的思想政治理论课话语已经不能完全适应时代的要求,甚至让学生感到厌烦,课程教学内容的创新一定要更加贴近大学生自身的生活世界,更好地反映社会现实,符合大学生的实际和价值追求。根据思想政治理论教学的目标,应该围绕说什么、怎么说、什么时候说,从话语内容、话语形式、话语表达方式、话语语境等多个方面努力改进,提升对学生的吸引力、针对性和实效性,推进课程的话语创新。②

以《毛泽东思想和中国特色社会主义理论体系概论》课程为例,该课程的主要教学任务是讲授中国共产党把马克思主义基本原理与中国实际相结合的历史进程,充分反映马克思主义中国化的重大理论成果,帮助学生系统掌握毛泽东思想、邓小平理论和"三个代表"重要思想、科学发展观及习近平总书记系列讲话精神的基本原理,坚定在党的领导下走中国特色社会主义道路的理想信念。理性权威主要来自于理性的说服力,而教学的效果与大学生的兴趣息息相关。因而,对于教材中的主要内容应当结合时代背景和大学生实际精讲、细讲,通过富有时代特色、易于为大学生接受的语言体系,精讲基本理论、基本方法,引导学生深刻理解贯穿于两大理论成果之中的精髓和灵魂,掌握体现在两大理论成果之中的马克思主义立场、观点和方法,树立正确的价值观。③

在课堂教学过程中,学生们在思想上可能碰到某些重点和难点问题,在生活中会遇到一些令其困惑的社会问题,教师要及时加以归纳和提炼,形成系列问题,在讨论中加以引导和解析,在实践教学过程中加以深化和拓展。学生只有真正掌握了马克思主义中国化的基本理论,才能在讨论和实践教学中加以运用,才能与社会实践相结合。如果对于基本理论认识不清,理解不准,课堂理论教学如果不能收到应有的效果,就很难与社会实践相结合参与讨论,在进行讨论和实践教学的过程中,就会出现盲目性和随意性。

---

① 李强,唐棣宣.教育部"概论"课教学指导委员会2013年工作会议综述[J].思想理论教育导刊,2014(1).
② 吴海江.论高校思想政治理论课话语体系的创新[J].思想理论教育,2014(1).
③ 陈占安.准确理解和把握"泽东思想和中国特色 社会主义理论体系概论"教材修订的重点内容[J].思想理论教育导刊.2014(3).

二、以实践教学为依托,拓展思想政治理论课教学空间

"大学生选择和确立理想信念,主要有两个渠道:一是实践感知;二是科学理论的灌输。"①对思想政治理论课而言,实践教学非常必要。它对丰富学生的理论知识、培养学生的实践能力、提高学生的综合素质都具有十分重要的意义。把课堂教学与实践教学加以对接、联动和互补,可以避免单纯枯燥的理论说教,以现实直观性而不是依靠所谓灌输的方法,使学生真正信服马克思主义基本原理与中国特色社会主义理论的科学性和实践价值。思想政治理论课是理论价值体系和实践价值体系相统一的综合体。把实践教学引入教学过程,并不意味着对理论教学或者课堂教学的削弱,相反是对理论教学的完善和优化,促成马克思主义理论教育从知识传授体系向实践价值与具体应用体系的转化。从更深层面讲,实践教学也是一种中间环节,能够使学生把书本里的知识从内向外再从外向内,转化为自己的聪明才智,也就是说,通过实践教学环节,可以提高学生运用马克思主义理论分析和解决实际问题的能力。实践教学具有很强感染力和说服力,对学生的思想有引导和推动作用,能够使学生树立正确的世界观、价值观和人生观,为社会主义现代化建设事业贡献力量。就此而言,实践教学具有课堂教学无法产生的功效。

在教学过程中,我们进行集中实践探索。一是组织全体学生假期返乡社会调查,这是一种最基本的、普及面最广的社会实践教学形式,其内容和目的主要是要求学生深入调查家乡的经济社会发展状况、民俗文化和教育等具体情况,使学生了解家乡、热爱家乡,为家乡的经济发展和社会进步献计献策。西交工程大学的学生来自于祖国各地,学生通过对各地经济社会发展状况的调查研究,可以寻访到鲜活的第一手资料。如通过对农村社会经济发展的调查,了解党的十一届三中全会以后,农村、农业和农民生活的巨大变化。在调查前要制定调查提纲和调查计划,克服调查研究中的随意性和盲目性。二是集体组织对先进单位和先进个人的参观访问,这是效果较好的一种实践教学方式。对先进单位和先进人物的参观访问,不局限在农村或城市,各行各业都是进行实践教学的可选地点。三是组织部分学生,赴延安等革命圣地,进行革命传统教育,缅怀老一辈无产阶级革命家的丰功伟绩,牢固树立为社会主义现代化建设而奋斗的信念。四是组织学生到国有企业、高新技术开发区、私营企业参观,认识高新技术在经济社会发展中的重要作用,理解社会主义市场经济的基本特点和发展

---

① 陈明凡.牢牢把握理想信念教育这条主线——"毛泽东思想和中国特色社会主义理论体系概论"课教学札记[J].思想理论教育导刊,2011(9).

规律,更直观了解国家"创新驱动发展"的发展战略。五是组织对历史遗址和文物古迹的参观游览,培养学生的爱国主义感情,激发学生为祖国的繁荣昌盛而发奋学习的精神。

实践教学的最大特点,就是社会实践者与社会生活之间的直接、紧密和深度接触。在实践教学活动中,学生对实践客体进行考察、调研,参与意识、问题意识得到了增强,同时,学生的主体意识和独立思考意识也得到强化。尤其是学生在实践活动中的直观感受十分强烈,丰富多彩的社会生活内容,极富直观性和感染力,他们身临其境,必然产生生动的、浓厚的现实感,弥补了课堂理论教学的不足,促进了课堂和社会的沟通,即理论和实践的结合,形成两个课堂的对接、交融和互动的机制。实践教学还有一个很重要的特点,就是其内容丰富多彩、不断变化、与时俱进。马克思主义理论是不断创新和发展的,社会实践本身也是不断变化和进步的。把社会实践丰富多彩的内容,引入马克思主义理论课的教学体系,不仅可以使学生直接感受到理论与现实的发展变化,而且能够使学生形成积极参与社会实践、思考并解决社会问题的意识。大学生在毕业以后走上社会,必然要面对现实社会实践中的各种问题,结合我们对中国特色社会主义政治、经济、文化、社会及生态的学习,再进一步接触社会、了解社会,学会解决这些社会问题的方法,这对大学生来说是非常重要的人生经历和宝贵的精神财富。

三、以学生为主体,增强思想政治理论课教学互动

《国家中长期教育改革和发展规划纲要(2010—2020年)》提出,到2020年教育改革发展的战略目标是"基本实现教育现代化"、"基本形成学习型社会"和"进入人力资源强国行列"。建设人力资源强国需要拔尖的杰出人才,给高校思政课建设提出了新要求,要求思政课创新教学方式方法。[①] 讨论和交流介于理论教学和实践教学之间,是这两种教学方式的有机协调和必要补充,对于提升大学生分析能力、表达能力和解决问题的能力,提升大学生综合素质具有十分重要的意义。在讨论与交流的基础上,教师应当引导学生对一些涉及理论前沿的问题,或改革实践中亟待解决的现实问题,进行专题研究,使教学的效果得以升华。在教学当中,我们对无领导小组讨论、主题发言、社会热点讨论等新的教学方法进行了尝试,并形成相关章节的新教学设计,取得了不错的效果。

一是采用无领导小组讨论式教学。无领导小组讨论是现在最常用的一种

---

① 李强,唐棣宣.教育部"概论"课教学指导委员会2013年工作会议综述[J].思想理论教育导刊,2014,(1).

测评方式,给每个考生指定一个彼此平等的角色,但不指定谁是领导,通过给一组学生(一般是5~7人)一个与课程内容相关的问题,让学生们进行一定时间的讨论,在讨论的基础上推举小组代表向老师和全班同学阐述讨论的结果,并现场回答同学们的质疑,最后由老师进行点评和引导。经过连续三年在不同专业、不同班级的试点,课程取得了不错的效果,学生讨论积极、踊跃、热烈、深入,提出许多新见解。这种教学方式能激发学生学习的兴趣,同时通过无领导小组讨论的方式,也锻炼了他们的组织协调能力、口头表达能力、辩论能力、说服能力、情绪稳定性、处理人际关系的技巧,对大学生就业能力的提升很有意义,拓展了思想政治理论课的教学实效。

二是每堂课前设置主题发言环节。让学生围绕课程的相关内容及当前社会的热点问题,在老师提供的目录中选题或自主设置题目,根据安排在每堂课前5分钟对选定的题目进行讲述,其他学生提问并参与讨论。教师在发言与答辩环节后进行点评、引导,通过介绍相关分析方法,提升大学生的分析能力,帮助大学生更好地认识社会,树立正确的价值观念。课堂主题发言,提升了思想政治理论课课堂学生的参与性,能更好地发挥学生的特长。学生自主提出问题,进行材料准备分析问题,针对分析结果提出解决问题的基本对策,对于培养学生的问题意识、问题分析能力、问题解决能力都有非常重要的意义。

三是社会热点问题讨论。由老师提前提出一社会热点问题,学生进行资料收集、整理、分析后,在课堂对这一问题从不同视角,运用多种方法进行系统分析,最后由老师进行点评和引导。通过社会热点问题的讨论,培养大学生的辩证思维能力,引导他们在看待社会问题时,既要看到微观个体的原因,还要看到中观部门管理的不足,更要分析社会发展阶段、发展水平的宏观背景,努力做到辩证、客观。在问题的讨论和分析中,引导学生正确看待目前社会上出现的阶段性问题,多一些正视和理解,少一些抱怨和浮躁,坚定中国特色社会主义道路自信、理论自信和制度自信,这样才能真正起到主流意识形态的建设和宣传作用。

四、以现代媒介为支撑,丰富思想政治理论课教学手段

近年来,现代媒介技术的迅猛发展,为改进思想政治理论课教学方式和方法提供了良好的平台与技术支撑。要提升思想政治理论课的教学实效,就必须运用好现代媒介技术。一是要完善多媒体课件的制作和运用。在思想政治理论课教学活动中,历史材料和现实材料较多,必须应用现代化的教学手段,凭借多媒体课件的制作和运用,把理论内容用生动的形式表现出来,使抽象的内容具体化、形象化。因此,多媒体课件的制作就非常重要,既要生动、形象,尽可能丰富教学的信息量,又要主线清晰、层次分明,突出重点问题的解析。在课件制作和运作上,老师并不是画面的"解说员",在教学的每一个单元都要从现实问题入手,运用鲜活的案例教学,提出问题,抓住学生的兴奋点,带领他们逐层分析。通过分析,不仅让学生对马克思主义基本原理、毛泽东思想和中国特色社会主义理论体系有更深的感悟,而且有了继续深入研究的愿望,最终帮助和引导他们运用马克思主义的立场、观点、方法获得正确的理论结论。

二是运用好网络教学资源。利用现代教育技术和其他方式,可以进一步延伸和扩充实践教学范围,形成马克思主义理论课教学的立体化结构。例如我们组织学生收看文献纪录片,如《正道沧桑——社会主义500年》《新中国重大决策纪实》《复兴之路》《百年潮·中国梦》等,观看之后组织学生写观后感并进行课堂交流,这样使大学生对相关理论的感受更加直观,有助于加深对理论的理解,让他们从历史中、从每一个细节去感受近现代中国社会发展和革命与建设发展的基本规律、马克思主义基本原理的内涵、毛泽东思想和中国特色社会主义理论体系以及党的最新理论成果,在社会生活中所体现出的指导意义和现实意义,从而激发大学生们的学习热情。

三是通过网络媒介工具,建立信息网络化互动平台,拓展教学渠道。在微信已经成为大学生的重要交流平台和生活方式的背景下,我们通过建立思想政治理论课社会热点讨论微信平台,让有兴趣的学生就关心的主流价值形态相关问题、社会热点问题参与讨论,并由专业教师负责及时答疑、解惑,引导学生正确看待相关问题,树立正确的价值观。微信平台的建立对青年大学生的学习方式、生活方式、思考方式及对社会的认知产生了举足轻重的作用。经过同学们主动的参与、学习、研究和消化,不仅了解了书本知识,也进一步拓宽了视野,对党的路线、方针、政策达成了更多的共识。

东华大学易班教学资源应用成效及其影响因素研究

周大智[1] 刘余勤[2]

([1] 东华大学法务办,上海 201620;[2] 东华大学学生处,上海 201620)

摘　要：为推动网络学风建设,增强易班网络对用户的粘性和满意度,东华大学紧抓大学生网上学习和生活的刚性需求,重点打造综合性网络学子资源分享平台。建立教学资源应用成效的评价体系成为突破资源配置不足、利用不合理等困境的有效路径。从教师、学生、社会三个维度的评价指标出发,对应用成效和影响因子进行对比分析,有利于学校进一步完善易班教学资源应用平台的结构和功能,提升学校网络教育教学资源整体配置、整合、运行和共享的效率。

关键词：易班；教育教学资源；应用成效；影响因素

　　易班是上海市教卫工作党委、市教委支持建设,集教育教学、生活服务、文化娱乐为一体的综合性网络互动社区,为在校师生提供主页定制、社区交流、空间存储、群组聊天、在线学习、活动发布、兴趣交友等教育信息化一站式服务的网络互动社区。经过持续建设,易班已经具备鲜明的"互联网+"特点。它不仅具有常规网站的功能和属性,而且融入了高校特色的教育教学资源,成为走向全国的举足轻重的网络教育平台。

　　为了推动网络学风建设,增强易班网络对用户的黏性和满意度,2013年起,东华大学把网络育人与学校人才培养目标相结合,紧抓大学生网上学习和生活的刚性需求,重点打造综合性网络学子资源分享平台。学校鼓励师生将教学内容分类分享在易班平台,得到学生追捧。同时,在建设过程中,教育教学资源配置不足、利用不合理、体验满意度下降等问题也逐步凸显,成为制约学校易班建设和发展的重要问题。因而,开展学校易班教学资源应用成效的调研和研究,分析其内在的影响因素,有利于学校进一步完善易班教学资源应用平台的结构和功能,提升学校网络教育教学资源整体配置、整合、运行和共享的效率,从根本上提升学校易班建设的信息化水平。

作者简介：周大智,东华大学法务办科员,讲师。
　　　　　刘余勤,东华大学学生处科员,讲师。

一、东华大学易班资源的内涵及其特性

东华大学易班资源的基本内涵,即在东华大学易班教学资源应用平台建设过程中,有利于实现学校教育部门的目的——有效凝聚学生、服务学生、教育学生的各种要素的综合体。具体而言,这些要素包含了课堂笔记、习题、试卷、教材、课件、授课音视频、科研及相关参阅文献,文献由师生按照不同权限对资料进行上传下载、补充后,即能在易班网络平台上实现便捷的分享。

东华大学易班教育教学资源是网络信息时代的产物,其呈现出三个方面的特征。一是互补性。目前东华大学每一门易课堂均有其对应的教师第一课堂,教师将上课前需要提前预习的 PPT 课件,以及课后练习题上传到网络课堂,与第一课堂的教学构成互补。而学生课代表负责上传的课外拓展资源也与学生本身的学习需求构成互补。二是时效性。信息社会的特征之一就是信息传播的迅捷化、扁平化,易班教育教学资源能否在第一时间被学生获得,尤其在考试复习时能否发挥作用,成为学生选择的重要参考。[①] 三是专有性。作为校内的教育教学资源,易课堂上的课件、视频、笔记等资料目前只能在校内传播和共享,教师上传习题等资料后,同时有对资源编辑、删除等权限,并且可以指定资源在特定的网络课堂空间里进行分享。

二、东华大学易班教学资源应用成效的评价

经过近 3 年的实践,易班教学资源应用平台在一定程度上为推动教育资源共享、良好网络学风的形成、提升课堂教学信息化水平做出了贡献,但是也相应地存在一些不足。例如,不同专业的网络课程在实际的建设过程中产生了不同的成效,有些热门公共课程资源丰富、人气颇高,有的专业课建设则面临缺少资源的困境;其次,在同样的教学资源应用平台上呈现的不同的课程在应用成效上存在着显著的差别,有一些课程每天都在使用之中,而另一些却无人问津。为了使学校易班能够长期且有效地吸引和凝聚学生,必须紧密围绕学生的切实需求,优化易班教育教学资源的供给和吸引。

1. 易班教学资源应用成效的评价必要性

(1) 网络教学资源的生命力源于以用户需求为导向。随着互联网技术的发展,互联网影响着用户的生产生活水平,影响着用户的思维方式,影响着世界的联系方式;同时用户也影响着互联网的变革。在教育领域,网络教育信息的

[①] 薛云云,朱建征.易班资源系统建设探析[J].思想理论教育,2015(10).

制作、传输、获取等成为互联网时代教师与学生的重要交流路径。而提高网络教育信息的竞争力则必须以用户需求为导向不断变革。

2013年5月,东华大学顺应历史趋势开启了易班教学资源工程建设,以打造适合中国本土的网络教学资源库。建设至今,东华大学易班教学资源库工程取得了很大成绩,给师生带来了信息配置的便捷。随着"互联网+"时代的来临,保持易班教学资源库的竞争力、生命力成为一项重要的任务,为此,我们需要对现有的易班网络教学资源的应用成效进行评价分析,以用户需求为导向进行改善。

(2)目前的易班教学资源体系缺少后期成效评价。在东华大学易班教学资源工程既已形成的"一体两翼"平台格局中,"一体"是指涵盖了教材、课件、习题、试卷等资源的网络"易课堂";"两翼"是指以全校有影响力的知名学者、教授、辅导员队伍所建立的"名师工作室"和以"学霸"或有某方面特长为建设维度,在同学中有号召力和感染力的学生骨干组成的网络"达人空间"。目前,东华大学建设了易课堂150门,名师工作室34个,达人空间20个。学生在"易课堂"上传课件达2.3万个,下载各类教学资源近10万次。

经过两年多的建设,东华大学易班教学资源库形成了以学习为中心、以学生为主体、以教师为主导的导入式数据信息系统,目前该系统包括数据信息研发系统、数据信息传输系统、数据信息管理系统,但缺少数据信息评价系统。因为缺少评价系统导致了易班教学资源建设的下一步方向迷失,所以,增加"应用成效评价"成为易班教学资源体系完善的紧迫任务之一。

2. 易班教学资源应用成效的评价指标确立

当前易班教学资源库建设到了一个瓶颈期,建立应用成效的评价体系成为突破当前困境的一个有效路径。对此,我们可以确立三个维度的评价指标,即教师、学生、社会。

(1)教师的教学功能实现程度。自2013年5月以来,东华大学易班教学资源工程一直坚持以教师为主导的建设原则,努力将教师的教学内容同步至线上,实现课前课后的教学辅导。在建设过程中,教师可充分指导课代表、选课学生参与"易课堂"的建设,充分利用易班的"资源库"分享功能、"题库"的测验功能等引导学生开展网络学习。通过易班教学资源建设,教师的教学效率、教学目的等都得到了一定程度的提高与实现。从教师使用者角度来看,教学功能的实现程度是易班教学资源应用成效评价的"成本指标"。

(2)学生的学习功能满足程度。在易班教学资源工程建设中,东华大学一直坚持以学生为主体的原则,努力调动学生参与易班的积极性,通过课代表负责、其他选课同学积极响应形成了全员参与"易课堂"建设,实现"资料库"的群建群享、"题库"的比赛激励。通过易班教学资源建设,学生有了新的学习平台,资源的获取渠道增多,学习成绩较之以往有很大的提高。从学生使用者角度来看,学习功能的满足程度是易班教学资源应用成效评价的"收益指标"。

(3)易班教学资源的社会影响程度。自2013年5月以来,东华大学易班教学资源取得了巨大的成就,在我国建立了第一个以学生为主体的群建群享的教学资源库,在我国建立了第一个跨校可以资源共享的教学平台,在我国建立了第一个覆盖课前、课中、课后等全过程的教学资源平台。2014年11月开始,东华大学易班教学资源断断续续地接受了来自教育部、其他省市教育主管部门、其他兄弟高校的检查、考察、学习、经验推广,众多媒体也对易班教学资源进行了报道。易班教学资源的建立,应该是全社会的优秀资源,而不是局限于某一个学校。从社会贡献的角度来看,社会影响程度是易班教学资源应用成效评价的"社会指标"。

三、东华大学易班教学资源应用成效的影响因素分析

以易班教学资源应用成效评价指标为指引,我们设计了调查问卷《东华大学易班教学资源应用成效调研》,调查对象覆盖了东华大学工科、理科、文科等10个学院,发出问卷200份,回收有效问卷190份;同时选取部分教师用户进行了访谈,现就"东华大学易班教学资源的应用成效"数据分析如下:

1. 应用成效分析

2013年年底,东华大学易班教学资源建设初具规模,又经过半年的建设,资源建设走向成熟化、系统化、规范化。易班教学资源的应用成效成为当前研发群体、用户群体以及管理者关注的重要考量因素。

从问卷调查对象来看,我们选取了2013—2014年参与易班教学资源建设的主要学生群体,即大二学生为112名,占总数62.2%;大三学生为54名,占总数30%;大一与大四学生总和为14人,占总数7.7%。

在使用易班教学资源时间段上,课前预习的学生为8名,占总数2.2%;课后复习的为40名,占总数的11.1%;期末复习的为132名,占总数的36.7%;老师要求的为180名,占总数的50%。可见,"教师的主导作用"对教学资源建设有着至关重要的作用。

在对学习帮助上,帮助"很大"的学生为16名,占总数的4.4%;"较大"的为92名,占总数的25.6%;"一般"的为186名,占总数的54.4%;"没帮助"的为56名,占总数的15.6%。目前的易班教学资源建设成效不够明显,在对学生的帮助度上有待提高。

在教学资源分享度上,"经常分享"的学生为 48 名,占总数的 26.7%;"记得但未分享"的学生为 84 名,占总数的 23.3%;"忘记分享"的为 84 名,占总数的 23.3%;其他的为 96 名,占总数的 26.7%。分享是学习的过程,也是传播的过程,当前易班教学资源建设的"分享度"仍有待加强。

2. 影响因素分析

在易班教学资源应用成效调研的同时,我们征集了师生用户群对"易班教学资源应用成效的影响因素"的评价。依据"灰色关联理论",我们对影响因素与应用成效的关联度进行了分析。首先,我们对数据指标进行编号,即易班自身平台局限(x1)、易班教学资源的稀缺度(x2)、易班教学资源的权威度(x3)、易班教学资源的数量(x4)、易班教学资源的质量(x5)、使用易班的频率(x6)、获取易班教学资源的成本(x7)、易班教学资源的形式单一(x8)。以东华大学松江校区 10 个学院的调查数据为基础,代入灰色关联度模型,计算结果如下:

数据指标(X)	关联系数(R)	代表的意义
X1	0.8999	易班自身平台局限与教学资源应用成效的关联度
X2	0.6409	易班教学资源的稀缺度与教学资源应用成效的关联度
X3	0.8697	易班教学资源的权威度与教学资源应用成效的关联度
X4	0.7000	易班教学资源的数量与教学资源应用成效的关联度
X5	0.8722	易班教学资源的质量与教学资源应用成效的关联度
X6	0.9127	使用易班的频率与教学资源应用成效的关联度
X7	0.8236	获取易班教学资源的成本与其应用成效的关联度
X8	0.6633	易班教学资源的形式与教学资源应用成效的关联度

排序为:r6 > r1 > r5 > r3 > r7 > r4 > r8 > r2。上述模型分析结果如下:

易班教学资源应用成效影响程度分析

影响因素	(最重要程度)排在首位比例
1 易班自身平台局限	19/90
2 易班教学资源的稀缺度	5/90
3 易班教学资源的权威度	9/90
4 易班教学资源的数量	1/90
5 易班教学资源的质量	16/90
6 使用易班的频率	22/90
7 获取易班教学资源的成本	11/90
8 易班教学资源的形式单一	5/90

第一,影响易班教学资源应用成效的各个因素排序依次为:使用易班的频率($x6$)、易班自身平台局限($x1$)、易班教学资源的质量($x5$)、易班教学资源的权威度($x3$)、获取易班教学资源的成本($x7$)、易班教学资源的数量($x4$)、易班教学资源的形式单一($x8$)、易班教学资源的稀缺度($x2$)。每一个影响因子的关联度均超过0.5,说明都是易班教学资源应用成效的重要影响因素。

第二,关联度超过0.8的影响因素有使用易班的频率($x6$)、易班自身平台局限($x1$)、易班教学资源的质量($x5$)、易班教学资源的权威度($x3$)、获取易班教学资源的成本($x7$)。其中,使用易班的频率($x6$)的关联度最高,说明用户对易班的认可与使用习惯是影响易班教学资源应用成效的决定性因素;易班自身平台局限($x1$),即易班技术问题,是次要的影响因素。易班教学资源的质量($x5$)与易班教学资源的权威度($x3$)的关联度也很高,说明建设者在易班教学资源的质量与来源上应把好关,这也是影响应用成效的重要因素。其他因素的关联度也超过了0.5,同样不容忽视。

综上研究,本文认为,根据灰色关联度模型分析易班教学资源应用成效的影响因素,得出如下结论:第一,易班平台技术、易班教学资源的质量是影响当前易班教学资源应用成效的最主要的两大因素。随着易班平台技术的发展成熟,不断提高易班教学资源的质量将是决定其应用成效的关键因素,这也是下一步的改进方向。第二,易班教学资源的数量与获取成本等也是影响易班教学资源应用成效的重要因素,不可忽视。所以,提升易班教学资源的应用成效应综合考虑易班用户的习惯、平台技术、资源的质量与数量、资源的稀缺与权威度、资源的形式、获取成本等。

学工探研

中国纺织职工思想政治工作研究会(院校学组)成立30周年纪念论文集

当前我国高校学生思想政治教育面临的挑战及对策研究

张东伟

(中原工学院党委宣传部,河南 郑州 450007)

摘　要:当前,世界经济全球化、政治多极化深入发展,国内经济社会改革不断深入,带来社会利益格局的深刻调整,利益诉求多元,利益调和难度加大,使我国社会矛盾冲突多发频发,集中呈现,对我国意识形态和思想文化领域产生复杂而深刻的影响,给当前高校学生思想政治教育带来多重挑战。本文从当前我国高校学生思想政治教育面临的严峻挑战入手,分析了面对诸多挑战高校学生思想政治教育当前存在的主要问题,对进一步加强高校学生思想政治教育的对策进行了深入探究。

关键词:高校学生思想政治教育;面临挑战;对策探究

高校作为人才培养的摇篮和高地,担负着学习宣传中国特色社会主义、弘扬社会主义核心价值观的艰巨任务,肩负着培养社会主义合格建设者和接班人的重要使命。当前,世界范围内各种思想文化交流交锋更加频繁,西方敌对势力加紧对我国进行西化分化更加明显,国内经济社会变革不断深化所引发的各种社会矛盾和问题更加突出,加之国内思想文化领域不时出现的一些错误思潮和模糊认识,都对我国意识形态和思想文化领域产生复杂而深刻的影响。高校学生思想政治教育作为意识形态的重要阵地,面临巨大挑战。面对复杂深刻多变的国内外形势,如何提高高校学生思想政治教育的有效性,巩固马克思主义在高校的指导地位,夯实当代大学生共同理想信念的思想基础,具有现实和深远的意义。

一、当前我国高校学生思想政治教育面临的多重挑战

高校学生思想政治教育同国际国内形势变化密切相关,同大学生的健康成长成才紧密相连。当前,面对复杂多变的国内外形势,高校将受到来自方方面面的制约和影响,已经不是一个可以独善其身的封闭象牙塔。作为高校重要职能之一的学生思想政治教育要应对新形势带来的新挑战,就必须清醒认识、充

作者简介:张东伟,中原工学院党委宣传部部长,教授。

分了解当前高校所处的思想文化环境的特征,明确自身定位,做到因势利导,应势而为。

1. 国际政治激烈交锋对高校学生思想政治教育带来新挑战

随着经济全球化不断深入发展,世界范围内全方位的综合国力竞争全面展开,不同政治制度和发展模式相互博弈,国际力量不断分化组合,国际政治关系正经历着一次影响深远的大变局。在这种变局中,我国综合国力不断提升,政治影响力不断扩大,但与外部世界的摩擦也更加显现,舆论交锋更加激烈,国际敌对势力对我国"和平演变"、西化、分化的图谋一刻也没有改变,他们利用经济全球化、政治多极化的进程进一步宣扬西方政治制度,输入西方价值观念,潜移默化地影响着当代青年学生的世界观、人生观、价值观。境外"民运"、"藏独"、"疆独"、邪教组织也借机加大对高校的宣传和渗透,对青年学生的危害也不可小觑。如何防范和化解多重不利影响,维护国家意识形态安全,保持高校的和谐稳定,都将对高校学生思想政治教育提出巨大挑战。

2. 国内经济社会转型对高校学生思想政治教育带来新挑战

当前,我国经济社会深刻变革,中国社会正处于快速转型时期,社会活力不断增强,也使各种社会矛盾和问题更加凸显,对人们的思想意识产生深刻影响。党的十八届三中全会进一步提出全面深化改革的决定,使我们进一步看到,经济社会不断变革必将带来社会利益格局的深刻调整,社会利益主体和利益诉求日益多元,对社会人际关系的组合形式,社会组织结构,知识传播方式,社会分层和社会流动产生巨大影响,反映到思想文化领域,各种思想文化相互作用,价值观念多元,道德领域出现了新的问题,社会不良情绪加剧,心理失衡增多。反映到处于变革时期的青年学生当中,他们的生存状态、精神体验、价值追求、道德行为也会面临社会现实的深刻影响,解决青年学生思想认识问题的任务越来越重。正如学者指出,"处于文明转型时期的中国正在出现普遍的道德失范现象,处于传统和现代的夹缝中的中国民众正在经历着文化价值观念的剧烈冲突:个体主义和整体主义(集体主义)、功利主义、拜金主义同传统正谊明道的超功利主义、享乐主义、消费主义与传统节俭美德,等等。显而易见,世纪之交的中国社会不可避免地要经历一次深刻的价值重建和文化转型"[1]。如何树立青年学生坚定的政治信仰、引领青年学生正确的价值追求,是当前高校学生思想政治教育面临的核心问题。

3. 网络新媒体的迅猛发展给高校学生思想政治教育带来新挑战

互联网技术的裂变式发展,对高校学生思想政治教育的影响是全方位、深层次和长远性的,其积极意义、正面作用强大毋庸置疑,但面临的问题也前所未有,不可小视。当下不同社会思潮借助互联网便捷通道传播和兴起,给思想舆论阵地带来全方位的压力。特别是自媒体时代的出现,每个人不仅是信息的接受者同时也是信息的制造者和发布者,信息共享共生的时代,将历史性地改变人们的社会关系、生活方式、思维方式和价值观念,网络化生存、网络化生活已成为常态。青年学生作为互联网和新媒体的广泛运用者,他们更多依靠互联网和新媒体了解和掌握信息,其思想认识和价值追求更容易受到网络思潮的影响,已是不争事实。当前,在互联网的正能量传播能力建设上,特别是对青年学生喜闻乐见、具有正确价值导向的网络信息发布和传播还非常有限。相反,虚假的、非理性的、错误的信息在互联网上大量存在,甚至还存在一些反社会主义、反政府、反人民的言论,一些低俗、媚俗、庸俗文化,一些极端个人主义、拜金主义、享乐主义、道德虚无主义思想和价值倾向,这些都在潜移默化地影响学生的思想认识。有效利用互联网新媒体加强高校学生思想政治教育成为重大而现实的课题。

二、面对挑战我国高校学生思想政治教育存在的主要问题

当前,我国高校学生思想政治教育整体优势明显,在大局上坚持社会主义办学方向,围绕立德树人这一根本目标,高校学生思想政治教育总体上呈现积极健康发展的态势。但看到优势的同时,面对诸多严峻挑战,也必须清醒地认识到当前高校学生思想政治教育存在的主要问题和不足。

1. 当前我国高校学生思想政治教育责任意识不强

面对国际政治交锋给高校学生思想政治教育带来的挑战,我国高校学生思想政治教育责任意识不够,认识不足,主要表现在:其一,没有更加自觉地认识到对青年学生进行政治理想信念教育事关党的前途命运,国家长治久安和民族凝聚力和向心力,事关维护党的意识形态工作的安全的极端重要性,在具体工作中存在重视不够、投入不足、队伍不齐、效果不佳等几个方面的制约因素。其二,没有充分认识到面对西化分化侵蚀和敌对势力的渗透,面对我国各种社会矛盾和利益冲突,社会思想多元多变,高校学生思想政治教育应该担负的政治责任。表现为当前高校学生思想政治教育事务化倾向明显,思想政治教育和学生事务管理界限模糊,部分高校忙于学生事务管理,疏于思想政治教育。其三,在世界全球化的过程中,有些教师过度宣扬所谓人类普世价值观,弱化思想政治教育党的意识形态重要属性、国家民族的意识,有些高校学生思想政治教育丧失了应有的精神高度,退化为一种不讲责任、没有国家民族意识、忽视社会使命和责任的应景之作。

2. 当前我国高校学生思想政治教育针对意识不够

面对国内经济社会转型给高校学生思想政治教育带来的挑战,我国高校学

生思想政治教育的针对性不强主要表现在：首先，当前高校学生思想政治教育的内容和实现形式不能完全契合青年学生的现实生活和社会需要。突出表现在不能完全解决学生存在的思想困惑，所进行的理论教育与社会现实时常脱节，在教育过程中忽视受教育者本身的感情体验和实践感受，一味进行理论灌输，引发学生抵制情绪，不能真正达到入脑入心的效果。其二，还表现在在经济社会剧烈变革带来的精神文化变迁中，高校学生思想政治教育没能打破价值多元带来的价值相对主义的危害，不能及时为学生提供正确的价值观导航。例如，有的教育者在学生思想政治教育中还存在片面强调学生个体价值，忽视社会共同价值约束的现象，如此这般只会使学生陷入道德虚无主义、享乐主义、绝对个人主义的泥潭，影响其正常的价值判断，使其处于无从安身立命的尴尬境地。其三，高校学生思想政治教育针对性不强还表现在其本身创新不够，不能完全和学生喜闻乐见的教育手段相结合，不能契合青年思想文化追求时尚、求新求变求美的特征和特点，忽视学生特有的认知途径和接受规律，沿用老传统老办法，致使教育成效大打折扣，效果不佳。

3. 当前我国高校学生思想政治教育阵地意识薄弱

面对网络新媒体发展给高校学生思想政治教育带来的挑战，我国高校学生思想政治教育整体阵地意识薄弱，表现在：其一，高校对学生思想政治教育阵地认识不够，特别是对网络思想政治教育阵地的认识浅薄，认为网络是开放空间，没有意识到网络的意识形态属性，对学生思想政治教育网络新媒体阵地建设重视不够，投入不足，没有能够把学生思想政治教育阵地建设和学校硬件环境建设放在同等重要的位置，进行认真的部署和落实。其二，高校学生思想政治教育人员数量不足，马克思主义理论功底和专业素质整体有待提升，特别是对网络和新媒体技术手段掌握和应用能力不足，不能够和学生站在同一个"话语平台"上进行对话交流，不能对他们中间出现的新问题、新矛盾和新情况及时进行解疑释惑，因势利导。其三，忽视思想政治理论课主渠道的作用，有的教师教书育人能力不足，思想境界不高，事业与责任心不强，工作内容方法陈旧，部分老师缺乏意识形态坚守以及抵制腐朽思想、抵制外来文化侵入的职责，把思想政治理论课当作普通的课程对待，只考虑授课任务的完成，不考虑实际的授课效果。

三、面对挑战加强高校学生思想政治教育的对策

1. 加强高校学生思想政治教育，必须坚持马克思主义意识形态指导地位，坚定青年学生的理想信念

当前高校学生思想政治教育必须首先坚守社会主义意识形态的制高点。

坚持马克思主义意识形态的指导地位是高校学生思想政治教育的灵魂,也是当前面对诸多挑战高校学生思想政治教育的责任和使命。世界上没有不重视自己意识形态的国家,坚持马克思主义意识形态的指导地位关乎党和国家的前途命运,关系人民的福祉,是维护国家安全与国家利益的重要组成部分。社会主义高校必须坚持社会主义的办学方针,课堂教学、思想政治教育活动、校园文化建设等方面必须把社会主义意识形态放在制高点,根据时代要求和实践发展需要,通过科学途径实现马克思主义意识形态在高校的坚守。正如中共中央十六号文件《关于进一步加强和改进大学生思想政治教育的意见》指出的,"要坚持和巩固马克思主义在意识形态领域的指导地位,在哲学社会科学教学中充分体现马克思主义中国化的最新理论成果,用科学理论武装大学生,用优秀文化培育大学生"。

面对纷繁复杂的外部形势,高校大学生思想政治教育必须增强忧患意识,脚踏实地,持之以恒地对当代青年大学生开展理想信念教育,加强青年马克思主义者培养,使马克思主义中国化的最新理论成果进课堂、进教材、进头脑。要深入开展中国特色社会主义"道路、理论、制度"自信教育和"中国梦"主题教育,增强学生对"三个自信"的理论认同、政治认同和情感认同,认真回答好"中国发展向何处去、中国建设向何处去、中国改革向何处去"等现实理论问题。在激励青年学生践行伟大"中国梦"的过程中,要深入阐述国家梦、人民梦和个人梦的关系,为实现十八大提出的"两个奋斗目标"和中华民族的伟大复兴而努力学习和实践,自觉将个人价值融入实现国家富强、民族振兴、人民幸福的伟大事业中。高校学生思想政治教育对此要有强烈的责任意识和紧迫感,自觉把高质量完成此项工作作为巩固党的执政基础,维护国家人民根本和长远利益的历史责任。

2. 加强高校学生思想政治教育,必须坚持社会主义核心价值观,使其成为当代青年学生的自觉价值追求

国家兴旺不仅取决于经济实力,也取决于价值理念和精神力量。社会主义核心价值观是社会主义核心价值体系的内核,体现当代社会价值的性质和基本特征。培育和践行社会主义核心价值观,是推进中国特色社会主义伟大事业、实现中华民族伟大复兴中国梦的战略任务。党的十八大提出,倡导富强、民主、文明、和谐,倡导自由、平等、公正、法治,倡导爱国、敬业、诚信、友善,积极培育社会主义核心价值观,是我们党凝聚全党全社会价值共识的重要论断。2013年12月23日,中共中央办公厅印发的《关于培育和践行社会主义核心价值观的意见》明确提出:"培育和践行社会主义核心价值观要从小抓起、从学校抓起,要纳入国民教育总体规划,贯穿于高等教育的全部领域,落实到高等教育教学和管

理服务各个环节,形成课堂教学、社会实践、校园文化多位一体的育人平台,努力培养德智体美全面发展的社会主义建设者和接班人。"[2]因此,加强社会主义核心价值观建设,是凝魂聚气、强基固本、增强国家文化软实力的根本举措,是当代大学生树立正确的人生观、价值观、世界观的必然选择,是学校学生思想政治教育教育学生实现国家民族认同,引领当前文化价值多元背景下高校学生思想政治教育正确开展的行动指南。

此外,坚持社会主义核心价值观还必须回答在文化世界性面前的行动选择。在文化世界性面前,任何拒绝其他文化伦理的做法都是不可行的。在全球普遍问题日益严重的情况下,迫切需要人类社会的共同合作和伦理担当。当前,我国高校学生思想政治教育也必须回应人类生存状态的变化,保持应有的开放性,借鉴全球化给学校学生思想政治教育带来的新经验、新机遇。但我们也必须看到全球化本身带来的利益冲突和经济全球化过程中西方发达国家对落后国家的经济剥夺和文化侵袭。从这个意义上讲,高校学生思想政治教育践行社会主义核心价值观既需要关注人类的共同命运,同时更需要巩固中华民族共同的道德基础和价值信仰,大力弘扬以爱国主义为核心的民族精神和以改革创新为核心的时代精神,坚持民族文化自信,用中华民族博大精深的文化内涵和精神价值追求,教育青年学生。要在高校大力开展优秀校园文化建设活动,促进民族文化经典在青年学生中的传播,鼓励当代青年学生在传承发扬民族优秀文化传统和弘扬中国精神的过程中,增加国家民族认同、激发创造活力、凝聚社会道德、构筑民族精神信仰。在文化的滋养中使社会主义核心价值观内化于心,外化于行,成为当代青年学生的自觉价值追求和行动标准。

3. 加强高校学生思想政治教育,必须加强思想阵地和队伍建设,夯实高校学生思想政治教育的根基

加强高校学生思想政治教育,首先必须加强阵地建设。其一,要发挥课堂教学主渠道作用,形成一批学生喜闻乐见的优秀教学成果和精品课程,要加大教学方法的改革和研究,推进教学方法和手段创新,坚持理论教育与实践教学相结合,加大实践力度,让学生在亲身实践中感知理论的魅力,把高校思想理论课变成学生终身受益的优秀课程。在具体操作中,要坚持学术研究无禁区、课堂讲授有纪律的要求,决不能让毒害学生的错误观点和错误思想在课堂出现和蔓延。其二,高度重视校园互联网建设和新媒体应用,使校园网成为弘扬主旋律的重要手段。要主动占领网络阵地,主动建设一批贴近学生需求的网站,培育一批网络名编辑,开设一批网络名栏目,写作一批针对性强的网络名篇,加大网络的正面评论力度,有效开展网络舆论引导和思想疏导。要加强新媒体的应用,利用学生喜欢的微博、微信、QQ 群、飞信等新兴媒体,开设辅导员博客、班级

博客、校园微博等平台,积极和学生开展网上互动交流,开展大学生思想政治教育,扩大校园网络文化的育人覆盖面。其三,结合学生身心特点,开展丰富多彩积极向上的大学生思想政治教育实践活动,通过校园广播、校报、宣传栏、校园学术刊物让学生看到听到党和政府的声音,动员一批专家教授学者主动参与大学生第二课堂活动,加强日常思想沟通和感情互动,以达到亲其师信其言的目的。在具体工作中,要加强对高校学术讲座、研讨会、报告会的审核,对来校进行学术报告和学术交流人员的政治背景、学术观点进行考察,特别要加强对境外人员的审核,防范其打着学术交流旗号在高校传播非法的思想和观点。

其次,要加强队伍建设。其一,遵循配足数量坚持质量原则。要坚持高校思想政治理论课教师准入制度,从源头上把握教师的政治理论素质和师德师风师能状况,把真正教书育人的优秀人才选入思想政治理论课教师队伍。其二,不断加大对现有教师队伍的考核和培养,对课堂中教书育人成效显著的要给予褒奖,对敷衍懈怠的要给予严肃批评教育,对传播错误观点言论的要加以警示,对坚持错误观点不予改正的要调离教师岗位。其三,加大对青年教师的培养力度,通过横向挂职、理论培训、攻读学位、骨干研修等多种方式造就一批政治坚定、理论扎实、善于联系实际、具有高水平教学科研能力的中青年马克思主义骨干教师。其四,加强一线辅导员队伍专业化、专职化建设,落实中央对辅导员队伍建设的政策,在职称评定、职级待遇方面予以落实,鼓励辅导员长期从事学生思想政治教育,成为学生的良师益友,成为该领域的专家型人才。

参 考 文 献

[1] 衣俊卿. 论社会转型时期的生存模式塑造[J]. 北方论丛,1995(4).
[2] 关于培育和践行社会主义核心价值观的意见[N] 人民日报,2013 – 12 – 24(1).

论党员朋辈辅导在大学生思想政治教育中的作用及操作路径

唐星星

(湖南工程学院,湖南 湘潭 411104)

摘 要:开展大学生思想政治教育,是高校人才培养的一项重要工作内容。但是,当前各高校普遍面临专职辅导员配备不足、师生立场差异、新媒体环境信息万变等主客观环境与因素导致思想政治教育难深入、效果不佳、时效性不好等问题。因此,在日常思想政治教育中开展党员朋辈辅导,不仅可以加强大学生思想政治教育工作的力度,弥补高校辅导员不足,而且还可以开拓思想政治教育的新思路,让更多党员学生参与到助人与自助中。这有助于拓宽大学生自我教育的范围,丰富自我教育的途径,使更多的大学生从被动的受教育主体转变为能动的自我教育主体,从而可以促进大学生健康成长;也有助于发挥学生党员在大学生群体中的影响力与示范作用,拓展学生党支部的战斗堡垒作用。

关键词:党员朋辈辅导;思想政治教育

随着科技与网络的发展和一批批学习生活方式、思想思维状况上日趋个性化、多样化的"90"后、"00"后学生进入高校,大学生思想政治教育工作如何应对各种形势变化,赢得学生的信任与尊重,把握学生思想跳动的脉搏,解决学生思想上的困惑与问题,化解学生学习生活上的不适应与困难,引导学生在潜移默化中成长为具有创新精神和实践能力的社会主义建设者和可靠接班人,这是辅导员必须思考的现实问题。借鉴心理健康教育的经验和榜样教育的成果,在学生中开展党员朋辈辅导,让更多的优秀大学生参与到高校思想政治工作中,深入挖掘党员朋辈辅导的先天优势,充分调动学生的积极性和主动性,引导他们自我教育、自我管理、自我服务、自我提高是解决上述问题的重要途径。

一、大学生思想政治教育工作的现状

大学生思想政治工作是高校教育工作的生命线。但由于种种主客观原因和现实环境,导致思想政治教育存在着难深入到个体、整体效果不佳、时效性不

作者简介:唐星星(1972—),女,湖南安仁人,湖南工程学院纺织服装学院学办主任,讲师,教育学硕士,主要研究方向为大学生思想政治教育。

好等问题,主要表现为:

1. 专职辅导员配备不足,思想政治教育工作不到位

2005年1月,教育部颁布了《关于加强高等学校辅导员班主任队伍建设的意见》,提出高等院校要根据实际工作需要,科学合理地配备足够数量的辅导员和班主任。专职辅导员总体上按1∶200的比例配备,即200个学生就需要配备一名专职的辅导员,保证大学生每个年级都有一定数量的专职辅导员。但是,我国许多高校的专职辅导员与学生的比例远远达不到这一要求。而高校辅导员是大学生思想政治工作的骨干力量,专职从事学生思想教育和行为管理工作。辅导员的日常管理工作十分繁重与琐碎,又都是必须完成的"硬工作",所以,他们的绝大部分时间都忙碌在了管理工作上,挤占和顾及不上的就只能是对学生进行思想教育这一"弹性"的首要工作,很难将大学生思想政治教育做到每个不同的学生个体,直接影响了思想政治工作的质量。因此,引入高素质的高年级党员朋辈辅导员力量,对推进大学生思想政治教育工作意义重大。

2. 师生立场差异,思想政治教育效果有待提高

进入大学后的青年学子在面对尽快适应集体生活、大学学习、人际交往等各种问题的同时,还要面对情感、就业、考研的压力和挑战。社会不文明现象的潜移默化、网络虚拟世界的诱惑、大众传媒的负面影响等各种社会不利因素对涉世未深的大学生形成全面的包围。但是,中国传统的师生关系类似于父母关系,由于年龄代沟、教育背景差距、立场差异,很多同学对于老师的说教并不放在心上,有时还会产生抵触心理;并且有的困惑和问题,也难从课堂和辅导员老师那里获得应对方法与答案。这时候同龄朋友的忠告和建议反倒更容易使其接受。尤其是身边品学兼优的同学的言行对低年级同学更具有示范和标杆作用。因此,党员朋辈辅导应该成为大学思想政治教育的重要组成部分。

3. 瞬息万变的新媒体时代,思想政治教育渠道亟待拓宽

随着科学技术的迅猛发展,一个前所未有的信息传播的"新媒体时代"已经到来。大学生作为思想最为活跃、接受新生事物最迅速的社会群体之一,他们既是对新媒体技术最熟悉、也是对新媒体技术最依赖的人群,更是价值取向、道德标准和行为习惯受新媒体影响最深的群体,他们的行为方式、思想观念已深深地印上了新媒体时代的痕迹。新媒体技术以其虚拟性和隐蔽性等特点导致互联网上的内容纷繁复杂,一些错误的、非主流的思想大行其道。网络上的不良信息对于社会主流价值观造成了严重的影响,冲击着思想活跃、好奇心强、情绪易波动的大学生的人生观、世界观和价值观,严重影响了传统的思想政治教育效果。党员朋辈辅导员和其他同学处在同一年龄阶段,对新生事物接受快,容易跟上时代发展的步伐,在和其他同学的互动中,他们的思想观念、方法行为

更贴近学生生活、贴近学生思想实际,比如,他们对 QQ、MSN、论坛、微博、微信的娴熟运用,能够随着学生思想发展变化的轨迹开展工作,克服了以往思想政治教育方法僵化、单一的缺点,使思想政治教育工作与信息社会接轨。

二、党员朋辈辅导的内涵及作用

"朋辈"即"朋友"和"同辈","朋友"是指有过交往并且值得信赖的人,而"同辈"是指同年龄或年龄相仿者,通常会有较为接近的价值观念、经验、共同的生活方式、生活理念等。朋辈辅导的原义是指具有相同背景或是由于某种原因使具有共同语言的人在一起分享信息、观念或行为技能,以实现教育目标的教育方法。朋辈辅导最早运用于心理咨询领域。本文主要是将朋辈辅导的辅导员定位于大学生党员,将其应用领域推广到思想政治教育领域。党员朋辈辅导主要是指学生党员群体有计划、有目的地充分发挥他们的示范作用,通过与普通同学的良性互动,促进大家共同进步,营造良好的、积极向上的校园氛围,提高大学生群体的整体思想政治素质。通过党员朋辈辅导,学生彼此间相互启发、相互学习、相互帮助,从而相互促进、相互提高,充分发挥大学生自我教育、自我管理、自我服务、自我提高的作用,从而实现思想政治教育的目的。这对于当前加强和改进大学生思想政治教育,具有十分重要的作用。

1. 实施学生党员朋辈辅导,有助于加大老师对学生个体的关注

在大众化教育阶段,高校生师比居高不下,实施学生党员朋辈辅导,更好地搭建起师生沟通的平台,有助于辅导员更好地了解学生、管理学生,尤其是加大了对有需求个体学生的早期关注。大学生党员是大学生中各方面表现都较为优秀者,学生党员朋辈辅导者在帮助老师发现有需要的学生方面,起着纽带与桥梁的作用。在日常共同的学习生活中,对学生中出现的旷课等违纪情况或心理问题或思想问题,能够及时向任课老师、辅导员反馈,使任课老师和辅导员尽早关注特别群体,将问题解决在萌芽阶段。

2. 实施学生党员朋辈辅导,有助于在学生群体中树立身边的典型

学生党员朋辈辅导员,是老师与同学广泛认可的一个群体,他们在一般学生群体中具有典型性和示范性,因此,党员朋辈辅导员在有意识地为他们压担子、明任务后,他们在与广大大学生接触、交往过程中,就能主动约束自己的言行,容易被其他同学群体选择为学习和效仿的榜样,尤其是对存在各类困难与问题的学生,在遭遇挫折与养成一些不良习惯后,在同龄、同成长背景、同专业、同宿舍楼栋的学生党员朋辈辅导员的主动及时介入与开导帮扶下,更能有效激励困难学生克服困难、改变行为、纠正不良习惯,鼓励他们积极上进,带动他们与身

边的优秀学生共同进步,快速成长。

3. 实施学生党员朋辈辅导,有利于发挥大学生的主体作用,扩大思想政治教育的影响力

党员朋辈辅导员参与思想政治教育工作,克服了"你讲我听"、"你打我通"的单向教育方式的弊端,改变了以往大学生只是教育对象,处于被动地位的状况,使大学生成为思想政治教育工作的主体,能最大限度地调动学生的广泛参与,实现真正互动,有利于思想政治教育的全面渗透,也有利于培养出一大批学生骨干,更好地实现大学生的"自我教育、自我管理、自我服务"的教育理念。

三、实施党员朋辈辅导的操作路径

1. 领导重视,构建工作体系

要充分发挥党员朋辈辅导在大学生思想政治教育中的引导作用,首先是学校要重视,将党员朋辈辅导参与大学生思想政治教育工作作为党员教育管理和学生日常管理的重要工作来抓,摆在学校思想政治教育工作、党建工作的重要位置,实现专人领导,建立"学校—学院—学生党支部"的三级党员朋辈辅导的组织体系,即学校成立学生党员朋辈辅导中心,学院成立包括党总支副书记和学生党支部书记、班主任、任课老师在内的党员朋辈辅导中心,在每个学生党支部成立党员朋辈辅导小组,推动党员朋辈辅导的扎实有效开展。

2. 建章立制,确保工作持续性

无规矩不成方圆,以完善的规章制度确保党员朋辈辅导工作的连续性。在学生党员朋辈辅导大学生思想政治教育工作之初就要建立一系列必须遵守的条例规范和活动制度。制度建设包括学生党员与班级学生定期联系制度,帮助党员朋辈辅导员更好地了解各班学生情况;档案登记制度,党员朋辈辅导员要按要求如实填写辅导大学生朋辈辅导档案,从学生思想、学习、生活、工作的各个环节,认真引导、相互促进、共同提高,并经常和学办辅导员、学生党支部书记交流被辅导学生特别是组织发展对象的情况,形成良性奋进的氛围;例会制度,党员朋辈辅导员及时向支部书记或者年级辅导员反馈信息,及时增进沟通;经费支持制度,学校、学院在学生活动经费中要有专项经费,为保障党员朋辈辅导活动的顺利开展奠定基础等。

3. 固化工作流程,建立长效机制

学生党员朋辈辅导活动要得到广泛认同并切实取得成效,必须形成一套工作流程,从党员朋辈辅导员的选拔、培训到考核与激励,得到固化,以保障党员朋辈辅导员工作的传承,建立长效机制。

一是党员朋辈辅导员的选拔。在学生党员中选出能担当朋辈辅导员的高年级党员,这部分学生党员对学校、学院、专业有比较深刻的认识,而且思想觉悟高,年龄相仿,容易与学困生沟通交流,特别是能结合自己的学习、生活、工作经验去帮扶学业困难学生。这些优秀的学生党员能充分发挥"一个党员就是一面旗帜"的先锋模范作用,通过言传身教,为大学生群体树立榜样,为他们的迷茫与困惑、困难提供及时有效的帮助。

二是加强党员朋辈辅导员的培训。加强党员朋辈辅导员的统一培训,提高他们开展朋辈辅导的能力与技巧。培训内容包括学生党员在朋辈辅导中的目标和职责,时事政策,国家社会甚至学校、学院、专业的新发展、新情况,人际交往技巧、助人技能与技巧等等,让学生党员在朋辈辅导过程中目标更加明确,方法更加适当,并根据所对应的各类学生制订相应的辅导计划,做到学习、生活、活动教育于一体,全面提升朋辈辅导的效果。学校和学院要邀请心理健康教育方面的专业老师和长期从事学生工作的老师,定期地为学生党员朋辈辅导员开展心理咨询知识的培训,提高助人技能与技巧和处理实际问题的能力。

三是完善激励和考核机制,建立规范的评价方式。坚持集中考核与经常考核相结合,采取定期抽查、专项调查、督导调研等形式,加强对学生党员参与朋辈辅导活动的思想认识、工作业绩、帮扶过程的考核监督。采取物质激励和精神激励结合的方法,对于家庭经济困难的学生朋辈辅导员可以在学校勤工助学的岗位或是评国家助学金时优先考虑,以帮助其解决经济上的困难;也可在综合测评中根据表现进行加分,在评选校级及其以上"三好学生"、"优秀学生干部"等荣誉称号时予以优先推荐,以调动党员朋辈辅导员的积极性和责任心。

4. 创新活动载体,确保广泛参与

在大学生思想政治教育的党员朋辈辅导活动中,要拓宽思路、创新形式,不断增强辅导活动的吸引力。如开展一些团体性朋辈辅导或社会实践小分队,将具有相似问题或相同需求的学生组成团队,可以在室内或室外,以生动活泼、喜闻乐见、深入浅出的活动或节目,通过讨论、辩论、视频或实践方式,促进团队成员共同发展,解决共性问题。此外,还要实现传统手段与现代手段相结合,运用互联网等新手段,通过开辟专题网页,建立BBS论坛、博客和开通党员朋辈辅导员QQ群等多种形式,推动学生党员朋辈辅导活动吸引学生的广泛参与。

总之,在大学生思想政治教育中发挥学生党员朋辈辅导力量,是加强大学生思想政治教育工作和基层党组织建设,提升学生自我教育的一种有效方式,和其他教育形式相比具有自身的优势和吸引力,应该在实践中不断对其进行丰富和完善,发挥其应有的作用。

参 考 文 献

[1] 唐星星.党员朋辈在学业困难大学生学业帮扶中的应用研究[J].企业导报,2014(8).
[2] 周保平.朋辈辅导员制度在大学生思想政治教育中的作用[J].学校党建与思想教育,2011(11).
[3] 李忠艳,刘宏山.高等学校朋辈辅导员制度的构建[J].高校论坛,2009(6).
[4] 谢冬枫.党员朋辈辅导在新生教育中的作用[J].党史文苑(下半月),2010(7).
[5] 程素萍,张艳同.教园区朋辈辅导的调查与对策研究[J].中北大学学报(社会科学版),2008(24).

新媒体视阈中的高校突发事件网络舆论传播与引导机制探析

刘 斌

(青岛大学自动化与电气工程学院,山东 青岛 266071)

摘 要:随着新媒体技术的不断发展与普及,其在高校突发事件的网络舆论中扮演着越发重要的角色。本文在针对高校突发事件概念及其网络舆论传播特点进行分析的基础上,对新媒体视阈中的高校突发事件的网络舆论引导存在的弊端进行了细致探讨,并探索性地提出了提高突发事件网络舆论引导能力的新机制。

关键词:新媒体;高校突发事件;网络舆论传播;引导机制

当前,我国发展进入新阶段,改革进入攻坚期和深水区,高等教育综合改革也在逐步落地,在改革发展中一些潜在矛盾和隐患日渐暴露,高校突发事件频发,且日渐成为社会关注的敏感点和聚焦点。2016年1月,中国互联网信息中心CNNIC发布了第37次《中国互联网络发展状况统计报告》,报告显示,截至2015年12月,中国网民规模6.88亿,手机网民规模达6.2亿,有90.1%的网民通过手机上网,2015年新增网民群体中,低龄(19岁以下)、学生群体的占比分别为46.1%、46.4%。可见学生群体已经成为新增网民构成中的主要群体,他们对互联网的使用目的主要是娱乐、沟通、贴吧、QQ、微信、微博等新媒体使用者人群日渐庞大。在当前新媒体发展迅速的大环境下,它像一把双刃剑,给高校突发事件网络舆论带来了重要机遇与严峻挑战,因此解决好新媒体视阈中的高校突发事件网络舆论传播与引导机制,掌握网络舆论的主动权,成为每一名高校教育工作者不得不加以关注的问题,这个问题的解决与否对于树立正确的网络舆论导向,确保校园安全稳定有着十分重要的意义。

一、高校突发事件概念及其网络舆论传播特点

1. 高校突发事件的定义与分类

2007年11月1起施行的《中华人民共和国突发事件应对法》中明确规定:

作者简介:刘斌,青岛大学自动化与电气工程学院辅导员。

"突发事件是指突然发生的、造成或可能造成严重的社会危害且必须采取紧急应对处置措施的事故灾难、自然灾害、公共卫生安全和社会安全事件。"近年来,随着高校招生规模的不断扩大,在校生人数迅速增加,高校的突发事件成井喷式出现,经常见诸报端,引发广泛的社会关注和讨论。仔细审视曾经发生的诸多高校突发事件,我们可以发现其与校园外的社会突发事件既有相似之处,又有不同之处,综合已有的研究成果和大量案例分析,可以做出如下定义:

高校突发事件是指由于自然灾害、事故灾难、公共卫生安全或社会安全事件等因素引发的,发生在高校校园内或发生在校园外,但事件当事人涉及高校师生的,对高校正常教育教学秩序带来一定影响、冲击和危害且必须采取紧急应对处置措施的事件。

根据突发事件和高校突发事件的定义,宏观上可以按照突发事件的性质将其分为自然灾害、事故灾难、公共卫生安全、社会安全等几大类别,但结合高校教育教学运行和近年来的高校突发事件,具体来看,我们可以把高校突发事件分为以下几类:自然灾害、事故灾难、公共卫生安全、社会安全、网络与信息安全、教育考试运行安全、校园内部管理和服务质量、非正常死亡事件等。

2. 高校突发事件的特点

根据高校突发事件的定义和分类,结合大量高校突发事件案例,我们不难发现其具有以下特点:

(1) 突发性。绝大多数的高校突发事件是无法预测的,往往来势迅猛,给应对和处置工作带来极大的被动。

(2) 危害性。高校突发事件无论性质和程度是否相同,都会给高校正常教育教学秩序带来一定影响、冲击和危害。

(3) 多样性。随着高等教育普及率不断提高,高校在校生数量逐年递增,高校突发事件诱因也随之增加,使其呈现出多样性特点。

(4) 发酵性。高校中年轻人群体密集,一旦发生突发事件,会短时间内引发极大关注,各种良莠不齐的舆论迅速散播,甚至会引发与之相关的一系列突发事件。

3. 高校突发事件网络舆论的概念界定

通过对突发事件与高校突发事件的定义、分类和特点的分析,我们可以从高校突发事件与网络舆论的互动反应过程中发现,在高校突发事件发生时,网络舆论会迅速关注、传播和发酵,甚至可能形成由网络舆论引发的次生突发事件,危害巨大。当前,如何有效引导高校突发事件网络舆论已经成为高校突发事件发生时所必须面对和处理的一大难题,处置当否,甚至对突发事件的解决产生决定性影响。由此可见,高校突发事件网络舆论主要指由高校突发事件诱发的在互联网上引发关注、传播和发酵的,以高校在校生为主体的,对该事件所有认知、情感、态度和价值观的集合。

4. 高校突发事件网络舆论的传播特点

新媒体的产生与发展,是经济发展和社会进步的突出表现。新媒体对于各类信息的传播与扩散要比电视新闻等传统媒介的速度快得多,随着电脑、手机在高校学生群体中的普及,以互联网和手机为平台的校园新媒体发展迅速,给当代大学生生活、学习带来极大的改变。特别是近年来,微博、微信的出现与普及使我们迅速地进入了"自媒体"时代,这就使得当前高校突发事件网络舆论的传播呈现出如下特点:

（1）传播主体的隐蔽性。在传统媒体时代,高校各类舆论的传播几乎全部由官方主导,主要通过校园报纸、刊物、板报等平台传播,且传播内容经过各级层层把关,舆论传播的主导权被牢牢地掌控在主管部门。而在全民参与的新媒体时代,任何人只要有能够上网的电脑或者手机均可成为网络舆论传播的一员,由以往屈指可数的官方传播主体变为分布校园各个区域的大学生个体,这就会直接导致当高校突发事件发生时,会有大量良莠不齐、真假难辨的信息每时每刻、源源不断地从难以计数、不知其名的传播者手中发出,在整个传播过程中,传播主体大多处于隐蔽状态。

（2）传播载体的多样性。近年来,随着民营资本不断涌入新媒体领域,个人自媒体平台急剧增加,各类传播手段和载体竞相出现,它们不但完全吸收了传统媒体"文字"、"文字＋图片"或"声音"的优势,而且还加入了"视频"这一传播内容最为丰富和全面的载体,使得新媒体传播实现了文字、声音、图片、视频的任意组合,增强了舆论传播的直观性和立体性。当前,大学生群体已经成为新媒体应用的重要群体,他们可以通过电脑、手机即时通信交流,当高校突发事件发生时,以往仅仅是口口相传、真假难辨的"小道消息"会通过文字、声音、图片、视频多种载体迅速传播开来,这对我们的网络舆论引导工作带来极大挑战。

（3）传播速度的快捷性。在传统媒体环境中,任何信息的传递都需要经过一定时间的审核、发出、传递、接收等复杂过程,极易导致信息传递存在一定的滞后性。在新媒体环境下,人与人之间的信息传递可以达到"即时通信"的程度,蓬勃发展的科学技术使传播速度大大缩短,尤其是近些年兴起的部分视频直播网站标示着我们的信息交流几乎突破了时间、空间的限制,这也意味着我们高校的网络舆论也具有了即时传播的快捷速度,任何突发事件的发生会在短时间内迅速传播扩散,甚至以极快的速度无限扩大传播范围,由校园波及整个社会,引发严重的不良后果,影响校园的安全稳定。

（4）传播后果的双面性。进入 21 世纪以来,我国高等教育事业取得了长足的进步和发展,越来越受到社会各界的关注,一旦"风吹草动"极易触动社会各界的敏感神经,高校的突发事件日渐成为社会关注的焦点。高校突发事件网络舆论的传播后果具有鲜明的两面性,其积极作用在于,可以使客观无误的信息迅速传播,短时间内消除误解和谣言,同时有助于倾听大众的声音,形成良性互动,共同促进事件的稳妥解决;其消极作用在于助长了常常与突发事件相伴而生的误解和谣言,若官方的信息公开机制不畅,极易在短时间内造成群体性乃至社会性的误解和恐慌,引发严重的破坏性后果。

二、新媒体视阈中的高校突发事件网络舆论引导存在的弊端

当前,新媒体的迅猛发展极大地推动了高校内新媒体平台的发展,高校对于新媒体的对外宣传作用越发关注,然而部分高校对于新媒体环境下的高校突发事件网络舆论引导工作却依然缺乏足够的重视,仍旧依靠昔日传统媒体环境下积累的工作经验和办法来应对日益增加的新问题和新挑战,这就导致了在舆论引导工作中常常出现"硬办法不敢用,软办法不顶用"、"老办法不管用,新办法不会用"的尴尬局面。其具体原因主要在于我们当前的网络舆论引导依旧存在如下弊端:

1. 对网络舆论复杂性缺乏足够认识

随着新媒体的蓬勃发展,新媒体已经成为各种力量交织、抢占的媒体阵地,随着新媒体的大学生使用人数剧增,高校的网络舆论环境日渐复杂。当前,随着我国各项改革政策处于逐步落地生根的敏感时期,各种社会思潮依旧激荡,各种声音和诉求通过新媒体在网络上传播和扩散。当代大学生正处于世界观、人生观和价值观的成型和巩固阶段,依旧缺乏足够的明辨是非的处世本领,极易在网络上良莠不齐的社会思潮中迷失自己,甚至会引发严重且难于挽回的后果。然而,我们不少宣传工作者依然在传统工作思路的束缚下,尚未对新媒体视阈中的高校突发事件网络舆论引导引起足够的重视,这就直接导致了面对高校突发事件的网络舆论时步步被动,极大地增加了工作难度。

2. 网络舆论引导队伍欠缺专业素养

突发事件一直是高校讳莫如深的字眼,一旦发生,往往由学工、保卫和宣传等部门联合处理,从速求快,在网络舆论引导上常常是"删"字法和"沉默是金",局限于对于网络舆论的严密防控,而缺乏有效的引导和利用,这就使得高校往往在突发事件发生后陷于"自己不敢说不会说,又怕别人胡乱说"的尴尬境地。当前,部分高校依旧尚未建立起专业的网络舆论引导队伍,高校突发事件的前期研判、事中引导和事后完善等工作存在无专业队伍的情况,这就使得我

们对网络舆论引导仅仅局限于被动地就事论事,完备的工作机制更是无从谈起,这必然将给高校突发事件的稳妥解决带来极大的舆论压力。

3. 网络舆论下的法制意识有待强化

近年来,习近平总书记就网络安全问题发表了"互联网不是法外之地"、"没有网络安全就没有国家安全"等一系列重要论述。这警示我们在一如既往地做好网络舆论引导工作的同时,要扎实强化法制意识,以互联网法制意识武装自己的头脑,在突发事件发生时,要在涉及大是大非问题的网络舆论面前,敢于站出来发声,敢于同涉嫌违规违纪的网络舆论做斗争,把网络谣言揭穿,传递网络正能量。任何法制意识和法律知识的欠缺都可能会导致我们在进行舆论引导工作时畏首畏尾,不敢大张旗鼓地发声,这是我们下一步工作中要着力克服的弊端。

三、新媒体视阈中的高校提高突发事件网络舆论引导能力的机制

高校突发事件网络舆论的引导工作面临着越发错综复杂的新局面,一面是日新月异的新媒体发展,一面是越发捉襟见肘的工作思维定式,如何尽快建立起科学有效的工作机制是摆在多数高校面前的现实问题,只有不断更新观念、解放思想,以新的工作机制来指导我们对新媒体的认识和使用方能使我们真正屹立于高校突发事件网络舆论引导的高地。

1. 建立健全预警研判机制

建立健全预警研判机制,就是要将网络舆论引导工作做在平时,做到防患于未然,即建立起组织严密的校内校外网络舆论预警研判机制。校内部分主要是指以学年为单位梳理各个易发生突发事件的关键、敏感时间节点,通过辅导员、班干部、团干部等学工网络体系形成日周月报制度,深入了解情况,并加以研判分析,及时发现舆论焦点。积极关注校内师生经常浏览的网站、贴吧、微博和微信等新媒体平台,对新媒体上的互动信息进行收集和分析,进而深入把握校内舆论导向。校外部分主要是指时刻关注国内外的热点事件和话题、境外敌对势力的反动言论宣传等信息,及时关注其可能对高校在校学生产生的深远影响,及时做出预警分析和有效应对。以校内、校外网络舆论预警研判机制为依托,不断提高对于突发事件的有效预警能力,把高校突发事件解决在萌芽阶段。

2. 建立健全权威发布机制

在当前网络舆论日渐复杂化的新媒体背景下,高校突发事件一旦发生,往往会在短时间内成为一个舆论焦点,成为网民发泄不满的"焦点事件",引发严重的社会舆论后果。这启示我们必须建立健全权威发布机制,仿效新闻发言人

制度建立"网络发言人"制度和团队,一旦突发事件发生,通过贴吧、微博、微信等新媒体迅速权威发声,第一时间把握网络舆论的"话语权",使任何误解和谣言失去产生和传播的时间与空间。这对于高校突发事件的解决具有重要意义,既可以正确引导网络舆论走向良性、理性的方向,也可以有效保证师生和社会各界的知情权,争取在社会各界的理解和支持下解决问题。

3. 建立健全善后修复机制

当高校突发事件得到妥善解决后,我们要对突发事件的性质和具体经过进行全面分析与研究,首先是选择恰当时机和方式对事件进行温情化、人性化的关注与引导,尽快恢复良好的网络舆论生态,这有助于迅速摆脱突发事件对于高校网络舆论的进一步困扰和破坏。其次是必须进行事件"复盘",寻找此次突发事件中网络舆论的得失,尽快查漏补缺,防止负面舆论的死灰复燃。第三是总结部门间的互助和合作经验,为今后面对突发事件时提供宝贵的借鉴。

4. 建立健全引导创新机制

随着新媒体技术的不断完善和进步,我们在网络舆论的引导中会面临更多的、新的挑战,任何机制都不是万能钥匙,我们必须始终保持一颗创新之心,建立健全引导创新机制,以与时俱进的创新应对不断发展的网络舆论大环境。我们的创新不是毫无根据的求异,而是以大量的高校突发事件为案例依托,深入挖掘其内在的联系和规律,剖析舆论引导工作中的得与失,以之作为我们创新的原动力,确保以创新的机制在新媒体环境下形成一种充满"正能量"的网络舆论环境。

参 考 文 献

[1] 方宏建,郭春晓.大学生思想政治教育学[M].北京:人民出版社,2014:324-331.

[2] 张合斌.高校校园网络社区舆情形成及特征研究[J].东南传播,2009(11).

[3] 赵治.高校突发事件网络舆情的演变过程及应对策略[J].北京教育,2010(10):30-31.

[4] 张永汀.校园新媒体环境下高校思想政治教育途径创新[J].中国石油大学学报(社会科学版),2011(5):103-108.

[5] 王楷楠.高校突发舆情的发展演化机制及其引导管理[J].武汉理工大学学报(社会科学版),2010(5):642-644.

[6] 吴先琳,陈权.对高校新闻媒体如何引导校园网络舆论的思考[J].山西财经大学学报,2007(1):168-169.

高校辅导员工作案例探析
——大学生寝室"事故"处理

周 颖

(南通大学纺织服装学院,江苏 南通 226019)

摘 要:现今高校中,大学生寝室矛盾现象越来越普遍,已成为高校的热点话题,但大学生对寝室矛盾问题的处理能力还有待进一步提高。常常寝室一发生矛盾,觉得受伤害的一方就会出现无助、激愤、精神抑郁、自暴自弃等负面情绪和心理问题,严重的还会导致报复、自杀等极端事件。这类现象已越来越得到高校的重视,同时也给一线辅导员带来诸多新挑战。本文通过对一起典型的因寝室矛盾问题处理不当引发的严重事件的分析,提出针对此类案例的处理方法和手段,总结今后处理该类似问题的经验和启示,以期对今后高校学生的寝室矛盾等突发事件的处理提供相关的理论指导与事实依据。

关键词:大学生;寝室矛盾;辅导员

一、案例介绍

学生王某,男,是南通大学纺织服装学院纺织工程专业大三的学生,家庭情况一般,父母在外打工,家中有一个哥哥,个性偏外向,有些自我。新生入学初因比较主动、热心,被班主任选为班长。任职期间,一直积极为班级学生服务,受到班级学生的一致好评。由于大一下学期王某有一门功课考试不及格,心中有愧,心情非常低落,因此自动放弃担任班长一职。自此以后,沉迷于上网打游戏,成绩一落千丈,并影响到寝室舍友的休息,日积月累,与舍友的矛盾越积越深,不合群现象十分严重,经常以自我为中心,不顾及其他舍友的感受,严重影响了寝室的和谐,与宿舍同学间的关系非常紧张,相处十分艰难。

王某所在寝室为混合宿舍,共有 4 名学生,除王某之外,其他 3 名同学相处较为融洽。王某平时作息不规律,晚上经常熬夜打游戏,声音也比较大,舍友建议他调低游戏音量,他常不予理睬。时间一长,舍友们就渐渐忍受不了了,也在他休息的时候发出较大的噪音,对他的建议也不闻不问。果然,在大三下学期

作者简介:周颖,南通大学纺织服装学院硕士生,南通大学纺织服装学院助教。

临近期末的一个晚上,舍友A同学(大二降级学生)再次提出相同的要求,王某还是充耳不闻。A同学多次要求无果,对他的行为实在忍无可忍,动手打了王某。王某见自己被打,情绪也十分激动,冲上去和A同学相互扭打起来,矛盾正式爆发。

二、案例分析与处理

笔者作为王某的辅导员,得知此事后很吃惊,第一时间赶到王某的寝室了解相关情况,通知班长及其他班干帮忙打听具体情况,多方面地了解该突发事件的起因,并通知了他的父母。从走访过程中,笔者发现不仅同宿舍的同学对他的意见比较大,班级其他学生也对他大一之后的变化颇有微词。

王某作为90后的新时代大学生,虽具备较强的发展潜力,但自身存在着诸多问题:一是学习态度不很端正,二是自我调节能力较弱,三是人际关系较差,缺乏自信心。在引导王某的策略上,笔者采用了唤醒他的自主意识,从多方面认识自己、改变自己,进而提升自己,顺利回到大一时的开朗、自信状态。

课后,笔者第一时间找王某到办公室谈话,第一眼见到他的时候,A同学陪王某刚从医院检查回来,当时眼青鼻肿,鼻梁处还稍有骨折。笔者和王某谈了很长时间。从与他的对话中发现,王某还是个比较听劝的孩子,也主动承认了自己的所错之处,希望能够通过此次事件,深刻吸取教训,反思自己的不足,与A同学化干戈为玉帛,与其他舍友好好沟通交流,化解宿舍矛盾,以后好好相处。

经过走访调查和与当事人的谈话,笔者初步认为他们的寝室矛盾很大程度上来自王某的性格,王某太以自我为中心,从不考虑别人的想法,加之缺乏与舍友之间的沟通,相互间产生厌恶,因此,日常生活中的一件小事就会成为导火线,引发寝室矛盾升级,甚至大打出手。事后,笔者及时与王某的家长联系,告知情况,谈及此事。王某的父亲告诉笔者,之前他就发现孩子有些沉溺于打游戏,大二的时候,功课挂了好几门,当时他们对王某加以管教,但效果并不是很明显。在谈话中,父母主动要求来学校,希望借此机会,和学校双管齐下,好好和孩子沟通一下,了解他的心声,引导他的行为。

在思想上,通过与当事人、宿舍成员、王某的父母、班干部和部分同学的沟通,矛盾的根源终于被挖掘出来了,王某自尊心较强,很希望得到别人的认可,希望能够成为家人的光荣,挂科后,心情一直低落,自暴自弃,故一直沉溺于网络来逃避现实。本案例中,王某的生活方式导致了寝室矛盾的产生,而舍友的抵制情绪则是矛盾产生的潜在因素,从而使得宿舍关系一直处于紧张状态,长期下来，宿舍成员之间缺乏沟通，最终导致矛盾爆发。通过多次深入交谈，希望王某能在思想上正确面对现实，戒掉网瘾，正确对待一时的挫折。若网瘾较大，可建议他与学校心理咨询中心的老师沟通交流，"对症下药"。

在生活上，安排班委和舍友多与王某沟通，多关心、帮助、包容他，发现问题，第一时间通知笔者。同时，经常和他父母联系，告诉他们王某的在校状况，平时定期与他沟通交流，下宿舍，更深层次地了解他的生活情况，与他真诚相待，缩短师生间的距离，让他感受到师生、同学间的温暖。

在学习上，首先帮助其明确学习目标，告诉他学习并不是一帆风顺的，学会从挫折中爬起来才是真正的成功。同时提醒他大学学习环境有别于高中，告诉他学习方法，端正学习态度，提高学习的兴趣和热情，学会学习，并安排学习优秀的学生给予帮助，带动他的学习积极性，提高他的自学能力。

在工作上，可以让王某担任办公室助理，让他利用课后业余时间到办公室帮忙、学习，协助处理一些学生方面的工作，这样不仅可以锻炼他的工作、学习能力，还能够让他在做事的过程中充满成就感，从而进一步转移他对游戏的注意力，帮他走出网络，戒除网瘾，重塑对生活、对学习的信心。

三、案例启示

作为辅导员，我们每天都要经历"故事"和"事故"的锤炼，大学生活是个群体生活，在大学中，学生不仅要学会学习，还要学会与人相处，做到包容、忍耐、帮助别人，尤其是与寝室中不擅于交流、性格孤僻、不合群的学生相处，更要学会相互宽容、相互帮助，一个和谐、温馨的寝室才会促进学生的健康成长，否则，会给学生带来负面影响。因此，辅导员在对待寝室"事故"时不可掉以轻心，须做到以下几点：

（1）要定期走访学生宿舍，多与学生沟通交流，加强感情联系，全面了解学生，和学生建立新型的师生关系（相互尊重，相互信任），真正深入到学生中去。及时发现寝室"事故"，及时干预处理，防患于未然。

（2）发挥班级的"核心"人物作用，鼓励他们积极反馈寝室问题，第一时间掌握宿舍异常情况的发生。

（3）可利用业余时间，多方面开展以寝室为单位的集体活动，加深宿舍成员之间的感情和凝聚力。

（4）严格建立宿舍公约，提高寝室的内务管理水平。

（5）创建良好的班级氛围，融洽、团结的学生关系有利于很多突发事件的处理，可降低寝室"事故"出现的几率，就算遇到此类问题，也可快速找到倾诉的对象和解决的途径。

（6）处理寝室"事故"时，要注意时效性，及时地了解情况，收集重要信息，问题严重时，要第一时间汇报领导，寻求帮助，同时要积极和家长联系，稳定情绪，配合解决问题，引导学生从正面看待问题，从中成长，将负面事件转换为另一种收获。

（7）要重视经验总结，虽然寝室问题不尽相同，但往往具有共性，这就要求辅导员总结问题的原因，提出解决问题的方法，多方协调，形成一定的处理预案。

人非圣贤，孰能无过。作为高校辅导员，在处理学生问题时，要做到少一丝苛刻，多一些耐心，少一点怒气，多一分宽容，以解决学生的实际问题为出发点，以关注和倾听为结合点，以成长成才为落脚点，用爱心托起学生的梦想，用责任成就学生的希望。

校园文化建设

中国纺织职工思想政治工作研究会(院校学组)成立30周年纪念

走向"融媒体":高校校报的困境与突破

李晓佳　杨舒婷

(苏州大学党委宣传部,江苏 苏州 215123)

摘　要:高校校报是大学文化建设的重要组成部分,是校园内的主流媒体,在促进校园精神文明建设、繁荣校园文化等方面发挥着重要作用。校报的内容以学生生活为中心,主要依托高校,并为所依托的高校师生服务。"融媒体"时代,各种新新媒介接踵而来,在多样化信息的刺激下,使得高校校报等纸媒的影响力逐渐减弱。纸媒到底是消亡还是涅槃重生,各界说法不一。笔者认为,作为传统媒介的高校校报,只有坚持"内容为王",在充分利用互联网的基础上,积极转型,借力各种媒介,推送特色栏目,才能吸引更多受众,获得更大的发展空间。

关键词:"融媒体"时代;高校校报;大学文化

媒介技术的迅猛发展已经使"数字化"、"新媒体"这样的命名显得笼统而陈旧,昨日意义上的新媒体,转而就成为旧媒体。聚友网、掘客网、脸谱网等一系列新新媒介相继在互联网上产生,不断地冲击着传统媒体以及第一代网络媒介(如电子邮件、留言板、聊天室等)。在媒介多样化的冲击下,高校校报等传统纸媒的处境较为尴尬。作为大学文化建设的重要组成部分,高校校报是校园内的主要媒体。信息技术的发展,各种新媒介层出不穷,高校校报的受众在逐渐减少,因此校报的生存和发展面临着严峻考验。高校校报如何在"融媒体"时代突破瓶颈获得新生,已经成为迫在眉睫的课题。

一、"融媒体"时代的解读

"融媒体"的概念是由"媒体融合"(Media Convergence)的概念延伸而来。"媒体融合"的定义始于20世纪80年代的美国,由马萨诸塞州理工大学的浦尔教授提出,其本意是指各种媒介呈现出多功能一体化的趋势。美国新闻学会媒介研究中心主任安德鲁·那钦森(Andrew Nachison)将之定义为"印刷的、音频

作者简介:李晓佳,苏州大学党委宣传部,讲师

的、视频的、互动性数字媒体组织之间的战略的、操作的、文化的联盟"①。当前意义的"融媒体"更多是指各个媒体之间的合作与联盟。"融媒体"不是一个独立的实体媒体,而是把广播、电视、互联网的优势互为整合、互为利用,使其功能、手段、价值得以全面提升的一种运作模式,倡导资源互融、宣传互融以达到利益共享共融,即各种媒介呈现出多功能一体化的趋势。

在融媒体出现前,大众传媒主要分为广播、电视、纸媒三个类别。且新闻传播方式单一。而融媒体作为一种新型媒体,以互联网为主要载体,集视听为一体,带给受众全新的接受体验。在信息化时代的最初阶段,媒体竞争只是单一的"内容竞争",通过所报道的新闻事实的新鲜性、重要性等特质来吸引受众。纸质媒体成为受众消息来源的重要渠道。但是随着科技的发展,媒体间的竞争不再单纯取决于内容,传播渠道成为媒体竞争的另一个重要因素。在这种信息资源共享、媒介多元化的大趋势下,新闻资源的占有与传播都发生着变化,传统纸媒如果仅仅停留在"把关人"角色上,势必会落后于整个时代,只有适应这种变化的新形式,自主、自觉地完成从观念到业务上的转型,才能使得新闻传播达到最佳效果。

二、"融媒体"时代高校校报的发展概况及困境

高校校报担负着在高校引导舆论、弘扬新风、培育新人、维护稳定和繁荣文化、传承文明的重要使命。校报作为高校校园内占主导地位的媒体,在大学文化建设中发挥着创建和传承大学文化精神的作用。高校校报是高校党政机关报,在报道校园信息、传递师生员工心声、建设校园文化方面有其不可替代性。高校校报的功能定位和资源优势决定了它应该也能够成为高校的主流媒体,成为师生们关注的焦点。新媒体是伴随着互联网产生并发展的。信息技术的发展,使得新媒体正以其独特的方式影响大学文化建设,丰富大学文化建设的内涵和外延,推动大学文化发展。

时代的发展,使得新媒体的资源利用趋于融合,在"融媒体"时代,各种媒介的争夺战进入白热化。作为传统媒体的高校校报,在这轮竞争中处于劣势。纸媒的信息量小、速度慢等弱点使得高校校报的受众逐渐减少。现在校报的处境尴尬,不仅受众逐渐减少,而且,还存在办报机制不健全、采编队伍参差不齐、版面设计老化、报道方式单调、出版周期长、时效性差等问题。

"融媒体"时代的特征使得高校校报在校园内的主流媒体地位受到冲击,甚

---

① 【美】莱文森.新新媒介[M].何道宽,译.上海:复旦大学出版社,2011:215.

者还有部分学者发出了"报纸消亡论"的观点。传统的纸媒到底是消亡还是浴火重生目前尚无定论,但是,可以肯定的是,传统纸媒必须在信息化社会中转型、创新,才能继续生存和发展。

"融媒体"更多是一种理念,是多种媒介的融合应用。单一的媒介已经不能满足大众的需求。作为传统纸媒的高校校报更应该在选题策划、版面设计、报网融合等方面下功夫,并且借力于基于互联网的各种媒介,围绕大学文化建设的主线,进行多样化的推送,以期扩大受众数量,在"融媒体"时代重塑高校校报在校园文化建设中的主流地位,在高校思想政治教育工作中发挥重要作用。

三、高校校报的转型

当下,"融媒体"已对社会产生着广泛的影响,"融媒体"强调传播介质之间的融合和打通,是"印刷的、音频的、视频的、互动性数字媒体组织之间的战略的、操作的、文化的联盟"。作为承担着高校思想政治教育工作的高校学报,如何借力各种媒介并脱颖而出,加强高校学报对校园文化建设的引导与推动,继续担当高校思想政治教育工作的航标,是高校媒体人需要深入思考的问题。

1. 内容为王:挖掘深度报道

无论何种媒介,都是传播的手段。其核心价值不会改变。"融媒体"时代,信息量大,传播途径多,传播速度快,高校校报更应把握好新闻的主旋律,引领受众树立积极的人生观和价值观。这就要求校报编辑在新闻采稿、新闻编写上下功夫,选择吸收正能量的信息,从而达到推动大学文化建设的目的。受众是新闻传播活动的归宿和传播过程的决定性主题,也是新闻传播行为的原动力,以受众为本是发展现代传播的必由之路。作为校报编辑更应在充分了解受众需求的基础上,深度挖掘新闻事件,做持续报道。发挥纸媒信誉高的特点,抓住受众心理,避免受众流失。

2. 借力媒介:传播方式多样化

"融媒体"重要的是践行互联网的思维方式,即开放的、平等的、共享的和技术引领的思维方式。其发展的关键是顺应互联网传播移动化、社交化、视频化的趋势,把当今可用的新技术全用上,以达到最好的水准,融合发展之最佳效果应该是缔造新型主流媒体。高校校报在新的历史环境下要想实现新的发展,必须要改变传统意义上的"严肃"、"呆板"的纸媒形象,努力搭建新平台,主动适应新发展。高校校报也可以借力于多种媒介,例如微博、微信等。充分借力于基于互联网的各个宣传媒介,将高校校报的主要内容推送出去,加大受众的接受程度,从而推动大学文化的建设,达到对受众进行思想政治教育的目的。

3. 强化品牌:推送特色栏目

"融媒体"时代,给高校校报的发展带来了挑战和机遇。高校校报要在众多媒介以及海量的信息中脱颖而出,必须要树立自己的品牌。可以进行思想政治教育的专题报道,并根据师生反馈进行深度报道,对该专题进行深入解读,做出自己的特色,从而扩大校园新闻的影响范围,以期达到弘扬正能量,引导与推动校园文化建设的作用。高校校报最大的劣势是时效性差,面对新媒体快速、实时传播的特点,校报应该回避自身时效性方面的不足,发挥自身权威性、真实性方面具有的一定优势。可以结合学校的重点工作、师生关注的热点话题、社会重大事件及重要节点,策划不同的报道,形成自己的特色专栏,从而达到占领市场、吸引受众的目的。

4. 积极转型:建立跨媒体意识

"媒介杂交释放的新的力量和能量,正如原子裂变和聚变要释放巨大的核能一样。"① 在传统媒体与新媒体不断碰撞融合的视域中,传统媒体编辑趋于兼容新媒体的编辑功能,使得编辑功能多样化。高校校报作为大学文化建设的重要组成部分,是大学文化中不可或缺的组成部分。"融媒体"时代,媒介及推送方式多样化,信息传播迅速,传统的纸媒周期长、传播速度较慢,受众逐渐减少。因此高校校报应积极转型,思考新的传播方式和方法,这样才能获得更大的发展空间。

综上所述,"融媒体"时代的到来,给了纸媒更多的发展机遇和挑战,在这次抢占资源和市场的战争中,高校校报应积极转型,扩展受众范围,充分发挥校报承担的引导与推动大学文化建设的功能。

参 考 文 献

[1]【美】莱文森. 新新媒介[M]. 何道宽,译. 上海:复旦大学出版社,2011.
[2]【加】马歇尔·麦克卢汉;何道宽,译. 理解媒介:论人的延伸[M]. 北京:商务印书馆,2000.
[3] 田笑如. 以人为本视域下的大学文化建设路径研究[D]. 兰州大学,2014.
[4] 戴军. 中国大学文化建设中的传承与超越[D]. 湖南师范大学,2014.
[5] 陈雪华. 融媒体时代下传统纸媒的运作新模式——以《光明日报》融媒体中心为例[J]. 新闻研究导刊,2015(9).

---

① 【加】马歇尔·麦克卢汉;何道宽,译. 理解媒介:论人的延伸[M]. 北京:商务印书馆,2000:82,91.

中国纺织职工思想政治工作研究会(院校学组)成立30周年纪念论文集

公共服务视角下的大型校园文化活动管理创新
——以上海高校为例

段 然[1] 邱登梅[2]

([1] 东华大学党委宣传部,上海 201620;[2] 东华大学先进低维材料中心,上海 201620)

摘 要:高校大型校园文化活动的开展旨在将思政教育与学生全面发展的内在需要有机统一,在履行公共文化服务职能的过程中,彰显社会主义核心价值体系,引领中国特色社会主义先进文化发展。本文从公共文化服务管理视角出发,剖析上海高校大型校园文化活动现状,以及创新管理理念、组织架构和管理模式,认为必须坚持先进文化导向思想的一元性与表现形式的多样性,形成跨校协同互动的网络化工作方式,建立常态化的专家咨询机制、项目化的培育机制、品牌化的传播机制,以信息化推动文化活动的体系化和规范化。

关键词:校园文化活动;社会主义核心价值体系;公共服务;品牌创新

文化强则中国强。把社会主义核心价值体系融入国民教育全过程,弘扬中华民族优秀传统文化,提高全民族科学文化素质的自觉和自信,是推动中国特色社会主义伟大事业、实现中华民族伟大复兴的强大精神动力和文化支撑。高校作为发展中国特色社会主义先进文化的重要基地、示范区和辐射源,其公共文化服务职能的充分实现对促进文化传承创新,提高社会文化建设水平有重要意义。

优秀的校园文化具有启蒙心智、以文育人、涵养人生的功用,是衡量一所高校办学理念和水平的重要指标之一。大型校园文化活动的开展,能充分调动大学生自我教育的积极性和主动性,把思政教育提升到教育与自我教育和谐统一的更高层次,有助于党和国家意识形态领导与大学生全面发展内在需要的有机统一。

一、大型校园文化活动管理内涵诠释

美国学者沃勒最早提出校园文化的概念,即学校中形成的特别文化。综合

作者简介:段然,东华大学党委宣传部科员,助理研究员。
邱登梅,东华大学先进低维材料中心副主任,副研究员。

后来发展出的社区说、氛围说、综合说和补充说等多种定义,校园文化通常被理解为学校在长期的教育教学过程中逐渐形成和积淀的精神环境和文化氛围,是全体师生共同追求的价值取向和不竭动力,在与师生员工不停的相互作用中继承和发展,具有互动性、传承性、先进性和包容性。[1]

校园文化活动的构成要素包括:(1)主体:活动的直接继承者、建设者,是师生员工组成的集合体,领导者的认知水平直接影响活动性质、方向和水平。(2)环境:自然环境、人际关系环境和文化历史环境。(3)途径:发挥各高校专长,创作歌舞、戏剧等文化作品;立足各高校特色学科,举办文化艺术教育专题讲座、论坛等。(4)成果:与知识掌握、智力发展有关的教学科研等文化活动及其成果;与主体思想政治与道德品质的形成有关联的教育和自我教育等活动;与主体个性和谐发展有关的活动,是校园文化活动追求的核心目标之一。正是因为校园文化活动的对象和成果的多质性与多层次性,才使得校园文化活动如此丰富多彩。

高校大型校园文化活动指由教育主管单位、有关政府部门或高校组织、参与的,以大学生为主体、以文化活动为主要内容、以大学精神为主要特征的提高大学生思想道德和文化素质的一切大型文化活动,其职责是让师生和公众体验文化活动的愉悦时产生共鸣,让文化的情感因素和思想理念在个人内心得到强化。由于存在时效性,它必须在短时间内大规模集中投入,具有鲜明的方向性、科学的素质观、明确的整体性等特征,以期达到活动影响力最大化。

文化管理以文化为研究内容,也以文化为根本手段,通过凝练和培育共同的价值观、共同的愿景、共同的行为规范与和谐的人际关系,使组织成员在自觉实现组织目标的过程中,实现个人自我价值的一种管理方式。[2] 它一方面重视以制度化、理性化为基础;一方面坚持"以人为本"的管理理念,以共同的价值观统摄物质、制度等理性因素,崇尚"管理即服务"的管理哲学,把尊重人、服务人、凝聚人、依靠人和完善人作为组织管理的主要目的。大型校园文化活动往往涉及"多元化"的甚至是跨地区、跨国家的参与主体,活动中有很多不可预见性因素,因此需要在对当前文化管理复杂性研究的基础上,结合校园文化发展规律,通过文化管理创新来促进校园文化发展。[3]

---

[1] 巫阳朔. 中美高校思想政治比较研究[D]. 中共中央党校, 2012.
[2] Sheying Chen. Academic administration: a quest for better management and leadership in higher education [M]. New York: Nova Science Publishers, 2009.
[3] 李艳. 文化自觉:高校思想政治教育的理性逻辑[J]. 中国高等教育, 2013(3).

二、高校大型校园文化活动管理现状

高校大型校园文化活动应依托高校历史积淀和学科特色,体现教育内涵,这是高校与其他社会组织提供的公共文化服务产品的本质区别所在。从活动目的角度去考察,高校大型校园文化活动的内容可以概括为三方面:一是以培养思想政治素质为目的的活动。高校大型校园文化活动的开展必须坚持以社会主义核心价值体系为指导思想的一元性与表现形式的多样性相结合,把思想政治教育提升到教育与自我教育和谐统一的更高层次。二是以培养智能素质为目的的活动。提高师生员工的智能素质的活动理应成为高校校园文化活动的重要内容之一,以完成党和国家的意识形态领导与大学生全面发展的内在需要有机统一的目标。三是以培养文化技能素质为目的的活动。校园文化活动为青年学生及教职员工提供了一个陶冶情操、锻炼技艺、施展才华的天地,以满足日益增长的对精神文化生活的需求。①

2004年,教育部和共青团中央面向各教育主管部门和高校联合下发了关于加强和改进高校校园文化建设的意见(教社政[2004]16号),自2006年起,教育部思政司开始举办每年一次的全国高校校园文化建设优秀成果评选,每年举办"五月的鲜花——全国高校校园文艺会演",各地校园文化活动开展渐成声势。由上海市教卫党委、上海市教委主办的立足于上海高校优秀文化资源的上海大学艺术实践基地,自2005年开始至今的8年时间里,先后有复旦大学、上海交通大学、东华大学、上海戏剧学院等12所大学成立了14家具有较高艺术水准、特色鲜明的大学生艺术实践基地,基地的文化志愿者们通过该平台参加了中国上海国际艺术节、中国2010年上海世博会表演等重大演出活动,举办大学生戏剧展、音乐节、电影节等活动,提供了音乐、舞蹈、服饰、戏剧、武术、影视等多种艺术表现形式的精彩文艺演出。各高校还结合自身特色提供文化教育和培训的智力资源支持,输送各领域的专家学者开展讲座、论坛等活动。

目前上海市高校大型校园文化活动以政府为纽带、学校为主体,开始注重活动的覆盖面,跨校跨区跨国界倾向明显;运用整合营销手段,邀请各大媒体参与,扩大活动的社会影响力。但是,目前仍存在总体目标不清,社会主义核心价值体系教育融入不够;形式雷同,缺乏底蕴;社会知名度不高,公众参与不充分等问题。究其原因,可概括为以下五个方面:其一,"由上至下、逐层管理"的行政管理模式难以触及学生活动的盲点,教育主管部门直接决定高校文化活动和

---

① 何彭程.教育公共服务体系构建研究——以上海实践为例[D].华东师范大学,2012.

公共文化服务的政策和扶持力度,使得活动的广度和深度有所限制;其二,因为缺少科学的论证和系统的规划,重大活动的决策、制定和参与机制没有形成成套的规章制度,高校有时只是动员性和配合性地参与,导致活动理念创新不足,出现行政命令式、突击式的活动;其三,教育主管部门在大型校园文化活动管理方面缺乏统一的信息化管理系统,信息公开、信息反馈、信息处理不及时;其四,缺乏长效建设机制,后续发展动力不足,导致不少校园文化活动"风光一时"后便转瞬即逝,正如西方古谚语"罗马不是一天建成的"所言,一个产品要成为品牌,具有行业引导力,绝非短期就能实现的目标;其五,相关研究滞后,特别是对校园文化活动管理具有实际指导意义的理论成果不多。

三、高校大型校园文化活动管理策略创新

管理新方式的探索要有先进的理念支撑、明确的目标指引和综合平衡的科学思考。第一,在管理理念上,教育主管部门应由管制转向服务和引导;第二,在组织架构上,建立专家咨询委员会,形成以跨校跨专业协同和互动的网络化工作方式,进行科学论证和总体规划;第三,在管理模式上,以信息化推动校园文化活动的整体化、体系化和规范化。

1. 高校大型校园文化活动的基本原则

一是导向明确,育己育人。活动的开展必须以坚持先进文化导向、弘扬社会主义核心价值体系为原则,指导教育与引导培育相结合,贯彻实施与创新发展相结合。《大学》有言:"大学之道,在明明德,在亲民,在止于至善。"弘扬传统文化还是激发大学生爱国主义情感,增强大学生民族自尊心、自信心和自豪感的坚实基石。二是凝练特色,形成品牌。活动要在紧密围绕高校自身的办学定位和战略规划的基础之上,立足本校文化特色,走出象牙塔,在竞争和比较中凸显自己的文化品牌。三是致力精品,传承创新。紧密结合学校精神和人才培养目标,打造一批文化精品,依托学校历史文化积淀和学科底蕴,进行高校校园文化活动创新。四是整合资源,贴近大众。通过政策和市场机制引导,吸引和调动社会文化资源参与到高校公共文化服务工作中来。兼顾不同类别高校的实际情况和特色,在不同的时间段,针对不同类型的师生和社会大众有重点地安排各类活动,完成政治意识引导的有效实践。

2. 高校大型校园文化活动管理组织架构创新

由上海市教卫党委、市教委成立上海市高校大型校园文化活动专家咨询委员会,委员会成员由相关政府部门负责人、文化教育界专家、文化艺术专业教授、各高校文化活动负责人等组成,通过科学论证,提出规划建议和各项咨询意

见,研究议定大型校园文化活动的年度主题、内容和形式及年度计划等重大事项,审定各高校活动计划。委员会下设工作办公室,设在市教卫党委宣传处,由相关政府部门、各高校文化活动管理人员组成,负责组织各高校参与各活动项目竞标,项目管理、监督、评价和总结,组织媒体宣传。各高校成立高校大型校园文化活动领导小组,由分管校领导担任组长,发挥本校宣传、团委、学工、艺教中心、学生会、学生艺术社团等部门的作用,形成工作合力,负责上报本校年度活动计划,积极参与项目竞标,组织、培训一批高水平的文化志愿者和专家队伍,加强对活动的宣传和总结。如下图所示。

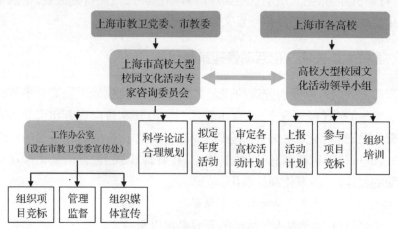

高校大型校园文化活动管理组织架构图

3. 高校大型校园文化活动管理的提升策略

高校大型校园文化活动的开展不仅需要上级教育主管部门短期的扶持政策,更需要一个长期稳定的政策环境:(1)科学化的规划机制。由上海高校大型校园文化活动专家咨询委员会,通过广泛调研和科学论证,提出规划建议和各项咨询意见。通过一系列项目化管理支持制度的建立,有利于实现在校园文化管理方面的制度化建设。(2)整合性的协同机制。通过政策和市场机制引导,吸引和调动社会文化资源参与到高校公共文化服务工作中来,整合上下、内外、横向资源,在决策创议、评定方案、意见反馈等全过程形成工作合力。(3)项目化的培育机制。将项目管理的方法、手段运用到校园文化建设的管理中,从而科学高效地进行大型校园文化活动的组织和控制,优化资源配置。(4)竞标式的遴选机制。将校园文化工作由"要我做"变为"我要做",推动整个校园文化的建设由"领任务"变成"请任务",有利于调动高校参加校园文化建设的积极性。(5)品牌化的传播机制。结合各学校的历史背景、办学风格、专业设置等因素,做好校园文化活动品牌的定位、挖掘、宣传和推广这几个环节,是提升大型校园文化活动内涵和层次、凸显品牌活力与价值的关键。(6)评估性的拨款机制。只有对大型校园文化活动方案制定、拨款机制、活动实施以及活动效果等各方面加以全面、科学的评估,才能使高校校园文化活动管理组织的运转长效化与规范化。(7)选拔式的培训机制。邀请文化领域的专家学者对文化活动管理、志愿服务、专业技术等人员组成,实施分层、分类、分步骤的培训,提高其政治素质、文化素质和身心素质,建立一支富有创造性思维和具有创新本领的校园文化活动建设和管理队伍,为促进大学生创新素质发展提供持久的动力。(8)信息化的保障机制。抓住国家实施三网融合的战略机遇,建立上海大学生文化活动网,借助各种新型数字媒介应用调整校园文化活动和公共文化服务内容,进一步开发受众资源,提升文化创新能力和传播能力,拓展活动和服务渠道是整合和完善大型校园文化活动管理体系的有效途径。

四、结语

高校大型校园文化活动的开展旨在将思政教育与学生全面发展的内在需要有机统一,充分调动大学生育己育人的积极性和主动性,在履行政府和高校公共文化服务职能的过程中,彰显社会主义核心价值体系,引领中国特色社会主义先进文化发展。研究认为,高校大型校园文化活动在管理理念上,必须坚持先进文化导向思想的一元性与表现形式的多样性;在组织架构上,建立专家咨询委员会,形成跨校跨专业协同和互动的网络化工作方式;在管理模式上,以信息化推动校园文化活动的整体化、体系化和规范化,建立常态化的专家咨询机制、项目化的培育机制、品牌化的传播机制、评估性的拨款机制、选拔式的培训机制。

本文以新公共管理理论为基础,借鉴和吸收国内外先进校园文化活动管理和实践经验,结合上海高教系统实际,对上海高校大型校园文化活动的策划、组织、管理、传播、评价与制度建设等提出系统性意见,对提升其管理水平具有理论价值和实践意义。

学生社团"模块化"在高校人才培养中的作用探究

魏 哲

(西安工程大学机电工程学院,陕西 西安 710600)

摘 要:学生社团作为高校重要的学生组织,在加强思想政治教育、提升专业技能、健全学生身心健康、活跃校园文化等方面发挥着重要作用。学生社团通过有效的策划、组织和引导,将学生兴趣爱好与学科专业知识紧密联系在一起,是理论与实践相联系的高效平台。本文以西安工程大学社团建设发展为例,就学生社团"模块化"培养模式在人才培养过程中所起的作用和取得的成效进行阐述,并提出进一步发展的关键因素。

关键词:模块化;学生社团;人才培养

学生社团是高校校园文化的重要载体,社团活动是第二课堂不可或缺的组成部分。"高校学生社团活动是实施素质教育的重要途径和有效方式,在加强校园文化建设、提高学生综合素质、引导学生适应社会、促进学生成才就业等方面发挥着重要的作用,是新形势下有效凝聚学生开展思想政治教育的重要组织动员方式。"①在多年的实践中,我们深刻认识到在人才培养过程中,学生不但需要通过第一课堂系统地学习理论知识,掌握学习方法,同时也需要第二课堂锻炼能力,磨炼意志,张扬个性,发展特长,培养健全的人格和良好的心理素质。学生社团以其独有的思想性、艺术性、知识性、趣味性和多样性吸引广大学生参与其中。②"高校学生社团是社会团体的一种,也是学生社团的一部分。"③目前,我国高校社团正处于蓬勃发展期,虽然面临着诸多问题和挑战,但在人才培养体系中依然显现出独到的优势。以西安工程大学为例,截至 2015 年 10 月,学校注册社团 87 个,学校多部门共同组织和管理,依托学校完善的学生社团管理体系和软硬件平台,强化了对学生社团的指导和监督,搭建学生社团在人才培

作者简介:魏哲,西安工程大学机电工程学院党总支副书记。

① 翟建国.论学生社团在高校人才培养中的积极作用[J].济源职业技术学院学报,2007(6)1:40–42.

② 李捷.工科专业型学生社团对创新型人才培养研究——以山东某高校工科专业为例[D].济南:山东大学,2010:27–30.

③ 常青.高校学生社团问题研究[D].长春:东北师范大学,2012:8–11.

养过程中"模块化"培养平台,使学生社团真正成为第一课堂的必要补充,成为大学生综合素质教育的主阵地。

一、学生社团"模块化"培养模式的主要内容和实施过程

1. 学生社团"模块化"培养模式的构建思路

西安工程大学现有各类在校生22 000余人,涉及理、工、经、管、文、法、教和艺术等学科(具体分布如下图所示)。

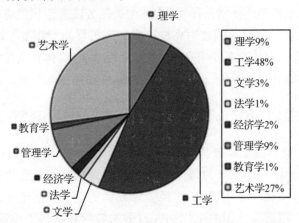

学校根据专业结构及学生特点,搭建了学生社团在人才培养过程中"五模块"的培养平台,即按照学术科技、文化艺术、公益服务、社会实践和体育竞技分类指导,组织实施,提高学生的思想品德素质、科学文化素质和身心素质,满足人才培养多样性的同时实现高等教育培养人才、科技创新、服务社会和文化传承的重要职能。

2. 学生社团"模块化"培养模式的具体内容

(1) 学术科技模块。积极开展大学生课外科技活动,是培养大学生的科学精神和创新能力、实现理论与实践相结合的有效途径,是培养和提高大学生科学素质和促进学风建设的重要举措。学校以大学生科技文化协会为主导,各学院科协分会为支撑,坚持规范化管理、专业化指导。结合教学特色,通过积极组队、严格筛选、后续指导三步方针,引导广大学生参加"挑战杯"全国大学生创业计划竞赛和全国大学生课外学术科技作品竞赛、全国大学生数学建模竞赛、全国大学生电子设计竞赛、全国大学生机器人设计竞赛等各类科技创新活动。

(2) 文化艺术模块。充分发挥学校"艺工结合"(艺术设计与工程技术相结合的人才培养模式)的办学特色,实行艺术与工程两类专业的相互熏陶和渗透,使理工类学生具有良好的文化艺术素养,艺术类学生具有较好的工程意识和工

程实践能力。

（3）公益服务模块。学生社团的非功利性及与社会广泛接触的特点决定了学生社团活动的社会服务功能，公益服务类学生社团活动的社会服务功能对加强社会主义精神文明建设，构建和谐校园起到了重要的作用。

（4）社会实践模块。注重理论与实践相结合是大学生的一个重要特点，社会实践类社团为他们提供了与社会广泛接触的实践机会，通过社会实践使学生达到受教育、长才干、做贡献的目的。

（5）体育竞技模块。贯彻落实《中共中央国务院关于加强青少年体育增强青少年体质的意见》和《全国普通高校体育课程教学指导纲要》文件精神，深化体育教学改革，强化体育教学管理，提高体育教学质量，体育竞技类社团培养了学生的体育意识和运动技能，促进学生身心健康和社会性发展。

二、学生社团"模块化"培养模式在人才培养过程中的作用

1. 为人才培养提供专业指导

建立学生社团导师制。为每一个学生社团选派有专长和责任心强的教师做导师，发挥导师在专业学识、工作经验等方面的优势。制定学生社团指导教师的规范要求，把指导社团的工作纳入教师的教学和科研工作量中。同时，教师指导学生社团工作的业绩与津贴发放、评选先进挂钩，充分调动教师的积极性。

2. 为人才培养提供政策依据

设置学生第二课堂学分。学生在校期间，在完成教学学时、学分基本要求的同时，必须参加综合素质教育活动，至少完成6学分。凡参加第二课堂均可获得公共选修课1.5个学分，同一学生参加不同项目，学分可以累加。

3. 为人才培养提供经费支持

制定专项学科竞赛组织管理办法和奖励办法，学校每年划拨一定经费用于保障学生社团的建设、发展和奖励。

4. 为人才培养提供硬件设施

设立专门为社团服务的社团办公室，建立大学生活动中心、大学生素质拓展基地、大学生就业创业实践基地、大学生社会实践基地、大学生青年志愿者实践基地、大学生课外科技活动基地等场地支持。同时结合社团的专业需求，开放工程训练中心及各类实验室，为社团活动提供便利。

5. 为人才培养营造浓郁氛围

学校利用多种宣传方式，定期介绍学生社团活动，让学生了解和认识社团，

同时,通过举办社团文化节、社团发展论坛、社团创新活动观摩、特色社团活动和社团工作经验交流等方式,活跃社团活动,扩大社团在学生中的影响,为学生社团发展注入活力、创造条件、搭建舞台、营造氛围。

三、学生社团"模块化"培养模式对人才培养的成效

多年来,"模块化"培养模式的实施为学生发展特长、施展才华、锻炼能力提供了平台,取得了良好的教育效果。

1. 学生社团在人才培养中的重要地位得以确立

学生社团活动强调理论联系实际、学以致用,让学生在实践过程中体验生活、认知社会。通过"模块化"培养模式,使学生在第一课堂所学的知识得到了检验、巩固和深化,不断完善自身的知识体系,锻炼能力,提高了综合素质。

2. 以学生为本的育人理念在社团活动中得以树立

学校遵循自愿性、广泛性、灵活性、创造性等原则开展学生社团活动,坚持以学生为本,尊重学生个性化发展,重视学生群体的主导意识,充分发挥学生的聪明才智。学校强调发展学生个性、注重人文关怀,形成自发参与、重点突出、特色鲜明的活动氛围,使活动真正满足学生自我发展和自我教育的需要,符合提升学生综合素质的教育目标。

3. 学生社团促进学风建设,高层次成果不断涌现

社团作为学生学习的重要载体和平台,对学生学风建设起着重要作用,通过跨学院带动互比互学、主观能动自发自学、团队推动共谋共学,推动学风建设。在社团中推行学分制,激励了学生自主学习与创新,实现了社团活动与课堂教学活动的有效嫁接。"模块化"培养模式的开展推动了学校的学风建设,学风建设成效显著,学校学生在国家级和省部级竞赛活动中成果不断涌现。据不完全统计,近五年来,学校学生在学术、科技、文化、艺术、体育方面获得国家级奖400余项,省部级600余项。

4. 学生社团在人才培养过程中作用日益显著

多年来,通过"模块化"培养模式使学生的实践动手能力、再学习能力、科技创新能力等得到了很大提高。近年来"毕业生跟踪调查和企业回访"表明,学校毕业生专业基础扎实,知识结构合理,实践动手能力强,深受用人单位的欢迎,多数毕业生已成为单位的骨干,育人质量得到了社会的认可。

四、学生社团"模块化"培养模式进一步发展的关键因素和问题对策

1. 优化社团的导师队伍

社团导师对于社团的建设,对于社团活动的建议、监督和评价,都是一个社

团成长的至关重要的因素。针对"模块化"培养模式中不同模块社团的特点和侧重领域为社团配备更加专业、更具该领域实践经验的导师,在日常生活学习和社团活动中为学生提供更加专业的帮助和细致的指导。

2. 保障稳定的资源支持

社团的发展需要充足的资金及场地支持,以解决社团所面对的问题。学校应配备专项经费用于社团建设、社团活动和科技比赛的开展,力求减少社团发展的阻力,解决社团建设问题。

3. 建立完善的管理制度

社团需要根据不同模块领域特色,规定适合社团发展的活动范围,构建社团的运行机构,并逐步建立完善适合本社团特长发展的制度章程,通过有效的制约,营造组织文化氛围,强化组织凝聚力,突出社团鲜明的特点。

4. 打造精品的社团活动

逐步完善"五模块"社团间完善的活动体系,加强社团间的联系与合作,在此基础之上创建各模块中特色鲜明的精品社团活动。既满足大多数同学基本的社团学习需求,又能带动社团优势发展,为追求卓越的学生提供锻炼平台。

人才培养是高校的一项重要职能,如何发挥以学生社团为代表的学生组织在人才培养中的作用,已成为一项重要课题。要实现这一目标,就必须发挥学生在教育活动各个方面的主体参与作用,通过开展丰富多彩的社团活动,把文化知识学习和思想品德修养紧密结合起来、把创新思维和社会实践紧密结合起来、把全面发展和个性发展紧密结合起来,使天赋、智力、才能不平衡的学生找到展示自我、完善自我的舞台,使学生依据自身特点,不断开拓创新,在多方面的尝试和实践中锻炼、提高独立思考的能力和创新能力,为高校人才培养贡献力量。

职业先锋

推进创新创业文化建设
稳步提升人才培养质量

张健华　成　煦

（天津工业大学马克思主义学院，天津 300387）

摘　要：人才的培养离不开文化的孕育。随着我国经济转型的序幕逐渐拉开，天津工业大学顺应时代发展的需要，以锐意进取、推陈出新的精神风貌，本着创新创业主题，适时整合各类学校资源，为广大学生准备了丰富的文化盛宴。在落实各项议程的过程中，各级行政部门与教育单位本着百年树人的教育理念，创新组织管理形式与教学研究机制，不仅向广大学生传递了科学精神与创新精神，也增强了学生们的专业技能，营造了敢于为人先的实践氛围，受到了社会各界的肯定与支持。

关键词：创新；创业；校园文化；人才培养

校园文化建设旨在多维度地探索人才培养路径，全方位地推动人才培养质量，多层次地拓展高等院校人才培养模式。在整个高等教育过程中，它依托培养高素质人才的特殊环境，促进理想信念融入文化氛围之中，可以有效地锻造当代大学生锐意进取与厚积薄发的精神品格，增强他们的社会适应能力。近年来，天津工业大学立足于高等教育的长远发展战略，秉承百年树人的教育宗旨，不断创新育人理念，积极探索新形势下创新创业文化育人的新理念、新方法与新路径，以创新创业为导向，引领校园文化建设的风向标，坚持以文化育人。通过整合各类文化资源，大力实施创新创业文化建设工程，初步构建起时代特征与学校特色并举，精神文化需求与供给并行的文化生产模式，不仅回应了当代大学生对精神文化的需求，也为培养社会主义合格建设者和可靠接班人提供了强大的智力支持。

一、紧扣创新创业文化建设主题　多措并举助推学生成长成才

建设富有特色的校园文化，培养高素质合格人才，这是天津工业大学孜孜以求的文化方略。为此，她将创新创业文化建设作为自身发展的重要组成部分，依托学校的产学研机制与学科优势，注重和完善人才的协同培养，全力打造

作者简介：张健华，天津工业大学党委宣传部部长，马克思主义学院院长，教授，法学博士。
成煦，天津工业大学马克思主义学院研究生。

国家一流的教学团队,助推创新创业教育走在全国前列,为培养高素质创新创业人才奠定了坚实基础。

当前,我国正处在产业转型升级的过程中,正在由制造大国迈向制造强国。宏伟的事业需要敢想敢闯、朝气蓬勃的青春激情,需要敢于在广阔的新天地中纵马驰骋的非凡魄力与勇气,更需要敢于用自己的智慧攻坚克难的无畏精神。八九点钟的太阳,只有光芒四射才能传递人间温暖。为此,学校紧紧把握时代的召唤与历史使命,根据我国大政方针的具体要求,结合工科学校的实际特点,将文化建设的基本思路定位于青年学子的创新创业。创新创业看似简单,实则需要以文化建设工程的系统实施为先导,它先要孕育学生的社会责任感,只有敢于托起民族未来的青年先锋,才能自觉地投身于国家建设之中;再要以营造良好的创业文化氛围为己任,逐步锻造出学生们敢于创业、愿意创业的时代精神;还要敢于创新人才引进机制,引进强大的师资力量,从而为其创业能力的综合提升做好各方面的准备工作。

在注重个人能力培养的同时,学校还注重对学生精神素养的培育。她以本校的马克思主义学院为核心,坚持在公共课中让学生们直接感受到公平与正义的人文关怀,又以本校的专业学院为根本,坚持让学生们夯实专业基础,提升技术水准,积极地在技术培养与创新创业方面搭建桥梁,更以各类校园社团、创意大赛等学生活动为根本,使创新的舞台能够对每个人敞开。充分地让学生们在日常的学习生活中感受到科学精神、人文精神、创新精神与创业意识之间的无缝融合。按照"在教学科研日常生活渗透中增强创新创业意识、点燃学生的创新创业热情,在实践中提升创新创业能力,在协同推进中成就创业梦想"的建设思路,依靠全方位的文化构建,真正使创新创业成为青年学生自觉践行的文化追求与价值取向。

二、多部门助力校园文化 开创创新创业文化建设新局面

学校党委高度重视校园文化建设,专门成立了校园文化建设领导小组,由校长任组长,分管该项工作的副书记任副组长,党委办公室、宣传部、学工部、团委等单位负责人担任领导小组成员。通过健全机构设置,形成了党委统一领导、党政齐抓共管、各部门密切配合、师生共同参与的工作机制与格局,为校园文化建设活动的顺利开展提供了重要保障。在工作的具体实施方面,学校从以下几个方面,推动创新文化建设向前发展:

第一,抓好三个"坚持",让创新的火花四溢。首先,坚持实施创业专题实训。学校成立了创新能力培养委员会,制定了《天津工业大学"大学生创新创业训练计

划"学校工作方案》,编写出版了《大学生创业实务教程》,打造了由20余名专兼职教师组成的市级创业教育优秀教学团队,设立了100万元专项创业教育基金,组建了"电脑鼠走迷宫俱乐部"等数十个学生创新实践俱乐部,着力培养学生的创新思维和创业能力;其次,坚持以"科研反哺教学"为主旨的举措,把科研优势转化为教学优势,实施"创新性实验计划"、"启智创新夏令营"、"本科生科技项目招募计划"等培养学生的创新思维,开阔学生的科技视野;最后,坚持开展养成教育,利用开学典礼、毕业典礼等仪式契机,积极开展创新创业榜样教育、转型教育等活动,使青年学生接受创新创业教育的熏陶,培养一部分学生成为自主创业者。

第二,开启"一中心两主线五环节"创业教育模式,点燃学生的创新创业热情。为让每个学生的创意都能生根发芽,学校充分发挥课内教学与课外实践的作用,探索形成了"一中心两主线五环节"创业教育模式,即围绕一个中心,即学能并进;贯穿两条主线,即以素质教育为目标的创业教育,培养适应未来社会发展的具有综合素质的创新创业型人才,以创业家培养为核心的创业教育,培养引领未来经济社会发展的创业家或企业家;同时,还抓住五个环节,即建立创业课程体系,举办创业竞赛活动,成立创业协会和俱乐部,开展创业教育课题研究,设立大学生创业园,为学生搭建创新创业实践平台,点燃学生的创新创业热情。

第三,搭建实践平台,提升创新创业水平。创业实践环节是创业文化建设的重要组成部分。为提升创新能力和企业家素养,学校主动利用行业、企业的先进技术与资源,长期坚持学校与企业合作育人,采取"3+1""2+2""3.5+0.5"等灵活多样化人才培养模式和"两进两出"育人机制,使学生培养与企业实践有效接轨,既提升了学生的科研创新能力,又为未来技术创业奠定了良好基础。此外,学校还成立校院两级专业建设和实验教学专家指导委员会,成员要求有不少于30%的行业企业和科研院所的同行,深度参与人才培养过程,努力让学生的创新创业能力在校企合作的培养模式下不断提升。

第四,推进研发、产品、市场协同,为创业梦想保驾护航。学校将研发、产品、市场链条协同,按照"学科平台与专业平台融通,自主探究与专业训练融通,校内基地与校外基地融通"的思路,建设集"基础—专业—实训—研究创新—创新成果转化"于一体,层次清晰、功能完备的创新实践平台,满足知识传授和能力培养的实践条件需求,实现从创意到创新价值形成的全过程。同时,学校还构建了"创新训练营—创新实验室—创业园"的梯级创新能力培养实现途径,使学生的创业教育和创业实践形成闭合。

三、创新传薪火 实干赢未来

近年来,学校先后举办"泮湖名家讲坛"、"文化素质教育论坛"及开设青年创业大讲堂等系列活动,培养学生的创新精神和创业意识。同时,学校还充分利用校园网、校报等多种载体宣传引导创新创业文化。通过宣传创业扶持政策、平台建设等途径,使学生掌握基本创业知识技能要求,树立服务社会的职业理想与创业意识,为成为高素质创业人才做好积极准备。随着创新创业文化氛围逐渐浓郁,学校在创业教育、创新竞赛与社会声誉方面成果颇丰。

在创业教育方面,学校创业氛围日益浓郁,学生创业能力不断增强,涌现了一大批先进群体。600平方米的天津工业大学创业园目前共有11家学生公司入园运营,其中逸漫科技有限公司营业额最高达到36.45万元,有效带动了学校相关专业多名学生实习就业,受到有关领导和相关部门的表彰。2007年,学校被团中央、中华全国青年联合会、国际劳工组织北京局授予"KAB创业教育(中国)项目优秀院校"称号(全国仅有5所高校获此殊荣)。2012年学校成功入选国家级大学生训练计划项目高校。

在创新竞赛方面,学生成为创新创业文化建设工程的最大受益者。学生的创新能力不断增强,学生竞赛获奖项目数逐年增加。2007—2010年学校学生获省部级以上竞赛奖励1300余项,其中国家级590余项。此外,在全国"大学生挑战杯创新创业计划竞赛"中,学校学生获国家级银奖1项、铜奖1项,天津市级金奖4项、银奖7项、铜奖6项。在2012、2013两年间,总计有83个项目被列为国家级大学生创新创业训练计划。2013年2月学校在世界数学建模领域权威赛事——美国数学建模竞赛上获一等奖3项。

在社会声誉方面,历经多年发展,"创新创业文化建设工程"塑造了一批先进典型,相关经验和做法得到大学生和社会的认可。2014年1月,天津市市长黄兴国就天津工业大学支持大学生创业的做法做出重要批示,对天津工业大学大学生创业工作予以充分肯定。《光明日报》《中国教育报》《中国青年报》等中央媒体曾予以多次报道,使学校"创新创业文化建设工程"的社会影响力与日俱增。

通过不断的探索与实践,学校在创新创业人才的培养上取得了可喜的成绩,然而,我们深知自己的工作还远未结束,还要在原有的基础上,不断地进行改进,争取精益求精。在推动创新创业文化建设过程中,我们有两点体会:一是要强化责任意识。创业创新教育作为当代高等教育的新命题,需要我们更加自觉地推进;二是要强化育人意识。创新创业文化建设要坚持育人为本,着眼于学生自主思考的主体特性,注重潜移默化的熏陶感染。为此,我们将一如既往地遵循百年树人的原则,不断地将工作落到实处,让工大的校训在我们的工作中发扬光大。

论工匠精神视角下大学生的创业教育

黄盈盈[1] 张宏娜[2]

([1] 北京服装学院,北京 100029;[2] 北京服装学院学生处,北京 100029)

摘 要: 伴随着制造业、商业等经济领域对工匠精神回归的呼唤,工匠精神也开始进入教育者的视野。笔者在梳理工匠精神和大学生创业教育内涵的基础上,从工匠精神的视角,对我国大学生的创业教育进行反思,并提出当前我国大学生的创业教育应着重从四个方面着手:培养对创业教育的内在认同,培养精益求精的做事态度,培养学生形成良好的思维方式,培养知行合一的实践精神。

关键词: 工匠精神;大学生;创业教育

近几年,到国外血拼购物似乎已成为国人在国外的一道风景,从电饭锅、马桶盖到奢侈品牌手袋,国人无不收入囊中。这对作为"制造大国"的中国而言,无疑是一种嘲讽和警示,也促使国人反思。一些有识之士提出,要呼唤工匠精神的回归,唯如此才能实现强国之梦,从而在社会上形成对工匠精神的热议。李克强总理更在政府工作报告中首次提出,要"培育精益求精的工匠精神"。那么,什么是工匠精神?大学生创业教育需不需要工匠精神?在工匠精神视角下的大学生创业教育何去何从?这是本文试图探讨的几个问题。

一、何谓工匠精神

提到工匠精神,人们自然想到的是工匠对产品质量精益求精的精神追求。但是,这种精神追求在不同的国家,又体现为不同的精神和行为特点,使各国的工匠精神既具有差异性又具有共同性。

1. 德国、日本、美国的工匠精神

德国工匠精神的表现:(1)对技术的狂热远大于对利润的追逐。李工真教授在其著作《德意志道路》中爬梳了德国两百年现代化的艰难历程,发现从内部支撑"德意志道路"的是一种把技术、工作本身置于利润之上的工匠精神。(2)

作者简介:黄盈盈,北京服装学院讲师,主要研究方向为大学生思想政治教育。
张宏娜,北京服装学院学生处处长,主要研究方向为大学生思想政治教育。

稳中求胜。"欲速则不达",就如一个钟表工匠一样,他们孜孜不倦地追求的不是手表花样的翻新,而是走时更加精确、零件更加精细、质量更加精良。(3)为自己的劳动感到荣耀。

日本工匠精神的表现:(1)产品质量具有一种伦理意味。日本工匠将产品质量与个人声誉紧密相连,认为产品质量不好是自己的耻辱。(2)带着情感去工作。把制作的产品、工作的对象视为有生命的存在,并对之付出自己的情感。(3)专注一事,将产品做到极致。用一生的时间钻研、做好一件事在日本并不鲜见,有些行业甚至还出现一个家庭十几代人只做一件事。比如,若林克彦花了二十年的时间,研究并推广哈德洛克螺母,使之成为世界上很多国家广为采用的永不会松动的螺母。(4)对自己的工作充满自豪和骄傲,享受产品在自己手中升华的过程。

美国工匠精神的表现:(1)一种创造性思维状态。工匠的本质在于收集改装可利用的技术来解决问题或创造解决问题的方法从而创造财富。真正的工匠精神是一种思维状态[1]。在事物的碰撞和与合作伙伴的交流中找到灵感,从而突破界限。(2)为了把事情做好而把事情做好。理查德·桑内特认为"广义的工匠精神是这样的:为了把事情做好而把事情做好。所有领域的工匠精神都需要自我约束和自我批评;标准最为重要,对质量的追求理想地变成其自身的目的"[2]。(3)个人主体性的彰显。工匠在工作中感受到自己的力量,体会到自己的价值,感到一种自我的满足。

2. 工匠精神的内涵

通过对德国、日本、美国工匠精神的梳理,笔者认为,所谓工匠精神是工匠在产品的制作、研发过程中长期形成的思维、行为和精神特质。

具体而言,有以下四个方面的内涵:

(1)对工作内在价值的精神追寻。真正的工匠认同工作的内在价值,孜孜以质量和技术的提升,享受工作本身给自己带来的成就感和满足感,而把外在功利的价值放在次要的位置。

(2)具有精益求精的做事态度。一方面具有把一件事情做得尽善尽美的主观愿望,另一方面,也愿意为把事情做得尽善尽美而付出持久的意志和努力。

(3)具有良好的思维方式。能够通过"对某个问题进行反复的、严肃的、持

---

[1] [美]亚力克·福奇著;陈劲译.工匠精神:缔造伟大传奇的重要力量[M].浙江人民出版社,2014:32.

[2] [美]理查德·桑内特著;李继宏译.新资本主义的文化[M].上海译文出版社,2010:76.

续不断的深思"①来改进现有的技术和材料或者创造性地发现解决问题的方法。

（4）具有知行合一的实践精神。动脑与动手相结合，让知识在实践中综合，让实践在思考中深化，在知与行的"如切如磋、如琢如磨"中，提高解决具体问题的能力。

二、大学生创业教育需要工匠精神

1. 工匠精神是大学生创业教育的应有之义

对于什么是大学生创业教育，我国学术界一般有广义和狭义两种理解。广义的理解是培养具有开创性的个人的教育，狭义的理解是与就业、创业培训结合在一起的，为受教育者提供急需的技能、技巧和资源的教育，使他们能够自食其力；而在创业教育的实施者看来，创业教育最重要的就是培养几个"学生老板"、创办几家学生企业。

究竟什么是创业教育呢？

在笔者看来，大学生创业教育首先是一种教育活动，与经济或商业活动不同，其本质是一种以培养人为根本宗旨的实践活动。

其次，它还是一种具有创业特质的教育实践活动。根据最新的研究成果，创业已不单是自主创办几个企业，"而是一种文化，一种思想方式，一种去创新、去承担风险的生活观和自由观"②。

从这个意义上讲，大学生创业教育即是要培育一种鼓励大学生勇于创新、开拓进取、敢于承担风险的文化，培养大学生形成一种积极进取、不怕挫折和失败的人生态度、生活态度和创新的思维方式，以"促使他们毕业后无论是升学还是就业，都能不断地寻求各种有效的方法去实现自己的目标，都能在社会生活的任何方面、任何行业快速适应并且成功展现自己的特有才能"③。

这种对学业、职业、生活不断进取、不断创新的人生态度和思维、行为方式正是工匠精神的特质之一，所以，从这个意义上讲，工匠精神是大学生创业教育的应有之义，培养具有工匠精神的大学生是大学生创业教育的旨趣所在。

2. 工匠精神是大学生创业教育实践的迫切需求

我国大学生创业教育，始于1999年，至今已17个年头。诚然，大学生创业教育在促进国家建设和高校自身发展方面，发挥了重要的作用。但是，创业教

---

① ［美］约翰·杜威著；姜文闵译.我们怎样思维·经验与教育[M].北京：人民教育出版社，2005：11.
② 转引自高桂娟，苏洋.学校教育与大学生创业能力的关系研究[J].复旦教育论坛，2014(1).
③ 转引至罗志敏，夏人清.欧美发达国家创业教育发展新动向[J].高等工程教育研究，2012(2).

育的水平基本上还处于起步阶段,发展水平不高。其原因在于我国大学生创业教育繁荣的表象下面还存在着一些问题,而这些问题不论是创业教育的实施者还是创业教育的对象大学生都不同程度地存在着。

(1)缺乏对创业教育内在价值的认同。大多数教育者对创业教育的认识,还停留在"按照上级部署,完成上级任务","热衷于参加各种创业大赛和创业教育评比活动"的层面,更多关注的是:是否取得了好名次,为学校赢得了好声誉;大学生自主创业的数量,是否完成了就业率的指标。对创业教育的认同基本上是一种慑于"权威"和"功利"的外在认同。

受此影响,大多数学生认为,创业教育是培养大学生自主开办公司、自谋生路的一种教育。对于学校开展的"创业教育参与程度不高"[1],获取创业教育学分是学生参与学习的主要动力;对"自主创业"认同度不高,根据麦克思的调查结果显示,在2014届毕业生中,毕业后选择自主创业的2.9%的大学生中,基于创业理想进行自主创业的比例仅为48%。[2]

(2)创业教育多浮于表面、流于形式。就教育者而言,大多数的教育者对创业教育缺乏专深的持续研究和高水平的质量追求。就创业教育研究而言,纵观十几年创业教育的研究成果,如果单从成果数量上看,有关创业教育的理论和实践研究成果可谓"丰硕",但大多面目模糊、同质化程度较高,而具有独特价值、面目清晰、立意深刻,或给人启迪、引人反省,或对教育实践具有指导意义的高质量的创业教育研究成果并不多见;就创业教育的教学而言,大多数教师缺乏做一名教学名师的志向和抱负,不愿意也不舍得为提升课堂教学质量投入时间和精力,对自我和学生的期望值不高、要求不严。

就大学生而言,大多数学生对创业教育基本上抱着一种谨慎、旁观的态度。这种态度决定了大多数学生对创业教育不可能用百分之一百的努力来投入,更不会超出自己的尽己之心。敷衍应付、心猿意马、翘课、考试作弊,成为校园中普遍的现象,而为了自己的理想和抱负孜孜以求、勤奋努力的学生显得格外突出、格外稀缺,也显得尤为珍贵。

(3)缺乏对良好思维方式的培养。主要体现在两个方面:

一是缺乏对自我反思思维习惯的培养。自我反思指的是学生对自己的学业、人际关系,自己的生活和思想方式、做事方式等的反思,强调的是自我能够按照设定的目标或者完美状态,不断地自我校正,尽可能地发现自己的错误,不

---

[1] 朱红,张优良.北京高校创业教育对本专科生创业意向的影响机制——基于学生参与视角的实证分析[J].清华大学教育研究,2014(12)。

[2] 麦克思研究院.就业蓝皮书 2015年中国本科生就业报告[M].社会科学文献出版社·皮书出版分社,2015:109。

断从自己的错误中学习,不断完善自我。写作作为一种促使人反思的有效途径,在大学并没有受到应有的重视。教育者对大学生写作(比如读书报告、结课论文、调研报告、毕业论文等)方面的训练不仅数量少、质量要求不高,还缺乏相应的写作指导。

二是缺乏对批判性思维的培养。当前,高校创业教育方式大多仍是一种知识的传授和灌输,大多数学生是一种被动、接受的学习状态,不敢挑战学术权威,不敢发表不同的看法,这种"尊重双亲和权威人士,抽象说来,确实是可贵的品质。但是,诚如洛克所指出的,这种品质正是决定我们的信念离开甚至违反理智的主要势力。期望同别人保持和谐的愿望,其本身也是令人称心的品质。但是,它可能使人轻易地倒向他人的偏见,并且削弱其判断的独立性"①。最终导致不会自主地进行创造性思维。

(4)缺乏知行合一实践精神的培养。表现在两个方面:

一是实践教育所占比例低。表现在校内实践教学比例低和大学生参与科研的覆盖面小。以下两组数据可以说明:目前学生参与的创业教育形式主要是基础性创业教育(大于70%),其次为模拟性创业教育;观察学习性创业教育与实践性创业教育学生参与的比例相对较低②,"约八成学生自入学以来未参加过科研活动"③。

二是实践教育中知行分离。比如:在一些社会实践活动中,社会实践变成了走马观花式的游山玩水;在一些企业实习中,企业给予学生的机会,大多是较为容易的、边缘性的服务性工作,学生所学的专业知识和技能没有用武之地;在学校的实践教学中,受场地规模和开放时间的限制,学生没有足够的时间动手操作等,导致大学生解决实际问题的能力不高。

综合以上不难发现,大学生创业教育中存在的这四个问题,究其实质正是工匠精神在大学生创业教育中匮乏的体现,这种匮乏既体现在教育者没有用工匠精神来开展创业教育,又体现为大学生在创业教育中还没有养成工匠精神。工匠精神成为当前提高大学生创业教育质量的迫切需求。

---

① [美]约翰·杜威著;姜文闵译.我们怎样思维·经验与教育[M].北京:人民教育出版社,2005,33。

② 朱红,张优良.北京高校创业教育对本专科生创业意向的影响机制——基于学生参与视角的实证分析[J].清华大学教育研究,2014(12)。

③ 李湘萍.大学生科研参与与学生发展——来自中国案例高校的实证研究[J].北京大学教育评论,2015(1).

三、工匠精神视角之下的大学生创业教育

1. 实现创业教育价值认同的转向,即从对创业教育外在价值的追逐转向对创业教育内在价值的追寻

对创业教育内在价值的认同是教育者和大学生在创业教育活动中一种意义感和价值感的获得和确认过程。对教育者而言,这种认同意味着能够不受外在权威的影响,通过自己的理解和把握,从内心深处能够接纳这种文化和生活观念,并用以引导自己的研究、教学和生活;能够祛除功利的影响,将不断提升大学生创业教育的质量作为自我的使命而孜孜以求,并在这种追求中享受自己生命的充盈和精神的成长。对大学生而言,这种认同意味着能够认识到创业教育对自我成长的意义和价值,赞同、接纳这种价值观念,并在自己的学业、生活中践行这种价值观念。

对创业教育内在价值的认同为大学生创业教育提供了情感动力。但要实现这种认同,不仅需要教育者、大学生自身的努力,还需要创业文化的长期浸润。培育一种创业文化就成为当前创业教育中极为迫切而重要的事情。

2. 实现做事心态的转变,即从汲汲于功利的浮躁转向久久为功的沉静,这得益于评价制度的改变和精神支持体系的建立

一是改变现有的创业教育评价方法。目前,现有的创业教育评价方法侧重于学生自主创业的数量、创业教育基地的数量和规模、创业教育项目和教师科研成果的数量、创业教育课程开设数量等,对创业教育主体的大学生却关注较少。这种"见物不见人"评价方法,导致教育者忙于增加数量、扩大规模,而对创业教育中与大学生发展密切相关的一些问题却鲜有人用心去探求,比如,如何实现创业教育与专业教育的有机融合?大学生的同伴文化对大学生创业教育的影响,等等。所以,笔者认为,对大学生创业教育的评价要"越物见人",要把学生在创业教育中所习得的认知、情感、态度、行为等方面的成长作为衡量创业教育的核心指标,引导教育者慢慢沉淀下来,做一些有系统的、有积淀的工作。

二是建立精神和人际支持系统。淡泊明志,宁静致远。面对喧嚣且充满功利意味的环境,面对充满"不确定性"和"危险性"(时间成本、机会成本的错失)的生活,能够做到不忘初心,久久为功,除了依靠自己咬定青松不放松的坚韧品质,还需要来自老师、朋友、家人的精神和情感支持。目前,高校侧重于对大学生的工具性支持,比如,平台的建设、经费的支持等,这对大学生的创业教育固然不可缺少,但"实证结果显示,目前工具化支持对学生的创新行为影响不显著","对于普通大学生而言,精神支持与人际支持维度对个人创新行为有正向

影响"[1]。日本秋山木工的开创者秋山利辉则在自己的实践中证明了来自家庭的支持力量同样是创业教育中不可忽视的重要因素。

3. 实现教育方式的转变,即由单向灌输的教育方式向教育对话的教育方式转变

师生关系是大学生创业教育中最重要的一个因素,对学生的思维方式有着潜移默化的影响。不同的教育方式,存在不同的师生关系。尽管教育理论界对建立平等的对话式的师生关系的讨论由来已久,但在现实的教育情境中,师生之间还大多停留在单向的灌输关系层面,对话式的师生关系还没有完全建立起来。

在单向灌输的教育方式中,师生关系是"我—他"的关系,教师把学生作为被动接受知识的容器;教师是权威的代表,不容置疑,师生之间是不平等的关系,学生不敢质疑,不敢提出自己的想法。

在教育对话中,师生之间是"我—你"的关系,师生双方都作为独立的、完整的精神个体而存在,教师尊重、信任学生,鼓励学生独立思考,理解、包容学生的差异性和个别性,激励并鼓舞学生做出自己的选择和创造;同时,"引导学生自己从自己的生活中发现自己的生活道路,反思自己的生活,展望自己的未来,形成自己的经验和知识,教师为学生真实地揭示人类历史的生活经验和生活方式,帮助学生在现实中做出有机制的选择,帮助学生在教育生活中理解自我,超越自我,使学生意识到他在社会中的价值,使他追求真善美的事务,追求有价值的生活"[2]。

4. 加快课程综合改革,完善实践教学体系

一是形成创业教育大的课程观念。虽然,我国目前开展创业教育的任务主要由单独开设的创业教育课程来承担,经济学科、艺术设计类专业的学生在创业教育中具有某种优势,但是,这并不意味着创业教育仅仅是这几门创业教育课程的任务和经济学科、艺术设计类学科的专利,而是所有专业课程的任务。现在,重要的是要形成这种大的课程观念,找到将创业教育与专业教育渗透、融合的有效途径和方法。在创业教育较发达的国家,比如,美国、英国已做出了有益的尝试,并收到了良好的教育成效。

二是完善实践教学体系,提高实践教学质量。第一课堂与第二课堂融合、知与行的携手并行是完善实践教学体系、开展实践教学活动所应奉行的首要原

---

[1] 梅红,任之光等. 创新支持是否改变了在校大学生的创新行为[J]. 复旦教育论坛,2015(6)。
[2] 金生鈜. 理解与教育:走向哲学解释学的教育哲学导论[M]. 北京:教育科学出版社,1997:139 – 140。

则。另外,为保证实践教学的质量,在加大师资力量投入比例、提高师资待遇的提前下,还应该高度重视每一次实践教学的精心设计和精心组织,对实践教学的评估和督查更是不容忽视的环节。遗憾的是,目前,还没有形成公认的较为有效的实践教学质量评价指标体系。

大学生职业生涯规划：
社会主义核心价值观教育的现实路径

徐 斌

(苏州大学马克思主义学院,江苏 苏州 215006)

摘 要：社会主义核心价值观教育生活化、微观化是当前社会主义核心价值观研究的主要趋势。职业生涯规划是大学生社会主义核心价值观教育生活化的有效载体。职业生涯规划涵盖职业价值观、职业理想、职业道德教育等重要内容,因而在理论上与社会主义核心价值观有着高度的契合性;职业生涯规划切合大学生的实际需求,因而在实践中能增强社会主义核心价值观教育的实效性。但是,传统的职业生涯规划往往仅从个人发展角度片面理解职业价值观、职业理想、职业道德,这就容易导致大学生职业生涯规划中社会主义核心价值观教育缺失。因此,必须创新大学生职业生涯规划教育,进一步增强社会主义核心价值观教育的实效性。

关键词：大学生;职业生涯规划;社会主义核心价值观;生活化

高校是培育和践行社会主义核心价值观的重要阵地,如何提高大学生社会主义核心价值观教育的实效性是高校所面临的紧迫任务。学界对此开展了广泛而深入的研究,取得了丰硕的成果。但是现有的研究成果也存在过于宏大和抽象等不足,从而导致实践层面不能有效深入推进,产生诸如教育主体单一,教育内容生硬抽象、脱离学生实际需求,教育形式缺乏多样化等不足,进而引起大学生社会主义核心价值观实效性缺失。因此,有论者指出："以生活视角和微观层面对培育和践行社会主义核心价值观的研究,将是今后社会主义核心价值观研究的重点。"① 职业生涯规划与大学生的学习、生活、就业密切相关,符合大学生的实际需求,其内容涵盖职业价值观、职业理想、职业道德教育,因而和社会主义核心价值观教育具有一定的理论契合性。同时,大学生职业生涯规划所具有的全员化、全程化、自主性、生活化、多样化教育对有效开展大学生社会主义核心价值观教育具有重要的实践意义。因此,大学生职业生涯规划是有效开展社会主义核心价值观教育的现实路径。

作者简介：徐斌,苏州大学马克思主义学院博士生,常州大学怀德学院讲师。
① 张智.当代中国社会主义的价值自觉——社会主义核心价值观研究回顾与前瞻[J].教学与研究,2013(10):98.

一、社会主义核心价值观教育是大学生职业生涯规划题中应有之义

大学生职业生涯规划是指大学生在教育者的引导下,在充分认识自己的职业兴趣、职业性格、职业能力以及所学专业、社会发展要求的基础上,确定自己的职业理想及职业目标,并合理地安排自己的学习、生活、工作的过程。大学生职业生涯规划不是自发生成的,职业价值观、职业理想、职业道德教育贯穿于整个大学生职业生涯规划的全过程。

党的十八大明确提出了以"三个倡导"为核心,积极培育和践行社会主义核心价值观,其主要内容包括:"富强、民主、文明、和谐"的国家层面的价值目标,"自由、平等、公正、法治"的社会层面的价值取向,"爱国、敬业、诚信、友善"的公民基本道德规范。

比较职业生涯规划和社会主义核心价值观,两者是辩证统一的关系。职业生涯规划中关于个人职业价值观、职业理想、职业道德的定位,关注着个体的长远发展。但是,由于个人的社会属性的本质要求,个人的发展离不开社会要求的限定和制约。因此,科学合理的职业生涯规划是个人价值观和社会价值观、个人理想和社会理想的统一。社会主义核心价值观是社会主导价值观,是绝大多数人对理想社会的价值认识,其本质是一种社会理想。社会理想源于个人理想,又高于个人理想,是对个人理想的凝练和升华。由此可见,社会主义核心价值观教育是大学生职业生涯规划题中应有之义。

1. 职业价值观是个人价值观与社会价值观的统一

职业价值观是大学生职业生涯规划的基石。职业价值观是指大学生在进行职业生涯规划时所持的评价标准和价值判断,是个人价值观在职业选择上的根本体现。[①] 但是,我们不能因此而主观断定职业价值观仅仅是个人价值观。从形式上看,职业价值观是每个个体所特有的。从职业价值观所具有的内容看,其又不可避免地打上社会习俗和社会教育的深刻烙印。根据唯物辩证法原理,个人价值与社会价值是辩证统一的关系。社会价值决定个人价值,个人价值的实现是社会价值实现的基础。从人类历史和发展的实践来看,个人发展、个人价值的实现离不开社会价值观的引领,而社会价值的实现正是在无数个人价值的基础上的凝练和升华。大学生的职业发展,如果缺少社会价值观的引领,就会失去前进的动力和正确的方向。因此,职业价值观必然是个人价值观和社会价值观的有机统一体。这样,我们就找到了大学生职业生涯规划中社会

---

① 凌文辁,方俐洛.我国大学生的职业价值观研究[J].心理学报,1999(3):342.

主义核心价值观教育存在的客观依据。社会主义核心价值观"是指能够体现社会主体成员的根本利益、反映社会主体成员的价值诉求,对社会变革与进步起维系和推动作用的思想观念、道德标准和价值取向"①。社会主义核心价值观是社会上大多数人对未来理想社会的一种价值判断和评价标准,是正确处理国家、社会和个人关系的基本准则和价值取向。因此,社会主义核心价值观对大学生职业生涯规划有着引领和规范的作用。

2. 职业理想是个人理想与社会理想的统一

职业理想是大学生在充分认识自我和社会的基础上,对未来有可能实现的职业目标的向往和追求。职业理想的确定是大学生职业生涯规划的重要内容,是大学生成长发展的不竭动力。值得深思的是我们不能把职业理想片面地理解为个人理想,使职业理想仅仅成为实现大学生个人利益的工具价值导向。大学生的职业理想是个人理想和社会理想的统一,正如马克思所指出的,"在选择职业时,我们应该遵循的主要指针是人类的幸福和我们自身的完美"②。"人类的幸福"就是我们所弘扬和建设的共同社会理想,这也是每个大学生实现自己个人理想的首要前提和基础,而大学生个人理想的实现必然为社会共同理想的实现提供现实的物质载体。当然,马克思所指的"人类的幸福"并不是抽象的、虚幻的概念,而是具体的、现实的生活呈现,其在当代中国的具体体现也就是社会主义核心价值观所揭示的国家发展的价值目标即"富强、民主、文明、和谐"以及社会发展的价值取向即"自由、平等、公正、法治"。由此可见,作为社会共同理想的社会主义核心价值观是大学生职业理想构建的首要前提和基础。

3. 职业道德是公民基本道德规范的具体体现

"社会主义核心价值体系能否真正为公民个体所掌握,主要在于它最终是否转化为公民个体自觉的道德修养。"③社会主义核心价值观所揭示的"爱国、敬业、诚信、友爱"的基本道德规范是实现国家层面的价值目标和社会层面的价值取向的根本保障。众所周知,良好的职业道德对大学生职业生涯发展具有重要意义。因此,职业道德是大学生职业生涯规划理应具有的重要内容。"爱岗敬业、诚实守信、办事公道、服务群众、奉献社会"的一般职业道德是对社会主义核心价值观的公民基本道德规范的具体表现。因此,大学生职业生涯规划中的职业道德建设离不开社会主义核心价值观的基本道德规范的指导。

总而言之,大学生职业生涯规划所涵盖的职业价值观、职业理想、职业道德

---

① 包心鉴.社会主义核心价值观的凝练与建构[N].光明日报,2012 − 01 − 14.
② 马克思恩格斯全集(第1卷)[M].北京:人民出版社,1995:459.
③ 吕振宇.论社会主义核心价值体系[M].济南:山东人民出版社,2009:284.

等内容与社会主义核心价值观的价值目标、价值取向、价值规范具有高度的契合性,大学生职业生涯规划离不开社会主义核心价值观的引领和规范。

二、大学生职业生涯规划在社会主义核心价值观教育中的实践意义

1. 大学生职业生涯规划有利于促进社会主义核心价值观教育具体化、生活化

社会主义核心价值观教育的具体化、生活化是指社会主义核心价值观教育目标的具体化和教育内容的生活化,这是提高社会主义核心价值观教育实效性的基本路径。毋庸置疑,开展社会主义核心价值观的理论灌输是必要的,理性认知是大学生内化社会主义核心价值观的前提和基础。但是,如果仅仅停留于此,或者把理论灌输当作社会主义核心价值观教育的全部内容,生动丰富的社会主义核心价值观教育就会变成干巴巴的、抽象的纯粹的逻辑演绎过程,教育就失去了提高人的思想境界和服务于人的发展的意义。社会主义核心价值观教育必须要融入大学生的实际生活,才能真正产生作用。正如列宁所说,"大多数人是根据实际生活得出自己的信念的"[1]。习近平同志也指出:"一种价值观要真正发挥作用,必须融入社会生活,让人们在实践中感知它、领悟它。要注意把我们所提倡的与人们日常生活紧密联系起来,在落细、落小、落实上下功夫。"[2]当前和大学生实际生活联系最为紧密的,大学生最为关心的就是其就业问题,因此,大学生职业生涯规划理应成为社会主义核心价值观教育具体化、生活化的重要载体。

如前所述,大学生职业生涯规划所包含的职业理想是个人理想和社会理想的统一,这样,社会主义核心价值观所蕴含的共同社会理想就必然渗透于大学生的职业理想设计之中。另外,社会主义核心价值观教育的具体内容如价值目标、价值取向、价值规范就自然渗透于大学生职业生涯规划的职业价值观、职业理想、职业道德的教育之中,从而实现了大学生社会主义核心价值观的具体化和生活化。

2. 大学生职业生涯规划有利于促进社会主义核心价值观教育全程化、全员化

社会主义核心价值观教育全程化是指教育的时间上的持续性,教育不是一次理论讲授、专家报告会,教育也不是开展一次演讲、辩论赛活动。大学生社会主义核心价值观教育应该贯穿于新生入学教育至毕业离校的始终,生动精彩的

---

[1] 列宁全集(第35卷)[M].北京:人民出版社,1985:374.
[2] 习近平.使社会主义核心价值观的影响像空气一样无所不在[EB/OL].新华网,2014-02-25.

一次讲课、轰轰烈烈的一次活动注定只能成为大学生涯行色匆匆的过客,难以产生真正的效果。大学生职业生涯规划因其关注大学生的四年整体规划乃至人生的长远发展,必然能促进社会主义核心价值观教育的全程化。

社会主义核心价值观教育全员化是指教育主体的广泛性,教育不仅仅是思想政治理论课教师的教学任务。社会主义核心价值观教育的有效性是思想政治理论课教师、专业课教师、辅导员及其他教育管理者共同作用,产生教育合力的结果。大学生职业生涯规划涉及学生的专业学习、思想政治素质、就业、生活等多方面内容,离不开全体教师共同指导教育。因此,成功的职业生涯规划必然能有效促进社会主义核心价值观教育的全员化。

3. 大学生职业生涯规划有利于促进社会主义核心价值观教育形式多样化、个性化

当前大学生社会主义核心价值观教育主要采取课堂讲授的形式,方法单一、形式枯燥,缺乏针对性和个性化。过度的理论灌输难以调动大学生学习社会主义核心价值观的积极性和主动性,甚至会引起学生反感。相关研究表明,大学生"有85%认为当前高校德育工作灌输太多,形式单调,60%认为当前高校所采取的德育手段忽视学生的自觉接受与学生的利益需求和价值实现,25%认为不乐意接受当前高校采取的德育工作方式"①。如何丰富社会主义核心价值观的教育形式,促进教育的个性化,值得我们教育工作者深思。大学生职业生涯规划教育除了采取课程讲授的模式,还可以根据学生的不同需求,采取网络平台自助辅导、学生朋辈辅导、团体辅导和个案辅导等教育形式,②利用心理辅导的方法和手段,促进教育的个性化,提高教育的针对性。

4. 大学生职业生涯规划有利于促进社会主义核心价值观教育自主化

社会主义核心价值观教育自主化是指在教育过程中,通过教育者的引导,发挥大学生的主体地位,实现大学生的自我教育。"任何理性的教育,形象的感染,都是外部客体,都只有通过主体的心理过程才能起到它们这样或那样的作用。如果没有主体内心心理过程的发生,任何教育都等于零。"③这就是说,任何教育都必须通过教育对象的自我教育才能真正发挥作用。大学生职业生涯规划充分尊重学生的主体地位,教师"越来越成为一位顾问,一位交换意见的参加者,一位帮助发现矛盾论点而不是拿出现成真理的人"④。教师帮助学生正确认识自我特点和社会发展要求,从而主动地规划自己的大学生涯。通过职业生涯

---

① 杨良奇.论大学生人生价值观内化机制的构建[J].中国高教研究,2006(2):80.
② 徐斌.高校生涯教育个性化辅导实施路径探析[J].教育与职业,2014(17):107.
③ 王礼湛.思想政治教育学[M].浙江大学出版社,1989:263-264.
④ 学会生存——教育世界的今天和明天[R].北京:教育科学出版社,1996:108.

规划规划,学生能将社会主义核心价值观的价值目标、价值取向和价值规范内化为自我发展的价值依据,从而增强社会主义核心价值观教育的自主性。

三、创新大学生职业生涯规划教育,增强社会主义核心价值观教育实效性

1. 更新大学生职业生涯规划教育理念

当前,对大学生职业生涯规划教育的理解存在一定的误区,这在一定程度上影响了社会主义核心价值观教育的实效性,必须更新大学生职业生涯规划教育理念。

一是教育者把职业生涯规划教育当作职业指导,"过于注重学生求职时可能遭遇的具体问题的剖析和指导"①,关注于提高学生的职业技能的培训和求职技巧的强化。这就窄化了大学生职业生涯规划教育的内容,弱化了大学生职业生涯规划的教育功能。

二是教育者片面地遵循西方生涯规划理论的"价值中立"原则,忽视对大学生的主流价值观导向。"价值中立"强调对教育对象的尊重的同时,无原则地放任学生自己做出价值选择,这就失去了教育对学生的价值引导和定向的作用。其实在阶级社会里,价值不可能做到真正的中立,正如列宁所说的,"或者是资产阶级的思想体系,或者是社会主义的思想体系。这里中间的东西是没有的"②。我们强调的职业生涯规划教育,一方面坚持以学生为本,尊重学生的发展需要,服务于学生的成才发展;另一方面,要充分发挥职业生涯规划的教育主旨,根据中国的社会主义国情,以社会主义核心价值观为统领,深入开展职业价值观、职业理想、职业道德教育,帮助学生坚定中国特色社会主义理想信念。当然,在加强以理想信念为核心的社会主义核心价值观教育中,要注意和大学生的专业学习、自我认知的训练等实际需要结合起来,做到春风细雨、润物无声,切实提高教育实效。

三是教育者把职业价值观、职业理想仅仅当作大学生的个人价值观和个人理想,这在教育实践中容易导致大学生的社会价值取向和社会理想缺失,更容易增强大学生职业生涯规划的个人主义和功利主义倾向。

以上三种职业生涯规划教育的误区,虽然形式各异,但都有着共同的本质,即忽视或淡化社会主义核心价值观教育。"要在开展生涯发展教育工作中,突出理想信念教育,大力倡导国家至上、事业为先,鼓励和支持毕业生自觉地把个

---

① 董丁戈.影响职业生涯教育实效性若干因素的分析[J].中国高教研究,2006(6):56.
② 列宁专题文集:论无产阶级政党[M].北京:人民出版社,2009:85.

人的发展同为国家和人民建功立业结合起来。"① 要把国家层面的价值目标、社会层面的价值取向、个人层面的价值规范融入大学生职业生涯规划教育的全过程,实现社会主义核心价值观教育的具体化和生活化。

2. 完善大学生职业生涯规划课程建设和加强实践活动体验

"课程是教育思想、教育目标和教育内容的主要载体,集中体现国家意志和社会主义核心价值观,是学校教育教学活动的基本依据,直接影响人才培养质量。"② 大学生职业生涯规划教育具有系统性和连续性,既要有大学四年的整体规划,也要有针对各年级不同特点的阶段性规划。为此,大学生职业生涯规划教育课程建设也应保持系统性和连续性。低年级主要开展大学适应教育,帮助学生科学分析自我个性特点,结合自己的兴趣和能力选择适当的专业方向,培养通用职业技能,确定自己的职业理想;高年级主要开展就业辅导训练,帮助学生掌握求职技巧,提高职业素养,实现职业目标。值得思考的是,我们一方面要避免职业生涯规划教育课程"德育化",保持职业生涯规划教育课程的"专业化";另一方面,我们也要坚持以理想信念为核心的社会主义核心价值观教育贯穿于大学生职业生涯规划教育课程之中,保证职业生涯规划教育课程的社会主义方向。在开展职业生涯规划理论教育的同时,我们也不能忽视实践环节设计,相关调查研究表明,"校内外合办的工作坊"、"各种实习和社会实践"是最受大学生欢迎的职业生涯规划教育方式。③ 因此,学校应开展多种形式的大学生职业生涯规划实践活动,诸如生涯规划比赛、简历大赛、模拟招聘会、企业参观调研等,增强大学生对职业活动的实践体验,在实践活动体验中坚定中国特色社会主义共同理想信念。

3. 加强大学生职业生涯规划个性化辅导

开展职业生涯规划课程教育和实践活动体验,是针对全体大学生的共性教育。这种"整齐划一"的教育和行动,能够及时培养大学生的职业生涯规划意识,但是这种方式并不能有效满足不同需求的大学生个性化辅导。个性化辅导不是单纯的一对一的个别辅导,而是按照不同的内容进行专题辅导,如自我认知辅导、职业认知辅导、职业目标辅导、学业辅导、情商培养辅导等专题;根据不

---

① 教育部办公厅关于加强普通高等学校学生就业思想政治教育的通知[EB/OL]. 人民网 2009 – 05 – 03.

② 教育部. 关于全面深化课程改革落实立德树人根本任务的意见[EB/OL]. 北京:教育部 2014 年(3 月 30 日)[2014 – 04 – 24] http://www.moe.edu.cn/publicfiles/business/htmlfiles/moe/s7054/201404/167226.html.

③ 陈新. 大学生职业生涯规划能否促进就业———基于郑州某高校 2009 年毕业生的统计调查分析[J]. 中国统计,2009(12):19 – 20.

同教育对象的需求进行分类辅导,如考研辅导、专业竞赛辅导、公务员考试辅导;依据教育对象的心理特点采取不同的个性化的辅导形式,如网络平台自助辅导、学生朋辈辅导、团体辅导和个案辅导。个性化辅导是大学生职业生涯规划教育有效实施的基本环节,能充分发挥教育者在职业生涯规划教育中的主导作用,提高职业生涯规划教育的针对性,增强职业生涯规划教育的实效性,同时也能渗透社会主义价值观教育。因此,高校必须高度重视大学生职业生涯规划个性化辅导组织机构建设,加强工作队伍建设,选拔一些思想作风过硬、热爱学生工作、具有一定的职业辅导技能的专兼职教师从事个性化辅导。同时也要注意加强对工作队伍的组织管理及培训教育,为个性化辅导有效开展提供坚实的组织基础。另外,值得重视的是,大学生职业生涯规划个性化辅导必须坚持正确的社会价值导向,反对西方生涯规划理论所坚持的所谓"价值中立"原则,引导学生将个人价值与社会价值统一起来,以社会主义核心价值观统领大学生的成才发展。

综上所述,大学生职业生涯规划是实现社会主义核心价值观教育生活化、提高社会主义核心价值观教育实效性的现实路径。同时,我们更要注重发挥社会主义核心价值观对大学生职业生涯规划的引领和指导作用,这也正是社会主义核心价值观融入国民教育全过程的主旨所在。

新媒体空间

构建新媒体联动传播格局，助力大学文化建设

倪赛力[1] 郝 程[2]

(1 北京服装学院党委，北京 100029；2 北京服装学院党委宣传部，北京 100029)

摘 要：新媒体是舆情传播、信息集散的新载体，对高校师生的科学文化素质、思想道德素质以及精神文化生活产生越来越深刻的影响。面对新形势，高校应形成新媒体联动传播格局，集中多方资源优势互补。北京服装学院将新媒体联动传播作为大学文化建设的重要手段，打造融合了门户网站、微博、微信等新媒体的传播格局，整合资源，加强媒体联动内容融合；健全机制，提升顶层设计能力和影响力；创新思路，构建校院两级联动新格局；专兼结合，各级媒体队伍联动，保障新媒体联动机制良性循环。

关键词：新媒体；联动传播；大学文化建设；路径

大学文化，是大学人在长期的教育教学实践和生活学习活动中形成的价值观、思维方式、行为方式和生活方式。①加强特色大学文化建设，不仅是发挥大学文化引领作用所必需，也符合大学培养高素质全面和谐发展人才的需要。随着互联网技术的不断发展，以门户网站、微博、微信、飞信、QQ群等为代表的新媒体迅速成为舆情传播、信息集散的新载体，为社会文化的丰富和传播提供了崭新的平台，对高校师生的科学文化素质、思想道德素质以及精神文化生活产生越来越深刻的影响，同时也为高校文化建设拓展了新的阵地。因此，如何适应新形势的需要，抢占意识形态工作高地，构建科学合理的工作机制，使新媒体成为传播知识、弘扬文化、打造品格、和谐关系以构建大学文化的有效途径，提高高校的"软实力"，成为亟待研究和解决的问题。

一、高校构建新媒体联动传播格局的必要性

随着学生公寓宽带、校园WIFI、智能手机、平板电脑的普及，以及门户网站、微博、微信、飞信、QQ群等新媒体的兴起，传统的大学文化传播路径黯然失色。新媒体以润物无声的方式对大学生的生活、学习和娱乐方式甚至是语言习惯产

作者简介：倪赛力，北京服装学院党委副书记，教授。
郝程，北京服装学院党委宣传部副部长。
① 徐燕. 新媒体传播方式对大学文化的影响[J]. 中国校外教育，2013(8).

生潜移默化的影响。媒体联动是指从有利于充分发挥新闻宣传和媒体发展的整体效应及功能出发,通盘设计与整合,将各方面的因素组织起来,形成合力,产生强大的舆论攻势。① 从广义上说,媒体联动不仅包括内容、人员方面的联动,也包括技术、机制等层面的联动。这既是高校文化建设面对新媒体挑战的现实应对,也是现实需求和长远发展相结合的前瞻性设计。

1. 有效整合资源,实现优势互补

新媒体建立在数字技术和网络技术的基础上,具有极强的实效性,融合了文字、图像、影音、超链接等元素,信息传播方式多样化。可以有效地对各种媒体传播资源进行整合、集合,以多维的、多样化的、多途径的方式实现优势互补,增强宣传的实际效果。

2. 强调互动性,深化师生交流沟通

高校学生锐意创新,思维活跃,艺术的无限想象与科学的严谨规范互补互动,青睐较传统媒体更为轻松便捷、平等有效的传播方式。通过门户网站、微博、微信、飞信、QQ群等新媒体,师生既可以点对点地沟通思想、释疑解惑,实现信息双向快速传递;学生还能反客为主地对特定人群、特定内容进行搜索、设置,成为兼具信息接收者和信息创造者身份的"自媒体",使理想人格和个性需求在便捷化交际网络中得到发展。

3. 应用超文本传输,利于大学文化传播

新媒体传播融合了文字、图像、影音、超链接等传播形式,蕴含的信息量成线性增长,较之传统媒体更利于创新作品的解读和推广,激发高校学生的求知欲和想象力。北京服装学院毕业季期间,学校官方微信推出的"毕业季"专题栏目,使用多媒体形式展示纺织品、珠宝首饰、鞋品箱包、工业设计、视觉传达、环境艺术、数字媒体、动画、摄影等专业学生毕业作品,用时尚的语言、独特的视角直观呈现创新成果,助力创意、创新、创业为特点的艺工融合大学文化,以前所未有的开放姿态向社会呈现。

二、以联动式新媒体传播格局拓展大学文化建设阵地

为使新媒体更好地服务于高校的宣传思想工作,高校必须积极转变工作思路,打造立体化、联动式新媒体传播格局,传递主流声音与正能量,变被动接受为主动搜索,变被动灌输为主动创新,拓展文化建设的新阵地。

---

① 王瑞霞,宫宇.高校新媒体联动机制初探——以北京交通大学为例[J].北京教育(德育),2014(6).

1. 门户网站引领文化建设主航向

高校门户网站展示着学校的教育理念、治学风格等,在反映校园文化和促进文化建设中担负着传播者与引导者的使命。因此,要做好典型宣传、热点透视和舆论引导工作,融合思想性、教育性、服务性,贴近师生文化需求;要有丰富的资源,信息多样,更新及时,运行便捷。

以北京服装学院为例,北京服装学院门户网站已成为学校新闻宣传的主流权威媒体,主页开辟近二十个栏目,立体化地呈现学校在文化理念、重点专业、教学科研、人才培养等方面的动态与特色,并可针对不同用户的需求提供信息服务,日点击量高达近万人次;利用"北服人物"、"新闻追踪"等栏目,深入教研一线采访,广泛宣传优秀师生的突出事迹,报道丰硕成果背后严谨治学的作风、求实创新的品格、刻苦钻研的精神和勇攀高峰的勇气,使学生切身感受到浓厚的学术氛围;以50年校庆为契机,梳理传统文化,开设了校庆专栏,进行网上校史展、校庆专题片滚动播放以及校庆动态报道,利用网络传播速度快、覆盖范围广、高度的开放性等特点对校史进行发掘、阐述、宣传;校庆当天,50名学子身着50套"国服"在中山装主题雕塑前走秀。校庆专栏的同步图文报道引起较大反响,以开放、包容、亲切的形式增进了学生对传统文化的认同,助其探寻文化之根、追溯精神之源、寻觅安心之所。

2. 专题网页扩大思政育人覆盖面

专题网页是指围绕某一特定主题,在网络媒体上设计固定的专题页面集中报道。其优势是在一定的时间跨度内,可以运用新闻各种题材及背景材料,调用文字、图片、声音、视频、图像等多种表现形式,进行连续的、全方位的、深入的报道。北京服装学院在学校党委的高度重视下,积极推进思想政治工作进网络,充分发挥专题网页的优势,结合学校重大活动陆续开设了"深入学习实践科学发展观"、"党的群众路线教育实践活动"、"北服第八次党代会"等专题网页,转变思想政治教育言说方式,集中宣传报道,深度剖析解读,不断提高师生的思想理论高度,巩固校园主流文化的稳定性;将以弘扬大学文化为主题的"北服讲堂"内容及时上传至"党建思政"专题网页,通过师生互动实现学术内容的网上再传播;结合"科学·艺术·时尚"节、"十大新闻"评选、"感动北服年度人物"评选、毕业季、大学生创意集市等校园文化品牌活动开辟专题网页,扩大育人覆盖面,塑造特色校园氛围,促进师生思想境界和文化素养的全面提升。

3. "微"平台延展文化传播关系群

当代大学生由于特定的生存环境和成长轨迹,学生之间及师生之间趋于疏离,在新媒体的众声喧哗中容易迷失自我。应利用新媒体庞大的用户规模、裂变的传播方式,演绎大学文化"微"内涵。围绕学校中心工作,北京服装学院以微博、微信、飞信、QQ群为平台，介入师生关心的舆论场，搭建多点辐射型"微"关系群，从而畅通文化传播渠道，发展出一种合作交流的思政教育新范式。

北京服装学院官方微博及时发布学校资讯，并利用转发、评论、对话、私信等方式进行互动，展现学校风貌，传递精神理念，实现了现实教育和"线上"教育的有机结合。北京服装学院官方微信开设了令人喜闻乐见的栏目，如"北服要闻""创意北服""北服故事""抢鲜报·一周活动预览"等，以图文方式及时推送学校要闻、讲座信息、生活资讯，强化服务功能；积极进行"议题设置"，开展"北服故事"栏目征稿，回忆校园点滴变化，鼓励师生、校友参与，激发师生的爱校情怀；发布内容上充分考虑师生的浏览意愿，发布时间选在多数师生浏览的时段。关注量迅速攀升，使师生、校友、社会人士更好地了解到学校的进步与发展，传播实效在互动中得以实现。

借助"微"平台传播优势，恰当融入学校特质，以校园人文感染受众。如北京服装学院官微2016年发布的"春在北服 | 我们与她一起绽放"，将镂空的服装设计图与春日校园美景和谐融合，优美的文字和图片烘托出北服的时尚校园文化，潜移默化中弘扬了正能量。此篇微信阅读量近两万，关注度在首都教育新媒体联盟榜单中位居第三，仅次于清华大学和北京大学，充分证明了新媒体在校园文化传播中的重要作用。

4. 第一、第二课堂"搭车"新媒体全面升级

信息技术的迅猛发展势必对传统课堂带来影响和冲击，如何顺势而为，利用新技术拓展传统教学空间，构建新型教学环境，是所有高校面临的共同课题。北京服装学院依托艺术、工科强势，实施学科融合互补，在教学上根据学科发展和学生需求转变授课方式，进行潜移默化的文化熏陶和渗透教育。以新媒体技术手段为支撑，尝试网上课堂、网络讨论会等灵活多样的双向交流模式，通过飞信、QQ群对学生进行专业辅导，使学生在接收到迅捷信息的同时，能够第一时间给予反馈，实现远距离的"点对点"交流，变"灌输—塑造"为"自主—生成"的教育模式；将新媒体知识纳入课堂教育，结合专业教学开展校园网页设计大赛、微电影大赛等活动，创造条件让学生主动参与到新媒体运用中，从不同角度启发和拓展学生思路，在实际运用过程中提升其理解与判断能力，帮助学生认识新媒体、掌握新媒体、运用新媒体，在进行专业学习的同时育人。

第二课堂是第一课堂的延伸和补充，是高校育人体系中不可或缺的有机组成部分。北京服装学院坚持将第二课堂建设与新媒体紧密结合。目前有"头脑风暴"社、云裳话剧社、破立漫画社等学生社团近三十余个，涵盖了理论、艺术、科技、公益等多方面，参加学生近千人。社团大多数开设了微博、微信平台，在相关教师的指导下，打造传达党、团知识和学校文化的前沿阵地，利用学生喜闻

乐见的形式,有的放矢地发布引导性内容,以期达到"润物无声"、"春风化雨"的教育效果。

四、强化引导和监测,为大学文化建设营造良好氛围

新媒体时代,几乎人人都有"麦克风",主流文化话语权被削弱,大学校园文化更加多元化,大学生的思想观念和价值选择更加容易受到外部环境的影响,时常可能面临价值判断的迷茫和价值选择的困境。因此,需要牢牢把握文化传播的主动权和导向性,充分发挥新媒体的正能量,为艺工融合大学文化建设营造良好氛围。

1. 在思政工作中融入主流文化

通过思想政治教育,尤其是媒介素养教育,引导师生懂网知网、擅于用网,建设性地享用大众传播资源。在新媒体传播中树立符合时代特征和学校实际的文化理念,加强潜移默化的思想政治教育和社会主义核心价值观教育,努力形成工作合力;通过讲座、课堂等形式培养学生对海量信息的鉴别能力,促使其自觉主动地关注与本专业、学科或与大学育人目标相一致的知识和信息;尊重大学生的主体地位与作用,充分发挥大学生的积极性、主动性和创造性,使其达到由感性到理性认识的提升,在科学发展和理性思考的基础上,实现思想的引领。

2. 在文化活动中提升综合素质

新媒体对大学文化最直接的冲击就是改变了大学生的生活和交往方式。为增强大学生的鉴别能力和沟通协调能力,需要开展丰富多彩的校园文化活动,构筑现实人际网络,防止虚拟世界与现实社会的断裂,使学生更好地适应社会需求。北京服装学院充分利用学生特长,在提升学生理论素养和创新能力方面,举办"科学·艺术·时尚"节、北服讲堂、大学生人文知识竞赛、"践行社会主义核心价值观"作品展、"北京精神"创意速写比赛、学生毕业作品展、创意手工染及创意焊接比赛等学术科技活动;在加强学生文化熏陶、艺术感染和身心锻炼方面,举办大学生樱花电影节、校园歌手大赛、云裳话剧节、"学风杯"班级展示晚会、服饰风采大赛、"红色经典舞台剧"大赛、"五四杯"体育联赛等文体活动;在提高学生实践动手能力和社会服务意识方面,承办"北京市大学生创意集市",举办毕业生跳蚤市场,鼓励学生自主运行创新创业中心,到教学实践基地实习、调研等。不断提高大学生的思想境界和道德修养,增强全员育人的氛围,加快艺工融合大学文化建设。

3. 在特色情境中营造文化氛围

新媒体时代的校园环境建设不能仅仅停留在物质层面,更要加重文化砝

码。北京服装学院的"VI"标识在保留原有创意特点的基础上重新设计,增添了时尚气息和国际化色彩,已广泛应用于宣传阵地统一规划,包括门户网站、官方微博、官方微信、院报、宣传画册、橱窗、指示牌、楼宇标识及校车等处;规划建造具有历史内涵和文化韵味的校园景点设施,如中山装雕塑广场、雕塑园等;建立网上博物馆和特色资源库,推动资源共享,促使校园特色文化品位的完善和提升。

4. 用网络实名制加强舆论监控

要充分利用拥有完整准确的师生信息数据库、师生在校期间流动小、易于实现技术监控等优势,加快推进校园网络实名制的进程,力争做到每一个网络ID都对应一个真实的人,净化网络文化环境;[1]学校相关部门应守土有责,借助网络掌握学生的思想动向和关注焦点,及时疏导不良情绪、澄清不良观点,为青年学生的成长成才筑起一道安全的"防火墙",真正使新媒体成为艺工融合大学文化传播的可靠阵地、思想政治教育的有力抓手、学生学习成才的崭新平台。

综上所述,高校的新媒体联动传播格局顺应了新的形势。通过有效整合校园媒体资源、强调超文本传播的互动性、加强内容融合、进一步健全机制等举措,提升了校园新闻传播的顶层设计能力和影响力,是对高校新闻宣传工作的有益创新,从而有效地传递了主流声音与正能量,拓展了大学文化建设及意识形态工作的新阵地。

---

[1] 陈义红.新媒体环境下大学校园文化建设的继承与创新[J].金华职业技术学院学报,2013(6).

高校微信公众平台的思想政治教育功能研究

杨超杰　王丽伟

（天津工业大学党委宣传部，天津 300387）

摘　要：随着新媒体环境下微信在大学生群体中的普及，高校微信公众平台为高校思想政治教育提供了新的渠道，并具有新闻发布、宣传引领、舆论引导、教育服务等思想政治教育功能。高校党委宣传部作为高校官方微信公众平台的主管运营部门，应推动校园各类媒体的深度融合，将微信公众平台打造成为新型主流媒体，更好地服务于大学生思想政治教育工作。

关键词：高校；微信公众平台；宣传思想；思想政治教育

根据腾讯发布的《2015 微信用户数据报告》显示，截至 2015 年第一季度末，微信每月活跃用户已达到 5.49 亿；微信用户普遍年轻，平均年龄在 26 岁，86.2% 的用户在 18~36 岁；各品牌的微信公众账号总数已经超过 800 万个。[①] 而在校大学生作为使用微信等新媒体最主要的群体之一，其价值取向、思想观念、心理健康等很容易受其影响，从而直接影响对大学生思想政治教育的效果。

为抢占新媒体建设高地，各高校纷纷建立高校官方微信公众平台，以期更加灵活地开展对大学生的思想政治教育工作。2016 年 1 月 4 日，教育部网站发布消息，教育部直属 75 所直属高校全部开通官方微信。[②] 其他各类高等院校虽然没有明确的数据统计，但可以确定，相当一部分高校都已开通官方微信，如《南方周末》数据实验室每周会发布《中国高校微信排行榜官微分榜》，2016 年度上榜高校官方微信已达到 493 所。高校党委宣传部作为高校官方微信公众平台的运营者和管理者，应积极推动校园各类媒体的深度融合，抢占新媒体建设高地，更好地服务于大学生思想政治教育工作。

作者简介：杨超杰，天津工业大学党委宣传部网络宣传科副科长。
　　　　　王丽伟，天津工业大学党委宣传部副部长，高级政工师。
① 中华人民共和国国家互联网信息办公室，《腾讯发布 2015 微信用户数据报告》，http://www.cac.gov.cn/2015-08/24/c_1116346585.htm
② 中华人民共和国教育部，《教育部公布省级教育部门、直属高校官方微博微信开通情况》，http://www.moe.gov.cn/jyb_xwfb/gzdt_gzdt/s5987/201601/t20160104_226767.html

一、高校微信公众平台的主要功能与特征

微信公众平台分为"订阅号"和"服务号"两种,微信"订阅号"可以每天不定时推送一次多条信息,用户可在"订阅号"里面查询,微信"服务号"每周推送一次,用户可直接查询。高校的微信公众平台一般以"订阅号"的形式存在,它适应了大学生生活服务、信息查阅、网络咨询的需要,可以以高校微信公众平台为载体,整合校园传统媒体如校报、校园新闻网、广播电视台等资源,拓展高校思想政治教育的范围。

(一)高校微信公众平台的主要功能

1. 高校官方信息发布与共享

利用微信公众平台,高校可以不定时地向订阅用户推送消息,进行信息的发布与共享。凡是订阅了微信公众平台的用户,均可以接收到高校推送的微信信息内容。并且,用户根据个人喜好对微信信息的分享转发,进一步扩大了信息的接受范围和阅读量,可以有效地扩大微信公众平台的影响力。

2. 高校生活服务与学习信息查询

高校微信公众平台内容设置丰富,可以包括各种生活服务、学习信息等内容的推送与查询。高校微信公众平台既可以在菜单栏设置信息查询、校园介绍等栏目,又可以通过每天一次的微信内容推送直接发送给订阅用户,培养用户养成查询微信推送内容的微阅读习惯,保证了微信信息服务的简单快捷性。

3. 思想政治教育功能

第一,选树典型,宣传示范。高校官方微信一般由学校党委宣传部负责管理,承担着对外新闻宣传、展示高校形象,以及对大学生进行思想政治教育、坚持社会主义办学方向、培育大学生社会主义核心价值观的重要职责。高校微信公众平台可以通过宣传先进典型,发掘正面事例,营造积极向上、活泼健康的校园文化氛围。

第二,舆情收集,舆论引导。高校官方微信公众平台要围绕中心、服务大局,在互联网已经成为舆论发酵的策源地和思想交锋的主阵地的时代背景下,充分发挥高校官方微信公众平台的舆论引导作用。同时,高校可以通过分析微信公众平台粉丝的关键词查询等信息,及时收集学生关注动向,监控校园舆情,通过有意识的正面引导,有效实现对大学生进行思想政治教育的效果。

第三,互动交流,教育服务。高校官方微信公众平台通过宣传策划,将主流价值观融入轻松的语言、图片等,更易被大学生所接受,达到了对大学生进行思政教育的目的。同时,高校微信公众平台的留言功能,使大学生用户可以与公

众号进行良性的互动交流,将引导大学生成为正面信息的制造者和主动传播者,打开思想政治教育的新局面,开拓思想政治教育的新途径。

(二)校微信公众平台特征

1. 管理主体的权威性和专业性

高校微信公众平台一般由高校党委宣传部通过官方认证开通,是高校官方发布权威性新闻和信息的载体。同时,经过一段时间的发展,目前的高校官方微信都具有较高的专业水准,具有专门的微信管理团队进行管理,从内容来看,包括新闻资讯、招生就业、典型宣传、校园文化建设、生活服务等方面的信息服务。

2. 服务对象的本校性和针对性

高校微信公众平台一般立足校内,主要为在校大学生提供校园资讯及形式多样的生活服务,还可以根据当期热点和大学生用户群体的留言反馈,及时设置推送议题,增强思想政治教育的针对性。同时,高校微信公众号的用户一般为本校教职工、大学生、学生家长、校友等,其信息传播虽不受地域的限制,但信息传播对象具有明显的针对性。

3. 推送内容的时效性和多样性

高校微信公众平台一般能以便捷性和实时性优势,迅速占领宣传报道前沿和舆论阵地,引导舆论走向。同时,微信公众平台还具有显著的多样性特征,微信公众账号可以向用户发送图片以及文字、语音等不同类别的信息内容,微信公众平台的内容可以包括学校的办学理念、办学历史、大事要闻、校园文化等多样化的信息和呈现方式,对大学生更具吸引力。

4. 传播过程的裂变性和话题效应

微信的传播具有典型的裂变式传播特征,用户通过分享与转载,使得每一位接收者都成为信息的传播者,通过分享与转载,一方面,信息通过订阅用户实现了迅速的接收和传播;另一方面,热点信息通过分享与转发,往往能够产生更大的宣传影响,迅速制造微信话题,形成舆论漩涡。

二、高校微信公众平台对开展思想政治教育带来的机遇与问题

(一)高校微信公众平台对开展思想政治教育带来的机遇

正是高校微信公众平台自身独有的特征与功能,为开展思想政治教育带来了崭新的机遇,发挥了积极的作用。

1. 载体便捷,覆盖面广,加速了思想政治教育的生活化

随着智能手机的普及,微信已经发展成大学生日常生活中不可或缺的一部

分,凡是添加微信公众号者均可以实现信息接收,扩大了信息的覆盖面。同时,微信公众平台可以在一天任意时间推出,不限时间和地点,加速了思想政治教育的生活化,通过针对性强的交流可以拉近师生之间的距离。

2. 对传统思想政治教育的有益补充,强化了对大学生的育人效果

与以往思想政治教育方式不同的是,微信公众平台超越了时间和教育空间的限制,微信管理者既可以在任意的时间、地点完成微信推送,又可以通过设置话题,实现微信话题的快速传播,同时,通过文字、图片、视频等不同形式载体的内容,使思想政治教育更加有趣味性、更贴近生活,强化了对大学生的育人效果。

3. 形式立体化的宣传教育格局,全面服务于学生发展

通过高校微信公众平台建设,将传统的校园网、校报、电视台等媒体资源整合,借助于高校微信公众平台推出,形成立体化的宣传教育格局,既丰富了微信公众平台推送内容,又为传统媒体提供了宣传渠道,营造了健康和谐的媒介传播氛围,保证了对大学生思政教育的实际效力,全面服务于学生发展和健康成长。

(二)高校微信公众平台对开展思想政治教育可能带来的问题

1. 碎片化的信息传播、浅阅读式的阅读习惯培养降低了思想政治教育的影响力

虽然微信能在第一时间针对热点问题宣传引导,具有时效性、便捷性的优势,但自媒体时代,各种信息错综复杂,公众平台海量存在,用户具有随时取消订阅微信公众号的权利,使得微信公众平台推送的内容立意深刻者少,"标题党"、"图片党"等吸引人眼球者居多,高校微信公众平台也不例外。海量的、碎片化的信息培养了用户浅阅读式的阅读习惯,同时,大学生世界观价值观尚在形成时期,以他们自身的能力来处理碎片化的海量信息可能会被误导或迷失,这进一步降低了思想政治教育的影响力。

2. 裂变性的传播过程导致对思想政治教育的直接控制减弱

传统思想政治教育一般以教师课堂授课或有组织的实践活动为主,无论在内容、形式上面,均可以提前规划,一旦在教育传播过程中发生在规范范围之外的事件,也可直接控制消除影响。但是微信的互动性使得每个用户既是信息的被动接受者,也是信息的直接生产者、传播者,学生通过网络及各种通讯APP转发、评论微信推送信息,使得高校传统的传播主体优势丧失,导致思想政治工作者对于思想政治教育工作的直接控制力减弱。

3. 繁杂的内容设置削弱了对思想政治教育的实际效力

相对于传统思想政治教育的直接控制,微信内容设置的繁杂削弱了它的实

际效力。且由于高校微信公众平台的信息点对点地传播出去之后,管理者既不能再对信息进行更改,也无法控制信息的传播扩散,一旦传播内容不恰当,一些学生受到消极意识的影响可能会逆向利用这些内容,产生不良的影响。

三、高校微信公众平台思想政治教育功能的实现路径

（一）以弘扬社会主义核心价值观为导向,规范高校微信公众平台管理

第一,微信公众平台担负着传播马克思主义理论、弘扬社会主义核心价值观的重任。高校微信公众平台应以弘扬社会主义核心价值观为导向,增加党团建设、思想政治教育等方面的栏目和板块,通过开展主题征文、典型宣传、理论引导等方式,积极开展线上线下交流互动,用正能量、主旋律信息教育人、鼓舞人,积极传播正能量。

第二,正确选择微信推送信息,规范高校微信公众平台管理运行。微信推送内容,一旦推送不得更改,因此,如果信息推送不恰当、不正确,不仅会对大学生产生一定的误导,而且容易产生不良的社会影响,形成负面的舆论漩涡。因此,高校要规范微信管理,制定严格的选题拟定和信息采编制度,保证微信推送内容安全。

（二）以人才队伍建设为抓手,提高微信议题设置话语权,坚持专业化运营

第一,以专业化运营建设为抓手,规范微信管理团队人才队伍建设。对高校微信公众平台的运营与管理,离不开专业化的微信管理团队,高校应加大在微信管理方面的人力、财力支持力度,抢占网络思政建设的高地;应培养一批政治立场坚定、理论写作能力强的写作班底和"意见领袖",只有建立人员配备合理、战斗能力强的工作队伍,才能不断创新微信内容和传播方式,提升网络思想政治教育影响力。

第二,主动加强内容建设,提高议题设置话语权,提升微信内容品质。高校微信公众平台要积极拓宽信息来源、把握微信话题设置规律,以大学生关心关注的校园热点为切入点,积极挖掘典型正面素材,加强对信息的深加工、再创作,通过科学的议题设置来影响用户对于事物的关注和看法,通过贴近大学生习惯的语言表达方式制造积极正面话题,掌握宣传舆论主导权。

（三）加强立体化宣传格局,深度融合传统媒体和新兴媒体资源

第一,实现微信与其他校园媒体的联动,努力形成立体化的网络思政宣传格局。通过传统媒体和新兴媒体资源的整合,形成全方位、立体化的网络宣传教育体系。同时,在高校内部,不仅有学校官方微信公众平台,而且有代表各学院、处室和群团组织一级微信公众平台。在学校党委的统一领导下,各微信公

众平台应加强沟通,实现网络信息的有效传播,产生协同效应。

第二,实现线上与线下的教育资源共享与互动。要提高思想政治教育的针对性和有效性,就要根据自媒体时代网络空间与现实空间深度融合的特点,实现网络教育和现实课堂教育、线上与线下的有效对接。高校思想政治教育工作者要根据微信公众平台的交流互动优势,通过设置微信话题,利用线上留言、线下交流等互动方式,实现大学生用户的积极互动参与,从而提升传播影响,产生规模效应。

四、结语

2016年4月19日,习近平总书记在网络安全和信息化工作座谈会上的讲话中强调:"我们要本着对社会负责、对人民负责的态度,依法加强网络空间治理,加强网络内容建设,做强网上正面宣传,培育积极健康、向上向善的网络文化,用社会主义核心价值观和人类优秀文明成果滋养人心、滋养社会,做到正能量充沛、主旋律高昂,为广大网民特别是青少年营造一个风清气正的网络空间。"①意识形态工作是党的一项极其重要的工作,高校作为意识形态工作的前沿阵地,肩负着坚持社会主义办学方向、宣传马克思主义、培育和弘扬社会主义核心价值观的重要职责,必须主动出击、管理用好微信等网络新媒体,抢占舆论宣传与思想政治教育新高地,打赢舆论主动权的争夺战。

参 考 文 献

[1] 中共中央文献研究室.习近平关于全面深化改革论述摘编[G].北京:中央文献出版社,2014.
[2] 赵敬,李贝.微信公众平台发展现状初探[J].新闻实践,2013(8).
[3] 郭志勇.新媒体环境下大学生思想政治教育的新路径——以高校微信公众平台为例[J].理论与实践,2015(1).
[4] 季明,高明.新媒体对大学生思想政治教育的影响研究——以微信公众号为例[J].江苏高教,2015(4).

---

① 人民网,《在网络安全和信息化工作座谈会上的讲话》,http://paper.people.com.cn/rmrb/html/2016-04/26/nw.D110000renmrb_20160426_1-02.htm

大学生社交化阅读及其对高校舆情引导的启示

吕旻[1]　黄黎[2]　赵凯鹏[1]

（[1] 浙江理工大学生命科学学院；[2] 浙江理工大学学工部，浙江 杭州 310018）

摘　要： 伴随互联网社交的大发展，阅读也进入了社交化的时代。对社交平台的认同和参与，使大学生成为社交化阅读的活跃群体。本文分析大学生社交化阅读的特点，探索新形势下高校舆情引导的方法路径和内容，使高校舆情引导更为及时、合理和有效。文章首先分析大学生社交化阅读在体验性、同质性和影响力等方面的特点，并在此基础上，从形式、关系和需求三个方面分析了大学生社交化阅读对高校舆情引导的启示。

关键词： 大学生；社交化阅读；高校舆情引导

随着新媒体技术和互联网技术的迅猛发展，以网络在线阅读、手机阅读等为代表的社交化阅读方式已经渗透到当代大学生学习生活的各个方面，成为他们生活、学习、交友和信息获取的主要途径。通过社会化阅读平台，大学生可以更加方便地对热点公共事务表达观点，抒发情绪。大学生社交化阅读已经成为高校舆情引导的重要变量。

一、大学生社交化阅读的特点

社交化阅读是相对于传统的以书为核心，强调内容本身的阅读模式提出来的，是指以读者为核心，强调分享、互动、传播和社交的全新阅读模式。[①]兼具阅读属性和社交属性的社交化阅读平台（微博、微信、QQ、手机应用）改变了阅读格局和人们获取信息的方式，导致人们信息获取、传播交流、社交互动的深刻变化。尤其是对作为活跃用户群体的大学生的影响更加直接和明显，渗透到他们的学习、社会、交友、信息获取等方方面面。根据中国互联网络信息中心 2015 年 2 月公布的《2014 年中国青少年上网行为研究报告》，与阅读相关各类网络应用（网络新闻、博客、论坛/BBS、网络文学）在大学生群体的使用率均高于网民总体水平，其中网络新闻在整体网民中的使用率为 80%，大学生群体为

作者简介：吕旻，浙江理工大学生命科学学院讲师。
① 钟雄. 社会化阅读：阅读的未来[N]. 中国新闻出版报，2011–05–09.

84%,每天一次或多次在网上浏览新闻的比率更是高达60.1%;与社交化阅读相关的网络分享意愿大学生群体为64%(非常愿意11.9%,比较愿意52.1%),网络评论意愿大学生群体为54.1%(非常喜欢6.1%,比较喜欢48%)。①

社交化阅读已成为大学生的一种全新学习方式、交友方式和生活方式,是大学生精神发展史和价值观形成中重要的一笔。同其他群体相比,其特点主要体现在体验感、同质性和影响力这三个方面。

1. 大学生更加追求阅读行为的体验感

基于移动互联网技术,注重体验的新型社交阅读方式,方便大学生利用碎片化的时间实现在移动中阅读、在参与中阅读,体现了一种互动体验感。阅读过程中,传者和受者之间的界限模糊,他们都在其中参与推送、评论、反馈和分享。网站、博客、微博、微信、SNS(社会性网络服务)等在内的新型社交媒体实现了大学生在线阅读的社交化。随着社交化阅读的发展,大学生的阅读体验感成为进行阅读内容选择的重要标准。社交化阅读环境配置丰富、收藏分享功能齐全、呈现方式多媒体化等特性都为大学生提供着极其丰富的阅读体验感。

2. 大学生更加寻求阅读行为的同质性

大学生社交化阅读实现了阅读行为与社会关系的融合。大学生在社交圈中,能够就共同话题、共同感受、共同目标产生出同质性的内容,或者形成阅读社区。社会关系的需要促进阅读行为产生,反过来,社交化阅读行为也成为联结社会关系的纽带。在社交化阅读过程中,大学生利用回复、转发、点赞、评论等社交阅读行为,带动信息的分享、交流与传播,以寻求在所处社交群体中的归属感和存在感。而这种"归属"和"存在"体现了他们的潜在价值取向和判断。因此,分析和把握大学生社交化阅读中的同质行为,能促进高校舆情引导对大学生舆情的敏感性,对加强高效舆情引导的针对性具有重要意义。

3. 大学生更加关注阅读行为的影响力

随着信息技术、智能移动终端进一步发展,互联网突破限制促进阅读和社交的深度融合,成为最大社交平台。而作为网络化社交的认同者和参与者,大学生成为社交化阅读的活跃群体。这为大学生社交化阅读产生广泛影响提供了客观条件。同时,他们所关注的政策意见、社会道德、网络谣言、公共安全等舆情内容,在网络社区中快速传播,并对现实社会产生不可小觑的影响。更确切地说,社交化阅读的影响力,不仅仅在于阅读内容本身,而在于阅读后的社交化行为。这是传统阅读、数字阅读甚或网络阅读都无法比拟的。大学生更在意

---

① 中国互联网络信息中心.2014年中国青少年上网行为研究报告[EB/OL]. http://www.cac.gov.cn/files/pdf/cnnic/CNNIC2014qingshaonianswxw.pdf,2015-02

对阅读内容的互动分享、回复量、关注度和点赞数是大学生社交化阅读中的最为关注点之一。

二、大学生社交化阅读对高校舆情引导的启示

大学生社交化阅读行为日趋活跃,使得微信群、QQ群、社交网络成为高校极具影响力和聚集力的隐形舆论场,也成为高校舆情引导的主阵地。大学生社交化阅读行为使舆情引导环境趋于复杂,舆情引导工作挑战与机遇并存。分析大学生社交化阅读的特点,探索新形势下高校舆情引导的方法路径和内容,使得高校舆情引导更为及时、合理和有效,这成为研究大学生社交化阅读的价值所在。

1. 高校舆情引导应强化线上线下的同步互动

伴随社交化阅读的大发展,人类阅读方式开始进入"读屏时代"。"低头族"正是对大学生"读屏"行为的形象描述。"读屏"是一种生活方式、行为方式的缩影和代称,在其背后蕴含着阅读与社交这两种文化活动在网络时代的融合互通。大学生获取信息、表达观点,甚至对突发事件的"现场直播"都可以在不大的屏幕上轻松完成。古人以文识友,当下以文会友,大学生在社交化阅读中拓展自己的社交圈。正如"微信以轻盈的新媒体技术重新构建了人际关系和沟通方式"①。2013年年底,升级微信5.1版将创建群聊人数的上限调整为100人,进一步提升了用户个人微信的社交覆盖力。截止到2015年第一季度,微信已经覆盖中国90%以上的智能手机,月活跃用户达到5.49亿,用户覆盖200多个国家、超过20种语言。此外,各品牌的微信公众账号总数已经超过800万个,移动应用对接数量超过85 000个,微信支付用户则达到了4亿左右。② 这种社交化舆论场的迅猛发展正是对高校舆情引导线上线下同步互动的启示。

大学生读的"屏"不仅仅指阅读的载体,还应包含其阅读过程中社交化的表达方式。互联网语境下,大学生的社交阅读内容、方式、符号与传统引导方式差异化明显。这就要求高校舆情引导必须更新与大学生的沟通符号,建立适合大学生"读屏"的新型话语体系。学习和掌握大学生阅读特点和习惯,运用他们喜闻乐见的社交方式,传递信息,开展舆情引导。同时,互联网匿名、开放的基本属性使得大学生社交阅读行为极易混乱失序,形成网络舆情。因此,高校舆情引导不能一味迎合,更要注重引导学生理性思考、合法表达,实现良性互动。

---

① 王磊.微信:自有媒体时代新闻的良性载体[J].北方工业大学学报,2013(6):55.
② 微信团队,2015微信生活白皮书[EB/OL]. http://tech.qq.com/a/20151023/057238.htm#p=1, 2015-10

2. 高校舆情引导应注重社交关系的积极融入

社交化阅读强调对核心要素——"内在关系"的关注,大学生所读内容借助人际传播平台,产生巨大的传播效力。这种阅读加社交传播的方式,使得大学生通过移动阅读实现阅读与社交的无缝连接,感兴趣的阅读内容马上可以在社交平台上分享、转发、评论,吸引对同一内容感兴趣的同学实现社交互动。在"关系时代","这种"去中心化"的趋势正是对高校舆情引导积极构建互动关系的启示。

互联网去权力中心、平等交流的特性会强化大学生主体意识,敢于挑战现实中的教育权威。这预示着一种新型社交化关系被推崇,蕴含着大学生对平等、自由、独立、开放更高的追求。高校舆情引导应以学生为主体,在允许大学生利用网络表达不同的想法和建议的基础上加以规范引导。在引导时应疏堵结合,注重培养大学生适应网络时代特点的媒介素养,形成规范自由统一的引导格局。同时,市场经济情景中成长的大学生主体意识不断增强,对自由主义、个人主义等西方思潮缺乏批判性思考,使得高校舆情引导面临前所未有的挑战。高校在开展舆情引导时,应在尊重主体、倡导平等、促进互动的同时,加强主流网站建设,弘扬主流文化,形成真正体现民主、文明、平等、尊重的新型格局,借助大学生社交化阅读开展舆情引导已经势在必行。

3. 高校舆情引导应借助体验需求的内在驱动

因为面临相同的社会场景、问题、诉求,大学生进行社交化阅读时更加注重聚合体验。"至乐莫如读书"是对读书人较高的认知与评价。比如2012年作家莫言获得诺贝尔文学奖后,大学生在各自的微信圈分享好文,并纷纷走进实体或网上书店,产生了"莫言效应"。说明大学生处于自身感兴趣的阅读社区后,会极大地激发阅读兴趣,并经历着特定的文化体验。数字阅读的社交化互动体系也可以分为三个层面:一是最基础的人书阅读互动,通过互动来产生各种评论和推荐,方便用户找书看书;二是人与人之间的社区化阅读互动,主要是建立和依托虚拟社区,开展读者与读者、读者与作者之间的互动,有效提升用户黏性;三是以开放分享为特点的社交化阅读互动,通过与外部 SNS 打通、晒书单、名人引导等方式,更好地自传播和自发展。① 由此可见,大学生的阅读内容可以在社交体验中被有效引导。大学生这种以自传播和自发展为特征的体验需求正是高校在舆情引导中需要密切关注的。

运用社交化阅读的舆论导向功能,结合大学生需要体验阅读的特点,设置"热点、焦点话题"引导学生从"线上"转到"线下"活动,在具体实践中达到有效

---

① 戴和忠等.数字阅读网站社交化互动体系比较研究[J].中国出版,2013(9):32.

引导的效果。在舆情引导中,高校应主动推送信息,引导大学生主动参与体验,提高大学生对复杂信息的批判思考能力。与此同时,值得注意的是,在网络的催化和放大下,大学生社交体验大大增加了舆情问题由社会话题转化为政治问题、由个人问题转为公众问题的可能性。全球化背景下,高校成为多种思想渗透与交锋的主要阵地,开放透明的互联网使大学生越来越容易接触到各种思潮,如果不能理性思考批判吸收,与实践中的公共事件结合,极易形成舆情。高校应加强大学生阅读内容整理分析和舆情监测,并通过网络技术和信息员队伍,对大学生社交阅读热点实时监测,形成快速的舆情预警机制。

高校微信公众平台运行管理策略初探

李 鹏

（青岛大学党委宣传部，山东 青岛 266071）

摘 要：微信公众平台借助智能手机、移动通信网络等传播媒介，快速成为高校师生校园生活的重要载体，并且在高校舆论引导、思政教育、信息管理等诸多领域发挥巨大作用。高校官方微信如何有效运行管理，成为一项紧迫而富于挑战性的新课题。"青岛大学"微信公众号通过设置"微议题"、拓展"微应用"、完善"微服务"、强化"微保障"等策略，在运行实践中探索出一套有效的管理方法，对高校运用新媒体强化思想建设、塑造文化精品、拓展服务应用等方面提供了有益的参考借鉴。

关键词：高校；微信公众平台；运行管理；方法

2012年8月，腾讯公司在微信的基础上开发出微信公众平台并正式上线。伴随移动互联网、智能终端和多媒体技术的不断发展，高校微信公众平台快速兴起，日益成为高校师生日常生活的重要组成部分，潜移默化地改变了学校面貌、管理方式等。它在满足师生对个人社交、意见表达、娱乐，以及固定社群的信息交流与资源获取的同时，也对高校思想教育、舆情监管、文化建设、学生管理服务等方面提出新挑战。

某种程度上说，微信公众平台是一个蕴含着文化传播、人际交往、社会心理和生活方式等多种复杂语义的时代命题。当前，部分高校管理者对新媒体的认识不足，缺乏新媒体技术人才和运行监管经验，校园媒体之间缺乏有效互动和整合，管理机制不健全。因此，对高校管理者和教师而言，熟悉微信公众平台，探索其运行管理策略，防止其因泛滥式增长带来的同质化、信息监管失控等问题，意义重大且形势紧迫。

本文通过对青岛大学官方微信公众平台运行管理的个案分析，着重探讨"微议题"设置、"微应用"拓展、"微服务"完善、"微保障"强化等策略，为其他高校及单位提供参考借鉴。

一、在设置"微议题"中把握意识形态导向

在新媒体时代，如何把握意识形态话语权、引领思想文化建设是当前高校

面临的紧迫任务。在新形势下要实现"影响全体师生",运用新媒体和文化载体是必然的选择。青岛大学官方微信公众号于2015年9月开通,上线近一年来"粉丝"达到2.7万余人,总访问量超700万人次,成为校内最受关注的媒体。学校微信平台通过设置"微议题"来引导舆论,议题设置把握以下几个原则:

1. 议题设置紧密围绕学校中心工作,贴近学校和师生生活实际

微信平台承载了社会主义核心价值体系的宣传和实践活动,指引高校的思想政治方向和舆论导向。配合学校中心工作策划热点议题,管理员、网络评论员、舆论领袖等通过跟帖回复、即时评论等,引导学生参与话题讨论和意见交流;善用藏"舌头"的艺术,将理想信念教育渗透到议题设置中,有效地针对大学生关注的热点和思想困惑,提高思政教育实效性。构筑主流舆论阵地,以丰富的内容、学生喜闻乐见的形式和表达方式,传递党的思想理论、宣传典型,传递了正能量。

2. 议题设置关注师生的参与度,提高互动效果

微信公众平台充分考虑到学校、教师主导性与学生主体性的平衡关系,最大限度调动学生关注参与的积极性。通过开设"小吐槽"、"青大,我有话对你说"等互动社区,关心师生的学习生活动态,积极回应并有效解决师生的合理诉求和建议。该栏目开通半年多来,话题数达7000余条,累计访问量超350万人次,成为观察师生思想动态的最直接最重要的窗口,许多学生关注的焦点问题和矛盾都得到及时掌握和化解。

3. 议题设置与实体活动相结合,实现网上线下整体建构

媒体议程设置功能不是万能的,要想发挥好思政教育和舆论引导作用,既需要合理的媒体议程设置和引导,也需要现实学习生活中的文化熏陶和实践培养,需要实施系列传播以及宣传活动。微信公众平台作为网络虚拟空间,可以成为高校事务管理的重要辅助工具,但不能代替事务本身。微信公众号议题设置,要与师生思想教育、信息传播、活动宣传、学生管理及服务等有机结合,既关注普遍兴趣,也关心小众需求,把微信平台打造成为一个寓教于乐、平等沟通、健康有序的网上精神家园。

二、在拓展"微应用"中打造校园文化品牌

校园文化是高校发展的灵魂和大学精神最直接的表征。微信公众平台是校园文化的重要载体和传播工具,它的虚拟性正是迎合了校园文化的无形性存在,对维护校园安定团结、推进高校学术科研水平的提升、提高师生的共同文化积淀和道德素养、形成和谐有序的大学氛围等方面都有重要作用。拓展微信应

用功能对校园文化建设的促进作用主要体现在以下几个方面:

1. 微信平台极大地丰富了校园文化建设内涵和形式

以先进的文化武装高校师生队伍,以高尚的思想塑造当代大学生,是高校精神文明建设的核心内容。微信公众平台承载着校园文化的核心内容,引领校园文化建设的重心,传播校园文化的思想精髓。从高校微信公众平台现状分析看,技术派已经压倒内容派。在微信公众平台使用初期,微信公众平台主要模块包括功能、管理、统计和设置等方面,可以实现消息推送与管理、编辑与开发、用户与素材管理及统计等功能,广泛应用于高校宣传、教学教务、学生管理、团学工作等领域。

随着新媒体的快速发展和广大用户对媒体需求的不断变化,技术应用和创意内容成为微信公众平台运行发展的重要支撑因素。"青岛大学"基于师生需求和微信公众号使用现状,对平台软件进行二次开发,从技术和内容两方面入手,重点拓展在线交流互动功能,打造校园综合信息服务移动终端。

2. 微信公众平台有效巩固了校园文化活动品牌影响力

"青岛大学"微信平台推出传统校园文化精品活动的微信在线版。学生通过"精品校园"等栏目晒才艺、赏才艺;通过微信平台报名参与文明班级和文明宿舍创建、票选"最佳人气班级"和"最美宿舍",策划推出"文明班级背后的故事"、"创意作品展"等系列专题;"毕业季"活动在线推出"最美青大人"、"微笑墙"、"分享我的故事"等板块,降低参与"门槛",突破场地限制,聚拢火爆人气,显著提升校园文化参与度和整体品质。同时,平台还推出新闻资讯、奖勤助贷咨询、就业指导等栏目,并陆续开通党团教育、图书借阅等服务功能,延伸与教务管理、后勤服务等系统对接。

3. 微信应用扩大了校园文化活动的社会影响力

微信平台以其广大的受众群体、快速的信息传播与互动效率,扩大了校园文化活动社会影响力。拓展微信应用增强了传播内容的实用性、提升了传播方式的多元性、拓展了传播角色的多样性。微信公众平台传播对象较传统媒体更有针对性,传播效果更加优化。广大师生以传播主体的身份参与校园文化传播过程,信息传播从受众被动接受的"强推式"变为主动关注的"拉取式",有效提升了师生对校园文化的认可度,能对校园文化的建设与传播起到良好的推动作用。

三、在完善"微服务"中搭建学生教育管理平台

有学者认为,微博、微信等新媒体使用的潜在媒体需求包括:(1)获取信息;

(2)自我表达与社会认同;(3)人际关系的维护与扩展;(4)娱乐消遣;(5)情绪释放;(6)习惯性依赖。大学生对微信公众平台的功能需求也大致类似,这说明要想满足师生对新媒体的多元化需求,就必须克服微信平台每天推送一次、平台功能大而全、定位不准确等局限。"青岛大学"官方微信针对不同学生群体和个性化需求,提出以服务力提升影响力,以亲和力换取关注度。通过增设特色栏目来拓展服务。比如学生通过在线学习、校园公告等栏目,了解学校通知通告,预订各类讲座、报告、演出等门票,获取"单向"服务;同时可以通过"青达人"、"心苑"、"毕业生茶室"等栏目获取在线辅导、创业交流、心理咨询等"双向"服务。多渠道促进师生交流,特别要尊重青年在媒介信息活动中的主体创造力和批判精神,吸纳青年广泛有序参与,畅通青年意见表达渠道,引导学生自主学习。学生既可以解决实际问题、疏导情绪、舒缓压力,也可以平等交流,合理表达意见和诉求,提升"认同感",在提高新媒体交往能力和媒介素养的同时,实现自我管理和相互监督。为了延伸对学生假期的管理与服务,还开设了"假期随手拍"板块,吸引学生分享假期"亲情作业"、海外游学、实习实践、志愿服务等经历,将学生的思想教育从校内延伸到校外、从学期中延伸到假期中,成为学生全天候自我教育管理的新平台。微信公众平台与传统媒体相比,姿态放得更低,对信息和受众的把控、主导相对较弱,服务意识更加强化。高校管理者、专任教师、政工干部(辅导员)等都可以通过平台加强思想引导,畅通师生交流渠道,提高信息发布和学生管理效率,让微信公众平台真正成为高校全方位育人体系的重要组成部分。

四、在强化"微保障"中构建立体化的联动机制

对于大多数高校师生而言,日常接触的媒介内容繁杂、重复,信息来源零碎;对于校园媒体而言,由于缺乏资源整合,单一媒体优势不明显,发展后劲不足,传播效果不佳;对于高校宣传与舆情监管部门而言,因信息管理不系统导致信息混乱和资源内耗现象时有发生。基于以上考虑,高校微信公众平台必须加强顶层设计,做好统筹部署,健全配套机制,强化队伍建设,构建"立体化"媒体联动机制。

青岛大学党委高度重视校园微信平台建设。一是加强组织领导,将平台建设与教育教学、学生管理、文化建设等统筹起来;明确建设单位工作分工与职责,落实归口管理。制定《校园新媒体管理办法》,定期发布《青岛大学校内微信影响力排行榜》,健全微信舆情信息监控机制,建立新媒体整合与运行监测预警系统。加强对信息源审核、用户实名注册、权威内容发布等环节流程的规范化管理,定期对各栏目关注度、话题参与度、各单位响应度等情况进行常态化统计。

二是构建校院二级联动格局,坚持人力、硬件、软件、内容等多手抓,以党委宣传部为主,整合学生处、研究生院、教务、招生、就业、后勤、团委等多个部门资源,形成各单位积极配合、相互支撑、有效联动的格局。加强与各类媒体的互动融合,发挥信息资源共享和整合传播效应,鼓励相关部门、二级单位、学院配合学校官方微信开通公众号,形成以点带面、多点辐射的微信管理体系。

三是打造一支高素质的专兼职管理人员和网络评论员队伍。加强对新媒体整合与运行管理、舆情监管、危机处理等培训,邀请教学名师、学生骨干(意见领袖)加入管理团队,实行青年原创,达人引领,充分发挥新媒体舆论领袖的积极作用。

从总体上看,高校微信公众平台对内部管理、师生交流方式产生了广泛影响,其运行管理尚处在实践和探索阶段。"青岛大学"官方微信通过设置"微议题",坚持以社会主义核心价值观为引领,牢固把握意识形态主导权,围绕学校中心工作,贴近师生关注热点和需求;拓展"微应用",完善"微服务",以丰富多彩的内容和功能,满足师生多元化需求,搭建学生教育管理新平台;通过强化"微保障",从硬件条件、人员队伍、管理机制等多方面入手,实现信息高效传播、舆情有效监管的立体化服务。

参 考 文 献

[1] 王文华.高校思想政治工作应对微信传播的挑战与对策[J].学校党建与思想教育,总第506期。
[2] 姜秀芹.高校微信公众号发展及运营策略研究——基于高校微信公众号排行的分析[J].湖北函授大学学报,总第163期。
[3] 葛海霞.高校微信运营现状分析及对策[J].海峡科学,2015(11).

辅导员新论

高校辅导员的网络语言素养提升路径

太扎姆

(成都纺织高等专科学校,四川 成都 611731)

摘 要: 网络语言是一把双刃剑,给高校辅导员工作带来新的机遇和挑战。辅导员要通过储备充分、灵活运用、及时应对舆情、积极总结等路径,掌握网络沟通技巧,灵活运用网络语言,加强网络媒介素养,使其成为当前新媒体时代青年大学生的良师益友,达到线上线下全方位动态开展思想政治教育的目的。

关键词: 高校辅导员;网络语言;提升;路径;

一、新媒体时代网络语言给高校辅导员工作带来新的机遇和挑战

《普通高等学校辅导员队伍建设》《高等学校辅导员职业能力标准(试行)》中明确指出:辅导员是开展大学生思想政治教育的骨干力量,是高校学生日常思想政治教育和管理工作的组织者、实施者和指导者。辅导员应当努力成为学生的人生导师和健康成长的知心朋友。[1]当前,互联网被称为继电视、广播、报纸之后的第四媒体,它对当代大学生的价值取向、政治态度、道德观念、行为方式、心理发展等产生了巨大的影响,网络语言也成为学生相互交流沟通、表达个人情感和意愿、呈现个人或朋辈真实状态的一个重要工具,因此,高校辅导员要成为当代大学生的良师益友,尤其是成为当前新媒体时代、网络环境下青年大学生的良师益友,必须加强自身的网络媒介素养,掌握网络沟通技巧,灵活运用网络语言,通过"面对面"与"键对键"的结合,营造辅导员与学生之间的师生双向关注的良好互动氛围,实现高校辅导员线上线下全方位动态开展思想政治教育的目的。

1. 网络语言的优势给新时代高校辅导员工作带来新的机遇

互联网作为第四媒体,颠覆了以往受众被动接收传播信息的方式,把受众改变为传播者或与传播者互动的参与者,因此,高校辅导员运用网络语言进行

作者简介:太扎姆,1974年生,女,藏族,成都纺织高等专科学校外语学院副书记、副教授,主要研究方向为思想政治教育。

思想政治教育工作具有了生动形象化、趣味创新化、通俗流行化、简约生活化等特点,有利于增进师生交流,及时了解学生动态,加强教育的吸引性、实效性、引导性、及时性,增强学生思想政治教育工作的亲和力、社会化。因此,网络语言的优势给当代高校辅导员工作带来了新的机遇。辅导员需充分认识网络语言沟通方式在思想政治教育中的积极作用,主动掌握网络语言,积极走进网络空间,有效开展网络思想政治教育。

2. 网络语言的负面影响给新时代高校辅导员工作提出新的挑战

网络语言能够促进大学生的身心发展,为思想政治教育的发展提供新的契机,但同时,网络语言也对大学生群体产生了一些负面影响:网络语言的多元化弱化了大学生对主流文化的认同和学习能力,网络低俗语言和网络语言暴力淡化了大学生的道德法律意识,网络语言的失范消减了传统思想政治教育语言的吸引力,这些都在一定程度上阻碍了思想政治教育的有效进行,使学生个体观念和行为发生新的变化,一定程度上增大了大学生思想政治教育工作的复杂性和丰富性,对辅导员思想政治教育工作提出了新的挑战。

因此,网络语言是一把双刃剑,在新媒体时代背景下,辅导员要做到扬长避短,正确面对网络语言对当代大学生思想政治教育带来的机遇和挑战,主动占领并努力构建网络思想政治教育新阵地,加强与学生的网上互动交流,及时有效宣传引导,促学生成长成才。

二、高校辅导员的网络语言素养提升路径

1. 储备网络语言资源,搭建话语共境

网络语言已经成为大学生全体使用并乐于接受、积极参与创造沟通的媒介,线下的思想政治教育话语中的程式化、陈旧化部分会导致良好沟通语境的缺失,有时不易被学生接受,甚至会产生排斥和反感,故辅导员工作需尽量缓解师生交流的语言障碍,提升思想政治教育实效。可见,传统教育话语和网络语言除了沟通符号的变化和发展,更为重要地体现在教育语言环境的重构,体现在思想政治教育模式一定程度的转型上。因此,高校辅导员在对学生进行思想政治教育工作中,首先要储备网络语言资源,理性、有度、合理地熟悉和掌握网络语言,消除话语差异,搭建师生良好沟通的话语共境。

2. 通过主流媒体流行语、网民流行语、校园流行语三个层面储备网络语言资源

主流媒体流行语时时都会推陈出新,列出排行榜,形成年度册,辅导员需要在广泛了解基础上,形成网络语言资源的初步储备,熟悉当代青年学生的网络

语言体系。网民流行语多是年轻人创造的,故年轻化并兼具文化性,其中的称呼类、问候类、别称类等常被高校学生作为交流的"敲门砖",辅导员需要在常态熟悉基础上,形成网络语言资源的浅层储备;校园流行语是学生校园学习、生活、思维、观念等的反映和折射,辅导员需要在掌握针对性基础上,形成网络语言资源的深层储备。

3. 把握理性、有度、合理的准则搭建师生话语共境

高校辅导员在通过主流媒体流行语、网民流行语、校园流行语三个层面储备网络语言资源的过程中,要把握理性、有度、合理的准则。主流媒体流行语中的泛娱乐化语言、网民流行语中的发泄类语料、校园流行语中的生涩偏颇性用语,辅导员必须"理性"分析掌握。目前,网络语言作为一种交际用语,是非主流形式的,在思想政治教育工作中,是对传统教育话语的补充、延伸,不能取代传统优良教育语言,因此,高校辅导员搭建网络思想政治教育的师生话语共境时,要遵循"有度"的原则,不能全盘网络化,不能刻意迎合。另,高校辅导员在积累、熟悉网络语言资源储备后,需根据思想政治教育的总体目标,分对象、分场合、分时间、分实情"合理"做好网络语言使用准备。

三、掌握网络语言工具,加强沟通艺术

1. 学用"普通话",做好"知心朋友"

当前高校辅导员要做学生的"知心朋友",需学会用学生喜欢的"普通话"进行交流沟通,掌握网络语言交际工具,主动融入学生心灵和思想,拉近与学生之间的距离,营造和谐的交流沟通氛围,缓解师生之间的身份隔阂,消除学生的紧张和压迫,实现敞开的"心与心"的交流和分享。

高校辅导员对学生进行思想政治教育时,网络语言的使用和选择要立足"以生为本"的准则。辅导员要进一步了解学生喜欢和接受网络语言的原因。娱乐趣味性、幽默诙谐性、自主个性化、创造草根化等特点是学生喜欢和接受网络语言的主要原因,这些特性吻合学生交流方式的兴趣点,也正是辅导员在交流中可以经常借鉴的网络语言方式。

2. 占领"主阵地",做好"人生导师"

校园网络分为三个主要媒介场所:师生关系场所、熟人世界、陌生人世界。[2]辅导员在师生关系场所占重要角色,其网络语言的使用主要有两种目的:用于及时性地发布信息,用于针对性地引导思想。两者皆可以打破时空界限,实现"一对一"的学生个体教育目的,或实现"一对多"的学生团体教育目的。通过辅导员网络语言使用的"有的放矢",争取主动占领网络思想政治教育的

"主阵地"。

熟人世界和陌生人世界，辅导员可以通过拓宽网络语言平台，实现一定范围的影响。例如现下许多辅导员开通的微博、博客、微信公众平台，通过"个体人"身份的网络语言表述，建立良好的人格魅力，从而影响、吸引、感染学生。同时，还可以借用"他山之石，可以攻玉"的方法，将具有共鸣或能获学生认可的优秀的网络语言平台推荐给学生，例如给学生党员和入党积极分子的熟人世界场域学生推荐"共产党员"微信公众号，给所有同学推荐"人民网"微信公众平台的"夜读"栏目等。通过拓宽思想政治教育工作的网络语言平台，进一步主动占领网络思政的"主阵地"，做好"人生导师"。

四、关注网络语言动态，加强舆情管理

1. 常态关注网络语言，及时应对网络舆论

高校学生作为网民主体之一，因在网络空间剥离了自身的社会身份，因而更有较强的"入网"、"进网"意识，他们往往会通过网络语言表现出自身适时的情感、心理、际遇、观念等的现状和变化，也会通过网络语言表达对焦点问题、校园事件、服务质量、信息反馈、利益问题等的看法和意见，因此，青年大学生既是网络舆论的发起者、传播者，也是网络舆论的接受者和评论者。辅导员可以通过 QQ 空间、QQ 群、微博微信、校园 BBS、百度贴吧、学生网站等渠道和平台，观察学生的信息传播圈、学习生活圈、人际交往圈、校园舆论圈、就业创业圈、推优入党圈，常态化关注学生网络语言的使用，及时了解并掌握学生的思想动态、人际关系、个性气质、情感生活等，并在网络语言的无序使用中发现思想教育的有序规律，逐步增强对网络语言折射出的综合信息的鉴别分析能力，及时应对网络舆论。如出现使用网络暴力语言宣泄情绪的情况，需要辅导员细心关注网络语言的使用，鉴别学生情绪，分析原因，防御和控制情况恶化，线上线下及时引导和教育。

2. 动态关注网络语言，努力主导网络舆情

网络自媒体时代人际传播去中心化、分权化，这在很大程度增加了校园网络舆情应对的工作难度。校园网络舆情中，校园网络危机事件是辅导员工作中的难点，也是重点，具有碎片化、滚动式、冲动性等特点，往往是由于网络媒体产能过剩与网络信息供给不足产生的阶段性矛盾。这就需要高校辅导员动态关注学生的网络语言，因"堵不通"，故"疏为主"，抓住"事情、态度、措施"三要素，动态关注网络语言，及时正确地用好网络语言，努力主导网络舆情。如大学生通过网络渠道民主参与校园事务的过程中，有时会通过网络语言的变化表露出

大学生民主参与异化的苗头或端倪,这就要求辅导员动态关注学生的网络语言变化,深入了解学生网络条件下不合理方式表达诉求的情况,及时干预制止,并通过发布正确的信息,用具有公信力的信息引导学生,主导网络舆情。

五、总结网络语言运用,提升职业能力

1. 以文化人,引导网络语言的健康发展

习总书记强调,要充分运用现代技术手段,充分运用微博、微信、微视、微电影等方式,不断扩大社会主义核心价值观网上传播和宣传力度。努力用中华民族创造的一切精神财富来以文化人、以文育人。[3]高校辅导员要使社会主义核心价值观深入当代大学生的心智,利用优秀的网络文化促进社会主义核心价值观的培育和践行,引导网络语言的健康发展。

辅导员要帮助和指导大学生成为"中国好网民",就需教育学生有文明的网络素养,向上向善,共同做到"内容为王,能量为正,方式要活,渠道要多",为学生提供实现健康网络语言的服务。辅导员要引导学生将优秀的传统文化、校园文化、时代文化、多元文化作为网络文化的主体内容,实现健康网络语言的供给需求;要引导学生自觉将网络粗俗语言、网络语言暴力、网络欺诈、网络恶搞等污浊之气清除出去,传递正能量,让网络环境清朗、绿色,实现健康网络语言的环境需求;要组织班级、社团、党小组、团支部的征文、讨论、调研、摄影、微电影等灵活的线上校园文化活动,实现健康网络语言的平台需求;要推荐优秀的官方媒体、名人或师生的微博、博客、微信公众平台以及 QQ 群、飞信群等多样的网络渠道,实现健康网络语言的拓展需求,不断丰富大学生的网上精神生活,引导网络语言的健康发展。

2. 定位角色,提升网络语言的育人能力

高校辅导员要主动占领并构建大学生思想政治教育的网络阵地,实现网络的良好育人功能,需掌握并运用好网络语言,不断总结提炼,不断实践积累,准确定位辅导员的网络新角色:既要做好网络思想政治教育主阵地的占领者、正能量的传播者,也要做好学生网络合理诉求表达的引导者,心理情感的关注者;既要成为自媒体时代网络语言的使用者,也要成为新时空健康语言的维护者;既要成为学生网络思想政治教育需求的提供者,也要成为学生思想动态的监督者。

综上,网络语言对当代大学生思想政治教育是一把双刃剑,高校辅导员要善于把握网络语言给当代大学生思想政治教育带来的机遇,勇于迎接网络语言给当代大学生思想政治教育带来的挑战,储备充分,灵活运用,及时应对舆情,

积极总结,不断加强网络语言使用能力,提升网络素养,实现新媒体时代高校辅导员的职业化、专业化成长。

参 考 文 献

［1］ 高等学校辅导员职业能力标准(试行). 教思政［2014］2 号,2014 – 03 – 27.
［2］ 焦翔. 网络场域中的高校辅导员工作探析［J］. 传承,2008(5).
［3］ 韩振峰. 习近平关于社会主义核心价值观的十个基本思路［J］. 前线,2015.

大众传媒价值观表达对高等教育工作者的影响
——基于上海地区大众传媒影响的研究

陈肖霞

（东华大学外语学院，上海 201620）

摘　要：大众传媒价值观表达的多元性，对高等教育工作者的自身发展与教学工作产生了深刻的双面影响。本文在详细介绍大众传媒价值观表达对高教工作者影响的基础上，立足于大众传媒与高等教育工作者"多方位关系网"各基点，提出了以"自律为主，他律为辅"的大众传媒价值观"过滤"模式，以期在大众传媒所营造的信息环境下，规范高等教育者队伍，规避和消除大众传媒负面价值观的影响，同时充分发挥正面价值观的导向作用。

关键词：大众传媒价值观；高等教育；价值观念；生活方式；审美情趣

一、大众传媒的含义与发展历程

"大众传播媒介"一词出现于 20 世纪 20 年代广播电台问世之后，简称传媒，是信息、符号物质载体不断发展过程中形成的职业化传播机构。从广义上讲，大众传媒可被视为一条有效的传播渠道，主要依赖于具有复制、传播信息符号功能的机械硬件设施，以及有完整人员的编排，包括编辑、美工、记者等的报纸、杂志、电台之类传播组织，所构成的宣传平台；从狭义上讲，大众传媒主要分为印刷媒介，即报纸、杂志、书籍等纸质媒介，和电子媒介，即广播、电视、电影、互联网等虚拟媒介。

据中国互联网络信息中心（CNNIC）《第 36 次中国互联网络发展状况统计报告》显示，截至 2015 年 6 月，我国网民规模已达 6.68 亿，远超 1997 年的 62 万。①庞大的数据不仅表明互联网这一传媒新宠儿的强劲发展势头，同时也向我们传递了一个信息，网络传播工具的兴起正潜移默化地影响着大众传播方式，突破了大众传播过程单向性强、反馈迟延的传统特点，使得传播双方展露其交

作者简介：陈肖霞，东华大学外语学院专职辅导员，助教。

① 数据来源：中国互联网络信息中心（CNNIC）《第 36 次中国互联网络发展状况统计报告》，http://www.cnnic.net.cn/hlwfzyj/hlwxzbg/hlwtjbg/201507/t20150722_52624.htm

互性,受众可以及时地提供自己的反馈,实现"个性化"、"小众化"的交流。

二、高等教育工作者的角色与任务

在传统学校德育中,教育工作者不仅是知识的垄断者和知识源,更是学生德育发展的促进者。高等学校作为学生教育中的最高学府,担负着输送社会主义现代化所需之高级人才的重任,其教育工作者更是集多种角色于一身,既是历史文化的传承者、文明建设的推动者,又是高级人才的培养者、科技文化创新的实现者。在传统视野中,高等教育工作者深受古往今来意识形态、制度观念的保障,拥有无可争议的绝对权威的地位,无疑,他们的言行举止深刻影响着一代又一代青年学生。

根据国务院发展研究中心信息网多年统计数据,我们不难发现当下高等教育工作者数量之庞大,其衍射的影响范围无疑十分广泛,而大众传媒的日益多元化成功拓宽了高教工作者接受信息的渠道,使其自身广受大众传媒所负载的信息影响,从而暴露在日常教学工作中,导致许多"误导"现象的发生,更是加剧了这一"教育工作者影响效用"的复杂性。

三、大众传媒与高等教育工作者的互动联系

(1)大众传媒的教育功能日益突出,很大程度上抢夺了高教工作者的"权威影响力",促使高教工作者寻求与大众传媒的和谐共处。

一直以来,以文字、图片来组织信息的传统印刷媒介如报纸、杂志、书籍,以及以声音、剧情夺人眼球的电子媒介如广播、电影、电视等相对旧有媒介在人们的生活中扮演着重要角色。据中国新闻出版研究院第十二次全国国民阅读调查结果显示:2014年我国成年国民图书阅读率为58.0%,数字化阅读方式的接触率为58.1%,各媒介综合阅读率为78.6%,较2013年上升了1.9个百分点。

随着信息技术时代的到来,互联网发展日新月异,电子通信、网上支付、阅览新闻、在线交友等都已成现实。正处于自身发展转型期的青年大学生可塑性较强,对于新鲜事物接受度更高,作为一个复杂的矛盾体,他们的价值取向是多元化的,因此更易接受大众传媒的舆论导向,甚至盲目追随。他们掌握的知识、价值、规范不再单一来自教师讲授,也可能来自报纸、杂志、电视、网络等媒介的教育。大众传媒作为大众文化引领者的角色,在很大程度上挑战了高教工作者权威教育的地位,削弱了他们的权威影响力。而高等教育工作者作为相对客观的社会评论家应清楚认识到大众传媒存在的合理性,无法忽视其应有的发展前景,这也就促使他们在新形势下与时俱进,探寻高教工作者队伍与大众传媒的

和谐共处。

（2）高等教育工作者作为丰富文化内涵的拥有者，在许多领域都享有"权威话语权"，对大众传媒的导向具有一定影响。

高校是知识和人才最集中、信息量最丰富、传播最活跃的地方，高教工作者不仅拥有高水平的文化素质，掌握丰富的文化资源，而且得益于其身份的特殊性，影响范围也十分广泛。他们中的许多人在个人研究领域内声望显赫，兼任着各大学术机构、行业协会、企事业单位的名誉顾问等职务。往往高等教育工作者的发言、评述或抨击，都将引起大量民众，尤其是学生、专业机构的共鸣与追随。大众传媒赖以为生的基础是受众，结合名家论点，迎合大众口味，确保自身客户市场，将成为驱动大众传媒吸收高等教育工作者"权威话语"的有效动力，也进一步加强了高教工作者与大众传媒之间的互动联系。

（3）大学生群体既是大众传媒的主要受众，又是高教工作者的教育对象，缔结了大众传媒与高教工作者难舍难分的多方位联系。

CNNIC 的调查显示学生群体互联网普及率已达 24.6%，浙江在线新闻网站早些也实施了针对上海市大学生媒介接触状况调查，结果显示大学生不接触网络的比例仅为 6.2%，每天花在互联网上的时间约 121 分钟、广播 52 分钟、电视 51 分钟、报纸 34 分钟。这些数据无疑显示了当代大学生在大众传媒受众群体中的主体地位。而高教工作者本身的任务即在于教书育人，他们的教育受众也正是当代大学生群体。从主要服务对象来看，大众传媒与高教工作者有着异曲同工之妙。大学生群体双重的受众身份为大众传媒与高教工作者提供了互动契机，成功缔结了大众传媒与高教工作者难舍难分的多方位联系。

四、大众传媒价值观对高等教育工作者的影响

本文在研究大众传媒价值观表达对高等教育工作者的影响时，借助于问卷调查及访谈形式，选取上海市高校部分高等教育工作者作为研究对象，其中包括 28.57% 的专业任课教师、28.57% 的辅导员老师，以及 42.86% 的行政后勤老师。

1. 大众传媒价值观表达

大众传媒的诞生正如一把双刃剑，令人喜忧参半。在丰富社会生活、延伸人类感官、开阔大众视野的同时，它也被戴上了功利主义、享乐主义、拜金主义、实用主义等多顶帽子。

（1）大众传媒的正面价值观导向。我国的大众传媒一定意义上可被视为"党管人民"的舆论工具，始终拥护中央的领导，在最新政策跟踪、传达民意、舆

论监督等方面都起着不可估量的积极作用。同时,作为传播范围广泛、传播速度快、所受阻碍力小的信息传播渠道,大众传媒一旦形成正确的价值体系,则更容易形成"一呼百应"的局势。形式多样的大众传播方式为受众提供了多样的参与路径,更快捷地传递其社会价值目标,更有示范性地影响群体的思想和行为。得益于大众传媒自身的丰富媒介环境及信息内涵,它在维护社会稳定、普及社会教育、引领社会趋势等方面都影响重大。在高等教育领域,大众传媒的导向不仅容易引起学生的"集群效应",对高教工作者的影响也不容忽视,调查中仅有14.29%的高教工作者认为自身可以免受大众传媒导向的影响,其余85.71%都承认传媒导向对自身言行影响的两面性。既然借助传媒平台,任何正面的积极的健康的宣传与传播,功效必将事半功倍,那么广受争议的大众传媒完全可以成为高教领域内文化传承、信息传递的工具,发挥其教育意义。

(2)大众传媒的负面价值观导向。从事物的两面性而言,大众传媒也是"天使与魔鬼"的矛盾体。现代媒介出于商业、经济利益的驱使,越来越多地往商品化、低俗化、恶趣味化发展,一味地创造自身利益,迎合社会需求,制造了大量华而不实的"文化快餐"。商业化的广告宣传大大影响了受众的饮食结构、生活模式、消费模式等,滋生了不少拜金主义、享乐主义分子;低俗化的电视剧、杂志、综艺节目铺天盖地,受众价值观念、道德意识备受影响,使得审美格调日渐下滑,个人本位主义、实用主义也开始盛行;恶趣味化的传媒导向催生了一批批以"雷人"夺人眼球的"红人",各种模仿比比皆是,更有甚者难免乐极生悲。在高等教育领域,大众传媒的负面价值观导向为高教工作者的工作带来了很大的阻碍,学生的"图新鲜敢尝试"直接导致对错误传媒导向的盲目追随,难免发生悲剧;而高教工作者本身也存在着"误入错误传媒导向歧途"的可能,若不慎在日常工作中灌输于学生,后果则不堪设想。

我国的大众传媒从总体来看,坚持了正确的政治导向,积极宣传党的路线方针政策,调查中32.86%的高教工作者认为,当代大众媒体表达的主流价值观是"以爱国主义为核心的集体主义价值观",57.14%的高教工作者认为大众传媒价值取向的出发点是"政治宣传和维护社会稳定的需要",这也从数据上肯定了大众传媒的积极性引导。但另一方面,仍有10%的高教工作者认为当代大众媒体表达的主流价值观是"追求个性解放、物质至上的价值观"。在访谈过程中,不少高教工作者表示大众传媒当前更多呈现的是娱乐消费、一夜成名、潜规则等极端文化。其中大部分专业任课老师认为,娱乐文化、消费文化、侥幸心理等已对学生构成潜在侵蚀,使其思维方法、理想信念发生了改变,偏离了健康的价值观。

2. 大众传媒价值观给高教工作者带来的影响

多样化的大众传媒价值观表达，给高教工作者价值观念和价值取向带来一定冲击。调查数据表明，62.9%的高教工作者在自身想法与大众传媒言论不一致时态度为"保持中立，寻找其他多面报道"，但他们中的许多也毫不避讳地表示"即使保持中立，也难免被舆论导向所诱导"，"耳濡目染，听多了就被绕进去了"。可见，大众传媒价值观的影响力不容小觑。

在调查问卷的设计中，我们主要围绕婚恋类节目所透露的婚恋观、选秀类节目所透露的名利观、求职类节目所透露的事业观、网络流行语所透露的文化观这几个价值观取向展开调查。数据表明，99.8%的高教工作者对参与以上任何节目不感兴趣，仅0.2%愿意登台尝试。而在个人访谈中，我们则着重了解有关大众传媒"快餐文化"、"审美情趣"对高教工作者的影响，以期发现其双向性作用，寻找解决之道。对大量数据及信息整理，可得出以下结论：

高教工作者传统婚恋观受大众传媒影响较大，物质倾向较为明显，事业观影响相对较小；大众传媒价值观表达中名利观追求日益凸显，或影响高教工作者职业热情；新型文化观从思想层面冲击传统文化，老一辈高教工作者或出现迷失；大众传媒"快餐文化"价值观导向带来了高教工作者生活方式的改变；大众传媒的审美价值取向影响日益凸显，高教工作者队伍低格调化现象偶有发生。

五、高等教育工作者如何正确面对大众传媒价值观的影响

为了积极应对大众传媒价值观对高等教育工作者的影响，尤其是弱化其负面影响，笔者提出了基于"自律、他律"维度考量的高教工作者"自律为主，他律为辅"的大众传媒价值观"过滤"模式。主要的内容在于"三个坚持为基础，三种投票为保障，三条路径为支撑"。主要深化从根源上解决问题的思想，提出了大众传媒与高教工作者"多方位关系网"中各基点的任务，以期提高高等教育工作者面临大众传媒价值观冲击时的应对能力，肃清不良反应，既直接使高教工作者受益，又间接使学生接受更加积极的正面引导。

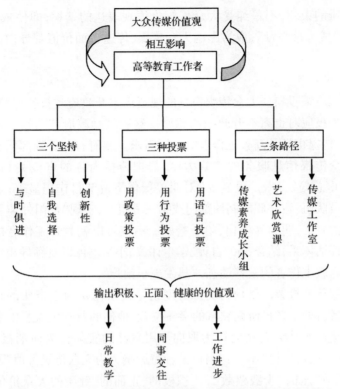

高教工作者"自律为主,他律为辅"的大众传媒价值观"过滤"模式

1. 三个坚持

(1) 坚持与时俱进,新媒体与传统媒体相辅相成。时代的变迁带来了大众传媒日新月异的变化,高教工作者面临着大量信息流的冲击,一味地闭门造车,满足于现有的知识结构水平,将给工作、教学带来诸多障碍。传统媒体不可抛弃,它蕴含着传统生活方式的真谛,比如纸质媒体带来的年代厚实感所引发的思绪,再比如一家四口围聚电视机前争抢遥控器的温馨;但新媒体也不可抗拒,尤其是对资深"老学究",微博、论坛等新兴平台具备第一时间掌握一手资料的敏感触角,聚焦更多群体的不同见解,而且打破了地域交往的限制,更易触发灵感的火花。

(2) 坚持自我选择,去粗存精,忌盲目随从。抵制大众传媒不良价值观影响最主要的一点便是选择性地吸收,不随波逐流。在混乱的传媒市场中去粗存精,吸收正面的、积极的、健康的舆论导向,并以此为基点展开发散性联想,是对高教工作者传媒素养"自律"的很好解读。尤其是面对如今过度商业化的广告导向,更需要坚定自我立场,趋利避害。

(3) 坚持创新性。创新是进步的必备因素之一,是对传承的发展。勇于打破传统思维的束缚，不单纯受大众传媒价值观表达的禁锢，即使成为"少数声音"，也能"成为最强音"，成为影响大众传媒、传递正面价值观导向的教书育人中坚力量。

2. 三种投票

（1）用政策投票。大众传媒市场的规范离不开政府政策的保障，高等教育工作者的积极应对也离不开政策的激励。这就鼓励政府与高校适时出台相关政策，回应传媒市场及高教工作者的不同需求。政府有关管理部门和机构可以加强对大众传媒信息服务的监管力度，严把传播内容的审核关和监督关，如2012年广电总局发布的"限娱令"对叫停低俗下流节目作用显著；定期整顿媒介从业人员队伍，建立职能制约部门或第三方组织，实现"部门外监督"；加强对传媒行业的立法，明确其处罚，给予警示。高校可以就教育工作者的传播素养建立政策评估体系，结合360°自评、学生评议、小组测评以及领导组审议等方式实时监控高教工作者的素养动态，"早发现早治疗"。

（2）用行为投票。受众的支持力度正是大众传媒为之奋斗的目标。不少高教工作者占据了各自研究领域的泰斗位置，他们的行动大大影响着下一代研究者甚至是普通社会大众的行为取向。用自己的实际行为向消极的、不健康的、负面的大众行为说"不"，以自己的独特影响力为大众传媒价值观取向投票，让"多数票数"压倒"少数票数"，让积极的、正面的、健康的大众价值观成功占领市场。

（3）用语言投票。语言一直是一把利剑。市场中，掌握优良的口碑才是大众传媒制胜的关键。高教工作者经过高等教育的熏陶，对于语言的组织能力、表达能力，都胜一般人一筹。用语言为武器，对传媒平台进行解读，以深刻的自我见解，或抨击，或肯定，或质疑，再借助自身在学校的权威影响，以及教育工作平台，引领大批追随者，直接影响大众传媒价值观导向，共同输出正面的积极价值观取向。

3. 三条路径

（1）高教工作者传媒素养成长小组。分岗位成立高教工作者传媒素养成长小组，以"先晋带后晋、后晋帮先晋"的方式开展小组间学习生活，让资深教龄的老一辈教育工作者与年轻的新鲜血液相互融合。还可以就某一阶段的传媒热点专门开展高教论坛，或邀请学生参与其中，以案例话传媒，以辩论形式相交锋。相信激昂的话语与情绪更能深入人心。此外，成长小组还可以作为《公民道德纲要》《教师准则》等宣传阵地，化文件为有声读物，穿插真实案例与相互探讨，在"自律"与"他律"兼顾的情形下实现高教工作者传媒素养的提高。

（2）高校艺术欣赏课，培养审美鉴赏能力。目前，在一些大众传媒市场较为发达的国家,如澳大利亚、法国、加拿大等,都已将"媒介素养教育"正式纳入正规的高校教育课程,发展形成了各种教学模式及课程教材以供参考。这不仅是着眼于推进学生媒介素养的教育,更是对任课教师的新考验,前期的大量准备促使高教工作者不得不"扎实"个人基本功,在高校艺术欣赏课堂上与学生共同进步,端正自己的审美情趣,接受学生检验。

（3）高校传媒工作室,实现跨校交流。通过完善高校大众传媒设施,一方面针对学生、教育工作者学习、工作、休闲、就业等需求,订购相应的报纸、杂志、书籍等印刷传媒,另一方面积极推进高校大众传媒现代化建设,充分利用电子设备、电子技术,构建具有院校自身特色的传媒网络,分别成立面向学生、高教工作者的传媒工作室,并适当开展两者间的参观与互动。每个高校的教师传媒工作室还可以实现跨校交流,进行校外的素质拓展活动,参与到各校校报、校刊、校广播站等校内媒体的工作中,通过切身体会进行理性认识。传媒工作室还可以积极开发网络传媒资源库、网络传媒支持系统等。

六、结语

大众传媒价值观取向的多样性为数量庞大、素质参差不齐的高等教育工作者创造了新的机遇,也提出了新的挑战,规范传媒市场、"化消极为积极"是一项系统性的工程,离不开大众传媒与高等教育工作者"多方位关系网"各基点的共同努力,通过以"自律为主,他律为辅"的大众传媒价值观"过滤"模式,积极创建政府、高校、教育工作者本身、学生共建的互动机制,切实推进大众传媒价值观取向的整顿工作,更好地发挥高教工作者在大众传媒价值观表达多样化语境下对学生成长的促进作用。

附录一

大众传媒价值观对高等教育工作者的影响

亲爱的老师：

您好！在当下媒体时代的大背景下,为了研究大众传媒价值观对高等教育工作者的影响,最终实现提高教学质量的目标,特展开本次问卷调查,希望能得到您的真实想法与宝贵意见,我们承诺会为您的问卷内容保密。谢谢您的合作！

一、基本信息

您的性别：□男　　□女

您的年龄阶段是：☐20~30　　☐31~40　　☐41~50　　☐51~60
您的身份是：☐任课教师　　☐辅导员老师　　☐行政老师
您的文化程度：☐高中及以下　　☐专科　　☐本科　　☐硕士
　　　　　　　☐博士及以上

二、高等教育工作者对大众传媒的基本认识

您最常接触的媒体是：（可多选）
　　☐书籍　　☐电视　　☐报纸、杂志　　☐互联网
　　☐广播、收音机　　☐手机

您一天花在大众传媒上的时间为：
　　☐2小时以下　　☐2~5小时　　☐5小时以上

在您获取信息和娱乐的内容中，哪方面的内容所占比重最大？
　　☐新闻性节目（如社会新闻，国内国际实事等）
　　☐娱乐休闲性节目（如电视剧、电影、综艺节目、娱乐新闻等）
　　☐知识性节目（如教育文化类等）
　　☐其他_____

您觉得哪类节目对您的影响更大？（可多选）
　　☐娱乐性节目　　☐名人访谈录节目　　☐新闻类节目　　☐学术性节目
　　☐体育类节目　　☐生活常识类节目　　☐科普类节目

三、高等教育工作者对大众传媒价值观的认识

您认为电视、网络、报刊等大众传媒的报道及其言论观点：
　　☐真实可靠　　☐真假难辨　　☐突出媒体自身宣扬的观点而被扭曲

对于大众传媒中表达的信息内容，您认为：
　　☐大部分信息是正确真实的，值得效仿
　　☐真假难辨，不可听信一家之言
　　☐坚持自己的观点
　　☐其他

如果您的个人想法与大众传媒所体现的言论不同，您的态度是？
　　☐信任新闻播报，与传媒保持一致　　☐保持中立，寻找其他多面报道
　　☐不信任，只相信自己的观点　　☐虽然存在怀疑，但始终"迎合"传媒报道
　　☐无所谓，不关心

您觉得大众传媒的价值观对您的影响程度是以什么为主？
　　☐积极影响　　☐消极影响　　☐积极、消极各参半　　☐没影响

您认为当代大众传媒价值取向的出发点是什么？

☐ 政治宣传和维护社会稳定的需要　☐ 人民群众的切身利益
☐ 新闻事件本身的客观性和真实性　☐ 不清楚

您认为当代大众传媒表达的主流价值观是什么?
☐ 尊老爱幼、舍己为人的传统儒家价值观
☐ 以爱国主义为核心的集体主义价值观
☐ 追求个性解放、物质至上的价值观　　☐ 很复杂,不好说

四、大众传媒价值观对高教工作者的影响

各大媒体中近几年风行的各种选秀活动对您有什么影响?
☐ 是个一举成名的好方法,我也想试试
☐ 会支持自己喜欢的选手,但没想过自己参加,还是老老实实做好自己的工作吧
☐ 不是很热衷,都是商业炒作
☐ 不太关注

您对最近铺天盖地的婚恋、求职类电视节目有何看法?
☐ 很正常,为有需要的人提供了平台
☐ 体现了日益开放自由的社会风气
☐ 不喜欢,都是作秀、拜金主义
☐ 不关注此类节目

您在自身教学过程中会将上述思想灌输于学生并与之探讨吗?
☐ 不会,没必要,接触此类题材传媒信息仅供自身娱乐及消磨时间,看过就忘
☐ 不会,不敢,做老师就该有老师的样子
☐ 一定会,新鲜资讯可以让学生觉得自己很酷,拉近与学生的距离
☐ 一定会,向学生表达自己的观点看法,希望得到学生的认可
☐ 视情况而定,与课程内容相关可以适当探讨
☐ 其他＿＿＿＿＿＿＿＿＿＿＿＿＿＿＿＿＿＿＿

您是否会使用"雷"文化中的语言?
☐ 经常使用,这是一种时尚　　☐ 了解,但不常使用
☐ 不喜欢,是对传统文化的一种冲击　☐ 不是很了解"雷"文化

您对"屌丝、尼玛、毫无节操"等新鲜词汇的兴起持何种态度?
☐ 没有章法,是对正统文化的亵渎,绝不认同,个人绝对不会使用
☐ 是信息时代发展的产物,属正常现象,虽不认同但可以接受
☐ 虽然认同,但碍于自己"为人师表"的身份不会使用
☐ 具有一定娱乐性,认同并可以使用

□毫无顾虑，随性使用
　　您是否觉得在日常教学中，大众传媒的导向给教学带来了巨大冲击？
　　　　□是，非常普遍，甚至让学生对正常文化产生抵触
　　　　□不觉得，不影响我的正常教学
　　　　□不知道，没有关注过
　　随着微博、手机报等的兴起，媒体传播信息的渠道更加多元，与传统渠道相比，您更倾向于相信哪一方传播的信息？
　　　　□新兴渠道，因为传播的信息全面、及时　　□传统渠道，因为正式
　　　　□两者传播的信息都有真伪，需仔细辨别　　□不清楚
　　您认为当代大众传媒对您来说作用最大的方面在于：
　　　　□信息获取　□文化传达　□社会共鸣　□教学反面案例　□其他

附录二

访谈提问

　　1. 现在社会上流传着这样的话："为了向前看，必须向钱看；只有向钱看，才能向前看。"你觉得这话对吗？

　　2. 近年来在电视、网络中大行其道的各类"选秀、造星类"娱乐性节目，如"超女"、"好男儿"、"我行我秀"等，您会选择收看或者参加吗？为什么？

　　3. 您会收看"非诚勿扰"、"我们约会吧"或者"职来职往"、"非你莫属"这一类的相亲或者求职节目吗？您觉得对您有什么影响？

　　4. 广告对你有没有潜移默化的影响？

　　5. 您会经常去吃"洋快餐"比如肯德基之类的吗？是因为受到广告驱使吗？

　　6. 您平时使用最多、最喜欢使用的媒介及其原因是什么？

　　7. 您平时看书主要是通过书本阅读还是在网上阅读？

　　8. 您会看网上连载的一些"快餐类文学"吗，比如言情、穿越？您觉得给自己的冲击大吗？

　　9. 您觉得新媒体的发展是不是改变了您的生活方式？体现在哪些方面？

　　10. 您觉得传媒中的审美格调怎么样？自己会受怎样的影响？

　　11. 您对高教工作者如何应对传媒负面价值观的影响有什么建议？

观察思考

中国纺织职工思想政治工作研究会(院校学组)成立30周年纪念

略论大学生思想政治教育"四线"目标的定位

刘在洲

(武汉纺织大学党委,湖北 武汉 43000)

摘 要:大学生思想政治教育是高等学校人才培养中的重要组成部分,其内容丰富,任务艰巨,责任重大。根据思想政治教育不同的主题和内容,提出了分层开展理想信念教育和爱国主义教育,攀登政治信仰和人生理想的"上线";深入开展公民道德教育,筑牢道德文明的"基本线";广泛开展人文素质教育,拓宽成就成功的"发展线";精准开展心理健康教育,守住生命安全的"底线"的"四线"目标定位。

关键词:大学生;思想政治教育;"四育"目标

大学生思想政治教育是高等学校人才培养中的重要组成部分,对于大学生的政治立场、道德情操、人生态度具有重要的引领作用。新时期的大学生思想政治教育受到党和政府的高度重视和全社会的密切关注,面临着全新的时代背景和思想活跃、勇于创新、个性突出的工作对象,应对着各种观念和思潮的挑战。中共中央国务院《关于进一步加强和改进大学生思想政治教育的意见》①指出,加强和改进大学生思想政治教育的主要任务要以理想信念教育为核心,深入进行正确的世界观、人生观、价值观教育。以爱国主义教育为重点,深入进行弘扬和培育民族精神教育。以基本道德规范为基础,深入进行公民道德教育。以大学生全面发展为目标,深入进行素质教育。根据中央的要求,结合当代学生思想政治工作的实际,本文提出思想政治教育的"四线目标"的定位。

一、分层开展理想信念教育和爱国主义教育,攀登政治信仰和人生理想的"上线"

这里所说的理想信念教育是指马克思主义信仰和共产主义理想的教育。通过开展理想信念教育和爱国主义教育,旨在让大学生树立正确的世界观、人生观、价值观以及政治立场、政治观念、政治信仰和人生理想等方面的教育。通

作者简介:武汉纺织大学党委副书记,教授,博士生导师。
① 中共中央国务院《关于进一步加强和改进大学生思想政治教育的意见》(中发[2004]16号文)。2004-10-15。

过这一教育培养大学生树立共产主义的远大理想，确立马克思主义的坚定信念，热爱我们社会主义祖国。这是思想政治教育的重要内容和"上线"目标，基于其目标的高度和难度，唯有攀登，才能实现这一目标。

  崇高的理想信念，对自己祖国的热爱，是一个人人生的精神支柱，也是激励人们追求美好生活的精神动力，这是世界各国对青少年进行思想政治教育的主旋律。但要求学生树立什么样的理念信念，是受一定的意识形态、价值取向支配的，受国家意志、民族文化的深层影响，受执政党的信念、主义的主导。这一点不仅是中国，西方国家也不例外。美国高校一直注重政治思想教育，美国将思想政治教育分为四个基本主题：一是资本主义及其优越性教育；二是反共产主义教育；三是公民权利和义务教育；四是国民精神的教育。其内容主要包括：一是把美国的宪法和《独立宣言》作为最高经典进行传播和灌输；二是宣扬美国的三权分立政治制度和民主、自由、平等、博爱的价值观念。通过各种有形和无形的手段教育并影响他们的大学生爱他们的制度与生活方式，要他们相信美国是世界上最合理、最优越的国家，由爱和信任产生信念和忠诚，进而形成强烈的"美利坚民族意识"。我国是马克思主义指导的社会主义国家，当代大学生就是社会主义祖国的未来，系统的马克思主义科学理论知识一旦为当代大学生所掌握，马克思主义政党就会赢得青年，赢得未来。因此，推进共产主义运动从一个阶段尽快地发展到新的阶段甚至最终实现共产主义社会的关键在于着力培养和造就一代又一代的马克思主义者，即信仰马克思主义、追求马克思主义、立志为共产主义献身的人。因此，大学生共产主义的远大理想和马克思主义的信念教育是坚持社会主义道路，确保马克思主义代代相传的重要保证。

  当然，对当代大学生进行理想信念教育和爱国主义教育要注意分层进行并确立有区别的目标。对于广大学生而言，着重开展中国革命、建设和改革开放的历史教育，开展基本国情和形势政策教育，使大学生正确认识社会发展规律，认识国家的前途命运，认识自己的社会责任，确立在中国共产党领导下走中国特色社会主义道路的"三个自信"，进而热爱自己的祖国。培养他们拥护党、拥护社会主义制度的政治敏锐性和热爱自己祖国的自觉性。

  对大学生中的先进分子，"不是指普通的人，而是指认识到人民自己的利益并为之奋斗的有坚定信念的人"[①]，要坚持不懈地用马克思列宁主义武装他们的头脑，着力开展党的基本理论、基本路线、基本纲领和基本经验教育，引导他们不断追求更高的目标，使他们树立共产主义的远大理想，确立马克思主义的坚定信念。实现大学生理想信念教育和爱国主义教育的"上线"目标。

---

① 邓小平文选(第3卷)[M].北京：人民出版社，1993：190.

二、深入开展公民道德教育,筑牢道德文明的"基本线"

以基本道德规范为基础,对大学生进行公民道德教育,是大学生思想政治教育的主要内容,是思想政治工作的一项基础性工作,筑牢学生道德文明的基础是思想政治工作的"基本线"。

大学生首先是一个公民,必须自觉遵守"爱国守法、明礼诚信、团结友善、勤俭自强、敬业奉献的基本道德规范"①,做一个合格的公民,这是最基本的要求。当然大学生是社会的精英、祖国的未来,担负着社会主义事业建设者和接班人的艰巨任务,应当有更高的要求。没有高尚的道德品质是很难对社会和国家有较大作为的。居里夫人是为人类做出了巨大贡献的科学家,她之所以成功,爱因斯坦给我们做出了回答。他在《追悼玛丽·居里》这篇文章中给了居里夫人崇高的评价。他说:"她一生最伟大的科学成就,证明了放射性元素的存在,并把它分离出来。所以能取得,不仅是靠她大胆的直觉,而且靠着崇高的品德,靠着在那难以想象的极端困难的条件下工作的热忱和顽强,这样的困难在实验科学历史中是罕见的。她之所以伟大,除了发现放射性元素——镭,还因为她有无私的品德,第一流人物对青年一代和历史的整个进程的意义在道德品质方面,可能比单纯智力的成就具有更大的意义,智力上的成就在很大程度上依赖性格的伟大,这一点往往超出人们的通常认识。居里夫人的品德力量和热忱,哪怕只有一小部分在欧洲的知识分子中间,欧洲就面临着一个光明的未来。"透过字里行间,我们可以清楚地看到:在居里夫人身上,才智的成就和优良的品德,是那样和谐地融合在一起。尤其是她的优良品德令人肃然起敬。爱因斯坦深刻地阐明了一个重要的道理:一个人才智的成就取决于其品德的高低。

同时,大学生还要为社会做出表率,把自身道德修养的成果,包括个人的政治修养、思想道德、科学文化、行为方式、人际关系等各种文明元素,传播、渗透、辐射到整个社会,促进全社会精神文明水平的提高,这也是大学生的责任。所以说,我们要大力开展公民道德教育,筑牢学生成人成才的"基本线"。

三、广泛开展人文素质教育,拓宽成就成功的"发展线"

对大学生深入开展素质教育,特别是加强人文素质教育,促进大学生人文素质和科学精神,以及道德、知识、能力协调发展,是大学生全面发展的重要途径,在大学生思想政治教育中,是拓宽大学生成就成功道路的"发展线"。

---

① 中共中央.关于印发《公民道德建设实施纲要》的通知.中发〔2001〕15号.

教育的根本目的在于提高人的素质[①]，培育"全人"。对于个体而言，人文素质在人的素质中尤为重要。一个人在人格、气质与修养等方面所具有的品质或达到的程度是人文素质高低的体现。一个学生素质、特别是人文素质的高低，直接关系着其一生事业发展。

通过对大学生进行文学、历史、哲学、艺术等人文社会科学方面的教育，提高大学生的文化品位、审美情趣和人文素养，让他们在把握人生的真谛和享受人的尊严中，感悟人生的胜境；在发展个性中，完善人格。同时，通过人文素质教育，在培养学生人文素质的同时，开发学生的智力和创新能力，教给学生更新知识的能力，增强适应社会的能力。总之，人文素质教育是能使学生终生难忘、终身受益的教育。

学生有了这样的素质，对自身的知识和能力及与他人的发展、群体的合作、社会的进步等就会有正确把握，就会践行奉献国家、惠及社会、善待他人的做人准则。这样的人才能称得上是一个人格完善的人，一个精神境界高尚的人。[②]这样的人才是有益于社会的人，他们在奉献的同时，也实现了自己的人生价值。

而一些缺乏起码的人文素质的学生，由于没有积极奋进的人生理想，除了专业技术知识外，对什么都不感兴趣，因而思想苦闷，精神压抑，消极悲观，无所事事；有些学生的独立性、自主性意识增强，渴望实现自我，但对他人与社会没有责任感，整体意识与合作意识淡漠；有些学生热爱美和追求美，但由于人文素质太差，加之受西方社会生活方式的影响，狂热崇拜歌星、影星，盲目追求时尚乃至低级、颓废、灰色的生活；有些学生缺乏正确的人生价值导向，认为人与人之间是你争我夺、尔虞我诈、互相利用的关系，注重功利性，讲求实用主义，满足于感官刺激和及时行乐。这样的学生可能会一事无成。

人的人文素质的提高，既是人的全面发展的内容，亦是社会进步与发展的内容，更是人的其他方面（如专业能力、业务素质）发展的必要条件。因此，我们必须注重培育学生的人文素质，回归培养全人的教育真谛，拓展学生的事业线。

四、精准开展心理健康教育，守住生命安全的"底线"

根据大学生的身心发展特点和教育规律，培养大学生良好的心理品质，培养学生珍爱生命、热爱生活的积极心态与健全人格，培养学生自尊、自爱、自律、自强的优良品格，增强学生克服困难、经受考验、承受挫折的能力，是心理健康教育面临的艰巨任务，"是实施素质教育的重要举措，是促进大学生全面发展的

---

① 文辅相.素质教育：社会与教育发展的必然[J].高等教育研究，1997(06)：8.
② 马萍.人文素质教育的意义及《大学语文》的作用[J].社科纵横，2011(06)：250.

重要途径和手段,是高等学校德育工作的重要组成部分"①。通过精准开展心理健康教育及相应的危机干预措施,减少因心理原因休学或退学的学生人数,杜绝因心理原因导致的学生非正常死亡,努力守住学生生命安全,是思想政治教育的"底线"。

大学生作为一个承载社会与家长高期望值的群体,其面临的心理压力明显高于其他同龄群体,是心理健康问题的高发群体,在生活、交往、成长、情感等方面产生的心理健康问题日益突出。近几年因心理问题不能正常学习和生活而休学或退学的学生人数有逐年上升的趋势,导致学生非正常死亡的现象也时有发生。因此,心理健康教育和珍爱生命教育以及危机干预成为学生思想教育的一个重要内容。为此,我们要"多渠道"地开展心理健康教育和珍爱生命教育,如通过讲座进行集中教育,通过心理咨询师的个别心理辅导进行教育,此外,还要合理利用 QQ 空间、微信等平台,实现与学生的良好沟通,以提高大学生的心理素质,维护和增进大学生的心理健康和生命安全。

守住学生安全是我们思想政治教育的"底线"。有人才有世界,人如果都没了,再谈什么教育都是毫无价值的事情了。所以在心理健康教育的基础上,还要采取一系列危机干预措施,以防万一。一是要"全覆盖"地定期筛查。一般来讲新生进校时进行一次"一个都不能少的"、"全覆盖"的筛查,尽早发现问题。二是"全天候"留心关注异常情况。筛查虽然很重要,但许多心理疾病发生都是平时暴露的,只有"全天候"留心关注异常情况,才能毫无遗漏地发现问题。三是进行"全方位"的分级预警管理,这是危机干预的制度性安排。要做到全封闭、全口径地对发现的问题分程度实行预警管理,分别采取相应措施。四是"点对点"的心理咨询和辅导。根据不同的对象和不同的情况,精准进行心理辅导。五是"人盯人"的危急干预。即对重点工作对象安排专人守护、专人咨询,防止发生意外。六是"热线式"的家校联系。在对重点工作对象安排专人守护、专人咨询的前提下,马上联系家长,请学生家长来校协商对策,要求家长陪读,必要时送医就诊或住院治疗,特殊情况下可办理休学。七是实行完整的"痕迹化"管理。这一是有利于工作程序化,二是有利于检查考核,三是有利于家长和社会监督。只有这样才能尽量避免因心理原因导致的学生非正常死亡,守住学生安全的"底线"。

---

① 教育部.关于加强普通高等学校大学生心理健康教育工作的意见.2001.

论思想政治教育的基本阈值、现实困境及其解决途径

王雄杰

(浙江理工大学学工部,浙江 杭州 310018)

摘 要:本文分析了当前思想政治教育存在的现实困境:在发生学意义上的传统工具化倾向导致其远离了主体的精神诉求和学科的学术性质;逻辑上与此联系的思想政治教育的职业化倾向一定程度上导致其脱离了与时俱进的现实品格;对思想政治教育学科理解的意识形态化情节导致其疏离了其他人文学科的视野与理念。这些困境冲击并阻碍思想政治教育基本价值的真正实现。在此基础上,从理清思想政治教育的基本价值出发,以思想政治教育生活化问题为研究突破口,以一种新的视角来重新审视思想政治教育如何走出困境,实现思想政治教育人文性与社会性接榫与交融的现实途径。

关键词:思想政治教育;价值;困境;途径

今天,在社会主义市场经济体制下,随着思想政治教育学科建设工作的不断推进,思想政治教育相关理论问题的研究也不断得以深入与发展。研究的视角主要集中在学科的理论基础研究、具体问题的探讨以及解决实际问题的方法和教育理念创新等方面。而作为思想政治教育方法和理念创新重要内容的有关思想政治教育现实困境问题的研究十分罕见。毋庸置疑,研究思想政治教育面临的现实困境,避免思想政治教育手段与目的倒置,使人们摆脱对物质生活的沉迷,重视对精神家园的构筑,让思想政治工作者改变对意识形态的片面追逐,告别传统思想政治教育的狭隘视界,对于提高思想政治教育的针对性、实效性、吸引力和感染性具有重要意义。

一、思想政治教育的基本阈值

从实践论的观点考察,人作为实践手段和作为发展目的都是在实践中实现统一的。思想政治教育的本质在于提升作为实践人的价值,揭示日常生活世界的基础性、本源性、真实性的意义,并保证意义与价值的方向。这些方面的意义与价值不能按"传统"(严格或确切地说是当下依然存在的思维定式)的理解,

---

作者简介:王雄杰,浙江理工大学学工部教授。

把思想政治教育的意义片面地理解归结为逻辑学式的抽象概念或经验科学式的具体表象,更不能理解为一种"虚假的说教"(包括从事者自身信仰缺失,或仅仅把思想政治教育作为个体暂时性的"谋生手段",或仅仅把它作为既有利益的一种安排方式)。

一般而言,人作为实践的主体,从事着两种基本活动,一是改造客观世界的物质生产活动,二是改变主观世界的精神生产活动。这意味着思想政治教育至少需要为社会和个人实现两个层面的目的服务,一是为"有限的目的",也就是为使个体具有谋取生存手段的外在于人的目的服务,即为努力实现社会与个体的物质利益服务。这是不能也无须回避的,因为人的发展是与社会物质生产的不断丰富和发展联系在一起的,诚如马克思所说:"他们的需要即他们的本性"[1],"人们奋斗争取的一切,都同他们的利益有关"[2],"只有在集体中,个人才能获得全面发展其才能的手段,也就是说只有在集体中才能有个人自由"[3]。二是更为重要的"无限的目的"——"超出对人的自然存在直接需要的发展"[4]之目的,这一目的指向人的自我创造、自我发展、自我实现。因为人的发展又必定与人类对精神家园的追求联系在一起,它必然要求思想政治教育具有纯洁性、超越性和普遍性。由此可见,思想政治教育不仅要从客观环境出发,而且要从人的价值需要出发,为人的价值需要而展开。两种活动目的认识的辩证统一才是我们思想政治教育应有的基本阈值。

毫无疑问,人通过生产劳动实践即社会实践而存在、生存与发展,"整个历史也无非是人类本性的不断改造而已"[5]。但如何将"实践的人"与"人的实践"统一起来,规范和引导人们去研究和说明客观世界、客观环境、客观规律,这是思想政治工作者必须解决好的一个基本认识问题。事实上,前一种目的解决的是"何以为生"的问题,即教人去认识、适应、掌握外部世界的客观规律。后一种目的解决的是"为何而生"的问题,即需解决人生的意义、生存的价值等具终极意义的根本性问题。显然,人的自我发展、超越、实现等人生的意义价值问题作为一种观念形态,"它不是从观念形态出发来解释实践,而是从物质实践出发来解释观念的形成","全部社会生活本质上是实践的"[6]。但时代片面地把重任压在思想政治教育工作者的身上。没有考虑到思想政治教育是由教育环境、教

---

[1] 马克思恩格斯全集(第3卷)[M].北京:人民出版社,1956:514.
[2] 马克思恩格斯全集(第1卷)[M].北京:人民出版社,1956:82.
[3] 马克思恩格斯全集(第3卷)[M].北京:人民出版社,1956:84.
[4] 马克思恩格斯全集(第47卷)[M].北京:人民出版社,1956:216.
[5] 马克思恩格斯选集(第1卷)[M].北京:人民出版社,1956:172.
[6] 马克思恩格斯选集(第1卷)[M].北京:人民出版社,1956:56.

育者、受教育者及其相互间互动关系所组成的一个极具复杂性的动态系统工程,单列或抽象某个环节,不把它理解为主体生存活动的总体展现方式等等,事实上在某种意义上造成了当代思想政治教育的价值缺失,诚如邓小平同志所说"十年来最大的失误是教育,主要是讲思想政治教育"[①]。

这样一来,在人们的生活与现实活动中不可避免地产生只重手段与工具的合理性,而轻目的的合理性,产生手段与目的倒置现象;人们沉迷于物质生活之中而忽视精神生活,轻视精神家园的构筑,只有现实的打算与计较而缺乏人生的追求与彻悟,失去生活的理想与意义。"钱袋满满,脑袋空空"将不是一种古希腊"色雷斯式"的嘲讽,"物质巨子、精神侏儒"的畸形人格的流行亦将不再是危言耸听。

然而假如对思想政治教育做点回顾,我们不难发现,我们具有的工作意识,我们组织的相关活动,我们使用的学科语言,甚至我们解决问题的出发点,在很多时候是零星、孤立、彼此没有必然联系的,似乎思想政治教育是由这些一个个相互间没有必然联系的要素连接起来。我们可能觉得很难把握人的现实思想动态的变化从而进行有效的思想政治教育,我们也可能很难把握人们思想转变的关节点、觉醒点,从而找到工作的着眼点、突破口。面对"工作做了不少,成效不知哪找"的现实,我们除了摇头和叹息,除了把问题的根本"归结于经济体制的转型带来的负面效应"、"群众的思想认识水平不高"等托词之外,是否应该放下"权威",对此作些认真的思考呢?

二、思想政治教育的现实困境

我们认为,在社会主义市场经济体制下,思想政治教育在发生学意义上的传统工具化倾向导致其一定程度上远离了主体的精神诉求和学科的学术性质;逻辑上与此联系的我国思想政治教育(或思想政治工作)的职业化倾向一定程度上导致其脱离了与时俱进的现实品格;同时,对思想政治教育学科理解的意识形态化情节导致其疏离了诸如管理学等学科的视野与理念。这三大困境冲击并阻碍思想政治教育基本阈值的实现。笔者以为当前思想政治教育至少存在着三大困境:

1. 市场价值取向加剧了功利倾向,导致了思想政治教育精神诉求的现实远离

从发生学意义上看,由于我国正处在前现代、现代和后现代的一个杂糅的

---

① 邓小平文选(第3卷)[M].北京:人民出版社,1994:6.

社会转型时期,与西方社会经济的百年发展相比,我国的社会转型是以历史浓缩的形式,把转型中遇到的各种问题几乎同时呈现了出来。尤其是社会主义市场经济体制的建立,对社会生活的各个领域的影响都是空前的,处于社会最深层的价值观念同样也发生着巨大的转变。由于市场经济是一种利益经济,它反映在人们的思想观念领域中,就是功利、实惠、实用的价值取向。这种价值取向对思想政治教育的影响是一把双刃剑,它在促进思想政治教育与社会(市场)密切结合的同时,不可避免地使思想政治教育逐渐走向功利化、工具化,主要表现在:

其一,在思想政治教育的功能上,有人将其视为万能的"多元救世"工具,带有明显的急功近利的色彩。在功能定位上过于强调社会性功能即政治功能、经济功能、文化功能和生态功能等,忽视个体性的发展功能和生活功能。

其二,在思想政治教育的本质上,片面强调适应性。由最初的符合政治需要,到后来的适应经济发展、商品社会和市场经济,无论是研究还是具体实践一定程度上都是穷于适应、疲于应付、频繁更换内容体系,致使思想政治教育有可能从"阶级斗争的工具"的误区步入"生产力发展的工具"的陷阱。

其三,在思想政治教育的目的上,依据社会本位去塑造社会需要的人,忽视"关怀"培养。只注重个体的智力发展,轻视个体的人格塑造,没能把培养思想道德情感、政治自觉,培养关怀人的心理和能力同培养理性、公正等其他的思想政治、道德品质结合起来。

其四,在思想政治教育的方法上,试图借助于现代教育技术,把思想政治教育过程技术化、模式化,片面强调实现科学性、实效性。现代思想政治教育受"科学主义"——"操作主义"思潮的影响,存在着一种通病,即要求行为的外显化,要求用观察和测量的量化方法评价、测定其所谓的实效,忽视了思想政治教育的一般规律。事实上,思想政治教育是人的一种价值建构,而非纯粹的行为技能训练。

其五,在思想政治教育内容上,被窄化和等同于政治教育。思想政治教育"不仅是一种推行政治的手段,而且常常被用来论证政治的合理性"[①]。在目前我国学校思想政治教育的教材和教学中,始终体现着泛政治化色彩。甚至有些学校的思想政治教育工作者就简单地把思想政治教育当成政治思想,不分阶段、年龄特点和实际情况,不管能否理解,向个体大力灌输政治思想,但实际效果无论从短期抑或长远看都不理想。同时在评价个体的综合素质时,过于偏重政治修养,片面强调"政治合格"、"思想过关"。在这样的思维定式下,影响了

---

① 葛新斌.传统伦理的特征与当今道德教育问题[J].华东师范大学学报 1997(1):82.

思想政治教育自身相对独立的品格与地位。

在实用主义(求利)价值取向的主导下,人们以狭隘功利主义价值观念诉诸思想政治教育功能,把思想政治教育仅仅作为完成意识形态意义上或庸俗管理意义上的任务的工具或单纯作为世俗权力的证明工具的做法,对思想政治教育造成了严重的危害:(1)导致当前思想政治教育的乏力及实效性偏低。表现为信度危机、效度缺损、地位低下,"说起来重要,做起来次要,忙起来不要","学术人才越老越香像南瓜,思政干部越老越空像丝瓜",一度成为思想政治教育工作者的笑谈。(2)导致思想政治教育价值理性的遮蔽与缺失。工具理性着重考虑的是手段对达成特定目的的可能性,是以"效率、效用"为核心。而价值理性强调目的、意识和价值的合理性。思想政治教育工具化背后所掩盖的是思想政治教育自身主体地位的缺失和思想政治教育工作者急功近利和浮躁的心态。正如美国学者贝拉(Robert Bellah)所说:"关乎什么是好的人生、好的社会的伦理教育,不再是高等教育的中心,它已经被边缘化。"[①](3)导致思想政治教育主体的虚无。随着思想政治教育价值理性的式微以及市场经济功利化的影响,思想政治教育迷失了方向,主客体互为异化,使其成为追求功利的灌输和训练场所。"今天,我们却不问怎样使一个孩子成为一个完整的人;而是问我们应当交给他什么技术,使他成为只关心生产物质财富的世界中一颗光滑耐用的齿轮牙。"[②]正是由于这种传统模式忽视了思想政治教育的主体性,思想政治教育中的教育者、受教育者也随之丧失了主体的地位。(4)导致思想政治教育主体价值观的庸俗化。主要体现在个体价值观念功利化、道德信仰边缘化、金钱物质观显性化,最终带来的是主体精神家园的失落和荒芜。"人类不能没有高尚的精神追求,一个民族不能没有某种形而上的情怀,一个人也不能没有精神上的最后家园。"[③]

2. 职业价值取向强化了工具色彩,影响了思想政治教育与时俱进的现实品格

思想政治教育职业化与思想政治教育的政治化紧密相连。中国的传统文化是一种"伦理—政治型"文化,政治和伦理两大核心内容并行不悖,导致政治要求取代了道德的合法地位,致使政治功能和道德功能混为一谈。思想政治教育的政治化是中国儒家伦理政治本位的必然产物。新中国成立后,由于特殊的政治环境和此后"左"倾路线的不断攀升,思想政治教育政治化情节愈演愈烈,

---

① 转引自蒋凯.跨越知识与道德的鸿沟——关于大学生培养目标的思考[J].现代大学教育,2003(3):12.
② 转引自王欣.高等教育功利化的超越[J].山西财经大学学报(高等教育版),2000(3):18.
③ 刘济良.青少年价值观研究[M].广州:广东教育出版社,2003:140.

"文革"期间更达至"政治至上"的境地,一切都围绕"政治运动"转。"文革"之后,思想政治教育的政治化情节逐渐得到疏解,但是这种疏解不可能一蹴而就,甚至要经过相当漫长的解构过程。思想政治教育的职业化正是源自于我国独特的历史背景和文化背景,其开始存在的最重要价值和主要目的就是服务于国家的政治功能。可见,思想政治教育职业化倾向由来已久,这种倾向的存在显然有其正当性和合理性,但是,毋庸回避的是,这种职业化倾向使思想政治教育在很多场合成了一种单一的"技术性生产",其实际成效令人担忧。而由此带来的事实是:

造成政治教育的单一功能。一方面,思想政治教育的职业化,使得现有的以政治教育为主导的思想政治教育体系固定化,阻碍了疏解思想政治教育政治化的进程。思想政治教育工作者依照固有教育体系施教,片面强调"思想、政治"的优先和中心地位,对心理教育、道德教育、法制教育和思想政治教育的应有辩证统一关系视而不见,客观上使其同政治教育画上了等号。另一方面,思想政治教育的职业化,使政治教育远离鲜活的现实生活。在职业化、规范化的机械要求下,思想政治教育依据固定老化的模式进行着教育生产活动。在这样的模式之下,造成个体普遍对思想政治教育类的课程不感兴趣。根据"全国'八五'哲学社会科学重点课题组"对北京和上海大学生个体价值观的调查显示,72.7%~77.5%的个体认为政治理论课和思想品德课无所谓或没有收获;73%~74%的个体对所在学校开设的政治理论课和思想品德课很不满意。① 个体之所以不喜欢,正是"因为政治课、德育课上所讲的许多东西与现实生活相隔太远,没有号召力,没有亲和感,没有影响力"②。特别是思想政治教育的教材,长期以来内容呆板,"几乎每一本不外乎是谈理想、祖国、四化、劳动、纪律、人生意义等,千篇一律,就连大学的德育课教育也是如此,直到你结束学校教育为止,自然这些课程既空洞又无趣,脱离实际"③。根据上面课题组的调查,73.8%的个体认为"学校德育与社会现实反差太大"。④ 事实上,思想政治教育更需要与时俱进,充分吸收并及时反映当代中外社会政治文明成果。思想政治教育工作者对此需进行不断探索和创新。

成为经验知识的生产工具。作为人与人之间心灵撞击、对话与升华途径的思想政治教育,不能等同于一般意义上的知识生成、传授、灌输与接受。最简单的例子是,在现行职业职称体系下,思想政治教育的从业者为了评职称和为了

---

① 李太平.全球问题与德育[M].武汉:华中科技大学出版社,2002:26.
② 冉云飞.沉疴——中国教育的危机与批判[M].海口:南方出版社,1999:418.
③ 冉云飞.沉疴——中国教育的危机与批判[M].海口:南方出版社,1999:424.
④ 鲁洁.德育社会学[M].福州:福建教育出版社,1997:56.

工作业绩,不断地重复拼凑所谓的经验知识,还把它们细化为许多知识节点,进行类似于科学领域的知识传授与灌输。结果是,经验总结大量泛滥和普及。尽管"美德即知识"①,但是思想道德的形成有其理性主义原则,正如苏格拉底举例说:"一个人若是没有理性,勇敢对他是有害的。"②此时德行人格走向了迷失。其实,思想政治教育知识内容也是需要根据社会生活的变化,与时俱进地调适,它的传授也要具备时代特点,这样才能实现价值的引导和提升。

成为形式主义的滋生温床。在职业化的思维下,思想政治教育工作者为了完成职业任务,制定了诸多细致的应有和可有的管理制度,力图使思想政治教育规范化、管理体系化,保障思想政治教育的效果。不可否认,规章制度是必要的。但是有些规章制度无论是在认识、执行程序还是解决问题途径上都存在瑕疵,它忽视了个体的道德愿望、意志和需求,忽视了个体的积极主动性的形成,忽视了管理规定应该适应现代个体的成长和发展的实际需要。思想政治教育本来也应该是实实在在、润物无声的,在现实中我们常常看到这样的现象:文件不少、会议不停、培训不断。思想政治教育工作的确需要必要的文件、会议和培训等形式,但效果与效率问题更需要引起我们的重视,决不能演变成形式主义。思想政治教育要靠长期潜移默化才能起作用,形式主义只会扭曲个体的心灵,没有任何益处。

3. 意识形态偏见弱化了学科性质,疏离了思想政治教育学科交叉的发展视野

长期以来,理论界也一直未厘清思想政治教育学科的合法性问题,使其在社会科学与意识形态领域长期共存,导致了很多思想政治教育工作者把工作的核心价值放在意识形态上,忽视了思想政治教育学科交叉的发展视野,而这些交叉学科由于学科之间的相对封闭和偏见,一直游离于思想政治教育的理论与实践。本文仅以管理学科为例,尽管可能挂一漏万,也可能文中所取知识与其他学科交叉使用,但想表明其本身可以也应该在真正意义上重视与合理吸收其他学科中的基本理念,科学汲取与运用相关学科知识。

(1)扬弃管理等学科中的基本理念,实现思想政治教育的人本导向、实用导向和社会价值导向。

注重对个体的尊重与理解的管理理念。管理学认为个体之间在能力、性格、价值观等方面都存在着差异,差异性组成了多样化的个体,管理过程中要尊

---

① 柏拉图.美诺篇.上海师范大学等编译:欧洲哲学史原著选编(修订本)[M].福州:福建人民出版社,1985:68.

② 柏拉图.美诺篇.上海师范大学等编译:欧洲哲学史原著选编(修订本)[M].福州:福建人民出版社,1985:68.

重和理解差异,以没有任何偏见与歧视的方式来处理这些差异。管理多样性是为差异性赢得尊重的战争。这一理念与思想政治教育的人性化思维是一致的,但是当前的思想政治教育在培养目标上,强调共性,忽视个性,差异性没有得到足够的重视和尊重,导致德育目标难以落实,人性化亦难以体现。对人的差异性的理解与尊重,并进行多样化的管理,可以也应该成为思想政治教育人性化管理的基本理念和出发点。

强调对个体的肯定与发展的管理理念。比如,其认可每个人都存在着能力差异,每个个体都具有优势能力和非优势能力,管理的真义在于挖掘并发挥每个人的优势能力,同时实现能级、能岗相称。长期以来,思想政治教育是"知性取向"的,只有业绩才获得部门的足够重视,于是在实际工作中,以个体业绩的好坏作为最重要的依据来评判个体的能力,从而无法充分知觉并发掘个体的优势能力。由此,思想政治教育的重要功能——发展个体价值——也无法得以完全实现。

赋予对个体的解困与自主的管理理念。每一个生活在组织中的个体都会面临一些道德困境与冲突,如何直面两难选择并做出道德人的抉择,是管理学科的关注点。其在处理过程中充分肯定了个体利益但同时引导激励超越个体利益,注重个体道德自主性的培养。思想政治教育在处理此类问题上过于重视思想上的说教,片面强调德育的社会功能,忽略个体的正当利益,如认为"集体的事再小也是大事,个人的事再大也是小事",一味要求个人"牺牲",忽视了个体人的价值和独立人格,而事实上这类说教无法达到令人满意的效果。管理学科在这方面的努力、方法创新和发展思路可以为思想政治教育所借鉴。

（2）科学汲取管理等学科的相关知识,创新思想政治教育方式方法。

管理学科对于个体知觉的研究,尤其是对社会知觉偏差的研究,有益于思想政治教育工作者了解个体在对人的知觉过程中时常会犯的知觉误差与偏见,如光环效应、定型效应、首因效应、近因效应等,从而有益于思想政治教育工作者对个体的整体情况形成正确的知觉。

管理学科对于个体的能力、气质、能力的研究,有益于思想政治教育工作者理解并判定个性差异,对待不同个性的个体采取与之相适应的思想教育方式方法。如对于气质是多血质的个体,采取批评和劝导相结合的方式;对于气质为胆汁质的个体,既要开展有说服力的严厉批评,提高他们的自制力,又不能激怒他们激发矛盾;对于气质为黏液质的个体,在教育过程中耐心说服开导,多用事实说话;而对于抑郁质的个体特别要注意不可在公开场合批评他们,训斥他们,而应该在关怀中激励,在照顾中促进,在情感中引导,使他们自觉接受别人的批评或主张建议。

管理学科对于个体态度及改变态度方法的研究,有益于思想政治教育工作者了解态度的形成及其特性,掌握改变个体非良性态度的技巧与方法。例如,个体参与法是改变态度的行之有效的方法。著名社会心理学家勒温曾经在"二战"期间做过相关实验,他比较了两种让家庭主妇购买不受欢迎的食品的方法的优劣。第一种方法是由能言善辩的人向主妇们讲解上述食品的营养价值,以及食用这些食品对国家的贡献。第二种方法是让主妇们进行群体讨论,讨论的结果是大家一致决定购买。一段时间后,派人调查实际购买情况。结果发现,听讲解的主妇只有3%的人购买了上述食品,而参与群体讨论的主妇有32%的人购买了原先不爱吃的上述食品。这说明,通过参与活动能改变一个人的态度。思想政治教育工作者可以据此设计出相应的参与方法以改变个体思想上存在的非良性倾向。

管理学科对于个体激励理论的研究,有益于思想政治教育工作者学习并掌握基础的激励方法。以公平理论为例,公平理论给予我们的启示是,人的公平思想是主观的而非客观的,公平源自于人的主观比较,这种比较一方面是纵向的(即与自己过去比较),另一方面是横向的(即与他人进行比较),而横向的比较是最主要的。个体通过自己的投入与所得之比和他人的投入与所得之比的比较,获得公平或不公平的感觉(见附图)。思想政治教育工作者可以据此改革当前对个体的评估体系,使之合理化、人性化;处理好个体所面临的不公平压力;做到管理过程中相对公平。

$$\frac{O}{I} = \frac{O}{I} \quad \text{报酬相当,感到公平}$$

$$\frac{O}{I} < \frac{O}{I} \quad \text{报酬不足}$$

$$\frac{O}{I} > \frac{O}{I} \quad \text{报酬过高}$$

感到不公平

O_A:自己所得收入,包括经济报酬、晋升机会、人际关系等等。
I_A:自己的付出,包括自己贡献的时间、经验、努力、技能等等。
O_B:他人所得收入。
I_B:他人的付出。

附图

管理学科对于群体理论的研究,如对非正式群体的探讨,有助于思想政治教育工作者管理好组织中的小群体,将其消极作用转化为积极作用。对于群体行为特征的研究,可以使思想政治教育工作者更好地理解个体在处于群体当中时的行为与其单独相处时的不同,利用群体行为的独特特征(如群体规范、社会从众行为等)服务于思想政治工作。此外,管理学科对于团队的研究、对于群体沟通的研究、对于组织结构与组织文化的研究等,都有益于思想政治教育工作者运用团队思维鼓励并培养个体的合作精神与团队意识;有益于思想政治教育工作者了解各种沟通方式的优劣,实现与个体之间信息沟通的最优化;有益于思想政治教育工作者建构合理的管理体制。

总之,思想政治教育长期以来游于社会科学与意识形态领域之间,追求核心价值的意识形态化,亦未厘清思想政治教育学科的合法性问题,致使人们误解并忽略了思想政治教育的学科性质。这必然导致思想政治教育方式方法的呆板陈旧、枯燥无味、缺乏权变,造成思想政治教育效果信度低、难以尽人意、进不了心灵。事实上,如上所述,管理学科等的许多理念和研究成果,对思想政治教育的具体实践均有裨益。进行科学借鉴,有助于创新思想政治教育方式方法,拓宽思想政治教育研究的视野,使思想政治教育回归到实实在在的日常生活。

三、思想政治教育现实困境的解决途径

思想政治教育领域存在的三大困境阻碍了思想政治教育基本阈值的实现。如何切实改变思想政治教育手段与目的倒置,如何让人们真正摆脱对物质生活的沉湎而重视精神家园的构筑,如何使思想政治教育解决合法性问题,全面提高思想政治教育的实效,其突破口就在我们的身边——日常生活。告别传统日常生活的视界,重新审视与时代精神相一致的日常生活,对于提高思想政治教育的针对性、实效性、吸引力和感染性具有重要意义。

1. 思想政治教育与日常生活的内在联系

思想政治教育的核心内容是道德。亚里士多德把道德分为心智和德行两个方面。心智方面的道德以知识为基础,是可以教授的;但德行方面的习惯却是不能教授的,只能在生活中形成。杜威也认为,"教育即生活","离开了参与社会生活,学校就没有道德的目标,也没有什么目的"。道德的形成以生活为基础,是由生活和道德的特殊本性决定的。

生活是人的生命的存在形式。汉语中的"生活"就是"生存、活着"。英语中的"life"解释为"state of existence as a human being"(人的一种生存状态)。因此,生活作为鲜活的人的生命世界不同于科学。科学的世界是图像、符号的世界。生活的世界是人的世界,是由人的活动所展开的世界,是通过人的活动而生成的。人在生活中舒展着自己的生命,体验着自己的生存状态,享受着生命的快活和生活的乐趣。科学奉行本质主义,生活主张生成性质;科学是知识,生活是体验;科学是认知的,生活是实践的。生活就是生命的亲历和体验,是理想对现实的不断超越,是一个永无止境的价值追寻过程。套用海德格尔一句名

言:"人诗意地栖居生活中。"

关注个体道德生命的自由成长是思想政治教育的应有命题。因为日常生活的世界是生命存活的世界,日常生活是生命求得意义和价值的场所。个体生命的发展不在抽象的科学世界,而在富有人性的完整的生活世界。个体的道德作为生命的灵魂和核心,也不在于道德的知识和行为技能,而在于心灵的感应。感应只发生在真实生活和具体情景中。所以,个体道德生命的发展有赖于日常生活和道德的结合。西方思想家早就指出,适合于人的道德应该建立在人性上,道德一旦变成一种强制约束力量,那是它的耻辱,而不是它的本质。马克思也指出,道德不同于宗教,"道德的基础是人类精神的自律,而宗教的基础则是人类精神的他律"[1]。建立在人性基础上的自律的道德教育,是关注人的个体生命,以生命为基点的道德教育。传统道德教育无视人的生命,是与人的生活相脱节的道德说教、道德知识灌输。所以,当今的道德教育必须走出无"人"之境,走向"以人为本",关注个体生命世界,促进人格的完美发展,进而促进向人类社会进步的方向转型。美国著名的道德哲学家弗兰克纳指出:"从道德上讲,任何道德原则都要求社会本身尊重个人的自律和自由……道德的产生有助于个人过好的生活,但不是说人是为了体现道德而存在。"[2]相反,道德是为了人而存在的,道德是人的道德,人是道德的主体。人的道德是根据个人生命的经历、经验、感受和体验不断生成的,不是先验预设的,也不是外界灌输的。

思想政治教育与日常生活的内在联系,要求思想政治教育必须表现出生活的特性。这包括:第一,思想政治教育是一种生活。一方面是生活富有思想政治教育意义,是道德生命成长的田园;另一方面,思想政治教育具有生活的意义,思想政治教育是生活道德目的的体现,它塑造的是道德的生活。生命的道德教育,旨在对生命中善和幸福的追求。这种追求的过程就是生命展现的过程,即是生活的过程。第二,思想政治教育为了生活。思想政治教育为了生活并不是如斯宾塞所言的"为生活做准备"。生活是一个过程,既具有现实性,又具有超越性。思想政治教育就是引导个体从当下的现实生活逐渐走向未来的可能生活。这个过程是善的价值的充盈过程。第三,思想政治教育在生活中。不仅思想政治教育是一种特殊的生活,而且思想政治教育植根于生活中,直面生活的问题和困境,而不是隔离生活或在知识的真空中进行。

2. 思想政治教育审视日常生活的重要意义

思想政治教育是一种生活,思想政治教育为了生活,思想政治教育在生活

---

[1] 马克思恩格斯全集(第1卷)[M].北京:人民出版社,1956:15.
[2] 威廉·W.弗兰克纳.善的求索——道德哲学导论[M].沈阳:辽宁人民出版社,1987:247.

中。脱离了生活,思想政治教育便会陷入困境,呈现出"枯萎"的状态。重新审视个体的日常生活,回归日常生活,才能使思想政治教育在生活的沃土中汲取营养,超越思想政治教育领域存在的三大困境,实现思想政治教育的基本阈值。思想政治教育重新审视个体日常生活具有如下重要意义:

第一,体现真实性,增强思想政治教育的感召力。思想政治教育之所以会出现困境,效果低下,主体精神虚无,最主要的原因在于远离生活。真实是思想政治教育的生命,而当前思想政治教育存在的"假、大、空"弊端使个体不相信不服膺于当前的教育,因而出现个体不爱、成效不高的现象。思想政治教育不仅要使个体解决学不学、知不知、懂不懂的问题,而且要解决信不信、行不行、用不用的问题。所以思想政治教育要重新审视个体日常生活,要用真人、真事、真理、真情去教育个体,关注和反映个体生活的真实性,个体品行的形成源自于他们对生活的体验、认识和感悟,只有体现真实生活的教育活动,才易于引发他们内心的而非表面的情感和体验。由此可见,思想政治教育唯有体现真实的生活,才能增强思想政治教育的感召力,提高思想政治教育的实效性。

第二,呈现针对性,增强思想政治教育的吸引力。思想政治教育不仅要体现真实的生活,而且要针对个体生活所需,帮助个体解决生活中存在的实际问题,使个体感到它有趣、有用,以克服固有思想政治教育模式下个体因厌倦思想政治教育而造成低效或无效的状况。道德需要是个体亲近思想政治教育、接受思想政治教育的原动力。现有的思想政治教育往往把注意力过多地集中在个体外烁性的行为上,忽视在教育过程中满足个体合理的需要,忽视在教育过程中诱发、调节和引导个体的需要,因此最终无法满足个体的精神需要。思想政治教育重新审视个体日常生活,正视个体的具体精神需要,重视个体生活中存在的困惑,有针对性地解决个体的实际问题,方能满足个体的精神诉求,易于提高思想政治教育的实效,思想政治教育就会焕发出蓬勃生机。

第三,重现创造性,增强思想政治教育的生命力。思想政治教育要走出当前的困境,必须重新审视日常生活,重现创造性,做到与时俱进,吸引个体积极参与教育过程,用新的富有说服力的内容和新的富有感染力的方法拨动个体的心弦,以增强其生命力。思想政治教育必须及时反映社会生活,社会生活的发展和变化,必然要求思想政治教育不断创新。当前,随着对外开放不断扩大、社会主义市场经济的深入发展,我国社会经济成分、组织形式、就业方式、利益关系和分配方式日益多样化,人们思想活动的独立性、选择性、多变性和差异性日益增强。这有利于个体树立自强意识、创新意识、成材意识、创业意识,同时也带来一些负面影响。其中,一些个体不同程度存在政治信仰迷茫、理想信念模糊等问题。① 在这种情况下,充分肯定个人利益、个人权利、个人自由和个人价值的作用也就成为一种必然的要求。思想政治教育不能抱残守缺,要注意改变以往从理论到理论,实施繁杂冗长、枯燥范围的论证和说教弊病,在教育过程中大胆开拓,注意把握时代气息,跟踪社会发展的最新动向,不断制订出与时俱进、实事求是的教育规范,这才是思想政治教育的生命力所在。

第四,凸显实践性,增强思想政治教育的震撼力。日常生活的实践本质决定了思想政治教育具有强烈的实践性特征。它不是空谈或可以旁观的事件。思想政治教育主体必须将自己的认识、体验、感悟化在生活中。生活中蕴藏着丰富的教育资源,是个体思想政治教育的大课堂。思想政治教育重新审视个体的日常生活,注重道德发展过程与个体生活实践的同一性,使教育活动立足于实践基础之上,有利于实现主体的自我教育、自我规范、自我完善的功能,有利于实现知与行的高度统一,有利于摆脱思想政治教育的功利化、理论化、意识形态化的困境,有利于增强思想政治教育的震撼力。

如上所述,思想政治教育本质上讲是实现有限目的和无限目的的辩证统一,而其领域内存在的三大困境阻碍了这一基本阈值的实现。超越和突破思想政治教育的困境,深刻认识思想政治教育与日常生活之间无法割裂的联系,重新审视并重构日常生活,提高思想政治教育的感召力、吸引力、生命力和震撼力,在真正意义上提高实效,这是一项重要而紧迫的工作。

---

① 参阅《中共中央国务院关于进一步加强和改进大学生思想政治教育的意见》。

网络负面新闻的特点对大学生核心价值观培育的启示

漆晓玲 黄飞燕

（成都纺织高等专科学校，四川 成都 611731）

摘 要：网络负面新闻具有传播内容关乎现实、人心俘获更易、传播载体多元快捷、交流渠道畅通、传播方法自由平等、参与意愿加强、传播形式丰富煽情、轰动效果明显等特点，对大学生核心价值观的建构造成巨大冲击。但网络负面新闻也绝非洪水猛兽，它对加强大学生社会主义核心价值观带来三点启示：壮大主流话语，聚焦学生关切；媒体融合创新，强化互动参与；打造震撼效果，实时权威发声。

关键词：网络负面新闻；特点；核心价值观；培育；启示

价值观是一个人对道德价值取向、人际关系处理、是非曲直判断、真善美的认知以及对荣辱廉耻的界定。大学生的价值取向，很大程度上决定了未来整个社会的价值取向。当代大学生在理想信仰、道德观念、价值追求等方面的主流是好的，但经济全球化在带来经济繁荣、物质丰富、社会进步的同时也不可避免地产生社会思潮多元化、理想信念虚无化、爱国奉献淡漠化等诸多思想问题，而网络负面新闻大举进攻，伺机渲染和放大，更是为渴望融入社会、追求标新立异的当代大学生提供了前所未有的多样视角，使一些大学生把"告别理想，远离政治，鄙夷崇高，醉心功利"当成社会风尚，这就加剧了一些大学生价值观的扭曲。正如马克思所说"人创造环境，同样，环境也创造人"[1]。因此，面对网络负面新闻冲击，加强和改进高校意识形态工作，引导青年学生系好"人生第一粒扣子"，是保证中国特色社会主义事业后继有人的一项重要而紧迫的任务。

基金项目：本文系2012年度四川省教育厅人文社科重点研究基地四川网络文化研究中心资助科研项目"网络负面新闻对大学生行为模式及价值取向的影响及对策研究"（项目批准号：WLWH12-03）和2013年度四川省高校人文社会科学重点研究基地四川省大学生思想政治教育研究中心科研项目"社会主义核心价值体系建设与大学生社会主义核心价值观的培育研究"（项目编号：CSZ13071）的阶段性成果。

作者简介：漆晓玲(1969—)，女，汉族，四川成都市人，成都纺织高等专科学校思政部副教授，法学硕士，研究方向为思想政治教育。

黄飞燕(1978—)，女，汉族，江西省高安人，成都纺织高等专科学校材料学院讲师，法学硕士，研究方向为思想政治教育、国际政治。

一、网络负面新闻的特点

网络负面新闻指利用网络发布的具有新闻价值的消极的事实。主要有以下特征：

1. 传播内容关乎现实，俘获人心更易

网络负面新闻主要涉及群众最直接、最现实的利益问题，如贫富分化、生态破坏、食品安全、就业形势等涉及自身基本生存权利的问题，也涉及官员腐败、社会诚信意识淡薄、就业分配不公等社会问题。对网络负面新闻的关注既能满足涉世未深的大学生对社会的全方位了解和对自己未来发展环境的把握，又增长了见闻和社会阅历，所以这类网络负面新闻极易俘获人心，并进而对大学生价值观的构建产生潜移默化的负面影响。

2. 传播载体多元快捷，交流渠道畅通

伴随着网络技术的开发力度加大，互联网从社会政治、经济、文化等方面全方位影响着世界全球化的进程，同时改变着人类的生活方式。作为走在时代潮流前沿的青年大学生，刷微博、发微信、订手机报、下载新闻客户端等已深深融入他们的学习和生活中。大学生的学习方式和知识获取不再局限于老师传道授业解惑以及书本上冰冷枯燥的文字，网络时代下海量讯息不费吹灰之力，使大学生们足不出户就能通晓世界，评述天下，其畅通性、新鲜度、持久力都非常强大和活跃。

3. 传播方法自由平等，参与意愿加强

由于网络的平等性、开放性、隐蔽性等特点，使人们不必顾及位子、面子、胆子，随性互动，实时刷新，让思想、情感都能得到及时释放和安顿，因此参与意愿加强。而大学生作为年轻活泼的群体，面对一些和自己切身利益攸关的问题更是表现出莫大的好奇，渴望表达自我、展示个性的愿望在虚拟世界里愈加强烈，他们通过网络了解社会、交际他人，也通过网络发表自己的见解，释放情绪，"使大学生既是微时代的剧中人，也是剧作者"[2]。

4. 传播形式丰富煽情，轰动效应明显

网络负面新闻传播形式丰富煽情，轰动效应明显。既有醒目的标题、煽情的文字、活生生的现场图片和视频，又有肆意漫骂的跟帖、天南地北嬉笑逗趣的评论，容易赢得民心，博得眼球，成为一些人利益诉求的情感依托，也成为一些人茶余饭后的娱乐谈资，极易使求新求变不拘一格的年轻大学生们深信不疑，照单全收，错把社会上消极、阴暗信息作为"主流印象"，而对那些积极健康、散发正能量的新闻事件视而不见。

二、网络负面新闻的冲击对大学生核心价值观培育的启示

1. 网络负面新闻冲击下大学生核心价值观培育的紧迫性

(1) 网络负面新闻冲击造成大学生知识面更加开阔,但价值观愈加世俗和模糊。网络时代海量信息扑面而来,让大学生可以轻而易举地按照自己的兴趣选择信息,知识面更广阔了,对现实的思考也更加丰富而立体了,对于困惑的信息,他们会自主地寻求答案,强调话语权、询问权甚至偏听谣言和蛊惑来满足自己的求知欲,其个性色彩更浓,主体意识更强。但也造成大学生对理想信念坚守的摇摆化,意志力不坚定,持续性不强,向往舒适安逸生活,缺少奋斗目标和韧劲毅力,学习懒散、散漫,追名逐利思想较重,热衷于技能培训、考证过级等立竿见影的学习,而对品德教育、情操陶冶等人文素质嗤之以鼻,对学习生活中的挫折,选择逃避现实,沉醉于虚幻的网络世界寻找刺激和快感的人多,敢于直面困难顽强克服的人少。长此以往,不利于中华民族伟大复兴中国梦的顺利实现。

(2) 网络负面新闻冲击凸显大学生价值观教育方法捉襟见肘,必须构建培育新常态。高校是意识形态教育和社会价值引领的重要场所,在社会主义核心价值观教育和建设中地位突出、使命光荣、责任重大。但网络负面新闻的煽动性、平民性和表现形式的多样性丰富性却极易让大学生产生对社会的恐惧、失望,对人情的冷漠、拒绝,对金钱的崇拜、追求,对一夜成名的嫉妒、渴望,凸显目前大学生价值观教育方法捉襟见肘。不过网络负面新闻也绝非洪水猛兽,有的可以让大学生的社会阅历更加成熟丰满,有的有利于培养大学生的前瞻性和判断力。因此面对网络负面新闻,正如习近平在 2015 年 1 月 23 日中央政治局举行的首次集体学习时强调的那样,"我们必须毫不放松理想信念教育、思想道德建设、意识形态工作,大力培育和弘扬社会主义核心价值观"。同时不断探索更加贴近学生、贴近实际的大学生价值观培育新常态,开发互联网新思维,使主流价值观能入脑入耳入心,这既是当前推进社会主义核心价值观建设的重要环节,也是当前高校教育工作尤其大学生思想政治教育工作中的重要内容,所以不仅需要教育工作者齐努力,更需要大智慧。

2. 对网络负面新闻冲击下大学生核心价值观培育的思考

价值观是一个国家人民的精神家园,一个民族文化的灵魂和精髓。而核心价值观是一个社会中居统治地位、起支配作用的核心理念,也是一个社会必须长期普遍遵循的基本价值准则。以"富强、民主、文明、和谐、人的全面发展"为基本内容的社会主义核心价值观,是中国特色社会主义的集中体现,是伟大的

中华民族生生不息奋斗不止的精神动力,可以帮助大学生明确方向,走出迷茫,走向更高的生存境界。因此党的十八大报告特别强调,应"牢牢掌握意识形态工作领导权和主导权,坚持正确导向,提高引导能力,壮大主流思想舆论"[3],使社会主义核心价值观引领社会思潮。

(1) 壮大主流话语,聚焦学生关切。高校思想政治理论课是加强大学生社会主义核心价值观教育的重要阵地。高校思想政治理论课要系统讲授马克思主义理论,帮助学生掌握马克思主义世界观和方法论,正确认识社会意识形态中的主流与支流,引导学生深入了解党和国家事业的发展规律,比较不同社会制度、不同发展道路的优劣,深化对中国特色社会主义的政治认同、思想认同和情感认同,从而不受外来舆论压力的影响,保持思想独立、行动自由,彰显社会主义意识形态的吸引力、凝聚力和生命力。倡导以爱国主义为核心的民族精神和以改革创新为核心的时代精神,使大学生始终保持昂扬向上开拓进取的精神状态。只有引领大学生在思想上、行动上、道德上成为践行社会主义核心价值观的排头兵、示范者和先行者,才能有效抵御各种不良社会思潮,筑牢思想防线,坚定正确的理想信念,强化高校社会主义主流意识形态的地位和作用,保证大学生身心健康成长成才,实现青年一代"人人都可以出彩"的中国梦。正如习近平2014年五四青年节时在北大师生座谈会上讲的那样,"青年的价值取向决定了未来整个社会的价值取向,而青年又处在价值观形成和确立的时期,抓好这一时期的价值观养成十分重要。这就像穿衣服扣扣子一样,如果第一粒扣子扣错了,剩余的扣子都会扣错。人生的扣子从一开始就要扣好"[4]。

价值观培育不是空洞无力的长篇大论,它是人们社会实践的产物,与个体身心状况、社会化程度和社会实践水平息息相关。网络负面新闻之所以能引发大学生强烈共鸣,是因为它主要聚焦大学生的关切点和利益点,容易导致学生思想共鸣,情感触动。因此价值观培育要紧密结合国际局势和时代发展要求,紧密结合我国改革开放和现代化建设实际,紧密结合大学生思想实际和个人条件,进行以理服人、以情动人、以文化人的价值观教育,引导大学生把个人的前途和国家、民族的命运结合起来,才能有所作为。习近平曾指出,"一种价值观要真正发挥作用,必须融入社会生活,让人们在实践中感知它、领悟它"。中央16号文件和教育部、自治区关于进一步加强和改进大学生思想政治教育工作文件中,坚持"以人为本、贴近实际、贴近生活、贴近学生,努力提高思想政治教育的针对性、实效性和吸引力、感染力"的指导思想和"以生为本,德育为先,全面成材,协调发展"的工作理念,都把学生的健康成长成才放在第一位,注重在日常管理中体现价值导向,使符合核心价值观的行为得到鼓励、违背核心价值观的行为受到制约。对大学生而言,主要针对其认知、情感、态度、意识、思想、观念、信念、信仰等心理特征在思想上澄清模糊认识,在生活上解决大学生经济问题,在学习上帮助大学生找到身心成长的最佳路径,在学生职业选择上提供个性化的指导和服务,让大学生在丰富的人生体验、科学的理论学习和积极的政治追求中获得对生命的认知、对社会的情感和对理想的信念,并把这种信仰转化为拼搏开拓的精神动力和昂扬奋进的精神风貌,使价值观培育不仅讲正气,而且接地气、聚人气、富朝气,实效性、针对性更强。

(2)媒体融合创新,强化互动参与。据中国互联网络信息中心报告,截至2014年12月,我国即时通信网民规模达5.88亿,而手机即时通信网民数为5.08亿。网络的观念表达随意性、渠道选择多样化等特点也使一些大学生产生对网络的依赖感、信任感而深陷其中,而网络负面新闻"言之凿凿"、声色俱全、图文并茂等传播特点,极大地满足了学生对社会的猎奇心理。因此,必须谋求新媒体环境下师生沟通方式的转变。思想政治教育者应该主动触网(校园网、客户端)、入微(开通微博、微信),向学生发布信息,答疑解惑。并关注大学生在新媒体环境中的行为背后的实际需求,动之以情,晓之以理,辅之以声,因势利导。若如利用红色文化网页、微信、微博、客户端等传播渠道唱响网上思想文化的主旋律,那么努力宣传科学真理、传播先进文化、弘扬社会正气就势在必行。开展网上革命传统的主题教育、革命精神的知识竞赛、革命电影的在线熏陶,实现24小时全天候渗透,让现实中的红色文化节得以延续,让广大学生的理想信念更加坚定,思想道德素质不断提高,整体精神风貌和道德风尚更加优良。推动中华优秀传统文化和当地特色文化的网络化传播,让大学生深切感受中华文化的伟大和深邃,地方文化的特色和风韵。对学生发布的思想心结要胸有成竹地面对,理直气壮地发声,掷地有声地表态,因势利导,循循善诱,坚守社会主义核心价值的主流话语权,切实维护网络文化的威信和纯净,以此凝聚大学生的共同价值追求,这样才能真正在大学生中形成巨大的价值共识和思想共鸣,克服"读图时代"、"浅阅读"习惯带来的思想肤浅和言语片面。对突发事件和小道消息要做好舆情引导工作,建立快速反应机制,第一时间发布权威消息,及时表明态度和处置意见,让谣言不攻自破,让奋进的春风扑面而来。正如2014年2月24日习近平在中共中央政治局第十三次集体学习时强调"要利用各种时机和场合,形成有利于培育和弘扬社会主义核心价值观的生活情景和社会氛围,使核心价值观的影响像空气一样无所不在、无时不有"[5]。因此新形势下媒体要融合创新,强化互动参与,从而达到网络育人功能。

当代大学生乐于接受新闻事物,平等意识、表达意识、独立意识比较强,因此要充分尊重学生的平等参与权、表达权。一是在课堂教育中,要摒弃传统的高压灌输,讲求平等和开放。因为纷繁复杂的社会现象让学生目不暇接、烦恼丛生、困惑不断,他们急需有人能解开谜团,吐露真相。所以我们要改革教学方法,采用讨论式、演讲式、辩论式、角色扮演式等互动方法让学生在思考、辨别、分享中认识树立正确价值观的重要性以及树立怎样的价值观,使课堂教学成为老师引导下的学生自我塑造、自我教育的过程。二是开展以红色文化为主题的校园文化节活动。2004年10月,中共中央、国务院《关于进一步加强和改进大学生思想政治教育的意见》中明确指出:"要大力建设校园文化,建设体现社会主义特点、时代特征和学校特色的校园文化。"核心价值观教育要突出"红色"二字。如通过"党在我心中"演讲赛、"毛泽东诗词朗诵会"、"永远跟党走"社会考察活动、"我与伟人面对面"视频观摩等活动,学习伟人精神,笃行有为人生,学习革命传统,铸就未来成就。三是挖掘各种重要节庆日、纪念日蕴藏的丰富教育资源传播社会主流价值的独特优势。如利用"五四"、"七一"、"八一"、"十一"等党史国史上的重大事件、重要人物纪念日等举办庄严隆重、内涵丰富的纪念活动加强对革命传统文化时代价值的阐发,发扬党领导人民在革命、建设、改革中形成的优良传统,弘扬民族精神和时代精神,使革命精神代代相传。利用春节、中秋、端午等传统佳节弘扬中华优秀文化,感受中华文明的博大精深。开展"4.23"国际读书日,"5.25"心理健康月等活动,培养学生良好的学风和健康的心理。四是开展"校园风采录"评选活动。如通过评选学习楷模、技术能手、道德模范等,注重用身边的榜样示范广大同学,使价值观教育真实可信、真情可亲,有助于培养学生探索精神和创新思维,提高学生的政治素养和道德素养,达到自我教育、自我发展的目的。五是激活当地优势资源,搞好校地联动机制。让广大学生深入学校周边的特色企业、示范社区、新型农村参观考察、服务人民等,把价值观教育和职业素质结合起来,把个人就业创业和为人民服务结合起来,使大学生通过服务工作自觉建立为中华民族伟大复兴做贡献的责任感和使命感。六是发挥学校党团组织的先锋作用,充分利用学生党员、入党积极分子和共青团员在践行社会主义核心价值观中起到的"先进、先行、先锋"模范带头作用,对其他青年学生产生辐射教育效果,其社会主义核心价值观的教育实效性是不言而喻的。

(3)打造震撼效果,实时权威发声。马克思在《〈黑格尔法哲学批判〉导言》中指出:"理论只说服人,就能掌握群众;而理论只要彻底,就能说服人。所谓彻底,就是抓住事物的根本。"[6]这说明正确的思想、观点只有被群众理解、认同,才能转化为群众意识,为人们自觉遵守和践行。要使社会主义核心价值观在与各种社会思潮之间的博弈和较量中胜出,就必须注重社会主义核心价值观传播的实效性。网络负面新闻之所以能吸引众多眼球,制造出强大声势,吸引众多围观和议论,也在于它们集图、文、声、像于一体,熔声、光、电、化于一炉,表现形式丰富刺激，新鲜奇特。所以高校在培育社会主义核心价值观时要坚持思想性、艺术性、观赏性、丰富性相统一，注重以文化人、以文育人，突出寓教于乐、寓理于情，弘扬主旋律、凝聚正能量，陶冶道德情操，引领时代风尚，特别要摒弃用呆板、单一、枯燥的文字表达所有情感。如学校结合当地优势，开展"高校＋支部＋农户"的大学生社会实践活动，让大学生在高校党支部的带领下深入农家同吃同住同劳动，这样既让学生感受到我国城乡一体化建设的成果以及农民的智慧、勤劳和淳朴，懂得了劳动创造财富、劳动带来幸福的道理。同时也增添了用自己的技能和才干服务社会的信心，这就让网络负面新闻不攻自破。同时要善于利用新媒体、新技术对社会主义核心价值观进行全方位的、个性化的、有震撼力的传播，极大地激发大学生的求知欲和想象力，让他们自主地选择学习组织者提供的素材，在形象、生动、直观的情境中升华思想，在图文并茂、声情交汇的语境中感知教育信息，使大学生在视觉听觉的愉悦感中认同社会主义核心价值观的科学内涵和精神实质，在一路成长中自觉践行社会主义核心价值观。如增加学生喜闻乐见的音频、视频、动漫、摄影大赛甚至拍摄微电影、制作微课程等，以内涵隽永、图文相间、声情并茂、轻松诙谐、简洁明快的表达方式和出其不意、新鲜靓丽、一针见血的震撼效果洞察时代、关注内心、探寻意义、传播价值，让大学生在参与、表达、学习中完成社会主义核心价值观的自我教育。

　　网络负面新闻内容的鲜活性滚动性也极大地满足了大学生对网络新闻的渴求，使大学生能持久关注、实时评论，所以大学生价值观教育不仅要有深刻阐发的理论政策，而且要注重时效，对重大新闻事件及党的方针政策要及时发布，对重大热点难点问题要反应迅速、发声权威，对错误言论要及时说理，针砭时弊，形成良好的网上舆论环境，集聚网上舆论引导合力，用坚定有力的正义之声和先进文化占领网络高地。如利用课前五分钟对时政新闻进行简短评述，对学生困惑问题进行及时解答。同时要不断挖掘身边鲜活的榜样力量、创业先锋、校友风采，时刻激励大学生不断前行。对校园网、微信等新媒介要不断跟进，实时刷新。如果不能反映瞬息万变的复杂世界，不能解决学生复杂多样的利益矛盾和思想困惑，价值观教育千篇一律、千人一面、千日不变、反应迟钝，只会引发大学生视觉疲劳，关注度降低，消极懈怠的不良情绪无处安放，影响了他们对理想信仰的坚守，降低了社会主流意识的吸引力，造成大学生价值观培育措手不及的被动局面。只有构建线上线下的"面对面"、"键对键"，实现"心和心"、"情与意"的交流互通的培育新机制、互联新常态，才能使大学生的学习积极性、创造性受到激励，大学生的话语权、表达权、创造精神得到尊重，社会主义核心价值观如春风化雨般入脑入心、可亲可近，粉碎网络负面新闻对大学生的消极影响,使他们在激情四溢、开拓进取、奉献社会的征途中书写有信念、有梦想、有奋斗的人生篇章!

参 考 文 献

[1] 马克思恩格斯选集(第1卷)[M].北京:人民出版社,1995:92.

[2] 张明明.微博、微信网络环境下思想政治教育研究[J].思想理论教育导刊,2014(4):105.

[3] 胡锦涛.坚定不移沿着中国特色社会主义道路前进 为全面建成小康社会而奋斗——在中国共产党第十八次全国代表大会上的报告[M].北京:人民出版社,2012:33、56-57.

[4] 习近平.青年要自觉践行社会主义核心价值观——在北京大学师生座谈会上的讲话[N].光明日报,2014-05-05(2).

[5] 习近平在中共中央政治局第十三次集体学习时强调切实把社会主义核心价值观贯穿于社会生活方方面面.中国文明网,2014-02-28.

[6] 马克思恩格斯选集(第1卷)[M].北京:人民出版社,1995:9.

新媒体视阈下高校思想政治教育话语体系的困境与更新

顾洪英　宋若男

（天津工业大学马克思主义学院，天津 300387）

摘　要：新世纪以来，以数字技术为基础的新媒体的广泛应用，不仅对大学生的思想行为观念产生了巨大影响，而且使得高校思想政治教育的话语体系面临多重困境，一定程度上影响着高校思想政治教育效果的发挥。建立对话式的话语模式，提升思想政治教育话语传播的有效性；构筑生活化的话语新范式，转换思想政治教育话语理念；提升教育主客体媒介素养，扩充思想政治教育话语资源，从而实现思想政治教育话语体系的有效更新，是高校思想政治教育的必然选择。

关键词：新媒体；思想政治教育；话语体系

习近平总书记在哲学社会科学工作座谈会上做了重要讲话，指出"着力构建中国特色哲学社会科学，在指导思想、学科体系、学术体系、话语体系等方面充分体现中国特色、中国风格、中国气派"。这是一个新媒体时代，打开电脑登录网络，连上社交工具，睡觉和起床前先刷屏看微信，有问题找百度，这是大学生非常熟练的动作，他们的学习方式、思维方式和生活方式发生着很大变化，并由此带来了其价值观念、思想方法、教育接受性的变革。这为高校思想政治教育造就了"新环境"，对高校思想政治教育话语体系提出了新的迫切的要求。理清楚新媒体的发展与高校思想政治教育话语体系之间的关系，分析新媒体的特征及其给思想政治教育话语体系带来的多重困境，从理论和实践上探索如何利用新媒体开展高校思想政治教育话语体系的调适与更新，增强其吸引力、提高其时效性十分必要。

一、新媒体与思想政治教育话语体系表达的解读

新媒体是相对于传统媒体而言的。新媒体概念的提出最早可追溯到 20 世纪 60 年代。1967 年，美国 CBS 广播电视技术研究所所长 P. 戈尔德马克（P.

作者简介：顾洪英，天津工业大学马克思主义学院副教授。
　　　　　宋若男，天津工业大学马克思主义学院研究生。

Goldmark)发表了一份关于开发EVR(Electronic Video Recording,电子录像)的商品计划,第一次提出了"新媒体"这一概念,用以指代和传统印刷媒介不同的、基于电波和图像传输技术的广播、电视、电影等媒介样态。[①] 自此,"新媒体"概念正式诞生,并且从美国流行到了全世界。

"新"与"旧"、"现代"与"传统"总是相辅相成的,新媒体也是如此。它是建立在数字技术基础之上,通过计算机网络、无线通信网、卫星等介质,利用计算机、手机、数字电视等终端,为人们提供信息和服务的传播形态。新媒体已经不再可能是任何一种特殊意义上的媒体形式,它的实质意义上已演变成一组数字信息,一种实现了"所有人对所有人的传播"的信息交流,或者说是一种融合了人际传播和大众传播特点的信息呈现方式。[②] 我国已经成为网络和手机消费大国,而高校学生又是新媒体普及程度最高的群体,基于数字和信息技术为基础的新媒体已成为高校内部及高校与社会之间进行信息传播的重要载体,其话语体系在信息传播与交流过程中有其内在的特性,主要表现在以下几个方面:

1. 数字化凸显——话语体系的时代性

出现在我们生活中的车载移动电视,公共场合的楼宇网络,用平板、手机等便携终端接收的文字新闻和移动多媒体视频等等,使我们在不知不觉中被新媒体所包围。新媒体的一个重要标志就是数字化,而数字化成了高校大学生的最爱。这也彰显了当代大学生的话语表达更具有时代个性、民主气质和现代意识。同时,新媒体可以融文字、音频、画面和图像为一体。新媒体的发展在给大学生提供抒发情感和解探索世界新平台的同时,也催生了自我意识的觉醒。

自我意识觉醒的大学生更加注重和追求自我价值,强调对话的平等,对传统压迫式、等级化的话语方式充满抵触。他们排斥话语霸权,崇尚自由言说,投射出大学生对话语表达求新求变、突破和超越的心里诉求。

2. 交互性体现——话语体系的开放性

在传统的媒体中,信息发送者和接受者的定位很明确,信息通常是由传播者流向接受者,接受者只是被动地接受信息,信息传播是单向的。新媒体时代,信息发送者和接受者之间的信息交流是双向的,参与个体在信息交流过程中都拥有控制权。这改变了传统的单向传播模式,使得信息传播更方便快捷。传统媒体的信息表达,需要经过"把关人"的审核,受众获得信息必须依赖"信息采集中心"。而新媒体使得信息发布者就是中心,实现了"空间无屏障"和"资讯无屏障"。新媒体打破了时间和空间的限制,突破了速度和客观条件的束缚,在传

[①] 蒋宏,徐剑.新媒体导论[M].上海交通大学出版社,2006:12.
[②] 杨状振.中国新媒体理论研究发展报告[J].现代视听,2009(5).

播内容和形式上都表现出极大的开放性,使整个世界连成一体。

参与意识觉醒的一代大学生更注重自身的生活体验和当下感受。他们在话语方式上已不再愿意接受传统抽象的话语方式,他们不再轻信传统的抽象化说教,而更看重自身的生活体验和切身感受,敢于尝试不同的体验和刺激。他们挑战话语霸权,"我的地盘我做主"似乎成了"青春的宣言",渴望在社会话语场域中拥有个人话语权,实现平等对话的权利和愿望。

3. 即时性传播——话语体系的个性化

即时性一般体现为"第一时间"和"第一现场"。新媒体的应用使得信息的传播超越了地域、时间和电脑终端设备等等的限制,可以随时随地接收信息或发布信息。新媒体信息传播速度和信息更新速度之快,使得世界每个角落发生的事情都能在第一时间被人们掌握,越来越多的人能够通过新媒体及时掌握信息动态。传统的媒体应用的是"点对面"的方式,是为多数而非个体单独制作、播放和出版的。而新媒体的传播注重"点对点"的传播服务,信息传播者通过新媒体可以针对不同个体提供相应的个性化服务,从而满足个体的发展需求,同时还可以实现每个个体自由和个性化的表达,所有这些,都在向外界展示着大学生群体在话语方式上独特的个性追求。

4. 信息价值多重性——话语体系的多元化

新媒体造就环境特征不仅是信息内容丰富、检索便捷和形式多样,而且信息的来源隐蔽。手机短信、以网络为基础的网站、博客、微信等信息传播途径本身比较开放,人们可以利用"网名"代称真实身份,以至信息来源具有极大的隐匿性和无从考证性。同时,由于通过手机短信和网络传播的信息受众主体特征不同,信息的价值性往往会因人而异甚或体现出矛盾性反差。因此,同样的信息会由于编辑发送信息的组织机构之合法性或个人价值观之不确定性而使得信息价值具有多重性。当代大学生运用新媒体直白、诙谐调侃语言的同时,也折射出他们的价值多元化。

价值多元化的青年一代在话语方式上已不满足于传统的单一化的话语方式,他们不再寄希望于传统的单一式说教,而有了自己独特的价值需求和愿望。他们对周围事物的理解和看法不再呈现出千篇一律的随声附和,具体到话语上便表现为青年话语的异质性和多元化,热衷追逐标新立异,渴望引领话语潮流。

话语是一个符号系统,是作为社会交往方式的语言在具体情况下的运用形式。思想政治教育是运用话语进行理论教育的社会实践活动。思想政治教育话语是思想政治教育实施的中介,是思想政治教育者通过传达思想政治教育内容有目的地影响受教育者的思想和行为并使之内化的动态系统。同时思想政治教育话语是推进思想政治教育有效进行的重要载体,对思想政治教育目标的实现发挥着重要的作用。

二、新媒体语境下高校思想政治教育话语体系的困境

高校思想政治教育作为社会主义意识形态教育的理论阵地,其话语体系代表着主流意识,应当满足主流意识的传播需求。新媒体的广泛应用,给高校思想政治教育带来了新的机遇和发展前景。新媒体的开放性促进了思想政治教育的资源共享,丰富了话语表达的内容。新媒体的灵活性也创新了思想政治教育话语表达的手段。然而,事物的发展都具有两面性,新媒体在为高校思想政治教育话语表达带来机遇的同时,也使其面临诸多困境。

1. 新媒体的反主导挑战传统话语的主导权

在传统的高校思想政治教育中,教育者作为思想政治教育过程的组织者和引导者,主导着知识的讲解和传授过程,并处于话语体系的中心,是话语内容的发出者;而作为受众的受教育者常常处于被动接受的地位,单方面地接受教育者所灌输的知识和经验。这使得思想政治教育过程成为教育者的一言堂。同时,在传统的话语交往过程中,教育者与受教育者的话语权的分配是不协调的,教育者是教育活动的主导者和话语权威,而受教育者的话语权力常常受到挤压,造成的结果多数是教育者的话语权决定受教育者的话语表达权利。

新媒体背景下传播与交流过程的自由性和平等性,使得每个人既是信息的传播者也是信息的受众。新媒体环境下每个个体能够自由地交流,相应地使受教育者的独立性和主体性得以提升。也正因为新媒体环境下话语交流的平等与互动性,使得受教育者渴望建立平等互动的话语交流形式,试图打破教育者绝对的主导权。因此,传统思想政治教育话语的主导权受到弱化,传统思想政治教育话语体系的权威性面临一定程度的挑战。

2. 新媒体的生活化挑战传统话语的政治化

传统的思想政治教育话语的目标是提升受教育者的理论素养,培养其高尚的道德品质。长期以来,思想政治教育话语多以政治话语、权力话语等方式呈现,内容过于宏观,方式过于僵硬,一定程度上疏离了对现实生活的解释。目前多数高校思想政治教育话语仍习惯沿用传统话语模式,依附强势的话语体系,在话语表达上赋予过多的政治色彩,使得思想政治教育的话语空间充斥着浓厚的政治气息。思想政治教育话语表达的严肃性、意识形态性和缺乏生活化,使得受教育者对话语表达的内容感到枯燥和乏味,不能很好地调动起受教育者的积极性和主动性。

新时期高校学生的思想和行为方式已经发生了深刻的变化,加之新媒体视

阈下话语表达形式多样,可以通过声音、文字、图像、视频等形式实现话语表达。因此,相比于抽象晦涩和政治化的传统思想政治教育话语,高校学生更倾向于接受生活化和多样化的新媒体话语。这在一定程度上使得政治化的传统话语面临着新媒体时代话语的冲击。

3. 新媒体的多元化挑战传统话语的一元化

在传统的思想政治教育活动中,话语传播的方向是"线性的",是教育者单方面将自身掌握的信息通过话语传播给受教育者,并且受教育者接收到的信息是有限的,是经过教育者筛选之后的结果。突出表现为教育者话语表达的"一元化"。在传统的思想政治教育话语传播过程中,教育者可以自由选择对受教育者进行教育的话语资源,而受教育者很难自由接受不同的意识形态观念和思想表达。

新媒体的开放性使得信息传播突破原有的屏障,话语传播和表达更方便快捷,渠道也更加丰富。新媒体时代话语传播的方向是"网状的",每个人既是话语的生产者也是消费者,同时只需简单地操作就可以获得多元的信息量。这使得传统思想政治教育者话语的信息优势被削弱。教育者和受教育者处于共同的多元化的信息环境中,教育者与受教育者平等地享有获取信息的权力,同时信息获取方式多元化,加之受教育者接受能力强、敏感度高等特点,更易于接受和掌握最新的信息,使得教育者的话语权的信息优势被打破。

此外,新媒体环境下教育者这个把关人的角色被弱化,受教育者能随时随地接触各方面各领域的话语信息,各种良莠不齐的思想和话语表达潜移默化地渗透进受教育者生活的方方面面,使得受教育者的话语表达出现参差不齐、良莠不分的现象,这种多元化的话语表达使得传统一元化的话语表达面临巨大冲击。

三、新媒体视阈下高校思想政治教育话语体系的更新

新媒体时代,高校思想政治教育在知识和价值观念的传播中面临着新的语境,特别是新媒体视阈下高校思想政治教育话语体系面临诸多困境,迫切要求我们要在理论的指导下,研究新情况把握新规律,探索与时代结合的新型话语表达模式,并对当前思想政治教育话语体系进行优化,实现高校思想政治教育话语体系的更新。

1. 建立对话式的话语模式,提升思想政治教育话语传播的有效性

首先,尊重高校学生的主体性,唤起学生的主体意识,充分调动他们在教育过程中的主观能动性,充分尊重学生的话语权。高校学生正处于思想活跃、热

衷于话语和情感表达的时期。无论在课堂上还是生活中都不能对学生的话语进行简单粗暴的压制,要给予学生表达不同意见和观点的平台。

其次,营造自由平等的话语场域,弱化教育者的话语权。话语表达追求的是自由、平等的交流,是对话双方精神交流和内心沟通的过程。教育者和受教育者双方话语权的分配要平衡。教育者要摒弃高高在上的姿态,适当削弱话语主导权甚至话语霸权,营造平等的交流模式。

最后,构建对话式的话语表达方式。传统思想政治教育话语弱化学生的话语权,过度重视教育者话语的主导地位。新媒体背景下,思想政治教育的话语要建立在对话的基础上,教育者与受教育者要敞开心灵进行真诚的沟通,真实地表达自己的思想与情感。教育者要成为受教育者的引导者和话语的聆听者,帮助受教育者形成正确的话语表达。

2. 构筑生活化的话语新范式,转换思想政治教育话语理念

思想政治教育话语应实现从宏观话语向微观话语的转变。传统的思想政治教育话语政治性和宏观性强,往往疏离现实生活,不易激发学生的主动性和积极性。新媒体背景下话语表达的通俗化和生活化容易引起学生的兴趣和共鸣。因此,要将宏观化的思想政治教育话语微观化,用更形象生动的话语和贴近学生生活的述说拉近教育者与受教育者的距离,实现理论话语与生活话语的有效融合,吸引学生投入其中。

此外,要从学生日常生活中汲取话语资源。要尊重受教育者话语表达的多样性,从受教育者的生活中寻找话语素材,凝练话语元素。新媒体环境下话语更新速度很快,教育者可以借鉴其中优秀的话语表达和话语风格,扩充思想政治教育话语体系的内容,实现话语体系的包容性和开放性。思想政治教育的话语表达还要能够反映受教育者的现实需求。新媒体的话语之所以受到受教育者的青睐,是因为它贴近受教育者的生活。因此,教育者可以寻求思想政治教育要求与受教育者需求的交汇点,确立符合双方需求的新型话语体系,使话语表达更贴近受教育者的实际。

3. 提升教育主客体媒介素养,扩充思想政治教育话语资源

首先,提升教育者和受教育者的媒介素养。一方面,在高校思想政治教育课程的设置中,将媒介素养渗透进思想政治教育话语内容中,通过相应的指导,引导受教育者更好地认识和把握新媒体,提高辨别信息真伪的能力,引导受教育者话语的正确表达。另一方面,教育者在提高理论水平的同时也要加强自身的媒介素养。媒介素养的高低不仅体现教育者水平的高低,更是教育者以开放的心态利用新媒体与受教育者真诚沟通的体现。

其次,加强传统思想政治教育话语与新媒体技术的融合。传统的思想政治

教育在很长时间内保持其独有的话语优势,而新媒体也具有内容丰富多样、传播速度快捷等优势,教育者可以将各自的优势加以融合,从而弥补传统话语的缺陷和不足。

最后,要借鉴新媒体的话语,拓展思想政治教育话语资源。新媒体话语的形象生动性使受教育者对其青睐有加。教育者可以充分利用新媒体语言,选取其中优秀的有益的话语表达来扩充思想政治教育的话语资源,在便于受教育者接受和理解的程度上提升思想政治教育话语表达的效果。

参 考 文 献

[1] 蒋宏,徐剑.新媒体导论[M].上海交通大学出版社,2006.
[2] 杨状振.中国新媒体理论研究发展报告[J].现代视听,2009(5).
[3] 黄禧祯.思想政治教育的话语困境片论[J].学术研究,2007(8).
[4] 邱仁富.思想政治教育话语理论探要[D].上海:上海大学,2009.
[5] 蔡伟红.基于青年文化视角的大学生思想政治教育话语建构[J].学校党建与思想教育,2013(7).
[6] 陈宁,周翔.新媒体视域下大学生思想政治教育话语权的重塑[J].背景教育·德育,2011(10).
[7] 刘建成.第三种模式:哈贝马斯的话语政治理论[M].北京:中国社会科学出版社,2007.
[8] 董世军,孙玉华,周立川.现代思想政治教育话语及其困境分析[J].长春大学学报,2007(1).
[9] 王明春.青年话语变迁与思想政治教育话语冲突及调适[J].中国青年研究,2011(4).

高校版《南山南》文化共鸣现象分析

王 志 罗新武

（西安工程大学党委宣传部，陕西 西安 710048）

摘 要：歌曲《南山南》在高校掀起了一阵改编狂潮，这不只是流行乐坛的一时传唱，更是一场文化共鸣的盛宴。在这场文化盛宴中，创作者及歌手的平民化、题材的民众性为其奠定了坚实基础；听众的能动性为流行音乐增添了无限魅力；新媒介的发展对精英文化与大众文化的融合起到了推动作用。

关键词：流行音乐；文化共鸣；精英文化；大众文化

在 2015 年第四季《中国好声音》比赛中，张磊因演唱一首民谣歌曲《南山南》一炮走红。《南山南》成为好声音的冠军，但最成功的还是《南山南》本身，这首民谣歌曲。

《南山南》成功之处不是因为它的一时传唱，也不是因为它让观众记住了张磊，而是在全国百所高校里，掀起了一场文化共鸣，高校的学生们纷纷推出带有本校历史文化、校园特色的《南山南》新版本，旋律相同，但歌词迥异。这场文化共鸣的起因要从一条微博说起——2015 年 11 月 6 日，北京，初雪；南京，暖意融融。当日 14:26，南京大学官方微博发布消息："你在北京的寒夜里大雪纷飞，我在南京的艳阳里四季如春"，并@了北京大学和清华大学。随后，北京大学官方微博转发并回复："如果天黑之前来得及，我会记住这跨越南北的美丽。"紧接着，上海交通大学官方微博转发称："穷极一生，做不完一场梦。"浙江大学官方微博转发："我不再和谁谈论相逢的孤岛，因为心里早已荒无人烟。"南开大学则接力称："如果所有高校连在一起，走上一生只为继承联大魂。"于是，一曲高校版的《南山南》开始有了雏形。①随后，四川大学、清华大学、中国人民大学、北京师范大学、武汉大学、西安交通大学、中山大学、华中科技大学等多所高校都在《南山南》旋律的基础上，对歌词进行了改编，用这样的方式来表达对母校浓浓的爱恋以及对青葱岁月的万千感慨。

作者简介：王志，西安工程大学党委宣传部部长，讲师。

　　　　　罗新武，西安工程大学党委宣传部办公室副主任，助工。

① 晋浩天，陈鹏.高校版《南山南》席卷百所高校，旋风如何刮起？中国社会科学网，[OL]2016 - 03 - 9.

那么,流行歌曲那么多,歌曲的类别也不少,为什么偏偏是民谣歌曲《南山南》在高校掀起了改编之风,让其在社会上广为传唱呢?到底《南山南》有什么样的魔力可以在高校这一知识阵地掀起这一文化共鸣的浪潮呢?

一、创作者及歌手的平民化、题材的民众性

马頔,生于北京的普通男孩,是《南山南》的原创作者。当《南山南》像网络神曲一样风靡全国时,各路记者纷纷对马頔进行了专访,专访的主要问题还是那一个:为什么会创作《南山南》?但马頔的回答出乎人们预料,旋律是随意哼出来的,歌词是三年来记录的一些随笔。马頔是一个率性的人,像其他做民谣的音乐人一样,不矫揉造作,还有些孤僻。但他在创作歌词上时常用意象表达来诠释生活中的经历。所以,粉丝称其为"民谣诗人"。

其实,马頔是不是诗人我们先不与评价,单是他创作的《南山南》红遍全国,这与其创作词曲的能力有着重要的关系。这是一首成人抒情的歌曲,马頔却用了很多意象来营造画面感,例如"南山南/北秋悲/ 南山有谷堆/南风喃/北海北/ 北海有墓碑"。这两句歌词中的"南山"、"谷堆"、"北海"、"墓碑"都是表达作者内心写照的意象。其实,有评论称这些意象不过是马頔技法的炫耀,又有评论认为这些意象十分空洞,是典型的矫情致死。但一个没有接受过文学训练的平民百姓,用自己的生活谱写了一曲让无数人产生共鸣的歌曲实属不易。当今生活的时代,文化领域百花齐放,文化的繁荣发展及强大的包容性让追逐梦想的平民百姓有了展示自我的机会和舞台。民谣这一大众文化,来源于生活,具有城镇世俗文化所具有的一般艺术特征,在内容上十分贴近大众生活。①正是这点,让无数百姓与其产生共鸣。

所以,创作者及歌手的平民化、题材的民众性,为这首民谣歌曲《南山南》增添了无限魅力,吸引了大批听众,为这场文化共鸣奠定了坚实的基础。

二、"文化工业现象"——歌曲的"意动性"

1947年,法兰克福学派代表阿多诺和霍克海默在《启蒙的辩证法》一书中提出了"文化工业"(Culture Industry)这个概念。文化工业产品的特点是商品化、标准化、大众化。② 这首民谣《南山南》同样具备文化工业产品的特性。虽然做民谣的音乐人大多生活窘迫,民谣的忠实粉丝们不愿意承认民谣与其他流

---

① 王沥沥.网络歌曲:后工业社会背景下的中国城镇民谣[J].南昌大学学报(人文社会科学版),2010(3).

② 陆正兰.传唱者拍板:流行歌曲歌众的文化角色[J].福建论坛(人文社会科学版)2012(5).

行音乐一样是由于"利益"驱动,但这些主观概念依然不能让民谣摆脱自己从属于大众文化范畴这一现实。事实是,《南山南》将马頔这个幕后音乐人推向了舞台,使得更多听众开始关注民谣这一类型歌曲。《南山南》被人追捧,说明听众欣赏音乐的类型拓宽了,这对于音乐的发展、民谣的发展是有积极意义的。正说明了民谣具有大众化这一特点。与此同时,马頔受邀参加的活动增加了几倍,同样对文化工业产品的商业化进行了诠释。

马頔或是民谣的忠实追随者接连在网络上炮轰,他们认为民谣是他们的,全国上下都在播放《南山南》,就像自己的宝贝被人窃取还在光天化日之下拿出来炫耀一般。其实,这是粉丝的小众心里在作怪。民谣属于小众风格音乐,像20世纪的摇滚一样,起初并未被听众熟知。这并不意味着这些音乐类型以后不会"火"。"火"代表什么?代表听众对此音乐产生共鸣,将其传唱。这应是每一首流行音乐应该担当的责任,也就是歌曲的"意动性",其意义的最后实现权明确落在听众身上:歌曲的流传不仅停留在听和欣赏,而是在于传唱。[①] 听众是传唱者,他们会在合适的时机、适宜的场合唱这些歌来抒发自己内心的情感,这才是大众流行音乐真正的意义所在。

当然歌曲具有"意动性",每一首歌曲都担任着"被传唱"的责任,但并不是每首歌曲都可以实现其最终意义,这是综合因素的影响,通俗地称之为"天时、地利、人和"。像许多脍炙人口的歌曲一样,《南山南》的曲调简单,节奏单纯。它直接以副歌作为开头进入,这样抓住了听众的耳朵。Ⅳ－Ⅴ－Ⅲ－Ⅵ－Ⅱ－Ⅴ－Ⅰ的和声编排虽然很常见,但它确实能吸引人的耳朵,这套和声的骨架是下属和弦—属和弦—主和弦,是一个逐渐稳定的进行,具有良好的音响效果。[②] 这样的旋律让听众容易记忆,便于上口。所以各大高校才会在原有旋律的基础上,依据各自学校的特色对《南山南》进行歌词改编。

三、听众的能动性——"精英文化"与"大众文化"的完美融合

从传播学角度看,歌曲在各种文化表意中的特殊效果,与小说、诗歌、电影、戏剧都不同,即要求接受者对歌曲进行解码和反馈,这样才是一个完整的传播过程。一般艺术表现方式,受众只是意义上的终端阐释者,能对作品起的作用非常有限。而歌曲这一艺术形式不同,因为歌曲的特殊性,在于这个流程的最终完成,听众不是对创作文本作阐释性阅读,而是主动地使用这些文本作自我

---

① 陆正兰.传唱者拍板:流行歌曲歌众的文化角色[J].福建论坛(人文社会科学版),2012(5).
② 知乎.如何评价马頔《南山南》? 知乎用户,爵士乐爱好者,音乐爱好者[OL][2015—08—07].
http://www.zhihu.com/question/22866183.

表达,也可以说是歌曲文本的再创造。① 上述"传唱"属于其中一种能动作用的表现,而高校学生对《南山南》歌词进行重新编排则是再创造的过程,通过这个过程表达了内心对母校的赞美之情。

高校学生对《南山南》歌词的改编,不仅体现了听众的能动作用,更加表现出大学生在文化领域惊人的创造力。同时,他们也是精英文化、大众文化的主要创造者和传递者。许多学者感慨精英文化的没落,对去精英化现象无限感叹,其实精英文化是精英知识分子对于文学艺术和文化生产的各种资源特别是媒介资源的垄断性占有。② 而随着人们受教育水平的提高、互联网的发展等因素,这种垄断现象逐渐被打破。这对精英文化和大众文化来说既是机遇又是挑战。学者们担忧精英文化没落③,担忧大众文化被商业过分改造,失去了文化应有的内涵。不能说学者们杞人忧天,但不应过分消极,因为只有精英文化与大众文化相融合,才能更好地普及大众。就马頔版《南山南》中副歌部分的歌词"南山南/北秋悲/ 南山有谷堆/南风喃/北海北/ 北海有墓碑/ 北海有墓碑",清华大学是这样改编的:"近春水/风雅存/水木湛清华/行胜言/须自强/诗篇写未竟/千章松柳情"。在歌词中不仅表达了对母校浓浓的情感,还将校训、浪漫人文情怀都用意象的手法进行了展现。

高校是知识的集中产地,也是精英文化的主要阵地,这些精英知识分子对一首流行音乐进行了精英化的编排,不仅是精英文化对大众文化的改造,也是精英文化与大众文化的一次完美融合。所以,对于精英文化与大众文化怎样生存的问题,我们要讨论的不是去谁留谁的问题,而是怎样让两者取长补短,更好发展。精英文化应去除"高高在上"的标签,更好地普及大众;"大众文化"不要过分被商业改造,多一些深刻的内涵。这样,精英文化和大众文化才会相互融合、共同成长,我们生活中的文化共鸣才会越来越多。

四、新兴媒介的发展——文化发展的助推器

为什么精英文化的垄断地位能够被打破?又是什么原因使得大众文化得到了快速发展?新兴媒介的发展是最重要的因素。在20世纪,网络不发达,人们学习新知识主要来自课本、报纸等纸质媒介,精英文化的创造者只是少数,只有这少数人占有媒介资源。如果一般百姓有灵感,写出些文学的东西,也只能

---

① 知乎. 如何评价马頔《南山南》? 知乎用户,爵士乐爱好者,音乐爱好者[OL][2015 – 08 – 07]. http://www.zhihu.com/question/22866183.
② 陶东风. 去精英化时代的大众娱乐文化[J]. 学术月刊,2009(5).
③ 陈钢. 精英文化的衰落与大众文化的兴起[J]. 南京大学学报(社会科学版),2001(7).

写在本子上锁在抽屉里,所谓"抽屉文化"。但是,随着互联网的发展,新兴媒介形式的多样性,使得每个普通人都可以在网络上发表自己原创的文章和歌曲,这给了平民百姓许多展现自我的机会。马顿就是这样,他做民谣和小众歌曲,通过网络平台吸引了一批追随他的粉丝。张磊参加的《中国好声音》,在电视、网络媒体平台都获得了极高收视率,各大音乐网站的排行大多是《中国好声音》学员唱过的歌曲,所以《南山南》在中国火了起来。因为一条微博,各大高校产生了《南山南》歌曲改编的文化共鸣。同样,这场文化共鸣发生的主要阵地还是网络。以上种种综合体现出新媒体的发展已成为文化的助推器。正是因为新媒体的出现,普通百姓更加容易获取新的知识、更易表达自己对文化和艺术的理解。也正是新媒体的发展,使得文化传播范围之广、传播速度之快,出乎了人们的预料。所以,无论文化界还是艺术界都应正确运用新媒体强大的助推力,更好地取得自身领域的发展。

虽然高校改编《南山南》这场文化共鸣正如火如荼地进行着,其边际效应也丝毫未减,但从这场文化共鸣当中,我们更多看到的还是当下文化环境的自由,借助新型媒介的助力,越来越多的平民百姓获取了展现自己的机会。而精英文化与大众文化的交融,使听众更加深刻地发挥了自己的能动作用,为文化的发展献出了自己的一分力量。

浅谈大学生挫折应对与意志培养的途径与方法

程诗涵

(南通大学纺织服装学院,江苏 南通 226019)

摘　要：挫折承受能力以及意志品质是衡量一个人心理素质高低的重要方面。心理研究表明：一个人越是能够获得与挫折事件相关的信息,就越能够有效地处理它；越是参加到他怕面对的挫折情境中去,就越能够有效地对付这种情境。可见,个体对挫折的反应和承受能力不仅取决于挫折情境本身,更重要的是取决于其对挫折的认知。既然挫折是社会生活的组成部分,是不可避免的人生经历,大学生就应该正确地认识挫折、战胜挫折,把挫折作为成功的阶梯,在应对挫折的过程中锻炼自己坚忍不拔的意志品质。本文主要介绍挫折及意志品质的相关知识,阐释大学生挫折应对与意志培养的途径与方法,帮助大学生提高对挫折的认识水平、预见能力、承受能力和应对能力,培养他们坚忍不拔的意志品质。

关键词：挫折；意志培养；大学生

"人生逆境,十之八九。"在人的一生中,只要有追求、有欲望、有需求,就会有失败、有失望、有失落。每个人都享受过成功的喜悦,也都品尝过失败的沮丧。挫折与成功一样,是成长与发展过程中不可缺少的,是人一生的伴侣。人们不仅要有迎接成功的准备,也要有面对挫折的勇气。所谓挫折,英语单词是"frustration"(译为：挫折、失败、使人失望的事),就是俗话说的"碰钉子",它有挫败、阻挠、失意的意思,在心理学上,是指个体在实行行为目标的过程中遇到阻碍或干扰,致使行动受阻,目标不能实现,需要不能满足时产生的紧张心理状态和情绪反应。它包括两层意思：一是指个体活动的一种特殊环境,即阻碍人们实现目标、满足需求的情境和事务,这就是挫折情境,也称挫折源；二是指个体由于挫折情境而产生的心理感受和情绪状态等,即挫折感受,也称心理挫折。①

意志是指为了达到一定目的而自觉地组织自己的行为并与克服困难相联系的心理过程。意志品质是构成意志力的稳定因素,主要包括坚定性、自制力等内容。意志是事业心的体现,对于大学生顺利完成学业、将来成就事业非常

作者简介：程诗涵,南通大学纺织服装学院讲师。
① 韩翼祥,常雪梅.大学生心理辅导[M].杭州:浙江大学出版社,2003.

重要。①

一、大学生挫折应对的现状概述

随着现代社会经济的高速发展,人们的生活节奏不断变快,人际关系日益复杂,竞争压力越来越大。大学生初出茅庐,涉世不深,在过去的成长过程中,顺境多,逆境少,成就感强,挫折体验少,绝大多数学生没有经历过人生大风大浪的洗礼,生活阅历浅,对可能遇到的挫折缺乏足够的心理准备,对挫折的承受能力和应对能力都相对较弱。一遇到不顺利的事情,就容易产生心理挫折,显得惊慌失措,束手无策,情绪大起大落,有的甚至精神崩溃,导致违法犯罪、自杀等严重后果。据有关专家调查,目前大学生存在心理障碍的比例高达30%以上,很大一部分学生是由于不能正确对待挫折,不能调控好自己的情绪,意志品质薄弱等引发的。大学生遇到的挫折,主要表现在适应不良、人际关系冲突、学业受挫、能力与期望矛盾、动机与目标冲突、个人条件与某一理想相悖等方面。现实生活中,发生在身边的挫折事件比比皆是,如因未获得"奖学金"、竞选班委失败、恋爱受挫等,就愁眉苦脸,吃不下饭,睡不好觉,感到苦闷、心情烦躁、厌倦学习等。又如身体残疾、体型肥胖、皮肤黝黑或眼睛近视等给选择职业、择偶以及个人的自尊、自信方面带来的心理挫折。再如部分学生中学时是班上的佼佼者,进入大学后却成绩平平,在高手云集的大学中,竞争非常激烈并不断重新分化,导致心理压力很大,自尊需要不能得到实现,产生自卑、焦虑等不良情绪反应。

现代社会是一个快速发展、竞争激烈的社会。对于大学生来说既有机遇,又面临挑战。在遇到挫折时,意志力强的人能够自觉控制和调节自己的心理和行为,面对现实,找出失败的原因,施展所有的本领来应付困难,善始善终地将计划执行到底,直至目标实现。意志强的人对挫折的适应能力、承受能力都较强,并能将挫折进一步转化为促进目标实现的积极因素,进一步增进自己的自信心。意志薄弱的人往往缺少信心和主见,对自我的控制和约束力较差,在遇到挫折时,容易改变行为的方向,容易回避现实,采取消极的应对方式。作为健康人格的组成部分,坚强的意志能使人坦然地面对生活中的困难,努力克服消极心理,以勇敢的、乐观的心态迎接挑战。所以,对于大学生来说,加强意志培养,磨炼坚强的意志品质,对于未来的人生发展有着极为重要的意义。

---

① 顾馨梅,吴志娟.如何引导大学生正确对待挫折[J].安徽电子信息职业技术学业学报,2005(2).

二、加强大学生意志培养的途径和方法探索

1. 拥抱挫折,树立科学的挫折观

当代大学生的生活阅历相对简单,成长的道路较为平坦,普遍缺乏社会生活的磨炼,自我调节能力和自我控制能力不是很强,因此,在处理学习、工作和生活中出现的问题时,常常会遭遇挫折,以致挫折似乎成了他们人生旅途的一大困扰。

作为当代大学生,要充分认识挫折的普遍性和不可避免性。在人生成长发展的过程中,不可能总是一帆风顺、尽如人意。挫折是生活的组成部分,人的发展成长就是在不断战胜挫折中前进的。古语说:"自古雄才多磨难,从来纨绔少伟男。"大文豪巴尔扎克说:"世上的事情永远不是绝对的,结果完全因人而异。苦难对于天才来说是一块垫脚石,对于能干的人是一笔财富,而对于弱者是一个万丈深渊。"在人生的道路上,没有一个人是一帆风顺的,要善于面对与分析挫折,从中找出原因和教训,找到克服困难、战胜挫折的办法,从而解决问题,使自己走向成功。①

大学生应学会对挫折情境的正确认识,避免出现主观、片面和夸大性的错误认识。人生的道路总是崎岖不平的,一次的失败并不能够代表全部,人生成材的道路中成功的机会是很多的,只要自己努力,就会有一个崭新的未来。

另外,要正确看待挫折的作用。挫折具有两重性,既有消极的一面,也有积极的一面。挫折可以激发人的进取心,促使人为改变逆境而奋斗,磨炼人的性格和意志,提高创造力。所以不要视挫折如猛兽,变换一下思维的角度和方式,从其他方面来审视和评价所遇到的挫折。

2. 调整目标,积极寻求解决办法

当我们遇到挫折时,首先对引发挫折的事件进行客观分析。如果并不是自己的能力达不到,只是自己在做的时候有些失误,则要坚持目标,逆境奋起,矢志不渝。像一位将军写的一封战况汇报信一样:屡战屡败,屡败屡战。如果挫折的产生是由于自己的能力所限,则需要调整目标循序渐进,不断努力。如果没有能力做将军,那么就做一个合格称职的好战士;如果自己没有音乐天分,就不要去勉强自己去做音乐家。

挫折使目标受抑,行为受阻,目标不能实现。受挫后我们要重新审视目标是否合适,是否需要进行恰当的调整。如果目标过高不能降低,最好是将大目

---

① 孟娟,周华忠.自助与成才——大学生心理健康教育[M].北京:国家行政学院出版社,2013.

标分解成若干子目标,随着一个个子目标被攻克,大目标也就能逐渐实现。另外,还可以从实现目标的步骤、策略方法、人际关系的协调、阻力来自何方等方面检查原因,寻求对策,策划新的实施方案,战胜挫折,获得成功,从而增强抗挫能力。

同时,由于自身条件或社会因素的限制,人们的需要和目标并不是都能满足和实现的,或者在目前的条件下是不可能满足和实现的。因此,人们在实现目标的过程中,几经努力和尝试都失败后,就要冷静下来,认真客观地分析导致失败的真正原因,并根据实际情况对自己的奋斗目标进行适当调整。一方面,可能自己定的目标太高,不符合目前自己的实际情况,或实现目标的条件尚不具备,这就需要适当降低目标,或将目标分成几个阶段性目标,并根据实际情况适当变换实现目标的途径和方法,循序渐进,通过不断努力,逐步获得成功。另一方面,人们满足需要和实现愿望的途径和方式是多种多样的,一旦遇到挫折,发现原定的目标难以实现时,还可以改换目标,寻找新的能够实现的目标取而代之,同样可以达到满足自身需要的目的。

3. 增强自信,正确理性看待自我

在面对挫折时,自信的人会说:"自信人生二百年,会当击水三千里。"自卑的人会说:"生生死死非物非我皆命也,其智者所无奈何。"而乐观的人则会告诉大家:"冬天来了,春天还会远吗?"不同的人在面对挫折时会有不同的态度,只有相信自己,接纳自我,了解自我,时时刻刻告诉自己"我能行!"你才会战胜挫折,取得成功。

大学生应该正确理性地看待自我,既不抬高自己也不贬低自己,对自己的态度体验也要符合实际,既不自卑也不自傲。自傲会使制定的目标高于自己的实际水平从而导致受挫;自卑会使自己缺乏面对困难的勇气,惧怕困难、逃避困难,或者陷入困境中不可自拔。正确地看待自己,必要时可以请好友帮助自己找出优点和缺点,充分地利用自己的长处,对自己充满信心。日本心理学家高良武久说过:"许多事情并不一定等有了自信之后才去做,自信产生于努力之中;有人认为只有有了自信之后才能去工作,这好比人学会了游泳之后再下水游泳一样,是非常荒谬的。"

4. 循序渐进,理性调适意志品质

在学习和生活中,总是会遇到这样或那样的困难和挫折。没有积极的意志努力,就不会有全面而深刻的认识活动,就不会促进人的认识能力的发展。意志作为非智力因素,对个人的学业和事业成败及生活幸福有着十分重要的影响。意志品质的好坏直接影响到个体的行为结果和人生成就。对大学生来说,重视意志品质的分析和培养尤为重要。

(1) 强化动机,确立目标。人的意志是在人的一系列有目的的行动中表现并发展起来的。为了实现自己已确立的目标,个体才会去克服行动中所遇到的各种困难和干扰,从而锻炼和发展自己的意志。所以一个人如果善于在生活道路的每一个阶段给自己设立目标,必将促使自己不断地为实现目标而与困难做斗争,逐渐发展优良的意志品质;反之,一个在生活道路上缺乏明确目标的人,由于无所追求,整天浑浑噩噩,便不可能成为意志坚强的人。

美国哈佛大学30年前曾对当时在校学生做过一项调查,发现没有目标的人占27%,目标模糊的人占60%,短期目标清晰的人占10%,长期目标清晰的人只有3%。25年后追踪结果表明,第一类人几乎都生活在社会的最底层,长期在失败的阴影里挣扎;第二类人基本都生活在社会的中下层,他们没有多大的理想和抱负,整日只知为生存而疲于奔命;第三类人大多进入白领阶层,他们生活在社会的中上层;只有那3%的人不懈地朝着一个目标坚持努力,他们为了实现既定目标,几十年如一日,努力拼搏,积极进取,百折不挠,最终成了社会精英和行业领袖。

李开复说,给自己设定目标是一件十分重要的事。目标设定过高固然不切实际,但是千万不可定得太低。在21世纪,竞争已经没有疆界,我们应该放开思维,站在一个更高的起点,给自己设定一个更具挑战性的标准,才会有准确的努力方向和广阔的前景,切不可做井底之蛙。

(2) 循序渐进,持之以恒。坚强的意志绝不是一个人与生俱来的,也不是在某一天就可以培养起来的,而要在长期的实践活动中锻炼形成。今天,你或许挑不起一百斤的担子,但你可以挑三十斤,这就行。只要你天天挑,月月练,总有一天,一百斤担子压在你肩上,你也能健步如飞。

培养坚强的意志,一定要从小事做起。"一屋不扫,何以扫天下","千里之行,始于足下",做不了小事,又如何能做成大事呢?有的人好睡懒觉,那不妨来个睁眼就起;有的人"今日事,靠明天",那就把"今日事,今日毕"作为座右铭;有的人碰到书就想打瞌睡,那就每天强迫自己读一小时的书,不读完就不睡觉,只要强迫自己天天坐在书本面前,习惯总会形成,毅力也就自然产生。克服惰性需要毅力。任何惰性都是相通的,任何意志性的行动也都是共生的。事物从来相辅相成,此消彼长。从小事情就可以培养大毅力,其道理就在其中。

(3) 投身实践,锻炼意志。俗话说:"百炼成钢。"坚强的意志是在克服困难的过程中不断形成和发展起来的。所以大学生要在克服困难的实践活动中锻炼自己的意志品质。可以通过平时刻苦的学习、努力的工作、钻研于科学研究、克服生活中的各种困难,培养顽强的意志品质,达到锻炼自己坚忍不拔意志的目的。

(4) 努力学习,培养技能。① 一个人的意志品质与他一定的知识技能有着必然的联系。一个不学无术的人,很难在复杂的实践行动中表现其坚强意志。只有掌握丰富的知识,通晓各种有用的技能和技巧,才能使人的意志行动更好地合乎客观规律,增强克服困难的勇气和毅力。

纵观历史,绝大多数杰出人才都是知识渊博的学问家,他们都具有一套完整的知识体系,即广博的基础知识和精深的专门知识,这些知识成为他们增强毅力和勇气的精神力量。因此,大学生在校期间,一定要认真学习科学文化知识,通过学习培养技能,培养良好的意志品质。

---

① 孟娟,周华忠.自助与成才——大学生心理健康教育[M].北京:国家行政学院出版社,2013.

中国纺织职工思想政治工作研究会(院校学组)成立30周年纪念

新常态背景下大学生思想政治教育探析

何 平

(河南工程学院人文社会科学学院,河南 郑州 451191)

摘 要:随着中国经济进入新常态,经济增长速度、经济结构和经济动力呈现出新的特点。在这一背景下,大学生的思想政治教育也相应发生新的变化,这既是良好的机遇,又是全新的挑战。因此,必须树立新常态的思维,更深入地推进网络平台建设和思想政治教育实践活动的发展,并且加强高校思想政治教育教师队伍建设,在新常态背景下将大学生的思想政治教育工作推向新台阶。

关键词:新常态;大学生;思想政治教育

一、新常态的含义及其主要特点

1. 含义

新常态是"习式热词"之一。新常态是相对于"常态"或"旧常态"而言的。所谓经济"常态",并不是指经济活动在一个长时期内稳定不变完全可预期的状态,而是在经济发展的某个特定阶段,由经济规律所主导的经济活动相对稳定的动态过程。新常态就是不同于以往的、相对稳定的状态。这是一种趋势性、不可逆的发展状态,意味着中国经济已进入一个与过去三十多年高速增长期不同的新阶段。①

"经济新常态",就中国经济发展而言,是相对于"旧常态"的一种状态,意味着摆脱增长速度偏高、经济偏热、经济增长不可持续带来的因素累积,以及环境污染加剧、社会矛盾增加和国际压力变大的严峻挑战,治疗十八大以前长期改革滞后形成的"体制病"和宏观失衡"综合症"②,推动经济发展方式的转变。

2. 主要特点

中国经济呈现出新常态,主要有以下三个特点。

第一,经济增长速度发生转变:从高速增长转为中高速增长。

作者简介:何平(1978—),男,河南工程学院人文社会科学学院讲师。
① 习近平."新常态"表述中的"新"和"常"[EB/OL].中国新闻网,2014 – 08 – 10.
② 顾钱江.习近平首次系统阐述"新常态"[EB/OL].新华网,2014 – 11 – 09.

第二,经济结构不断优化升级:第三产业、消费需求逐步成为主体,城乡区域差距逐步缩小,居民收入占比上升,发展成果惠及更广大民众。

第三,经济发展动力发生变化:从要素驱动、投资驱动转向创新驱动。

新常态将给中国带来新的发展机遇,开创了高校思想政治教育工作的新局面。

二、新常态背景下思想政治教育面临的有利条件和挑战

思想政治教育,指的是"社会或社会群体用一定的思想观念、政治观点、道德规范对其成员施加有目的、有计划、有组织的影响,使他们形成符合一定社会、一定阶级所需要的思想品德的社会实践活动"[①]。

1. 有利条件

第一,经济政治环境的改善,为大学生的思想政治教育提供了良好的发展环境。改革开放以来,市场经济不断向纵深发展,市场观念已经深入人心。市场经济崇尚效率和竞争,遵循优胜劣汰和资源最优原则。市场经济条件下快节奏的生活步伐,改变了人们因循守旧、不思进取的惰性心理。高校的大学生也逐渐呈现出珍惜时间、讲求效率、敢于创新、锐意进取的时代性特点,形成了良性的利益观念、竞争观念、效率观念、平等自由观念。随着党的十八大会议的召开,依法治国和民主法治的观念日益深入人心,社会也逐渐形成一种公正公开的社会风气,这也为高校思想政治教育工作的开展提供了良好的发展机遇。

第二,现代化信息技术的发展,为大学生思想政治教育的开展提供了新的发展机遇。一方面,现代化信息技术的迅速发展,极大地充实了高校进行思想政治教育的资源。通过互联网这一便捷媒介,世界各地区、各领域的相关教育信息得到充分交流和共享,并且可以在网络上自主学习和吸收各类优秀文化成果,为当今高校的思想政治教育工作服务。另一方面,现代化信息技术的广泛应用,丰富了高校思想政治教育的实施方法。这就克服了传统思想政治教育影响力持续性差、教育时间短、教育空间受限等弱点。此外,在网络平台上,各学校的视频、音频、图片、文字等教育资源相互交融,并且具有直观、真实、形象的优点,能够最大限度地调动大学生获取信息的积极性、自主性与参与性,大大提高思想政治教育的效果。

2. 面临的挑战

随着中国经济进入新常态,伴随着经济发展而来的,是对传统思想政治教

---

① 陈万柏,张耀灿.思想政治教育学原理[M].北京:高等教育出版社,2007:234.

育的巨大冲击。在当前国家经济发展新常态的背景下,高校思想政治教育工作面临更大的压力与挑战,同时也给高校思想政治教育工作者们设置了一个巨大的难题。

首先,大学生思想意识多元化趋势难以逆转。随着中国经济新常态的日益深入,伴随着经济发展而来的互联互通时代多元化思潮,对我国主流社会意识形态产生了极大冲击。思想多元化是新常态背景下大学生思想状态的一个突出特点。

其次,经济新常态引发的大学生就业形势的变化。面对当前经济新常态形势下引发的就业形势的变化,高校思想政治教育需要及时调整工作思路,做好就业工作。然而,第三方调查机构麦可思发布的"2015届大学毕业生求职期待分析"显示,近四成毕业生期待进入国企,只有不足两成的本科毕业生愿意到民营企业和个体类用人单位。① 就业结构化缺陷明显,如何有效教育引导毕业生树立正确的择业观,合理选择就业方向成为新常态背景下做好就业工作、保证社会稳定的关键。

最后,大学生思想政治教育模式趋于综合与多样。新常态背景下,大学生的思想政治教育需要与之相适应的教育模式、教育方式、教育课程、师资队伍以及相协调的考核方式。而传统的思想政治教育模式主要是通过纸质资料的阅读和传统思想政治教育课的课堂讲解来实现的,②因此,高校应不断适应新状况,促进思想政治教育模式的转型与更新,更好地增强大学生思想政治教育的效果。

三、新常态背景下加强思想政治教育的对策

大学生思想政治教育是一项对国家和民族发展有着深远影响的基础工程和希望工程。然而,从当前新常态背景下高校思想政治教育工作的现状看,高校思想政治教育工作的要求和教育教学形式与网络文化普及的新时代脱节。因此,只有不断提升高校思想政治教育工作的"时代感",跟上社会发展的形势,转变工作方法,寻求创新,才能有效地化解目前新常态背景下大学生思想政治教育工作的困难。

1. 树立新常态思维,明确大学生思想政治教育的发展方向

新常态的发展激发新思路,呼唤新作为。适应新常态,高校思想政治教育就要树立起"新常态思维"。这就需要我们转变固有的德育理念和教育方式,在

---

① 高靓. 新常态,大学生就业有何新动向[N]中国教育报,2014-11-20.
② 王平. 新兴媒体与高校思想政治教育创新研究[J]. 新闻战线,2015(1).

更新理念、优化目标上下功夫,在构建平台、注重效果上下功夫,在创新驱动、师生互动上下功夫,全面建立保障"质量提升、内涵发展"的德育制度体系和机制。

2. 把握时代特征,推进大学生思想政治教育网络平台建设

基于网络化平台开展思想政治教育是增强思想政治教育效果的有效手段。新一轮的科技革命引发德育观念、内容、方式的变革,引发人才培养模式的改革突破。加强高校思想政治教育网络平台建设,改革德育原有的教育范式,即改变原有的"以知识传授为目标、以教师为主体、以教材为中心、以课堂为阵地"的教育方式,开展网上教育,学生利用学校网络共享资源自由选题,自主完成学习项目,并将学习成果相关视频、图片、心得体会上传网络平台,教师网上给出评价意见。高校积极参与思想政治教育课程的网络平台建设,增加在线课程门类,完善"教师—网络—学生"交互式的学习机制,已经成为当前思想政治教育发展的一个新趋势。

3. 拓展课堂,让思想政治教育实践课堂走进生活

对于大学生来说,在有限的课堂上接受了新鲜知识之后,需要利用个人的时间来消化和理解这些知识,从而达到预期的教学效果。所以,高校思想政治教育工作必须要突破课堂教学对于教育教学工作的限制,要设置一些"社会实践课"。比如,学校可以为学生提供德育实践项目,每学期开展立项、开题、中期考核、结题验收等工作,将若干德育目标分解、量化,结合大学四年不同阶段的特点,逐一实现。

另外,教师可以通过开设"微信群"的方式,在日常生活中,在课堂教学之外的时间,发起一个互动话题,然后邀请所有群里的学生发表观点,参与话题讨论,而这些讨论"作业"的完成情况将可以被教师用在对学生日常学习表现的测评当中。这样一来,教师就可以比较主动地掌握学生们在日常生活中的学习状态。

4. 加强教师队伍建设,为思想政治教育工作的开展提供人才保证

在新常态社会背景下,我国高校传统课堂教学依然是大学生接受思想政治教育的主要渠道,教师也是贯彻落实思想政治教育工作的责任人。但是,新常态提出的将思想政治教育融入学校教育全过程的基本要求,在一定程度上决定了传统的课堂教学已经不能满足新时期思想政治教育工作的实际需要和新时期、新形势的要求。[1]

一方面,重视思想政治教育铸魂育人的作用。都说教师是人类灵魂的工程师,那么作为高校思想政治理论课的教师更应该发挥自己的积极作用,不仅传

---

[1] 朱静.基于创业教育理念的大学生思想政治教育创新[J].才智,2015(9).

授理论知识和方针政策,更要向学生传递正能量,让学生意识到思想政治教育不是洗脑更不是教条,而是让学生在更高层次的思想领域得到提升,更好地做人,在社会上发挥自己的作用,敢于做事,勇于担当。

另一方面,改变灌输式的教学方法,做到向学而教。思想政治教育不是把思想政治理论课设置得难度有多大,检验思想政治教育的成效也不是思想政治理论课的成绩有多高,一味地灌输不再适应这个时代,也不再适合当代大学生,教师需要做的是向学而教,知道学生们真正想学到什么知识,了解学生的学习需求,让思想政治教育入耳、入脑和入心。

总之,在新常态背景下对大学生思想政治工作进行创新应该加强制度、组织、师资队伍建设,但是需要注意的是,在建设过程中要避免三者孤立,并通过三者的衔接、协调,在高校中形成和谐有效的思想政治教育网络,真正引领大学生思想政治教育新常态,实现高校思想政治教育的创新发展。